盎格鲁-撒克逊人基督教化研究

A Research on the Christianization of the Anglo-Saxons

徐晨超　著

ZHEJIANG UNIVERSITY PRESS
浙江大学出版社

图书在版编目（CIP）数据

盎格鲁-撒克逊人基督教化研究 / 徐晨超著. —杭
州：浙江大学出版社，2017.6
ISBN 978-7-308-16480-1

Ⅰ.①盎… Ⅱ.①徐… Ⅲ.①基督教史—研究—英国
Ⅳ.①B979.561

中国版本图书馆 CIP 数据核字（2016）第 293464 号

盎格鲁-撒克逊人基督教化研究

徐晨超 著

责任编辑	陈佩钰（yukin_chen@zju.edu.cn）
责任校对	吴伟伟　沈小龙
封面设计	项梦怡
出版发行	浙江大学出版社
	（杭州市天目山路 148 号　邮政编码 310007）
	（网址：http://www.zjupress.com）
排　　版	杭州中大图文设计有限公司
印　　刷	浙江省邮电印刷股份有限公司
开　　本	700mm×960mm　1/16
印　　张	18.25
字　　数	286 千
版 印 次	2017 年 6 月第 1 版　2017 年 6 月第 1 次印刷
书　　号	ISBN 978-7-308-16480-1
定　　价	49.00 元

前　言

　　西欧中世纪文明脱胎于古罗马因素与日耳曼因素的结合,而盎格鲁-撒克逊人等部族的基督教化进程是这两方面得以结合的重要内容。这一进程,不仅体现为信仰的转变,而且构成催生出西欧中世纪文明的有力杠杆,具有积极性和进步性。研究西方古代民族的改宗、基督教化的过程是了解民族信仰从何而来、一个现代民族如何形成,乃至欧洲中世纪政治版图建构历史的重要途径之一。盎格鲁-撒克逊人的改宗,其后他们的宗教信仰、社会文化的转变,以及教会在日耳曼人社会内主导地位的确立和发展进程,是一个值得研究的课题。但目前国内研究中,尚未见从民族宗教信仰转变的角度来探讨盎格鲁-撒克逊人的早期历史的相关著作。关于盎格鲁-撒克逊人早期基督教化问题研究的著述也不多见,对中世纪前期盎格鲁-撒克逊人的认识也大多仍限于《英吉利教会史》,诸多问题还有待于进一步的梳理与挖掘。本书旨在探讨国内相对薄弱的研究领域,希冀借此为国内的中世纪欧洲史和基督教史方面的研究添砖加瓦。

　　包括盎格鲁-撒克逊人在内的多数日耳曼人对基督教的皈依都是由本族首领发起,自上而下推广普及的宗教变革。通常意义上,日耳曼人的皈依都是以国王的改宗为标志,比如克洛维(Clovis Ⅰ)的兰斯(Reims)受洗和埃塞尔伯特(Ethelbert Ⅰ)的坎特伯雷(Canterbury)受洗事件。在皈依的过程中,国王与教会的合作是推动基督教化的最大动因。政教关系从法兰克人到盎格鲁-撒克逊人,始终贯穿于日耳曼人改宗的主线之中。盎格鲁-撒克逊王室对改宗的政治推动力,包括某些异教徒国王的负面影响是研究民族改宗史时不可回避的问题,也是本书前半部分所探讨的中心内容。然而从另一方面看,一个民族(或称为古代部族)的基督教化过程远非几次标志性事件所能涵盖,它是一个漫长的历史进程,需要上百年的时间来得以实现。以往学界的研究多重在考察王室贵族的洗礼皈依,而忽视了基督教对民众在精神信仰层面的改造。基于统治上层政教联盟的需要而实施的宗教信仰变革,在多大程度上为其族民所接受,民众的信仰又是经历了怎样的一个转变的过程?笔者认为,精神信仰的转变的实现,实际上是一个基督教对多神教神灵、宗教仪式和观念的取代过程。

接受基督教对民风未开的日耳曼人而言并不是一件易事。在盎格鲁-撒克逊时代[1],因不列颠地区本身的罗马化程度较低,多神教迷信和日耳曼人遗风仍长期存留,其影响甚至一直延续至七八世纪。在改宗期间,包括肯特(Kent)、埃塞克斯(Essex)、东盎格利亚(East Anglia)、诺森伯里亚(Northumbria)、威塞克斯(Wessex)在内的诸国都出现了不同程度的多神教复兴运动。针对这种现象,教会对死后世界的观念和赎罪理论作出了一些修正,并采纳了一些折衷的政策。教会通过这种途径劝导、教育盎格鲁-撒克逊人摒弃部落旧俗和多神教文化,接纳基督教伦理观是本书所要探讨的另一大主题。

盎格鲁-撒克逊人的改宗过程,包含着许多相互关联的因素,譬如基督徒与异教徒的关系,教权与王权的关系,教规与国王法令的关系,等等。在处理这些材料时,笔者试图尽可能完整地梳理出从 6 世纪末至 8 世纪初这段时期里,盎格鲁-撒克逊人宗教演进过程的大致脉络。西方中古早期的社会生活与宗教息息相关,本书在介绍盎格鲁-撒克逊国王和上层阶级的皈依的同时,试图结合考古材料和当时的社会、宗教背景,对中下层盎格鲁-撒克逊民众的生活概貌、社会风俗和当时仍遗留的多神教迷信问题做一番考察。此外,笔者冀图通过引入对法兰克人的改宗过程的论述,对两个古代民族的基督教化历程在力所能及的范围内作一些异同之处的比较,探究相互之间的基督教化的影响,并对某些历史争议之处作一点补充与诠释。

––––––––––––

〔1〕　盎格鲁-撒克逊时代(Anglo-Saxon Period),史学界一般将其定义为从盎格鲁-撒克逊人入侵不列颠开始,至征服者威廉一世(William I the Conqueror)完成诺曼征服为止的一段历史时期(约450—1066 年)。本书所涉及的盎格鲁-撒克逊人的活动大体都在此时期的前半段。本书使用的"英吉利"一词,并非指狭义上始自 829 年威塞克斯王爱格伯特(Egbert of Wessex)对英吉利完成的名义上的统一,而是泛指盎格鲁-撒克逊人入侵之后的占领区,对应于"盎格鲁-撒克逊英格兰(Anglo-Saxon England)"一词。

目　录

绪　论

　　基督教化是日耳曼人从野蛮走向文明的重要历程。盎格鲁-撒克逊诸国接受基督教始自肯特，直至苏塞克斯（Sussex）和怀特岛（Wight）的皈依，前后经历了近百年时间。盎格鲁-撒克逊人同绝大多数日耳曼人一样，其基督教化进程一般可分为三个层面。一是以国王为代表的王室贵族接受洗礼，改宗基督教。二是教会在城镇、乡村的管理体系基本建立，教堂、修道院的教牧工作大体覆盖整个英吉利地区。三是民众普遍地接受基督教伦理观念，遵循基督教的生活方式。从国王的受洗皈依到普通民众接受信仰，一个古代民族的改宗是一个漫长的历史过程，是政治因素与文化因素共同作用的结果。因此，必须从国王、教会、民众等多个视角切入剖析盎格鲁-撒克逊人的基督教化问题，才能得出较为全面的答案。通常意义上来说，只有绝大部分族民接受了基督教生活方式，盎格鲁-撒克逊人的基督教化才可称得上完成。但由于民众层面关注的对象较为宽泛，现有的史料不足以佐证，评判标准也较为模糊，因此，本书在前半部分对叙述史的梳理分析基础上，后半部分主要通过在考古资料、教令、布道文，以及与法兰克人的比较中寻找证据，从丧葬风俗、死后世界观念、赎罪文化和圣徒奇迹等方面阐述教会对多神教文化的改造，力图从人类学和民族学角度得出基督教化的初步结论。

　　在国王方面，本书前三章侧重于盎格鲁-撒克逊时代国王改宗的动因和王室贵族在改宗中的作用分析，着眼于考究王权对改宗的策动作用。从分析、理清罗马、肯特和法兰克王国三者间的关系入手，本书对大格雷戈里传教中的政治因素做了较为细致的分析。一些学者指出肯特与奥斯特拉西亚（Austrasia）、纽斯特里亚（Neustria）结成的政治联盟是推动前者改宗的重要因素，但笔者认为，过分强调法兰克王国对肯特改宗的影响力也是不适宜的。本书以法兰克公主贝尔莎出嫁时间为切入点，对这场政治联姻中一些待商榷的问题进行了考证与推论。王权不仅是改宗初期的决定性要素，并且也会影响到之后基督教的发展道路。传统观点认为,664 年惠特比会议(Synod of Whitby)的召开是因为爱尔兰传统与罗马传统所遵循的复活节日期不同而引发的。但这可能只是会议召开的一个契机,这次会议召开的根本原因很大程度上是缘于王室内部的政治斗争。

在教会方面,循罗马教会与爱尔兰教会各自的传教轨迹,对其传教理念与方法做了一些比对。爱尔兰教会的修道院体制与罗马主教区体制相比,更适合于早期英吉利北部的散居式的乡村社会。罗马传统则更倾向于强调主教的权威,更注重世俗的管理事务,与南部城镇较为密集的地区较为相宜。盎格鲁-撒克逊诸国的基督教化历程中,罗马与爱尔兰的宗教影响是混合交融在一起的,因此不可孤立地看待二者在改宗中起到的作用。本书第四章通过重点研究威尔弗里德主教的生平,探讨教会文化的融合与变迁,从中反映出本土的盎格鲁-撒克逊教会的成长史。

民众从多神教到基督教过程中精神信仰层面的变化是本书考察的另一重点,这也是西方学界目前研究的热门领域。本书第五章基于萨顿胡(Sutton Hoo)、普利托威尔(Prittlewell)和耶威林(Yeavering)等墓地的考古报告,从陪葬品等考古实物的变化来看盎格鲁-撒克逊人信仰的转变问题。从传统丧葬风俗向基督教风俗的转变衍生出一个问题,即盎格鲁-撒克逊教会是如何向大众灌输死后灵魂按生前所为的善或恶进入天堂或地狱的观念的? 笔者在当时爆发的大瘟疫与教会赎罪理论找到了一些联系点。6 世纪下半叶大瘟疫的流行在对教会造成打击的同时,反过来也给教会制造了机会,教育、引导了那些多神教信仰者和动摇派的皈依。人们对瘟疫的恐惧使得部分人群使用传统葬仪阻止死者亡魂的归来,而这也迫使教会聚焦于考虑灵魂、丧葬和死后世界等教义问题,采取了针对性的变通政策。

本书的最后两章就盎格鲁-撒克逊和法兰克王权对改宗的影响力,以及二者教会对多神教文化的改造政策等方面做了比较分析,冀图借此探究二者在基督教文化上的相互影响和日耳曼人在基督教化过程中的相似性。盎格鲁-撒克逊诸国与墨洛温王朝(Merovingian Dynasty)相比,基督教化进程出现了多次受阻甚或倒退现象,这是否与盎格鲁-撒克逊王权相对羸弱存在很大关联? 盎格鲁-撒克逊与法兰克教会都存在赎罪观念和圣徒崇拜,这是否意味着两支日耳曼民族精神信仰的转变过程存在着很大共性? 这些都是值得认真研究、潜心寻思的问题。

国内外研究现状述析

一、盎格鲁-撒萨克人基督教化方面的研究概况

1.史料整理

近代对盎格鲁-撒克逊人基督教化时代的编年史、圣徒传记、使徒书信、教令教规、敕令法典、诗歌散文等原始材料的编辑考证和翻译的系统性工作,在 19 世纪已发展得较为成熟。除了欧洲大陆[1]学者如神父米涅(Jacques Migne)主编的巨作《教父著作全集》(*Patrologiae Cursus Completus*)和篇帙浩繁的《德意志史料集成》(*Monumenta Germaniae Historica*)涵盖的部分之外,由诸多英吉利学者参与编写共计 255 卷的《中世纪英国和爱尔兰史(劳斯系列)》(*Rolls Series*)也在 19 世纪下半叶陆续出版。约瑟夫·史蒂文森(Joseph Stevenson)的《英国教会历史学家作品集成》共 5 卷,前 2 卷是早期教会史的汇编,囊括了比德的作品集、《盎格鲁-撒克逊编年史》(*The Anglo-Saxon Chronicle*)和《伍斯特佛罗伦萨修士的编年史》(*The Chronicle of Florence of Worcester*)等史料,编者一一加以翻译并附以注释。[2] 比德的《英吉利教会史》作为考察盎格鲁-撒克逊时期最重要的史料,多次被考订、整理出版。在拉丁文版本中,一般以基于 C 底本的卡洛斯·普拉默(C. Plummer)版为参考标准。[3] 在书信、布道书方面的材料,可以参阅《尼西亚和后尼西亚教父选集》(*A Selected Library of the Nicene*

---

[1]　"欧洲大陆"被称为欧洲本土或简称大陆,排除英国、爱尔兰、冰岛等岛屿。本书以下均作简称"大陆"。

[2]　*The Church Historians of England*:*Vol. I*, *pt. 2. The Historical Works of the Venerable Beda*, ed. and trans. Joseph Stevenson, London: Seeleys, 1853; *The Church Historians of England*: *Vol. Ⅱ*, *pt. 1. The Anglo-Saxon Chronicle. The Chronicle of Florence of Worcester*, ed. and trans. Joseph Stevenson, London: Seeleys, 1853.

[3]　St. Bede, *Venerabilis Baedae Opera Historica*, ed. C. Plummer, London, Edinburgh, New York: E Typographeo Clarendoniano, 1896.

and Post-Nicene Fathers），该书在早期基督教著作的英译本中是较为出色的。[1] 在国王法令方面，有本杰明·索普（B. Thorpe）编写的《英国古代法令与制度》（*Ancient Laws and Institutes of England*）一书，囊括了从埃塞尔伯特至征服者威廉（William I the Conqueror）等历代君王颁布的一系列法典，并包含了盎格鲁-撒克逊语、拉丁语和现代英语三种对照文本。[2] 在教会法和教会文件方面，以亚瑟·哈登（A. W. Haddan）和威廉·斯塔布斯（W. Stubbs）编辑的 3 卷本《大不列颠和爱尔兰教会会议和文件》（*Councils and Ecclesiastical Documents Relating to Great Britain and Ireland*）较为全面。[3] 此外，约翰·乔纳森（J. Johnson）编写的《英吉利法令和教会法》（*A Collection of the Laws and Canons of the Church of England*）也具有较高的参考价值。[4]

在当代的编辑整理的综合性史料出版物中，多萝西·怀特洛克女士（D. Whitelock）编辑的《英国历史文献集成》第一卷（*English Historical Documents，500—1042，Vol. I*）对 500—1042 年间的各种英国编年史、书信和国王法令等作了整理集成，是研究中世纪早期盎格鲁-撒克逊史的很好的文献史料。[5] 而凯文·克罗斯利-霍兰德（K. Crossley-Holland）编写并翻译的《盎格鲁-撒克逊世界》（*The Anglo-Saxon World*）则是对怀特洛克的工作的一个有力的补充。该书包括有《贝奥武甫》（*Beowulf*）在内各种英雄史诗、挽歌、宗教诗歌等材料。[6] 英国学界始自 20 世纪 80 年代的对艾尔弗雷德大王（Alfred the Great）时期编纂的《盎格鲁-撒克逊编年史》9 个底本的整

---

[1] *A Selected Library of the Nicene and Post-Nicene Fathers*，First and Second Series，NPNF，ed. Philip Schaff. Grand Rapids，Buffalo，New York：Christian Literature Publishing Co.，1886—1900.

[2] B. Thorpe，*Ancient Laws and Institutes of England*，London，1840，1st，New Jersey：The Lawbook Exchange Ltd.，2004.

[3] *Councils and Ecclesiastical Documents Relating to Great Britain and Ireland*，ed. A. W. Haddan and W. Stubbs，3 vols，Oxford：Clarendon Press，1869-1878.

[4] *A Collection of the Laws and Canons of the Church of England*，2 vols.，ed. J. Johnson，London：Bobert Knaplock，1850.

[5] *English Historical Documents*，500—1042，Vol. I，ed. and trans. D. Whitelock，London：Eyre & Spottiswoode，1955.

[6] *The Anglo-Saxon World*，ed. and trans. Kevin Crossley-Holland，Woodbridge：Boydell Press，2nd，2002.

理评注的出版工作,现仍在进行中,其中最为完整的盎格鲁-撒克逊语底稿是17 世纪坎特伯雷大主教劳德(Laud)捐赠的 E 底本。[1] 现今参考的现代英译本一般是基于 A-E 底本的选编版,或迈克尔·斯旺顿(M. Swanton)的完整版。[2] 在《英吉利教会史》的英译本中,伯特伦·科尔格雷夫 (B. Colgrave)、罗格·麦纳斯(R. Mynors)在 1969 年合作整理并翻译出版的《比德关于英吉利子民的教会史》(*Bede's Ecclesiastical History of the English People*)是现代英语的经典译作。[3] 科尔格雷夫还编译了惠特比匿名修士的《大格雷戈里传》(*The Earliest Life of Gregory the Great*),比德的《教会史》中许多材料即源于此书。[4] 在英吉利圣徒传记的译本中,以 D. H. 法莫(D. H. Farmer)编辑的《比德时代》(*The Age of Bede*)较为全面,此书包含了比德的《卡思伯特传》(*Life of Cuthbert*)、艾迪乌斯(Eddius Stephanus)的《威尔弗里德传》(*Life of Wilfrid*)和比德的《贾罗修道院院长列传》(*Lives of the Abbots of Wearmouth and Jarrow*)等 5 部传记。[5] 在教会法方面,可参考的是詹姆斯·克劳斯(J. Cross)和安德鲁·哈默(A. Hamer)对 11 世纪初约克大主教伍尔夫斯坦(Wulfstan)收集的教会法的编译本,以及奥斯丁·埃文斯 (Austin P. Evans) 主编的包括大主教西奥多 (Theodore of Canterbury)的《西奥多赎罪书》(*Penitential of Theodore*)在内的《中世纪赎罪书手册》(*Medieval Handbooks of Penance*)。[6]

在盎格鲁-撒克逊时代的主要编年史之中,除吉尔达斯(Gildas Sapiens)

〔1〕　*The Anglo-Saxon Chronicle MS. E*,ed. Susan Irvine,Cambridge:D. S. Brewer,2004.

〔2〕　*The Anglo-Saxon Chronicle* , in: *English Historical Documents* , 500—1042 , ed. and trans. D. Whitelock,London:Eyre& Spottiswoode,1955,pp. 135-235;*The Anglo-Saxon Chronicle*,ed. ,and trans. Michael James Swanton,New York:Routledge,1998.

〔3〕　St. Bede, *Bede's Ecclesiastical History of the English People* ,ed. and trans. Bertram Colgrave,R. A. B. Mynors,Oxford:Oxford University Press,1969.

〔4〕　An anonymous monk of Whitby, *The Earliest Life of Gregory the Great* ,text and trans. by Bertram Colgrave,New York:Cambridge University Press,1985.

〔5〕　*The Age of Bede* , Bede: *Life of Cuthbert* , Eddius Stephanus: *Life of Wilfrid* , etc. , trans. J. F. Webb and D. H. Farmer,ed. D. H. Farmer,London:Penguin,2004.

〔6〕　*Wulfstan's Canon Law Collection* , ed. and trans. James E. Cross, Andrew Hamer, Cambridge:D. S. Brewer,1999;*Medieval Handbooks of Penance:A Translation of the Principal Libri Poenitentiales and Selections from Related Documents* ,ed. Austin P. Evans,New York:Columbia University Press,1938.

的《哀诉不列颠的毁灭》(*On The Ruin of Britain*)[1]外,《英吉利教会史》和《盎格鲁-撒克逊编年史》都已翻译成中文,这些工作都为我们研究盎格鲁-撒克逊史提供了极大的便利与基础。[2]

2.有关对国王的考察

国外目前研究盎格鲁-撒克逊时代的学术专著有很多。剑桥大学出版社的《盎格鲁-撒克逊英格兰》(*Anglo-Saxon England*)截至 2010 年,已陆续出了 38 卷之多。关于盎格鲁-撒克逊人改宗、基督教化的著述也是层出不穷。从国王改宗史、教会史、民族史、制度法律变迁、异教信仰留存、文学作品和考古发现等角度来论述盎格鲁-撒克逊英格兰的教化史的论文与专著不一而足。

N. J. 海厄姆(N. J. Higham)的《早期盎格鲁-撒克逊英格兰改宗国王的权力与宗教归属》(*The Convert Kings*:*Power and Religious Affiliation in Early Anglo-Saxon England*)和威廉·A. 钱尼(William A. Chaney)的《盎格鲁-撒克逊英格兰国王的异教迷信:从多神教到基督教的转变》(*The Cult of Kinship in Anglo-Saxon England*:*The Transition from Paganism to Christianity*)是从国王角度分析盎格鲁-撒克逊时期不列颠地区基督教化的两部专著。[3] 海厄姆在书中指出第一代接受基督教的盎格鲁-撒克逊国王并未接受传教士带来的世界观和价值观,信仰基督教纯粹是为了更好地进行统治。他从肯特与法兰克王国的联系,推测了当时埃塞尔伯特意图与海峡彼岸强大的法兰克人交好的外交方针。作者的这种观点部分来源于肯特地区与弗里西亚(Frisia)及北海东南沿岸地区考古证据的相似性。[4] 海厄

---

〔1〕 Gildas Sapiens, *Liber querulus de Excidio et Conquestu Britanniae*, ed. and trans. John Allen Giles, *On The Ruin of Britain*, London:James Bohn,1st,1841,Project Gutenberg Etext,1999.

〔2〕《盎格鲁-撒克逊编年史》,寿纪瑜译,北京:商务印书馆 2004 年版;比德:《英吉利教会史》,陈维振、周清民译,北京:商务印书馆 1991 年版。

〔3〕 N. J. Higham, *The Convert Kings*:*Power and Religious Affiliation in Early Anglo-Saxon England*, Manchester University Press,1997. William A. Chaney, *The Cult of Kinship in Anglo-Saxon England*:*The Transition from Paganism to Christianity*, Manchester:Manchester University Press,1997.

〔4〕 参见 J. Hines,"The Becoming of English:Identity, Material Culture and Language in *Early Anglo-Saxon Englang*",in:*Anglo-Saxon Stuides in Archaeology and History*,Ⅶ,1994,pp. 49-59.

姆还分析了比德的记载的承继性,他指出,比德作为教会成员,在记述一百多年前的历史时,必参照或照搬了坎特伯雷教会方面的说法。肯特王国的改宗必定比比德所记更为波折。在其另一本著作《英吉利帝国:比德和早期盎格鲁-撒克逊国王》(An English Empire:Bede and the early Anglo-Saxon kings)中,海厄姆系统地探讨了比德获取材料的来源和纪史的风格。[1] 总体来看,海厄姆质疑教会学者的记载,持宗教为政治服务的观点。他的一些看法、假说过于主观,个人色彩较浓,虽有新意,但多是单文孤证,并不足以立论。

有学者从王室多神教迷信留存方面考察盎格鲁-撒克逊国王的基督教化状况。威廉·A.钱尼在《盎格鲁-撒克逊英格兰国王的异教迷信》一书中总结分析了异教遗风在盎格鲁-撒克逊时代的长期存留问题。比如,他指出多神教的遗痕长期保存在国王的名字当中,而这种取名方式一直延续至基督教时代。[2] 而当国王要实现某一政治目的时,往往利用祭祀活动求得神灵相助,以此得到族民的支持。J. M. 华莱士·哈德里尔(J. M. Wallace-Hadrill)在比较中世纪早期英吉利与大陆地区的日耳曼国王的统治时指出,国王既是地位最崇高的贵族,也是名义上最高的祭司,常常在日常节日的祭祀仪式中作为最高祭司主持献祭仪式。早期英吉利的"神王"(sacred king)统治,常常表现为节庆祭祀与王朝统治,宗教仪式和政治政策相混合的形式。[3] 在盎格鲁-撒克逊时代,多名国王主动放弃统治进入修道院做修士。克莱尔·斯坦克利夫(C. Stancliffe)在《放弃信仰的国王》(Kings who Opted Out)一文中试图解释这个问题,他认为这一在中世纪早期西欧王室极其罕见的行为很可能并非出于自愿,而是受迫于政治压力。[4] 这一观点可能忽视了基督教在精神信仰层面的巨大影响力,存有商榷之处。

〔1〕　N. J. Higham,*An English Empire:Bede and the Early Anglo-Saxon Kings*,Manchester:Manchester University Press,1995.

〔2〕　William A. Chaney,*The Cult of Kingship in Anglo-Saxon England:The Transition from Paganism to Christianity*,Manchester:Manchester University Press,1997,p. 22.

〔3〕　J. M. Wallace-Hadrill,*Early Germanic Kingship in England and the Continent*,Oxford:Clarendon,1980,pp. 8-20.

〔4〕　Clare Stancliffe,"Kings who Opted Out",in:*Ideal and Reality in Frankish and Anglo-Saxon Society*,ed. Patrick Wormald,Oxford:Blackwell,1983,pp. 154-176.

3.有关教会史的考察

这方面的著作大致可以分为两个类型。一是以盎格鲁-撒克逊教会为论述主体的著作,二是以主教或传教士个人为论述主体的著作。前一类的代表作有 C. J. 戈弗瑞(C. J. Godfrey)所著的《盎格鲁-撒克逊英格兰的教会》(*The Church in Anglo-Saxon England*)和约翰·布莱尔(John Blair)的《盎格鲁-撒克逊社会的教会》(*The Church in Anglo-Saxon Society*)。[1] 比较有影响的著作还包括肯尼斯·海奥森-史密斯(K. Hylson-Smith)的《从罗马时期到宗教改革的英格兰基督教 卷一:从罗马时期到 1066 年》(*Christianity in England from Roman Times to the Reformation*,Vol. I,*From Roman Tomes to 1066*)以及亨利·迈尔-哈廷(Henry Mayr-Harting)的《基督教来到盎格鲁-撒克逊英格兰》(*The Coming of Christianity to Anglo-Saxon England*)等书。[2] 第二类的著作有剑桥大学编写的《比德的剑桥指南》(*The Cambridge Companion to Bede*)、皮特·布莱尔(Peter Blair)的《比德的世界》(*The World of Bede*)、乔治·布朗(G. Browne)的《奥古斯丁和他的同伴》(*Augustine and His Companions*)和克林顿·艾伯森(C. Albertson)的《盎格鲁-撒克逊圣徒与英雄》(*Anglo-Saxon Saints and Heroes*)等书。[3]

《盎格鲁-撒克逊英格兰的教会》和玛格丽特·迪恩斯利(Margaret Deanesly)的《诺曼征服前的英国教会》(*The Pre-Conquest Church in England*)属同一时期的作品。[4] C. J. 戈弗瑞对整个盎格鲁-撒克逊教会史

---

〔1〕 C. J. Godfrey, *The Church in Anglo-Saxon England*, London:Cambridge University Press,1962;John Blair, *The Church in Anglo-Saxon Society*, New York:Oxford University Press, 2005.

〔2〕 Kenneth Hylson-Smith,*Christianity in England from Roman Times to the Reformation*, Vol. I, *From Roman Tomes to 1066*, SCM Press, 1999; Henry Mayr-Harting, *The Coming of Christianity to Anglo-Saxon England*, University Park:Pennsylvania State University Press,third edition,1991.

〔3〕 Scott De Gregorio ed., *The Cambridge Companion to Bede*, London: Cambridge University Press, 2010; Peter Hunter Blair, *The World of Bede*, London:Cambridge University Press,1990; George F. Browne, *Augustine and His Companions:Four Lectures Delivered at St. Paul's in January* 1895,Whitefish:Kessinger Publishing, LLC, 2006; Clinton Albertson, *Anglo-Saxon Saints and Heroes*,New York:Fordham University Press,1967.

〔4〕 Margaret Deanesly,*The Pre-Conquest Church in England*,NewYork:Oxford University Press,1961.

论述得较为全面,从坎特伯雷大主教奥古斯丁到弗里西亚大主教威尔布罗德的传教经历,从罗马与爱尔兰的教派冲突到罗马派取得最后胜利,从早期英吉利的建筑艺术到基督教颂诗等都有介绍,但也因内容过于庞杂,造成了全书的重点论证不够深入。亨利·迈尔-哈廷的《基督教来到盎格鲁-撒克逊英格兰》则在前两人工作的基础上,不仅大体阐明了盎格鲁-撒克逊人改宗的过程,而且进一步探讨了改宗历史表象下的复杂的历史内容。该书将盎格鲁-撒克逊教会与同时代的爱尔兰、高卢、罗马教会作了较多的联系比对。另外,作者特别考察了奥古斯丁与教廷的联系,详细地探讨了坎特伯雷大主教是如何遵从教皇大格雷戈里(Gregory the Great)的指示,在英吉利建立起罗马主教区的。

2005 年出版的约翰·布莱尔的《盎格鲁-撒克逊社会的教会》主要聚焦于教区修道院的宗教生活,在该书前半部分记载了公元 850 年之前的盎格鲁-撒克逊教会史。作者注重教会与普通教民的联系,结合考古证据、古代地形等方面,深入地研究了基督教在不列颠地方上的发展历程。他在书中讨论了在再构建基督教文明时遗存的不列颠-罗马文明起了很大的作用,并且这一遗存并未被盎格鲁-撒克逊人的入侵所抹去。比如,他指出以现存的基督教碑文来看,不列颠西海岸 5—6 世纪的基督教文化,并不像通常认为的那样,是来自高卢的影响,而是直接来源于不列颠本身的传统。他继而认为,与法兰克人入主高卢便接受基督教信仰不同,盎格鲁-撒克逊人初来不列颠时未受不列颠本身基督教的熏陶影响,可能是为了刻意与信仰基督教的凯尔特人保持距离。[1] 在论及比德笔下的 7 世纪的盎格鲁-撒克逊社会与图尔的格雷戈里主教记载的 6 世纪的法兰克社会时,他认为法兰克教会重视圣徒、圣物和圣地的风气似乎未体现于比德的记载大多是因为编年史作者的世界观和倾向不同。在保证教堂在教区的精神核心地位的同时,在教会的工作中,实际上还是将尊崇圣徒、圣地的地位放在拓展教区之上。

布莱尔在总结了亨利·迈尔-哈廷、皮特·布朗、理查德·弗雷切尔、N. J. 海厄姆以及 M. 卡维尔等人的工作的基础上提出了五个阶段再建基督教

---

〔1〕 John Blair, *The Church in Anglo-Saxon Society*, New York: Oxford University Press, 2005, pp. 18 and 23-24.

化文化的看法,依次是 597—616 年、616—625 年、625—642 年、653—664
年、7 世纪 70—80 年代这几个时间段。关于盎格鲁-撒克逊史和教会史方
面,布莱尔还有许多著述。外语教学与研究出版社在 2008 年翻译出版了他
的《盎格鲁-撒克逊简史》(*The Anglo-Saxon Age*)。[1] 该书在宏观视野下
对盎格鲁-撒克逊时代有一个较为完整、清晰的认识与把握,但在基督教化方
面的论述着墨不多。

　　在第二类书中,皮特·布莱尔的《比德的世界》是一部比较突出的作品。
在此书的第四部分,作者讨论了比德时代的宗教日常生活、教会的教育和所
使用的《圣经》等方面内容。这对了解教会如何教化盎格鲁-撒克逊时期的普
通居民是很有帮助的研究。2010 年新近出版的《比德的剑桥指南》是继《古
代英国文学的剑桥指南》后剑桥大学组织编写的盎格鲁-撒克逊时代系列研
究丛书的第二卷,分比德的生平、著作和影响三方面,展示了诸多西方学者
研究比德时代的最新成果集成。

　　4.有关考古发现、民族史的考察

　　考古方面的较为系统的工作始于 18 世纪晚期开始的近代专门的考古研
究工作。早先的代表作有詹姆斯·道格拉斯(James Douglas)的《大英帝国
的民谣》(*Nenia Britannica*)和约翰·肯布尔(John Kemble)的《时间女神的
葬礼:对北方民族考古的研究》(*Horae Ferales*:*Studies in the Archaeology
of the Northern Nations*)。[2] 近来较为系统地对盎格鲁-撒克逊时代考古
成果做综述著作有 C. J. 阿诺德(C. J. Arnold)的《对早期盎格鲁-撒克逊王国
的考古研究》(*An Archaeology of the Early Anglo-Saxon Kingdoms*)和由
牛津大学考古学院编写的《对盎格鲁-撒克逊时代的考古与历史研究》的年刊
(*Anglo-Saxon Studies in Archaeology ＆ History*)。[3]

---

〔1〕　约翰·布莱尔:《盎格鲁-撒克逊简史》,肖明翰译,北京:外语教学与研究出版社 2008 年版。

〔2〕　James Douglas, *Nenia Britannica*:*A Sepulchral History of Great Britain*, *from the Earliest Period to Its General Conversion to Christianity*,London:John Nichols,1793; John Kemble, *Horae ferales*:*Studies in the Archaeology of the Northern Nations*,London:Lovell Reeve,1863.

〔3〕　C. J. Arnold, *An Archaeology of the Early Anglo-Saxon Kingdoms*, New York: Routledge,1988; *Anglo-Saxon Studies in Archaeology ＆ History*, ed. Helena Hamerow, Oxford: School of Archaeology,Oxford University,1979.

阿诺德的《对早期盎格鲁-撒克逊王国的考古研究》对前人在盎格鲁-撒克逊时代考古发现的总结工作做得十分细致。从小到戒指、天平，大到教堂在英吉利的分布都做了详尽的统计整理工作。在其书的第四部分"信仰的地形学解析"中对修道院、教堂、基督徒的墓葬、碑石铭文等都做了量化的统计分析，这对研究盎格鲁-撒克逊英格兰的基督教化过程是十分有益的。

20世纪至21世纪初对以萨顿胡墓地（Sutton Hoo）为代表的普利托威尔（Prittlewell）、耶威林（Yeavering）等盎格鲁-撒克逊人早期大墓的发掘是考古界的重大成就。马丁·卡福（M. O. H. Carver）领导的第三次萨顿胡考古发掘（1983—1992）工作报告和布莱恩·泰勒（Brian Hope-Taylor）对耶威林发掘工作（1952—1962）的考古报告具有极高的参考价值[1]，这些考古报告是研究当时历史的第一手实证材料。

在盎格鲁-撒克逊人基督教化的过程中，异教留存现象是不可忽视的问题。大卫·威廉森（David Wilson）的《盎格鲁-撒克逊异教》（Anglo-Saxon Paganism）是研究这方面的一本力作。[2] 作者从地名、符文、庙宇遗存和墓葬等方面讨论了盎格鲁-撒克逊时代的异教情况。他指出了书面史料与考古发现的一些区别。比如，在史料中我们知道盎格鲁-撒克逊时代有不少异教的祭坛、庙宇，但从考古发现来看，却几乎没有这样的例子。威廉森认为这些庙宇、祭坛很可能如地名一般，被后人改头换面了。2009年出版的玛丽莲·邓恩（Marilyn Dunn）的《盎格鲁-撒克逊人的基督教化，597—700年》（The Christianization of the Anglo-Saxons, c. 597—700）[3] 从民族学和人类学的角度，较为深入地考察了从6世纪末至8世纪初的盎格鲁-撒克逊人基督教化的历史。通过采用多学科方法，该书从一个全新的研究的基础上，很大程度上加深了我们对基督教化的进程中的主体和时代的认识。书中概述了宗教之间的"教理"（doctrinal）和"意象"（imagistic）模式的差异，并讨论

---

〔1〕 *Sutton Hoo Research Committee*: *Bulletins* 1993, No. 8, ed. M. O. H. Carver, Woodbridge: Boydell Press, 1993; Brian Hope-Taylor, *Yeavering*: *An Anglo-British Centre of Early Northumbria*, London: Her Majesty's Stationery Office, 1977.

〔2〕 David Wilson, *Anglo-Saxon Paganism*, New York: Routledge, 1992.

〔3〕 Marilyn Dunn, *The Christianization of the Anglo-Saxons*, C. 597—700: *Discourses of Life, Death and Afterlife*, London: Hambledon Continuum Press, 2009.

了如何运用这种差异性,对盎格鲁-撒克逊异教意象和基督教教理的基本特点进行新的认识。该书的另一个重要特色是对死亡和死者的研究。邓恩指出,基督教与非基督教信仰的差异反映在对待死者灵魂和死后世界的态度上——丧葬文化和陪葬品的变迁正是对这种差异性的如实反映。这是第一本系统地运用人类学比较方法对盎格鲁-撒克逊宗教仪式地点和对象进行考察的专著。

5. 综合性比较研究

国外学者在看待日耳曼人基督教化或改宗问题上,大多着眼于较大地域范围和较长历史跨度的比较研究。当代该方面的代表著作当属皮特·布朗(Peter Brown)的《西方基督教世界的兴起:胜利与多样性,200—1000 年》(*The Rise of Western Christendom*:*Triumph and Diversity*,A. D. 200—1000)和理查德·弗雷切尔(Richard Fletcher)的《欧洲的改宗:从异教到基督教,371—1386 年》(*The Conversion of Europe*:*From Paganism to Christianity*,371—1386 AD)。[1] 布朗在书中注意到欧洲各地区改宗后宗教文化的差异,提出了各个地区实际上是相互关联、但都拥有各自独立性的"小型基督教世界"(micro-Christendoms)的概念。并且,他着重论述了在法兰克宫相丕平二世(Pepin Ⅱ of Herstal)和查理·马特(Charles Martel)支持下,盎格鲁-撒克逊教士威利布罗德(Wilibrord)和卜尼法斯(Boniface)先后去弗里西亚和日耳曼尼亚西部地区传教之事。布朗认为法兰克统治者为谋求向东部和北部的扩张,借助盎格鲁-撒克逊传教士达成其政治企图,可以视为典型的跨国家跨地域的政教合作,而这种合作是基于海峡两岸的两个民族信奉同一信仰的基础之上的。[2] 这方面内容在詹姆斯·帕尔默(James T. Palmer)的《在法兰克世界的盎格鲁-撒克逊人,690—900 年》

---

〔1〕 Peter Brown,*The Rise of Western Christendom*,*Triumph and Diversity*,A. D. 200—1000,London:Blackwell Publishing,second edition,2003; Richard Fletcher,*The Conversion of Europe*:*From Paganism to Christianity*,371—1386 AD,London:Harper Collins,1997.

〔2〕 Peter Brown,*The Rise of Western Christendom*,*Triumph and Diversity*,A. D. 200—1000,pp. 414-428.

(*Anglo-Saxons in a Frankish World*, 690—900)一书中有更深入详尽的探讨。[1]

　　理查德·弗雷切尔在他的书中的第四、第六章集中探讨了法兰克人和盎格鲁-撒克逊人改宗的过程,对国王的改宗、日耳曼人遵从的宗教仪式的变化和墓葬基督教化的考古证据等都作了一番比较论证,并且以圣餐杯取代牛角杯的例子来形象地比喻盎格鲁-撒克逊人从多神教徒到基督徒的转变。[2]弗雷切尔在书中多次提出疑问,"什么使人成为基督徒?"不过他也指出从个体到民族的差异性使得这一问题的答案呈现出多样化的态势。事实上,这也是我们研究不同西方古代族群基督教化的意义所在。

　　其他比较重要的相关著述还有拉姆齐·麦克米伦(R. MacMullen)的《4世纪至8世纪的基督教与异教崇拜》(*Christianity and Paganism in the Fourth to Eighth Centuries*),但该书重在考察以罗马与君士坦丁堡为中心地区的罗马时代与后罗马时代的宗教文化比较,对高卢与不列颠地区的着墨较少。一些论著则较偏重于考察欧洲大陆的基督教化现象,对不列颠的改宗情况论述较少,比如 J. N. 希尔加斯(J. N. Hillgarth)的《基督教与异教,350—750 年:西欧的改宗》(*Christianity and Paganism*, 350—750: *The Conversion of Western Europe*)、沃夫冈·哈格(Wolfgang Hage)的《中世纪早期的基督教,476—1054 年:从西罗马帝国覆亡到东西教派分裂》(*Das Christentum im frühen Mittelalter* 476—1054: *Vom Ende des weströmischen Reiches bis zum west-östlichen Schisma*)和 J. M. 华莱士·哈德里尔的《未开化的西方,400—1000 年》(*The Barbarian West*, 400—1000)。[3]

　　了解中世纪基督教传播的重要途径是研究传教士在各地区的活动。伊

---

〔1〕　James T. Palmer, *Anglo-Saxons in a Frankish World*, 690—900, Turnhout: Brepols, 2009.

〔2〕　Richard Fletcher, *The Conversion of Europe: From Paganism to Christianity*, 371—1386 *AD*, London: Harper Collins, 1997, pp. 97-129, and 160-192.

〔3〕　J. N. Hillgarth, *Christianity and Paganism*, 350—750: *The Conversion of Western Europe*, University Park: University of Pennsylvania Press, 1986; Wolfgang Hage, *Das Christentum im frühen Mittelalter* (476—1054): *Vom Ende des weströmischen Reiches bis zum west-östlichen Schisma*, Vandenhoeck & Ruprecht, 1993; John Michael Wallace-Hadrill, *The Barbarian West*, 400—1000, New York: Wiley-Blackwell, 1996.

恩·伍德(Ian Wood)的《传教使命:圣徒与欧洲的福音,400—1500 年》(*The Missionary Life,Saints and the Evangelisation of Europe,*400—1500)一书以宽广的视野描绘了包括奥古斯丁(Augustine of Canterbury)在内的多位西欧传教士的传教图景,他认为传教先驱们的工作是个人意愿与民族集体精神(collective ethos)的表述,具有开创欧洲中世纪历史的伟大意义。[1]

另外,还有学者从日耳曼化的角度考察西欧的基督教传播过程,比如詹姆斯·拉塞尔(James C. Russell)的《中世纪早期基督教的日耳曼化:以社会历史学的方法考察宗教变迁》(*The Germanization of Early Medieval Christianity:A Sociohistorical Approach to Religious Transformation*)。[2] 这为我们提供了逆向思考日耳曼人基督教化历史过程的另一种途径。

6.其他方面

F. M. 斯坦顿(F. M. Stenton)的《盎格鲁-撒克逊时代的拉丁法令章程》(*The Latin Charters of the Anglo-Saxon Period*)和威廉·布赖特(William Bright)的《早期英国教会章程史》(*Chapters of Early English Church History*)都涉及教令和一些与基督教有关的法令研究,是从法律史角度考察盎格鲁-撒克逊时代的著作。菲利普·帕西诺(Phillip Pulsiano)与 E. 特里哈恩(Elaine Treharne)编辑的《盎格鲁-撒克逊时代的手稿和遗物》(*Anglo-Saxon Manuscripts and Their Heritage*)一书虽涉及基督教的内容不多,但可以作为当时社会背景的研究材料参考。[3]

约瑟夫·H. 林奇(Joseph H. Lynch)的《基督教化的亲属关系:盎格鲁-撒克逊英格兰的宗教仪式的支持力量》(*Christianizing Kinship:Ritual Sponsorship in Anglo-Saxon England*)是研究基督教仪式在推动促进盎格

---

〔1〕 Ian Wood,*The Missionary Life,Saints and the Evangelisation of Europe,*400—1500,Harlow:Person Education Limited Press,2001.

〔2〕 James C. Russell,*The Germanization of Early Medieval Christianity:A Sociohistorical Approach to Religious Transformation,*Oxford:Oxford University Press,1996.

〔3〕 F. M. Stenton,*The Latin Charters of the Aglo-Saxon Period,*Oxford:Clarendon Press,1955;William Bright,*Chapters of Early English Church History,*Whitefish:Kessinger Publishing,2006. Phillip Pulsiano and Elaine M. Treharne,*Anglo-Saxon Manuscripts and Their Heritage,*Aldershot:Ashgate,1998.

鲁-撒克逊人基督教化方面的力作。[1] 他在该书中认为,对日耳曼国王来说,基督教的作用不仅体现在精神权力上对王权有加强作用,而且在世俗事务上对其统治也颇有帮助。《新约》与《旧约》赋予国王的神圣权力是包括公爵、伯爵、郡长(ealdormen)、塞恩(thegn)在内的其他贵族所无法觊觎的,这是国王从早期军事民主制时代到封建时代受到神权认可,并建立至高地位的重要一步。而基督教会的主教、修道院院长们明显要比部落里的日耳曼贵族来得更好控制,这也使得国王更能够依赖于教会治理庶民。林奇指出,盎格鲁-撒克逊国王在接受基督教时,主教与罗马教会给了国王象征罗马在不列颠的继承人的荣耀,并通过洗礼等一系列教义赋予其神圣性,这使得一些国王通过宗教仪式在不列颠建立其权威。历史上数位盎格鲁-撒克逊国王通过施洗和担任其他国王的教父的行为就是很好的例证。

盎格鲁-撒克逊法令联合委员会主席尼古拉斯·布鲁克斯(Nicholas Brooks)的《盎格鲁-撒克逊神话:国家与教会,400—1066 年》(*Anglo-Saxon Myths : State and Church* ,400—1066)是集他早先研究坎特伯雷地区的教会等成果的论文集。[2] 该书通过对盎格鲁-撒克逊人起源故事、早期盎格鲁-撒克逊章程、书面史料的研究,深入浅出地展现了早期英国政治和社会结构,以及教会,城市和农村的景观。其中的一些观点,如对法兰克公主贝尔莎(Bertha)出嫁时间的分析等是能引发更深入的讨论的。

7. 国内研究

相对来说,国内此方面的研究还是较为欠缺的。王宪生的《英国早期的基督教及其影响》、孟广林的《中世纪前期的英国封建王权与基督教会》、陈太宝的《盎格鲁-撒克逊时期基督教对王权的影响》和张建辉的《英国盎格鲁-

---

〔1〕　Joseph H. Lynch,*Christianizing Kinship : Ritual Sponsorship in Anglo-Saxon England* , Ithaca : Cornell University Press,1998.

〔2〕　Nicholas Brooks, *Anglo-Saxon Myths : State and Church* , 400—1066, Continuum International Publishing Group,2000. 相关研究也可参阅 2008 年出版的对他的纪念文集 *Myth , Rulership , Church and Charters : Essays in Honour of Nicholas Brooks* , ed. Julia Barrow, Andrew Wareham, Ashgate Publishing, Ltd. ,2008。

撒克逊时期的政教关系》是国内为数不多的研究英国早期基督教史的论文。[1] 前者侧重于谈基督教传播及所带来的文化影响,后三者主要着眼于政教关系,限于篇幅,都未系统地阐明盎格鲁-撒克逊人基督教化的过程。许锦光的硕士论文《基督教在盎格鲁-撒克逊英格兰的传播及影响(596—750年)》从传教史的角度来探讨英吉利的基督教化进程,在视角的选取和对教会文化的探讨方面都较有新意,值得肯定,但在史料的运用上,尤其是对第一手文献和考古证据的参照方面仍有待充实完善。[2] 其他一些有关英国或欧洲通史方面的著作也仅限于点到为止,并未深入探讨盎格鲁-撒克逊人的改宗问题。

二、有关墨洛温王朝法兰克人的研究

1. 史料整理

记载墨洛温王朝历史的叙述性史籍主要有三部:一是图尔主教格雷戈里(Gregory of Tours)撰写的《法兰克人史》[3];二是弗雷德加尔的《编年史》(*The Chronicle of Fredegar*);三是另一部法兰克人史(*Liber Historiae Francorum*)。笔者探讨法兰克人方面的内容,大致依据墨洛温王朝的历史展开,所依赖的主要史料大多还是来源于格雷戈里的《法兰克人史》。我国学者寿纪瑜、戚国淦根据道尔顿译本,并参考布雷豪特译本译出的《法兰克

---

〔1〕 王宪生:《英国早期的基督教及其影响》,《郑州大学学报(哲学社会科学版)》1992 年第 3 期,第 74—79 页;孟广林:《中世纪前期的英国封建王权与基督教会》,《历史研究》2000 年第 2 期,第 134—147 页;陈太宝:《盎格鲁-撒克逊时期基督教对王权的影响》,《长春师范学院学报(人文社会科学版)》2009 年第 3 期,第 50—53 页;张建辉:《英国盎格鲁-撒克逊时期的政教关系》,《内蒙古大学学报(哲学社会科学版)》2010 年第 3 期,第 114—118 页。

〔2〕 许锦光:《基督教在盎格鲁-撒克逊英格兰的传播及影响(596—750 年)》,南京大学硕士学位论文,2011 年。

〔3〕 该书英文足译本目前有两种,都命名为《法兰克人史》。一种是 O. M. 道尔顿的译本,1927 年英国牛津大学出版社出版,另一种是路易斯·索普(Lewis Thorpe)的译本,1974 年美国企鹅书局(Penguin)出版。道尔顿的译本分两卷,第一卷是关于克洛维及墨洛温王朝史的介绍,可视为阅读法兰克人史的指南,第二卷方是正文译本和注释部分。节译本也有两部。1916 年美国哥伦比亚大学出版社出版的 E. 布雷豪特节译本,曾数次再版,口碑较好。还有一部是 2005 年出版的 A. C. 墨里(Alexander Callander Murray)的《格雷戈里的墨洛温王朝史》。该译本选译了原文第二卷至第十卷的内容,对部分相关章节进行了合并,重新排序,也使得一些早先译本遗留下来的疑难困惑得以明晰。德文足译本《十卷册历史》由鲁道夫·卢赫讷和威廉·吉斯布莱赫特翻译,译文忠于原著,有一定参考价值。

人史》,由商务印书馆 1981 年出版,是一部不可多得的汉译经典。

　　一些编年史也部分涉及墨洛温王朝史,如普罗柯比(Procopius)的《战记》(*History of The Wars*)。有些则因年代久远,大部分篇章已散佚,如阿旺什主教马里乌斯(Marius of Avenches)的编年史(*Chronicle*)。另外,格雷戈里的其他一些著作,如《荣列精修圣人录》(*Glory of the Confessors*)、《教父列传》(*Life of the Fathers*)等重要卷帙,都已译成英文,在讨论早期墨洛维王朝的宗教信仰问题上这些都是不可多得的素材。[1] 书信方面的史料则比较零散。最近 D. 桑泽尔(Danuta Shanzer)等人选了维埃纳主教阿维图斯(Avitus of Vienne)的一些重要书信,收录在《维埃纳主教阿维图斯书信和散文集选》(*Avitus of Vienne : Letters and Selected Prose*)[2]中,其中包括一封致克洛维的信,曾引起许多西方历史学家的争议。

　　墨洛温王朝时期的法令法规,是西方学者研究的热点。从 15 世纪早期开始的宗教会议教令、教规和决议的整理工作一直持续至今。目前最完整的版本是法国学者查理·德克勒克(Charles de Clercq)编辑的《高卢会议文献:511—695 年》(*Concilia Galliae : A. 511—A. 695*),收录于《基督教拉丁法令集成》(*Corpus Christianorum Series Latina*)中。[3] 在国王颁布的法令救令留存的文本当中,《萨利克法典》(*The Laws of the Salian Franks*)是最为完整,也最能全面反映当时法兰克人的经济及社会生活的史料。该法典的雏形大约完成于克洛维统治的后期,之后又经过断断续续的增补删减。目前国内已出版了《萨利克法典》的节译本。[4]

　　[1] Gregory of Tours, *Liber in Gloria Confessorum*, ed. B. Krusch, *MGH*, *SRM* 1, English translation by Raymond Van Dam, *The Glory of the Confessors*, Liverpool: Liverpool University Press, 1988; Gregory of Tours, *Liber in Gloria Martyrum*, English translation by Raymond Van Dam, *The Glory of the Martyrs*, Liverpool: Liverpool University Press, 1988; Gregory of Tours, *Liber vitae patrum*, English translation by Edward James, *Gregory of Tours : Life of the Fathers*, Liverpool: Liverpool University Press, 1991.

　　[2] Avitus of Vienne, *Avitus of Vienne : Letters and Selected Prose*, trans. and notes by Danuta Shanzer and Ian Wood, Liverpool: Liverpool University Press, 2002.

　　[3] Charles de Clercq, ed., *Concilia Galliae : A. 511—A. 695*, *CCSL*, 148A, Turnhout, Belgium: brepols, 1963. 根据查理的拉丁版本现有 1989 年出版的法文译本。另亦有德文译本。

　　[4]《萨利克法典》,《世界著名法典汉译丛书》编委会辑,北京:法律出版社 2000 年版。英文全译本可参见 *Pactus Legis Salicae*, LV: 4, 7, trans. Katherine Fischer Drew, *The Laws of the Salian Franks*, University Park: University of Pennsylvania Press, 1991, pp. 65-167.

2. 近现代西方学者的研究

鉴于国内对法兰克人早期宗教史的研究尚处于起步阶段，著述很少，笔者介绍的主要是近一个世纪以来西方学者对法兰克人基督教史及墨洛温王朝史研究的一些重要著作。[1]

近一个世纪以来，随着对原有史料解读的不断拓宽和新的史料的发现，西方学者对克洛维改宗的具体时间和动机等都提出了新的质疑。道尔顿曾指出，格雷戈里身为高卢重要教区图尔的主教，有着一种神圣的宗教使命感，格雷戈里记史的基本指导思想，就是凸显教会的影响，在他笔下，6世纪的高卢唯教会马首是瞻，而诸位主教正是执牛耳者。[2] 基于格雷戈里的特殊背景与记史目的，对其记载进行去伪存真的分析就显得尤为重要。威廉·达利(William M. Daly)的《克洛维：野蛮人？异教徒？》(Clovis: How Barbaric, How Pagan?)一文，就书信、传记等六种材料论述了克洛维的改宗、对外战争、宫廷内政等事迹。[3] 该文试图摆脱《法兰克人史》的影响，挖取克洛维同时期的第一手材料，对墨洛温王朝的建立者作一次重新定位。

在介绍、论述克洛维生平的专著中，法国学者 G. 库斯(Godefroy Kurth)著有《克洛维》(Clovis)一书。[4] 该书篇幅浩大，再版多次，具有一定的学术价值。但由于作者本人是一个虔诚的基督教信徒，作品体现了浓郁的亲基督教的色彩，由此受到许多的非议和争论。在克洛维与阿勒曼尼人(Alamanni)的作战以及克洛维的受洗问题上，库斯认可了格雷戈里的记载。但在这一点上，西方史学界却历来有着很大的争议，克洛维改宗的时间与动机是研究的热点。当代西方学者中有很大一部分人则并不认同格雷戈里的记载，认为克洛维的受洗是在496年之后。除少数意见外，大多数学者相信，克洛维改宗包含着深刻的政治意图，存有争议的在于，在其政治企图的背后

---

〔1〕 不过近来国内也有学者开始对格雷戈里的记载真实性表示怀疑，目前见到的有陈文海的《从"蛮族"首领到"圣徒"国王——论克洛维在中世纪法国的形象及其演绎》一文。

〔2〕 Gregory of Tours, *The History of the Franks*, edited and translated by O. M. Dalton, Vol. I introduction, Oxford: Clarendon Press, 1927, p. 29. 道尔顿译注的《法兰克人史》共两卷，第一卷是学术专论，第二卷方为翻译。

〔3〕 William M. Daly, "Clovis: How Barbaric, How Pagan?" in: *Speculum*, Vol. 69, No. 3. 1994, pp. 619-664.

〔4〕 Godefroy Kurth, *Clovis*, Paris: Retaux Press, 1895.

是否也同时兼有与之对等的宗教信仰方面的真实需求。雷蒙德·范丹姆（Raymond Van Dam）的观点也许不无道理——克洛维希冀成为罗马的继承者，这很有可能是他成为一名基督徒的动机。[1]

　　在考察墨洛温王朝的历史构架及背景方面的专著，目前可以参阅的有两部英文著作——S. 迪尔（Samuel Dill）所著的《墨洛温时期高卢的罗马社会》（*Roman Society in Gaul in Merovingian Age*）[2]和伊恩·伍德所著的《墨洛温王朝：450—751 年》（*The Merovingian Kingdoms*，450—751）[3]。关于宗教史方面，迪尔将法兰克人的基督教化视为罗马化的一部分，从修道院、主教、圣徒与神迹，以及教会日常宗教生活四个章节，展现了墨洛温王朝早期基督教在高卢的传播和扎根。相较于迪尔，伍德的书中有关法兰克人皈依问题所占的篇幅不多。其可贵之处在于，他使用了一些新的史料，并提出了一些独到的观点，如对主教裁判权权限的诠释，等等。

　　在这次自上而下的宗教变革中，下层民众的改宗情况亦是一个必须考察的问题。道尔顿（O. M. Dalton）在他翻译的《法兰克人史》的第一卷导言中对墨洛温王朝早期的异教迷信问题作了一些分析，他认为，异教迷信与基督教圣物崇拜之间的界限有时是很难辨明的。[4] 教会通过宣传圣徒奇迹故事，鼓吹圣徒遗物的神奇法力，来达到以基督教圣徒取代异教各式神灵的地位的目的。另有学者认为，教会，尤其是底层教士对教民受神启这类迷信事件是抱支持态度的，通过这一途径，可加深教民对基督信仰的虔诚，并吸引更多的信徒。[5] 爱德华·詹姆斯（Edward James）在《法兰西的起源：从克洛维到卡佩王朝，500—1000 年》（*The Origins of France：From Clovis to the Capetians*，500—1000）一书中，对异教徒的研究，是从侧面了解高卢宗教

---

　　[1]　Raymond Van Dam，"Merovingian Gaul and The Frankish Conquests"，in：*The New Cambridge Medieval History Vol. I：c. 500-c. 700*，London：Cambridge University Press，2005，p. 207.

　　[2]　Sir Samuel Dill，*Roman Society in Gaul in Merovingian Age*，London：George Allen & Unwin Press，1966.

　　[3]　Ian Wood，*The Merovingian Kingdoms*，450—751，New York：Longman，1994.

　　[4]　Gregory of Tours，*The History of the Franks*，edited and translated by O. M. Dalton，Vol. I introduction，pp. 237-259.

　　[5]　Isabel Moreira，*Dreams，Visions，and Spiritual Authority in Merovingian Gaul*，Ithaca：Cornell Univesity Press，2000，p. 3.

史的很好的材料。[1] 作者从王室及教会法规、传教士的记录等方面,分析探讨了教会力图刻意回避的这一阶段的历史。J. M. 华莱士·哈德里尔在其《法兰克教会史》(*The Frankish Church*)一书中对此也有所涉及,不过他更多地是从宏观上来把握西罗马帝国倾覆后,在法兰克人治下的高卢教会发展史。[2] 该书思路清晰,观点鲜明,具有较高的参考价值。

伊扎克·亨(Yitzhak Hen)认为,在教会的引导下,大众文化的内涵转向与宗教信仰相适应,墨洛温王朝的社会文化已基本上实现基督教化。[3] 但也有一些学者指出这一观点的涵盖面太广,从而提出了较为中肯的批评意见。[4] 从普通法兰克人来看,罗马化及基督教化是一个漫长的过程;若以法兰克人上层为讨论对象,那么这一过程似乎相对较为短暂。1635 年发现的克洛维之父希尔德里克(Childeric I)之墓的墓室装饰多受罗马影响,固有的法兰克风格已经非常淡薄,大致上与罗马贵族墓室无异。爱德华·詹姆斯(Edward James)据此认为,5 世纪的日耳曼部族领袖往往将自己的权力构建于同罗马的关系之上。[5] 这一说法也许有欠公允,但从考古发现来看,当时日耳曼上层的身份和作为又确实凸显了这层与罗马之间的紧密联系。在考古成果方面,可参考盖伊·哈尔索尔(Guy Halsall)的《定居地与社会结构:墨洛温时期的梅斯地区》(*Settlement and Social Organization: The Merovingian Region of Metz*)和乔治·哈尔冯德(Gregory Halfond)的《法兰克教会会议考古研究,511—768 年》(*Archaeology of Frankish Church Councils, A. D. 511—768*)等书。[6] 基督教的影响或可从丧葬仪式中管窥

---

〔1〕 Edward James, *The Origins of France: From Clovis to the Capetians, 500—1000*, London: Macmillan Press, 1982.

〔2〕 J. M. Wallace-Hadrill, *The Frankish Church*, Oxford: Clarendon Press, 1983.

〔3〕 Yitzhak Hen, *Culture and Religion in Merovingian Gaul, A. D. 481—751*, New York: E. J. Brill Press, 1995.

〔4〕 Ralph Mathisen, "Review: Culture and Religion in Merovingian Gaul, A. D. 481—751", in: *The American Historical Review*, Vol. 104, No. 4(Oct. , 1999), pp. 1361-1362.

〔5〕 Edward James, *The Origins of France: From Clovis to the Capetians, 500—1000*, London: Macmillan Press, 1982, pp. 28-29.

〔6〕 Guy Halsall, *Settlement and Social Organization: The Merovingian Region of Metz*, Cambridge: Cambridge University Press, 1995; Gregory I. Halfond, *Archaeology of Frankish Church Councils, A. D. 511—768*, Leiden: Brill Press, 2010.

一二。中世纪早期的葬礼,是生者与死者间关系在社会认同感及精神信仰方面的重要体现。邦尼·埃佛罗斯(Bonnie Effros)从丧葬服饰、陪葬物和基督教文学等方面探讨了高卢日耳曼人的宗教信仰观念,揭示了墨洛温时期殓葬仪式的社会意义。[1] 尽管基督教会并不完全排斥旧有的殓葬制度,但教义的深入人心已使人们对死后世界的观念发生了改变。这对研究盎格鲁-撒克逊人的基督教化也是具有很大的借鉴意义的。

目前来看,西方学界关于盎格鲁-撒克逊人改宗大体脉络研究已较为成熟,但在局部上还是有所缺失。比如,在政教关系方面,教皇大格雷戈里派遣传教团的条件和动机、法兰克公主贝尔莎出嫁肯特的政治因素,以及惠特比会议召开的政治背景等问题的很多细节至今仍有待发掘、商榷。笔者对道姆·布雷切特对大格雷戈里传教动机的解释,尼古拉斯·布鲁克斯、N.J.海厄姆等人对贝尔莎出嫁时间作出的推论,以及克莱尔·斯坦克利夫对国王隐修原因的猜测等问题并不赞同。对相关史料进行深入研究后,笔者提出了自己一些初步的看法。

在教会关系方面,亨利·迈尔-哈廷、约翰·布莱尔等学者已做了深入的挖掘,本书借鉴各方观点,主要结合《西奥多赎罪书》和《大格雷戈里对话集》等材料,着力对爱尔兰教会、罗马教会对英吉利教会的影响以及三者的互动做进一步研究。

在民族改宗对比研究方面,目前学界尚缺乏对盎格鲁-撒克逊人、法兰克人基督教进程较为全面、细致的研究。不过,理查德·弗雷切尔、皮特·布朗和 J. M. 华莱士-哈德里尔等人以西欧为整体的基督教化研究为本书提供了值得学习借鉴的研究方法和思路。此外,国内学界以往对基督教的赎罪文化、圣徒奇迹等问题缺乏关注,笔者在大卫·威廉森、伊恩·伍德、玛丽莲·邓恩等人的研究基础上,结合最近的考古成果,对基督教在精神层面上对异教徒的吸引和改造的问题做了较为详细的探讨。

在研究方法上,本书注重对史料的比对分析,对一些存疑的地方,如比德的记载与教廷信件或其他圣徒传记有出入之处,做了细致地探析。笔者

---

〔1〕 Bonnie Effros, *Caring for Body and Soul : Burial and the Afterlife in the Merovingian World*, University Park : The Pennsylvania State University Press, 2002.

意图将信仰的转变置于特定的历史环境之中,关注宗教与社会的互动,结合由点及面的推演和共性比较等方法,对古代民族信仰转变的历史经验作一点总结。鉴于考察对象年代久远,文本史料与考古材料相对有限,流传至今的文字材料也有许多难辨真伪,做实证研究颇有难度。笔者借鉴了西方史家的比较史学和人类学的一些方法,运用书信、圣徒传记、国王法令、教会法令、考古证据等多种材料,在引证时尽量做到去伪存真。囿于学识,在论述与分析中,尤其是在比较两个民族改宗问题的方面难免会有疏漏或错误,也恳请诸位读者不吝拨冗指正。

第一章 古代不列颠的基督教

不列颠地区的基督教史始于罗马时代。公元前 55—前 54 年,恺撒(Julius Caesar)曾两度侵入不列颠。一个世纪后,克劳狄乌斯(Claudius)实现了对低地地区的征服,继而建立起长达约 350 年的罗马统治。自 1 世纪开始兴起的基督教也随罗马的兵士、商旅和移民传入了不列颠。在 4 世纪基督教成为罗马国教之后,教徒人数开始加快增长,但始终未能深入不列颠下层民众,建立起广泛的、具备群众基础的信仰。不列颠罗马化的不成熟与基督教未能普及之间的对应关系是值得我们研究的一个问题。在 5 世纪初罗马撤军之后,罗马统治秩序日渐式微,而不断的异族侵扰和盎格鲁-撒克逊人的到来使得许多原本已日益萎缩的拉丁城镇从此消亡,与此同时,教会也伴随着这些城镇和相关的罗马职能部门的消亡而衰落了。作为罗马帝国的边远行省,不列颠的罗马化程度较低,本身的多神教氛围也较浓厚。盎格鲁-撒克逊人起初并未像法兰克人那样接受当地的基督教,应与上述因素有关。

盎格鲁-撒克逊人的军事入侵迫使不列颠人向西部和大陆的布列塔尼迁徙,这在某种程度上推动了威尔士、康沃尔(Cornwall)等西部地区基督教的发展。原先受罗马影响较少的不列颠高地地区(highland Britain)发展出了与罗马主教区建制(diocese)不同的独特的凯尔特-爱尔兰修道院体系(Celtic-Irish monastic system),这对后来盎格鲁-撒克逊人地区的基督教的再传入也有着深远的影响。从僭主君士坦丁三世的叛乱到奥古斯丁的传教这 200 年间,不列颠低地地区(lowland Britain)基督教的残留作为罗马的遗产并未被摧毁殆尽,盎格鲁-撒克逊人在奥古斯丁到来前很有可能对基督教已有所认识,为他们后来的皈依奠下了基础。

第一节 基督教传入罗马不列颠

根据一个广为流传的传说,耶稣的母舅亚利马太的约瑟(Joseph of Arimathea)将基督教带到了不列颠。中世纪的传记作家还在这一传说上作了加工,把约瑟说成亚瑟王(King Arthur)的祖先,并带来了两只白银杯子,而这两只杯子正是最后的晚餐中耶稣所用的圣杯。[1] 但是,早期的古典作家并未提到任何的相关事件。绝大多数历史学家认为,这只是中世纪不列颠教会学者几经改编后杜撰而已。吉尔达斯认为在提比略皇帝(Tiberius Julius)统治时期(A. D. 14—37),基督教已经传入了不列颠,但这一看法并无任何史料的支持。他的这种观点可能来自于优西比乌斯(Eusebius of Caesarea)关于提比略同情基督教,促使教会迅猛发展的记载和当时的一些传说[2],然而需要指出的是,并未有来自基督教以外的记录说明,提比略支持基督教。比德在《英吉利教会史》中也没有采用吉尔达斯的这一观点。据比德的记载,基督教最初的传入是在 156 年,罗马教皇埃路塞路斯(Eleutherus)应不列颠王卢修斯(Lucius)的邀请派出传教士传播福音。[3] 这件事在 12 世纪的蒙茅斯的杰佛里(Geoffrey of Monmouth)的《不列颠诸王史》(Historia Regum Britanniae)中有着更详尽的记载。[4] 不过,这件事未见于比德之前的历史学者的记载,很可能是整理材料者将美索不达米亚伯莎城堡(Britium 或 Birtha)的卢修斯误认为不列颠人。

有关于不列颠基督徒最早的文字记载见于德尔图良(Tertullianus)和奥利金(Origen)的作品。德尔图良大约在 208 年这样记道:"在西班牙、高卢,

---

〔1〕 Robert de Boron, *Joseph of Arimathea*, in: *Merlin and the Grail*: *Joseph of Arimathea*, *Merlin*, *Perceval-The Trilogy of Arthurian Prose Romances Attributed to Robert de Boron*, trans. Nigel Bryant, Cambridge: D. S. Brewer, 2001, pp. 15-44.

〔2〕 参见优西比乌斯:《教会史》,保罗·梅尔英译、评注,瞿旭彤汉译,北京:生活·读书·新知三联书店 2009 年版,第 66—68 页。

〔3〕 St. Bede, *Venerabilis Baedae Opera Historica*, ed. C. Plummer, London, Edinburgh, New York: E Typographeo Clarendoniano, 1896, Lib. I, 4, p. 16.

〔4〕 蒙茅斯的杰佛里:《不列颠诸王史》,陈默译,桂林:广西师范大学出版社 2009 年版,第 70—71 页。该书材料来源混杂,真假难辨,作为史料,并不足信。

乃至罗马人难以到达的不列颠人的地区已皈依了基督。"[1]奥利金在 239 年也有类似的记载："救世主的威名已传到了不列颠,……但仍有六个其他部族的人未聆听到福音。"[2]值得让人注意的是,德尔图良提出的"罗马人难以到达的不列颠人的地区"这一说法。玛格丽特·迪恩斯利(Margaret Deanesly)认为德尔图良所指的不列颠人应属于不列颠西部的拉特尼(La Tène)文化区,她通过对该地区的格拉斯顿伯里(Glastonbury)和密尔(Meare)的一些濒湖小村在 1 世纪的贸易情况的考证,结合罗马驻军地基督教遗迹较少等证据,指出基督教经由贸易的途径传入了不列颠西部地区,这里的凯尔特人与基督教文化的接触是独立于罗马之外的。[3] 据其推测,从地中海至不列颠西部的贸易商线通常始自马赛(Marseille),沿罗纳河(Rhône)逆流而上,经卢瓦尔河(Loire)至大西洋,航行绕过不列颠西部海角从塞汶河(Severn)进入威尔士和其他地区。以往的罗马军团传入说主要着眼于东南部地区,而通常将受罗马影响较少的西部地区的基督教传播途径也一概而论。罗马人的到来应当不是基督教传入的唯一途径。

在君士坦丁承认基督教的合法地位之前,基督徒曾饱受罗马当局的迫害。吉尔达斯认为,历史上存在许多不列颠殉教徒,但他们的名字却未能流传下来。这种说法是可信的。依照比德所记,戴克里先时期整整十年间"烧毁教堂,杀害教徒"的暴行[4],以及帝国前九次对基督徒大迫害,可以推论,罗马起先的打压政策对不列颠教会曾造成了不小的打击。

尽管罗马统治时期不列颠基督教方面的史料十分匮乏,但有关于不列颠殉教徒的事迹也可屡见于比德等人的记载之中。比如在戴克里先(Diocletianus)大迫害中遇难的圣奥尔本(St. Alban),住在莱吉恩斯城

---

〔1〕 Tertullian, *Adversos Iudaeos*, 7. 4. 转引自 George Forrest Browne, *The Christian Church in These Islands before the Coming of Augustine-Three Lectures Delivered at St Paul's in January 1894*, Project Gutenberg, 2010, p. 43.

〔2〕 转引自 George Forrest Browne, *The Christian Church in These Islands before the Coming of Augustine*, pp. 43-44.

〔3〕 Margaret Deanesly, *The Pre-Conquest in England*, London: Adam & Charles Black, 1961, p. 4 and pp. 12-15.

〔4〕 St. Bede, *Venerabilis Baedae Opera Historica*, ed. C. Plummer, London, Edinburgh, New York: E Typographeo Clarendoniano, 1896, Lib. I, 6, pp. 17-18.

(Legionum Urbs)的两名信徒亚伦(Aaron)和尤里乌斯(Julius),和伦敦主教奥古鲁斯(Augulus)。圣奥尔本、亚伦和尤里乌斯的事迹初见于吉尔达斯的《哀诉不列颠的毁灭》。后来比德很有可能取材于此,并结合其他一些材料,赋予了圣奥尔本一个鲜活立体的殉教徒形象。据比德记载,奥尔本起先是个异教徒。一次他在家中接待了一位逃难的基督教神父,在他的影响下,很快弃暗投明,接受了基督的教诲。这位新教徒与他的教父互换了衣服,代替后者被搜查的士兵带走。在审判中,酷刑和威逼无法使奥尔本改变信仰,最终他被判处斩首。尔后在奥尔本被押往行刑地途中的事令人瞠目:当他过河的时候,河水如当年摩西过海一般向两边分开了,为他留出一条通道。这一神迹感化了行刑的刽子手,成为奥尔本信仰上的伙伴,与其一同赴死。[1]奥尔本葬于威努拉米乌姆(Verulamium),该地后为纪念他更名为圣奥尔班斯城(St. Albans)。

　　《米兰敕令》(*Edict of Milan*)颁布后,不列颠也参与了在大陆召开的一些大型宗教会议。314 年阿尔勒会议(Council of Arles)的会议记录是不列颠教士在大陆活动最早的文本证据。当时与会的人员当中有三名不列颠主教,分别是来自约克的依波留(Eborius),来自伦敦的雷提图多(Restitutus),来自林肯的阿德菲斯(Adelfius)。另外还有可能来自塞伦切斯特(Cirencester)的塞尔德(Sacerdus)长老和阿明尼乌斯(Arminius)执事。[2]有学者认为,这表明当时的不列颠教会已经在罗马教会的管理之下。[3]不过在会后写给罗马大主教西尔维斯特一世(Sylvester I)的联名信件中,署名

---

〔1〕 关于圣奥尔本和亚伦、尤里乌斯的事迹参见 St. Bede, *Venerabilis Baedae Opera Historica*, ed. C. Plummer, London, Edinburgh, New York: E Typographeo Clarendoniano, 1896, Lib. I, 7, pp. 18-22；以及 Gildas Sapiens, *On The Ruin of Britain*, trans. J. A. Giles, Project Gutenberg, 1999, c. 10-11. 吉尔达斯并未提到圣奥尔本感化行刑人一同殉教的事。

〔2〕 *Concilia Galliae a. 314—a. 506*, *Corpus Christianorum. Series latina*, Vol. 148, ed. C. Munier, Turnhout: Brepols, 1963, pp. 14-22. R. G. Collingwood, John N. L. Myres, *Roman Britain and English Settlements*, New York: Biblo & Tannen Publishers, 1998, p. 271. http://e-gli.com/council-of-arles-314/ (2011-06-05)

〔3〕 Jeremy Collier, *An Ecclesiastical History of Great Britain, Chiefly of England*, W. Straker Press, 1840, p. 64.

的 33 名主教之中只有阿德菲斯一位不列颠主教。[1] 这可能是因为罗马方面对不列颠这一边陲之地的教区不重视,不列颠教士的地位不高而造成的。325 年在尼西亚召开的大公会议(Ecumenical Councils of Nicea)就找不到不列颠教士参加的相关痕迹。

不列颠教士在 347 年、359 年分别参加了萨迪卡(Sardica,今索非亚 Sophia)会议和阿明尼努姆(Armininum,今里米尼 Rimini)会议。在筹备阿明尼努姆会议过程中,三名不知名的不列颠主教接受了帝国的资助,才得以成行。[2]

除了上述这些寥寥的书面记录之外,罗马时代的不列颠基督教的考古证据也较少。克里斯托弗·施奈德(Christopher Snyder)在总结以往的考古资料后指出,在所有罗马不列颠城镇中,只有 12 座留存有明显的基督教证据。[3] 其中包括很可能是在圣奥尔本殉教处修建起来的圣奥尔本教堂,以及可能是比德在《教会史》中混淆修建时间的古罗马教堂——圣庞克拉斯教堂(St. Pancras)。[4] 圣奥尔本教堂在威努拉米乌姆城外东北方向大约 600 米处,圣庞克拉斯教堂在杜布尼拉姆(Durovernum,今坎特伯雷)以东约 400 米处,二者都属于城外教堂。[5] 与高卢、意大利、莱茵河(Rhine)畔的一些城镇,比如波尔多(Bordeaux)、里昂(Lyon)、科隆(Cologne)、柯桑腾(Xanten)等地一样,它们都是在城外的圣徒墓地上修建教堂或修道院,从而

---

〔1〕 *Concilia Galliae a.* 314—*a.* 506 ,ed. C. Munier,1963,pp. 4-6. Dilectissimo papae siluestrio marinus, acratius, natalis theodorus, proterius, vocius, verus, probatius, caecilianus, faustinus, surgentius, gregorius, reticius, ambitausus, termatius, merocles, pardus, adelfius, hibernius, fortunatus,aristasius, lampadius, vitalis et maternus, liberius, gregorius, crescens, auitianus, dafnus, orantalis,quintasius,victor,epictetus,in domino aeternam salutem.

〔2〕 Margaret Deanesly,*The Pre-Conquest in England*,London:Adam&. Charles Black,1961,p. 7.

〔3〕 Christopher Allen Snyder,*The Britons*,Malden:Wiley-Blackwell,2003,pp. 108-111,Fig. 6. 1.

〔4〕 比德在《教会史》中提到古罗马时期的教堂有两处。一是王后贝尔莎使用的圣马丁教堂,二是后来重建的基督教堂。St. Bede,*Venerabilis Baedae Opera Historica*,Lib. I,26,p. 47;Lib. I,33,p. 70. 比德还提到奥古斯丁在城外以东不远处又修了一座修道院,这座修道院的前身就是圣庞克拉斯教堂。现代考古发现,圣马丁教堂和圣庞克拉斯教堂修建时期都应早于 6 世纪晚期。可能是比德将重建功绩都归于奥古斯丁之故。Charles Thomas,*Christianity in Roman Britain to A. D. 500*,Berkeley and Los Angeles:University of California Press,1981,pp. 170-174;Christopher Allen Snyder,*The Britons*,Malden:Wiley-Blackwell,2003,pp. 110-111.

〔5〕 Charles Thomas,*Christianity in Roman Britain to A. D. 500*,Berkeley and Los Angeles:University of California Press,1981,pp. 170-174,and p. 180. 考古地绘图参见 p. 171 和 p. 195。

建立起基督教圣地的。[1] 城内教堂较为典型的有位于希尔切斯特(Silchester)石砌长方教堂和洗礼池,以及位于科切斯特(Colchester)大约建于4世纪早期的石砌长方形教堂。[2]

其他较为显著的基督教印记的证据还有在塞伦切斯特的一间房屋的泥灰墙上发现的基督教回文结构的图案;在肯特卢林斯顿(Lullingstone)村的一间别墅上房中很大的 Chi-Rho 图案[3],以及墙上盛装的祈祷者的壁画;在多塞特郡(Dorset)的辛顿圣玛丽村(Hinton St. Mary)的一间庄园别墅的马赛克地面上破碎的年轻人头像:在头像背后有 Chi-Rho 图案,一侧还有象征不朽的石榴图样,一些学者断定这描绘的应是基督的形象。[4] 查尔斯·托马斯(Charles Thomas)将后二者归于庄园礼拜堂一类的建筑。[5]

一般来说,1世纪至5世纪中叶的不列颠基督教的传播发展史分为两个阶段,分界点是君士坦丁(Constantinus I Magnus)与李锡尼(Licinius)颁布《米兰敕令》的313年。313年之前,并无来自政治方面的推动力,非但如此,罗马不列颠各行省的基督徒还受到了帝国的迫害。313年之后,基督教的发展受到官方的支持,其地位慢慢上升为国教。不过,此时期同样也有来自于罗马官方的负面阻碍。桃乐茜·瓦特(Dorothy Watts)在讨论罗马晚期的不列颠宗教时指出,从皇帝尤里安复兴异教活动开始,4世纪60—90年代不列颠各行省的异教活动频繁,大有复兴之势。[6] 直至狄奥多西一世(Theodosius I)恢复基督教的一统地位,打压异教势力,异教活动才在公开

〔1〕 Charles Thomas,*Christianity in Roman Britain to A. D. 500*,Berkeley and Los Angeles:University of California Press,1981,p. 180; John Blair, *The Church in Anglo-Saxon Society*,New York:Oxford University Press,2005,p. 13.

〔2〕 Charles Thomas,*Christianity in Roman Britain to A. D. 500*,Berkeley and Los Angeles:University of California Press,1981,pp. 168-169.

〔3〕 Chi-Rho 图案是早期基督教的特有图案之一。取其基督的希腊文形式"Χριστ ς"的两个首字母组合而成,看上去就像是 Ξ 和 Π 的叠加体。Χηι 和 Ρηο 分别是希腊字母 Ξ 和 Π 的发音。具体的各种样式可参见查尔斯·托马斯的绘图。Χηαρλεσ Τηομασ,Χηριστιανιτψ ιν Ρομαν Βριταιν το Α.Δ. 500,Βερκελεψ ανδ Λοσ Ανγελεσ:Υνιϖερσιτψ οϕ Χαλιϕορνια Πρεσσ,1981,π.165.

〔4〕 Henry Mayr-Harting,*The Coming of Christianity to Anglo-Saxon England*,University Park:The Pennsylvania State University Press,1991,p. 32. Christopher Allen Snyder,*The Britons*,Malden:Wiley-Blackwell,2003,pp. 108-111.

〔5〕 Charles Thomas,*Christianity in Roman Britain to A. D. 500*,pp. 180-183.

〔6〕 Dorothy Watts,*Religion in Late Roman Britain:Forces of Change*,London and New York:Routledge,1998,pp. 24-51.

场合销声匿迹。但在罗马的军事重镇之一，位于威尔士的卡尔文特（Caerwent），考古发现4世纪晚期的异教徒坟墓与基督徒的坟墓紧邻而立，这说明当时信仰的对立似乎并非冰炭不洽的态势。[1]

不列颠罗马时代基督教的传播状况十分复杂。在讨论其发展历程时，罗马文化和本土的凯尔特文化对其传播普及的影响，以及与之结合形成两种不同的教会建制始终是无法回避的焦点问题。

不列颠的罗马化程度较低，受统治时间也较高卢等地来得短暂，并不意味着可以轻视罗马对基督教传播的影响。起初，罗马是基督教传播的承载体，基督教随着它的军事扩张，而将信仰遍布于其领土。尽管罗马官方对基督教进行了多次打压，但从文化传播交流的层面来看，此时基督教是罗马文化对外输出的一部分，基督教在不列颠的早期传播很大程度上受益于罗马的扩张。在基督教获合法地位之后，原先仅限于民间交流层面的基督教得到了官方的支持，成为罗马化表征的重要内容，包括不列颠各行省在内的罗马基督徒人数也日益增加。但是，也必须认识到，罗马化并不完全等同于基督教化。早期基督教在传入不列颠西部时就有其独立的传播途径。即便在帝国统治晚期，因为个别皇帝的反基督教政策，这两者也并未完全画上等号。从短时间段来看，基督教的传播会受到罗马的政策、帝国的政治局势的影响，但从较长的时间观察，基督教能成为西方的主流宗教之一，必有其旺盛的生命力，较依附于帝国政权的罗马文化，其发展潜力是青出于蓝而胜于蓝的。在4世纪初君士坦丁与马克森狄（Maxentius）、马克西敏·达伊亚（Maximin Daia）以及盟友李锡尼的帝位角逐中，基督教就显现出了它强大的影响力。[2] 到罗马晚期，随着帝国国势日渐衰颓，基督教在这个蛮族崛起称雄，古典文化没落的时代反而愈发显现出罗马文化继承人的势头。

不列颠的基督教化过程是带有浓厚的凯尔特色彩的，尤其是在不列颠

---

〔1〕 Mark Redknap,"Early Christianity and its Monuments",in：Miranda J. Green,ed.，*The Celtic World*,London and New York：Routledge,1995,p.737.

〔2〕 君士坦丁和李锡尼开始作为基督教的保护人一方，击败了对手马克森狄和马克西敏。马克西敏在被李锡尼击败后，亦转向基督教，发布了基督教宽容法令（具体内容参阅《教会史》，第423—433页）。而李锡尼一统东罗马之后，再转投异教，再次发动对基督教的迫害，与君士坦丁同盟破裂。324年李锡尼两度被君士坦丁击败，翌年被害。

的西部地区和后来爱尔兰化的北部地区。必须承认,罗马在西部影响力的薄弱是造成东南部地区的罗马集权式与和西部地区的凯尔特部落式的教会风格分歧的重要诱因。政治版图上的分裂导致的文化隔阂在不列颠北部体现得更加明显——苏格兰直到 6 世纪尼尼安(Ninian)和哥伦巴(Columba)的到来才接受了基督教。[1] 罗马时期长期的军事对立局面使得传教士进入北方传教的安全难以得到保证,这是哈德良长城(Hadrian's Wall)以北一直未能基督教化的重要原因。需要指出的是,事实上很难认定罗马与凯尔特教会建制的区别开始于罗马时期。东方的苦修生活方式直至 4 世纪末才传入不列颠,修道院的兴盛则要更晚。西罗马倾覆后,低地地区的拉丁教会随着帝国一起没落了,而凯尔特教会则蓬勃地发展起来,很多学者将五六世纪称为不列颠西部和北部的"圣徒时代"。[2]

第二节　凯尔特教会

一、圣日耳曼努斯的来访

从罗马撤军到盎格鲁-撒克逊人到来的 5 世纪上半叶,有关于不列颠基督教的史料稀缺。教会方面较为详细的记载来自里昂神父康斯坦提乌斯(Constantius of Lyon),他记述了高卢奥赛尔主教圣日耳曼努斯(St. Germanus of Auxerre)对不列颠的两次来访,分别在 429 年与 444 年前后。[3] 两次到访都是应不列颠人的邀请去打击驳斥在岛内兴盛的贝拉基主义(Pelagianism)。尼古拉斯·海曼(Nicholas Higham)认为他是受罗马

---

〔1〕　尼尼安(Ninian)和哥伦巴(Columba)两位传教士分别来自罗马和爱尔兰。

〔2〕　学界的主流意见一般认为 5—6 世纪是不列颠圣徒的黄金时代(the Age of Saints)。William Copeland Borlase, *The Age of the Saints: A Monograph of Early Christianity in Cornwall, with the Legends of the Cornish Saints and an Introd. Illustrative of the Ethnology of the District*, Truro: J. Pollard, 1893, p. 42. Christopher Allen Snyder, *The Britons*, p. 105.

〔3〕　康斯坦提乌斯的记载是在里昂主教帕提安斯(Patiens)的委托下,于 480 年或更晚一些时候完成的。Constantius of Lyon, *The Life of St. Germanus of Auxerre*, trans. F. R. Hoare, in: *Soldiers of Christ: Saints' Lives from Late Antiquity and the Early Middle Ages*, eds. Thomas Noble and Thomas Head, University Park: Pennsylvania State University Press, 1995, pp. 75-106. 比德在《教会史》中基本照搬了康斯坦提乌斯的记载。

教廷委派,来执行反对贝拉基主义的教令,因为这些教令是在不列颠独立之后颁布的。[1]

贝拉基主义是5世纪上半叶在帝国西部广为流传的异端教派。创立人贝拉基(Pelagius)出生于不列颠,380年左右去了罗马。贝拉基的《评圣保罗的十三使徒传》(*Commentaries on the Thirteen Epistles of St. Paul*)是现存最早的不列颠人的作品。贝拉基认为人无原罪,可以凭自己的自由意志得到救赎,反对预定论。这种教义显然是违背正统的。在他的学说被奥古斯丁等人斥为异端后,贝拉基避世隐居于东部行省直至逝世。

据康斯坦提乌斯的记载,圣日耳曼努斯一行人到达不列颠后即声名远播,无论在教堂、街头,甚或田野间,每天都被人群包围着进行布道。贝拉基主义的支持者们终于按捺不住,决定以公开辩论一决高低。辩论那日,贝拉基主义的教士们"身着夺目的法衣以炫耀其财富,身后簇拥着一大群阿谀之徒"。[2]而虔敬博学的高卢主教最终取得了压倒性的胜利,获得了围观群众的热烈喝彩。

圣日耳曼努斯不仅在辩论上击败了异端分子,而且显现了许多圣徒奇迹,包括第一次来访中使一位军官的失明女儿重见光明,第二次来访中使当地一个首领埃拉弗乌斯(Elafius)的瘸腿儿子痊愈。[3]类似奇迹使得更多的当地人皈依了基督教。

值得称道的是圣日耳曼努斯率领不列颠人取得的一次战争胜利,史称"哈利路亚的胜利"(Alleluia victory)。430年,撒克逊人和皮克特人(Picts)联合起来向不列颠发动了进攻。此时正值圣日耳曼努斯第一次来访期间,不列颠人向主教祈求神的帮助。圣日耳曼努斯来到军营为士兵们讲道、洗礼、搭建小教堂过复活节。至决战的那天,圣日耳曼努斯宣布自己是此次战役的统帅

---

[1] Nicholas Higham, *Rome, Britain and the Anglo-Saxons*, 1992, London: Routledge, pp. 74-75.

[2] Constantius of Lyon, *The Life of St. Germanus of Auxerre*, trans. F. R. Hoare, in: *Soldiers of Christ: Saints' Lives from Late Antiquity and the Early Middle Ages*, eds. Thomas Noble and Thomas Head, University Park: Pennsylvania State University Press, 1994, p. 87.

[3] Constantius of Lyon, *The Life of St. Germanus of Auxerre*, p. 88 and pp. 95-96.

(dux proelii),安置其军队于一个敌人必经的山谷之上。[1] 当敌人经过时,圣日耳曼努斯带领教士们高喊三声"哈利路亚",而不列颠士兵也齐声回应三声"哈利路亚"。回声响彻于封闭的山谷之中,敌人吓得四散逃亡。

从圣日耳曼努斯的行程来看,其足迹遍布了大半个原罗马不列颠地区。圣日耳曼努斯探访过位于威努拉米乌姆的圣奥尔本的墓地,该地位于英吉利东南部。而传统观点认为"哈利路亚的胜利"发生在弗林特郡(Flintshire)的梅斯·加门(Maes Garmon)小镇附近,此地位于威尔士的东北角。在第二次来访中,当地首领埃拉弗乌斯统治的地方可能是在后来的威塞克斯某地,有学者认为他即西撒克逊人首领埃雷塞(Elesa),在威尔士族谱中的威塞克斯国王塞迪克(Cerdic of Wessex)的父亲。[2] 依康斯坦提乌斯所记,无论是在第一次到访和15年后的第二次来访,圣日耳曼努斯遇到的百姓大多都是信仰基督教的,只是有一些受到了贝拉基主义的毒害,变为了异端分子。比如在第二次到访中,圣日耳曼努斯发现追随埃拉弗乌斯的人们的信仰并无变化,只是少数人犯了错误(受异端蒙惑)。[3] 总之,在康斯坦提乌斯的记载中,我们找不到不列颠基督教在5世纪上半叶衰落的迹象。排除圣徒传记作者意图美化基督徒遍布四海的成分,还是能发现在罗马撒军后基督教在不列颠人上层阶级中仍有广泛的影响力。

二、基督教向爱尔兰和苏格兰的传播

在后罗马时代[4],不列颠南部向爱尔兰和苏格兰输送基督教的传教事

---

〔1〕 Constantius of Lyon, *The Life of St. Germanus of Auxerre*, trans. F. R. Hoare, pp. 89-90. 罗马撒军后,不列颠人沿用了罗马军队的建构,只是兵源已完全本土化了。圣日耳曼努斯在当主教之前原是个军人,系阿基坦尼亚(Aguitania)的公爵。

〔2〕 Margaret Deanesly, *The Pre-Conquest in England*, London: Adam & Charles Black, 1961, pp. 26-27.

〔3〕 Constantius of Lyon, *The Life of St. Germanus of Auxerre*, trans. F. R. Hoare, p. 95.

〔4〕 通常这一时期是指罗马不列颠时代与盎格鲁-撒克逊七国时代之间的过渡时期,也就是以罗马结束统治的410年至奥古斯丁来到肯特的597年这一段时间。从民族迁徙角度可归属于西欧民族大迁徙时期。传奇故事里一般称其为"亚瑟王时代"。克里斯托弗·施奈德建议这一时期应改称为"不列颠时代",沿用古典教会作家帕特里克和吉尔达斯对不列颠人的这一古代民族的称呼。(参见 C. A. Snyder, *An Age of Tyrants: Britain and the Britons*, A. D. 400-600, University Park: Pennsylvania State University Press, 1998, p. 252.)不过学界一般还是大多使用考古界首先划分的、已约定俗成的"后罗马时代"这一叫法。

业取得了巨大的成功。以哈德良长城为界,一边是旧有的罗马不列颠基督教,一边是新生的爱尔兰和苏格兰基督教。随着盎格鲁-撒克逊人的入侵,基督教的文化中心也随之转移到了北部地区。

　　帕特里克(Patrick)是一名不列颠传教士,活跃于 5 世纪中后期。[1] 他把基督教传入了爱尔兰,其故事也颇具传奇色彩。时至今日,在欧美各地举行的每年一度的纪念集会中,他的几个奇迹故事总会被反复地讲述。虽然他显现的奇迹多半是后人的神化和编造,但从他的经历中可以看出早期基督教传教士的一种无畏的气概。帕特里克出生于一个名为班纳维姆-台伯尼恩(Bannavem Taburnia)的村庄,他的父亲卡尔帕琉斯(Calpornius)是一名助祭。在 16 岁时,帕特里克被奴隶贩子劫掠到爱尔兰卖身为奴。[2] 经过 6 年风餐露宿的放牧生活,帕特里克逃离了他的主人,找到一艘去往不列颠的船(有可能是先到高卢再辗转至不列颠)[3],说服了船长和水手把他带回了故乡。在不列颠呆了一段时间之后,帕特里克自称接受了上帝的神谕,又返回到自己曾经为奴的爱尔兰去传教。《乌尔斯特编年史》(*The Annals of Ulster*)中记载这一年是"狄奥多西二世(Theodosius Ⅱ)成为西罗马皇帝的第九年,罗马主教西克斯图斯二世(Sixtus Ⅱ)上任第一年",即 432 年。[4] 不过,这本编年史中记载帕特里克的逝世年份却又有矛盾之处,分别为 461 年和 493 年。关于 493 年的那一条记道:"帕特里克,爱尔兰的大主教,逝世于罗马历 4 月 16 日,终年 120 岁,即他去爱尔兰并为他们施洗的第 60 年。"[5]

　　两处记载或有一条可信,或都不可信。帕特里克的研究者们目前尚未

---

　　〔1〕 有关于帕特里克的生卒年份有多种说法,这里采用查尔斯·托马斯的观点(约 415—约 492 年)。(参见 Charles Thomas, *Christianity in Roman Britain to A. D. 500*, Berkeley and Los Angeles: University of California Press, 1981, pp. 307—346; C. A. Snyder, *The Britons*, Malden: Wiley-Blackwell, 2003, p. 119)

　　〔2〕 Patrick, *Confessio*, 1. http://www. confessio. ie/etexts/confessio_latin #01.

　　〔3〕 查尔斯·托马斯持后种观点(参见 Charles Thomas, *Christianity in Roman Britain to A. D. 500*, pp. 321-325)。

　　〔4〕 *The Annals of Ulster* (*to A. D. 1131*), ed. and trans. Seán Mac Airt and Gearóid Mac Niocaill, Dublin: School of Celtic Studies, 1983, u432.1. http://www. ucc. ieceltpublished/ T100001A/.

　　〔5〕 *The Annals of Ulster* (*to A. D. 1131*), ed. and trans. Seán Mac Airt and Gearóid Mac Niocaill, Dublin: School of Celtic Studies, 1983, u493. 4.

有依据来判断究竟哪条更为可靠。根据常人的一般寿命推测,帕特里克不太可能有 120 岁的高寿,432 年很可能是他被俘去往爱尔兰的时间,后人附会成他回到爱尔兰的时间了。后代编年史作者将帕特里克传教时间提前几十年,很可能是为了凸显帕特里克之于爱尔兰传教事业的先驱者身份和唯一性。根据比较可信的阿基坦主教普罗斯普尔(Prosper of Aquitaine)的《编年史摘要》(*Epitoma Chronicon*),在狄奥多西二世成为西罗马皇帝的第八年(即 431 年),教皇希莱斯廷(Celestinus)派遣帕拉迪乌斯(Palladius)去往爱尔兰传教,后者成为爱尔兰第一任主教。[1] 但除了普罗斯普尔的记载外,找不到其他有关帕拉迪乌斯传教的早期史料,一般认为帕拉迪乌斯的传教并未取得成功。当代一些学者认为帕拉迪乌斯在爱尔兰的传教工作还是取得了一定成绩,甚至有人提出帕特里克曾是帕拉迪乌斯的一名随从执事的观点。[2] 这种看法猜测成分居多,不太站得住脚。但帕拉迪乌斯对爱尔兰传教事业是否曾有过贡献呢? 很可能是有的,只不过后来有关他的故事被归到帕特里克名下了。后人过多地渲染、升华了帕特里克的传教故事,今天我们看到的帕特里克很可能是一群早期去爱尔兰传教士的形象的集合。

从帕特里克留下的《自白书》(*Confessio*)和一些书信中,我们才能更清楚地认识到他的实际工作。在《自白书》的第 52 章谈道:

> 我有时送礼物给(爱尔兰)国王,除此之外我还支付酬金给随我旅行的王子们。尽管如此,他们还是囚禁了我和我的同伴,并意图杀害我们,但(加害我们的)那一天终究没来。他们夺去了我们身上所有的财物,并用铁镣铐住我们。在第 14 天,主使我恢复了自由。因为主的缘故,他们退还了我们的财物,也因此与我们恢复了往昔亲密的友谊。[3]

从这里和他其他一些记载中可以发现,帕特里克的传教事业其实是一

〔1〕　Prosper of Aquitaine, *Epitoma Chronicon*, s. a. , 431.

〔2〕　E. A. Thompson, *Who was St. Patrick*? Woodbridge: Boydell Press, 1999, p. 175.

〔3〕　Patrick, *Confessio*, 52.

条布满荆棘的道路。他甚至也有过停止传教，返回家乡的念头。[1] 但直至到死，他都一直勤勉地巡游于爱尔兰的土地上四处传教，"没有任何其他原因回到这片我曾经逃离的土地，只为了传播福音和对主的承诺"[2]。

作为一名不列颠人，帕特里克前往爱尔兰播撒下基督教的种子，这为后人在爱尔兰发展壮大教会，孕育爱尔兰修道院制度文化奠定了基础，也为凯尔特基督教传统经苏格兰辗转传回盎格鲁-撒克逊人控制下的英吉利地区提供了前提。

从帕特里克到哥伦巴，二者活跃的年代大概相隔了百年。此间的一个世纪是爱尔兰修道院文化蓬勃发展的时期，一系列修道院被建立了起来。其中著名的有女圣徒布里吉德(Brigid)的奇代尔(Kildare)女修道院、芬里安(Finnian)的克劳纳德修道院(Clonard)、西兰恩(Ciarán)的克卢马可诺斯(Clonmacnoise)修道院。哥伦巴在去苏格兰之前也在爱尔兰建立起一些修道院。其中包括德瑞(Derry)、都罗(Durrow)和凯尔兹(Kells)这三所著名的修道院。

据传说，哥伦巴是因引发爱尔兰部族在柯尔-德雷本纳(Cule-Drebene)的战争而被教会责罚流放至苏格兰。但根据阿丹姆南(Adamnan)的《圣哥伦巴传》(*Life of Saint Columba*)，哥伦巴是在柯尔-德雷本纳战役的两年后来到爱奥那(Iona)，并未提及二者之间有何联系。[3] 当时，爱奥那在哥伦巴的堂兄，盖尔人(Gaels)的戴尔里尔达(Dalriada)国王康耐尔(Connall)的统治之下[4]，很可能哥伦巴是受其邀请而来。哥伦巴以此为基地，依靠爱尔兰后方修道院源源不断的物质和人力支持，前往苏格兰向皮克特人和盖尔人传教。比德在《英吉利教会史》中提到爱奥那系皮克特人国王布鲁伊德(Bruide)所赠[5]——或是因为附会，或是因为盖尔人和皮克特人之间对爱奥那的领土存有争议——在哥伦巴为皮克特人施洗之后，布鲁伊德同样给

〔1〕 Patrick,*Confessio*,43.

〔2〕 Patrick,*Confessio*,61.

〔3〕 Adamnan,*Life of Saint Columba*,ed. and trans. William Reeves,Edinburgh:Edmonston and Douglas,1874,Vol. I,Chapter Ⅶ,p. 12.

〔4〕 Ibid.

〔5〕 St. Bede,*Venerabilis Baedae Opera Historica*,Lib. Ⅲ,4,pp. 133-134.

予了哥伦巴爱奥那的领主头衔。

皮克特人的教化并不能全部归功于哥伦巴,尼尼安主教在此之前已经在南部的皮克特人那里建立起了教区,直至比德生活的时代,在加洛韦(Galloway)的"白房子教堂"(Whithern)仍然非常出名。不过人们公认哥伦巴为苏格兰教会之父亦是有原因的。作为北爱尔兰最为显赫的家族之后裔,哥伦巴建立了爱尔兰与苏格兰之间政治、宗教相互沟通支持的桥梁,这一点直接保证了在苏格兰大范围传播福音的基础。皮克特人和盖尔人都为哥伦巴自由布道、宣讲教义提供了保障,作为回报,哥伦巴在爱奥那为盖尔人首领艾丹(Aidan)膏立加冕[1];在 575 年他返回爱尔兰参加德努伊-凯特(Druim Ceat)大会[2],帮助在苏格兰的戴尔里尔达王国争取独立地位。[3]从教会史方面而言,哥伦巴对爱尔兰、苏格兰和英吉利的基督教传播有着极为突出的贡献。他建立的爱奥那修道院后来成为凯尔特基督教历史上最有影响力的圣地之一,在 6 世纪下半叶至 7 世纪一直享有盛誉,培养了一大批基督教精英人士,直接影响了英吉利北部地区的基督教传播与发展——颇受比德赞誉的诺森伯里亚主教艾丹(Aidan of Lindisfarne)和之后数名继任者都是来自于爱奥那。

第三节　盎格鲁-撒克逊人的入侵和基督教的残存

一、盎格鲁-撒克逊人的占领

在后罗马时代,不列颠发生的最重要的历史事件就是盎格鲁-撒克逊人的入侵。5 世纪中后期盎格鲁-撒克逊人取代了罗马原先在不列颠东南部的地位,有关这段时期的历史我们主要依赖于吉尔达斯和比德的记载。比德

---

〔1〕 Adamnan, *Life of Saint Columba*, ed. William Reeves, Edinburgh: Edmonston and Douglas, 1874, Vol. Ⅲ, Chapter Ⅵ, pp. 81-82.

〔2〕 *The Annals of Ulster* (*to A. D. 1131*), ed. and trans. Seán Mac Airt and Gearóid Mac Niocaill, Dublin: School of Celtic Studies, 1983, u575. 1.

〔3〕 A. O. Anderson, *Early Sources of Scottish History A. D. 500—1286*, Ⅰ, Stamford: Paul Watkins, 1990, p. 83. Francis John Byrne, *Irish Kings and High-Kings*, London: Batsford, 1973, p. 110.

对盎格鲁-撒克逊人到来和定居的描述已成为经典的阐述：

> 这些新来的人来自日耳曼的三个较为强大的民族，即撒克逊人、盎格鲁人和朱特人。肯特人、怀特人以及住在怀特岛正对面的西撒克逊地区，至今仍然称为朱特人的那些人都是朱特人的后裔；东撒克逊人、南撒克逊人和西撒克逊人来自居住在今天称为古撒克逊地区的撒克逊人。从居住在称为安格尔恩地区的盎格鲁人中繁衍了东盎格鲁人、高地盎格鲁人、麦西亚人和居住在亨伯河北岸的所有诺森伯里亚人的后裔以及其他盎格鲁人。[1]

撒克逊人等日耳曼蛮族自 3 世纪就开始对不列颠进行海上侵扰。撒克逊海滨(Saxon Shore)是罗马在英吉利海峡两侧修建的防御工事的地带，其名称来源于西罗马末期的官员编制手册（Notitia Dignitatum）中的"撒克逊海滨统帅(comes litoris Saxonici)"一职。彼得·萨尔维(Peter Salway)认为这是该地区因常受撒克逊人等蛮族人侵扰，最早于 3 世纪晚期设立的军事职位。[2] 在不列颠一侧的海滨从沃什湾(Wash)延伸至索伦特海峡(Solent)，至今仍存有为抵御海盗活动留存下来的塔楼遗迹。撒克逊海滨是因受撒克逊人侵袭得名还是因有撒克逊人定居得名至今仍存在争论。[3] 根据高卢编年史，撒克逊人似乎在 441 年之前就征服了不列颠地区。"在狄奥多西二世统治的第 18 年至第 19 年间，已经历了种种灾难和不幸的不列颠行省最终

---

〔1〕　St. Bede, *Venerabilis Baedae Opera Historica*, Lib. I, 15, pp. 30-32. 20 世纪的考古和历史研究表明，迁居不列颠的日耳曼人来自更广阔的区域及族群，如弗里西亚(Frisia)的弗里斯兰人(Frisians)，以及法兰克人等等。（参见 John Nowell Linton Myres, *The English settlements*, London: Oxford University Press, 1989, pp. 46-48, and p. 54）

〔2〕　Peter Salway, *A History of Roman Britain*, London: Oxford University Press, 2001, p. 189.

〔3〕　据一些考古证据发现，撒克逊人很有可能早在罗马时代就在撒克逊海滨有定居点。依据主要是遍布英吉利东部，同时带有罗马晚期风格和撒克逊手工风格的瓦罐。（参见 Stephen Johnson, "Late Roman defences and the Limes", in: *The Council for British Archaeology Research Reports*: *The Saxon shore*, eds. D. E Johnston, Vol. 18, 1977, pp. 64-66）

为撒克逊人征服。"〔1〕"在狄奥多西二世和瓦伦提安三世(Valentinian Ⅲ)共治的第16年,从罗马分离出去的不列颠行省臣服于撒克逊人。"〔2〕从这两处记载来看,最晚不超过441年撒克逊人就获取了不列颠的统治地位。这是缺乏可确信的考古依据的。有学者指出,成书于5世纪晚期的高卢作家有可能受到法兰克人的影响,夸大或歪曲了当时的不列颠政治局势,将撒克逊人等族群的征服不列颠的时间提前了。〔3〕

吉尔达斯在《哀诉不列颠的毁灭》中记载不列颠遭受外族入侵的过程还是具有较高的参考价值的。他提到在"悲惨呻吟中"的不列颠人向当时第三次出任罗马执政官(Consul)的弗拉菲乌斯·艾提乌斯(Flavius Aëtius)写信求援的事。信中如是记道:"蛮族人将我们驱赶至大海,而大海又将我们驱赶至蛮族人面前。我们只有两种选择:被杀死或被淹死。"〔4〕艾提乌斯第三次出任执政官是在446年,当时他正忙于应付在高卢和伊比利亚再度兴起的巴高达起义(Bagaudae),没有余力来帮助水深火热之中的不列颠人。面对苏格兰人和皮克特人的巨大威胁,加上受到瘟疫的肆虐,不列颠人不甘坐以待毙。在此困境下,骄傲僭主沃尔提格恩(Tyrannus Superbus Vortigern)召集了一次部族会议,商议延请撒克逊人来对抗来自北方的侵略者。吉尔达斯沉痛地指出,请凶残、不敬神的蛮族人来不列颠是极为盲目的举措,无异于引狼入室。〔5〕

〔1〕 Richard Burgess,"The Gallic Chronicle of 452:A New Critical Edition with a Brief Introduction", in: Society and Culture in Late Antique Gaul: Revisiting the Sources. ed. R. W. Mathisen and D. Shantzer, Aldershot: Ashgate Publishing Ltd. ,2001,pp. 52-84.

〔2〕 R. Burgess, "The Gallic Chronicle of 511: A New Critical Edition with a Brief Introduction", in: Society and Culture in Late Antique Gaul: Revisiting the Sources. ed. R. W. Mathisen and D. Shantzer, Aldershot: Ashgate Publishing Ltd. ,2001,pp. 85-100.

〔3〕 R. W. Burgess,"The Dark Age Return to Fifth-Century Britain: The 'Restored' Gallic Chronicle Exploded",in: Britannia,Vol. 21,1990,pp. 185-195.

〔4〕 Gildas Sapiens, On The Ruin of Britain, trans. J. A. Giles, Project Gutenberg Etext 1999,c. 20.

〔5〕 Gildas Sapiens, On The Ruin of Britain,c. 23.

449 年,撒克逊人乘坐三艘战船(cyuls)在不列颠东部海岸登陆。[1] 在抵御了北方蛮族的进犯之后,雇佣军团一面向大陆请求更多的增援,一面向不列颠人索取更多的给养和报酬。很快,一支由撒克逊人、盎格鲁人和朱特人组成的联军到达了不列颠,当地人为他们"引狼入室"的行为付出了惨重的代价。撒克逊联军开始对不列颠城镇烧杀抢掠,把战火一路蔓延到了西部海岸。吉尔达斯和比德都描写了当时战争导致的社会惨状,举目都是断墙残垣、尸横遍野,一派民坠涂炭、凋敝萧条的景象。

很多不列颠人逃往了山区或是海外。剩下的不列颠人在敌人暂时撤走后,在领袖安布罗修斯·奥雷连(Ambrosius Aurelianus)的号召下联合起来对抗入侵者。在吉尔达斯的记载中,他是唯一幸存下来的罗马人,出身贵族,父母都在上一场浩劫中遇难。[2] 在此之后的交战中,双方互有胜负。直至巴斯山(Bath-hill)战役,不列颠人取得了一次辉煌的胜利,不列颠由此开始了一段相对和平的时期。巴斯山之战的爆发时间历来有很多争议,而现在的主流观点认为它发生在 485—500 年之间。[3]

在 500 年左右,不列颠西部的统治者在一定程度上控制着岛上的政治局势,不仅阻止了盎格鲁-撒克逊人西侵的势头,而且收复一些旧有的定居区。但随着越来越多的盎格鲁人和撒克逊人坐船涌入不列颠岛,不列颠人被迫向西部撤退。而吉尔达斯提到不列颠诸位僭主的内乱和王室、教会的腐败极有可能是不列颠人走向失败的内部因素。6 世纪 50 年代之后,几次大型的战役,奠定了盎格鲁-撒克逊人独占不列颠东南部和中部地区,建立王国的基础。比如 577 年进行的迪勒姆(Dyrham)之战,西撒克逊人杀死了三位不

---

〔1〕 Gildas Sapiens, *On The Ruin of Britain*, c. 23. 时间出自 St. Bede, *Venerabilis Baedae Opera Historica*, Lib. I, 15, p. 31. 因日耳曼人多从撒克逊海滨侵入,当时的记载可能容易将盎格鲁人和撒克逊人混为一谈。因此在研究早期文献时不能将撒克逊人当成一个单纯的部落,而是应将其视为一个外来侵入者的总称。据《盎格鲁-撒克逊编年史》,沃尔提格恩请来的是盎格鲁人。*The Anglo-Saxon Chronicle*, in: *English Historical Documents*, Vol. I, ed. and trans. D. Whitelock, London: Eyre & Spottiswoode, 1955, p. 142[449].

〔2〕 Gildas Sapiens, *On The Ruin of Britain*, trans. J. A. Giles, Project Gutenberg Etext 1999, c. 25.

〔3〕 Michael E. Jones, *The End of Roman-Britain*, Ithaca: Cornell University Press, 1996, p. 46; C. A. Snyder, *An Age of Tyrants: Britain and the Britons, A. D. 400—600*, University Park: Pennsylvania State University Press, 1998, p. 45.

列颠王,夺取了三座城池,建立起最西端的赫威赛(Hwicce)王国。[1] 史诗
《安奈林的戈德丁》(*The Gododdin of Aneirin*)中咏唱哀叹的卡特里克
(Catterick)战役,多数学者认为发生在 6 世纪末,导致了以爱丁堡为中心的
不列颠王国的覆灭[2],诺森伯里亚人的势力范围也由此拓展至福斯湾
(Firth of Forth)的北岸。

　　盎格鲁-撒克逊人始终未能征服不列颠西部的威尔士和北部的苏格兰。
从地理位置来看,除了这两片区域外,包括奔宁山脉(Pennines)和德贝尔郡
(Derbyshire)的山地地区,德文郡(Devon)、萨默塞特郡(Somerset)在内的西
北部丘陵地带,都属于高地地区。高地地区易守难攻的特性,使得这些地区
晚至 7—9 世纪才被盎格鲁-撒克逊人相继占领。康沃尔虽属平原地形,但因
其有德文郡作为屏障,直至 9 世纪末方才被纳入威塞克斯的版图中去。[3]
著名学者福克斯(Cyril Fox)指出,从考古发现来看,不列颠低地地区易被外
族入侵,也易被强加新的文化;而高地地区则能维持它的独立性和文化。[4]
这一假说同样在罗马时代的不列颠和中世纪早期的爱尔兰和威尔士那里可
以得到自洽。不列颠罗马化程度最高的是伦敦和约克几个东南部的大城
镇;而维京人入侵前的爱尔兰海从地形上来看,就像一个凯尔特文化包围下
的内湖。

　　12 世纪的史学家亨廷顿的亨利(Henry of Huntingdon)最先提出了七
个盎格鲁-撒克逊王国构成后来的英吉利的概念。在其著作《盎格鲁人的编
年史》(*Historia Anglorum*)的第一卷中,亨利明确地给出了七个王国的建立
顺序,首先是肯特,然后是苏塞克斯(Sussex)、威塞克斯、埃塞克斯、东盎格利
亚、麦西亚(Mercia)和诺森伯里亚。[5] 虽然这种分析在今天的史学家看来

---

　　〔1〕　*The Anglo-Saxon Chronicle*,in:*English Historical Documents*,Vol. I,ed. and trans. D.
Whitelock,London:Eyre& Spottiswoode,1955,p. 146[577].

　　〔2〕　Aneirin,*The Gododdin of Aneirin:Text and Context from Dark-Age North Britain*,ed.
and trans. John T. Koch,Cardiff: University of Wales Press,1997,pp. 16-18.

　　〔3〕　据《威尔士编年史》,康沃尔最后一个国王邓盖斯(Dumgarth)在 875 年坠河溺毙。[参考
Annales Cambriae,ed. John Williams,London:Longman,1860,p. 15(875).]

　　〔4〕　Sir Cyril Fox,*The Personality of Britain*,Cardiff:National Museum of Wales,1959,p. 41.

　　〔5〕　Henry of Huntingdon,*Historia Anglorum:The History of the English People*,ed. and
trans. Diana E. Greenway,New York:Oxford University Press,1996,p. 17. 不过他仍合称七国的各民
族为撒克逊人。

过于简单化[1],但七国的概念还是深刻地影响了后世人们对于这段历史的宏观认识,直至今日。

从地理位置来看,朱特人的肯特,撒克逊人的苏塞克斯、威塞克斯及埃塞克斯这四个南部王国较靠近大陆,后至的盎格鲁人部落只能继续向北推进以建立定居地。东盎格鲁人大致在今日的诺福克(Norfolk)和萨福克(Suffolk)一带。中间地带是以莱斯特郡(Leicestershire)为中心的西盎格鲁人的麦西亚,至7世纪30年代麦西亚王彭达将中盎格鲁人的王国也纳入到他的版图中。诺森伯里亚由两个移民区发展而来:北部的贝尼西亚(Bernicia)和南部的德伊勒(Deira)。有时候两个地区由各自的统治者分别统治,有时候则集中到一个人治下。亨伯河(Humber)以北至特威德河(Tweed)是它的势力范围。6—8世纪,英吉利地区曾出现过许多小王国,其中一些曾兴盛一时,比如赫威赛、麦肯赛特(Magonsaete)、林赛(Lindsey)和中盎格利亚(Middil Engle)等,这些王国后来相继被七国所吞并。

早期王国划分边界较为模糊,多由自然天堑相隔。在肯特和苏塞克斯之间有一块狭长的威尔德(Weald)森林。西撒克逊人与赫威赛人之间也有一片山林地带,在地名学上的证据至今可见——西北牛津郡的三处地名阿斯科特(Ascot)、米尔顿(Milton)、夏普顿(Shipton)都带有"在威奇伍德森林下(under-Wychwood)"的后缀。亨伯河河口是早期移民时代定下的重要政治分界线,将中部盎格鲁人与北部盎格鲁人的势力范围分隔开来。而在中盎格鲁人与东盎格鲁人之间是一片辽阔的沼泽带,在8世纪费利克斯(Felix)的《圣古斯拉克传》(*The Anglo-Saxon Version of the Life of St. Guthlac*)中有较为详尽的描写,"从离戈兰切斯特(Grantchester,今剑桥)不远的戈兰塔河(Granta)河岸,向北一直延伸到北海,这一片广阔的地区都是沼泽和黑泥塘"[2]。很难讲不列颠当时的地理环境给后来奥古斯丁等人的传教事业带来了多大的阻碍。传播福音大多不会被高山大河、森林沼泽这样的自然天险所阻——古斯拉克最终在当地一名向导的指引下顺利地划船渡过沼

---

〔1〕 Steven Bassett, *The Origins of Anglo-Saxon Kingdoms*, Leicester: Leicester University Press, 1989, p. 126.

〔2〕 Felix, *The Anglo-Saxon Version of the Life of St. Guthlac, hermit of Crowland*, ed. and trans. C. W. Goodwin, London: John Russell Smith, 1848, pp. 20-21.

泽来到克罗兰岛(Crowland),而多是受阻于地理环境造成的政治分割。

　　早期的盎格鲁-撒克逊王国不是严格意义上的国家,应当视作部落联盟。通过战争和联姻,权力慢慢地开始集中,部落联盟首领的地位得到加强,其王位也由原先的选举产生转变为世袭继承。塔西陀在《日耳曼尼亚志》中写到"日耳曼人的国王因血统而获选,他们的将领则因英勇而被举荐。"[1]他提及国王与将军的权力是受限的,而只有祭司们才掌握着死刑、囚禁的权力。[2] 这种说法在民族大迁徙时期已很难站得住脚,到了七国时代显然已不成立。在向不列颠移民时期,军事首领亨吉斯特(Hengest)和塞迪克(Cerdic)本身就是王族,他们都传位于自己的儿子。[3] 在诺森伯里亚国王埃德温(Edwin)统治时期,他的大祭司科伊弗(Coifi)为支持国王改宗而亵渎自己的神庙,可见此时国王的地位已远远高于包括祭司在内的其他贵族。[4] 随着集权体制的发展,国王逐步兼任了部落联盟的最高统帅和宗教首领,以古代神灵、英雄的后裔自居,长期把持政治、军事、宗教的大权。现存8世纪的谱系中对盎格鲁-撒克逊国王的历代先祖的考证,可追溯至上古的神话传说,这多半是为求对古老传统的一种印证。而多神教祭司地位的下降,也为以政治利益为主导的国王改宗基督教提供了有利条件(详见第三章)。

　　在诸王国中一直存有一个倾向,即当一个君主确立起优势地位(往往通过战争),盎格鲁-撒克逊诸王会承认他超越周边国家的权势和影响力,奉其为共主(Bretwalda)。[5] 比德提到第一个改宗的英吉利国王埃塞尔伯特就是亨伯河以南诸国的共主。[6] 这种权势是变动着的,类似于中国历史上战国七雄地位的此消彼长。比德也许忽视了一些国王,如麦西亚的异教徒国王彭达(Penda)。从633年至654年,这段时间是异教王国麦西亚国力最强、

---

〔1〕 Reges ex nobilitate, duces ex virtute sumnt. Tacitus, *Germania*, vii, in: *Germania, Agricola,and First Book of the Annals*,ed. W. Smith,London:Walton and Maberly,1885,pp. 76-77. 塔西陀:《阿古利可拉传 日耳曼尼亚志》,马雍、傅正元译,北京:商务印书馆1985年版,第59页.

〔2〕 Tacitus, *Germania*, vii, in: *Germania, Agricola, and First Book of the Annals*,pp. 76-77.

〔3〕 *The Anglo-Saxon Chronicle*, in: *English Historical Documents*, Vol. I, ed. and trans. D. Whitelock,London:Eyre & Spottiswoode,1955,p. 144[488],p. 145[534].

〔4〕 St. Bede, *Venerabilis Baedae Opera Historica*, Lib. Ⅱ,13,pp. 111-113.

〔5〕 古盎格鲁-撒克逊语写作"Brytenwealda".(参见 *The Anglo-Saxon Chronicle MS. E*, ed. Susan Irvine,Cambridge:D. S. Brewer,2004,p. 45,[827].)

〔6〕 St. Bede, *Venerabilis Baedae Opera Historica*, Lib. Ⅱ,5,pp. 89-90.

军功最盛的时期,彭达本应列入不列颠共主的行列。但比德的基督教信仰使得他在记史时,将其地位降低了。[1] 之后《盎格鲁-撒克逊编年史》的作者照搬了比德的这一说法,并在比德记载的七位共主之后添加了威塞克斯的埃格伯特(Egbert),形成七国时代涌现过八位共主之说,并流传下来。[2] 共主之所以产生,或多或少受到了先前罗马时期的政治格局的影响,而罗马是将不列颠作为一个整体统治的。埃德温意图加强他在诺森伯里亚的统治,也效法了一些罗马的礼仪。每当他出行时,总是让旗手在前擎着旧时罗马军团的标志——塔法旗(Tufa)。[3] 共主的出现,反映了英吉利地区权力开始逐步集中的趋势,这对基督教的传播是有益的。

二、盎格鲁-撒克逊人的多神教文化

盎格鲁-撒克逊人在到不列颠岛之前,就已从罗马那里借鉴了以"星期"为计时单位的计时方法,并融入了日耳曼神话的特色。盎格鲁-撒克逊语中的星期二(Tiwesdceg)因战神提乌(Tiw)得名,星期三(Wodenesdceg)得名于主神沃登(Woden),星期四(Thunresdceg)则是雷神索尔(Thor),星期五(Frigdceg)是预言女神弗丽嘉(Frig)。[4] 基督教传入后,教会仍保留了这一特色。这一做法与大陆的法兰克人、哥特人采用罗马诸神命名的一周名称不同,却与北欧人、德意志人的相仿,是日耳曼语族与罗曼语族最早的分歧表征之一。不过在各个传教区,基督教都引入了"主日"的概念,为纪念耶稣三天后复活的那一天,星期日代替太阳神日(Sunnandceg),成为了日常教堂举行弥撒,授予圣餐的常规节日。

古代各地神灵之间的联系可以从神话、地名、考古发现等证据上找到线

---

〔1〕　如同当时的基督教编年史作者把诺森伯里亚叛教国王的统治历史抹去一样。(参考 St. Bede,*Venerabilis Baedae Opera Historica*,ed. C. Plummer,London,Edinburgh,New York:E Typographeo Clarendoniano,1896,Lib. Ⅲ,1,9,p. 128,p. 145.)比德指出了前人和同时代作者的唯基督教史观,但他对这种主观态度多少是存有认可的,将叛教国王统治的那一年归结到奥斯瓦尔德掌权的 9 年中去。这种偏袒的心理可能会有意无意地同样影响到他的史观。

〔2〕　*The Anglo-Saxon Chronicle MS. E*,ed. Susan Irvine,Cambridge:D. S. Brewer,2004,p. 45,[827].

〔3〕　St. Bede,*Venerabilis Baedae Opera Historica*,Lib. Ⅱ,16,p. 118.

〔4〕　David Wilson,*Anglo-Saxon Paganism*,London:Routledge,1992,p. 38.

索。提乌神的名字见于北欧古碑文,也见于早期盎格鲁-撒克逊人的骨灰瓮,也见于撒克逊人和朱特人的几处地名。[1] 索尔是北欧的雷神,在英吉利南部地区有一些以他命名的森林空地或小树林[2],在 7 世纪肯特的一座墓穴中发现了以他的武器——微缩的锤子和矛做成的护身符。[3] 主神沃登的名字广为留存,比如旺斯代克(Wansdyke)、文斯伯里(Wednesbury)、文斯利(Wensley)和伍斯伯夫(Woodnesborough)等地名都源于沃登。[4] 沃登由北欧的奥丁(Odin)演化而来。比如,沃登和奥丁都是独眼龙[5],他们都与水星相联系。[6] 沃登后来被塑造成盎格鲁-撒克逊统治阶层共同的祖先。其他一些古地名这些神灵由最早到达不列颠的撒克逊人和朱特人传入,而女神弗丽嘉则可能是后期入侵者带来的。[7] 现今英吉利的许多地名上仍存有旧有神灵的痕迹,比如文斯菲尔德(Wednesfield)意为“沃登的土地”,文斯登(Wodnesdene)意为“沃登的山谷”,文登斯盖特(Woddesgeat)意为“沃登的峡谷”,索登菲尔德(Thunderfield)和索雷斯菲尔德(Thunresfield)意为“索尔的土地”,泰尔斯梅尔(Tyesmere)意为“提乌的水塘”,泰索(Tysoe)意为“提乌的马场”。[8]

日耳曼人的宗教仪式大多在树林中的空地举行。比如埃塞克斯的奥克利(Oakleigh)和肯特的奥克雷(Ockley),还有中南部地区多处名为奥克雷(Oakley)的地方,都起源于词根“ac”或“oak”(献祭给索尔的橡树),与后缀“-ley”或“-leigh”(草地)结合成词。[9] 古英语中的“hearg”和“wē oh”都为多

---

〔1〕　David Wilson, *Anglo-Saxon Paganism*, pp. 13, 116-117, 146-149; Brian Branston, *The Lost Gods of England*, London: Thames and Hudson, 1974, p. 74.

〔2〕　M. Gelling, *Signposts to the Past*, *Place Names and the History of England*, London: Phillimore & Co Ltd, 1978, pp. 158-161; David Wilson, *Anglo-Saxon Paganism*, pp. 11-12.

〔3〕　Gale R. Owen, *Rites and Religions of the Anglo-Saxons*, Newton Abbot: David & Charles, 1981, p. 19.

〔4〕　David Wilson, *Anglo-Saxon Paganism*, p. 12.

〔5〕　Richard North, *Heathen Gods in Old English Literature*, Cambridge and New York: Cambridge University Press, 1997, pp. 323-330.

〔6〕　Gale R. Owen, *Rites and Religions of the Anglo-Saxons*, p. 11.

〔7〕　David Wilson, *Anglo-Saxon Paganism*, p. 21.

〔8〕　Brian Branston, *The lost Gods of England*, London: Thames and Hudson, 1974, p. 74; David Wilson, *Anglo-Saxon Paganism*, p. 15.

〔9〕　David Wilson, *Anglo-Saxon Paganism*, p. 42.

神教祭坛之意,大卫·威廉森认为它们的主要区别在于"hearg"指山顶的祭坛,而"wē oh"指路边或山脚下的小祭坛。[1] 可见这些祭祀仪式与这些多神教崇拜的树林、"神山"是密不可分的。

比德在《时间之理》(*De Temporum Ratione*)一文中记载了盎格鲁-撒克逊人的十二个月:[2]

> 四月(Eosturmonath)是以名叫"厄俄斯特"(Eostre)的女神命名的。人们旧时在这个月份里在她的名义下举行庆祝活动。现四月已改称"复活节月"(Pacshal month),在这个月里人们满怀欢喜地用新的仪式在确立已久的节日里举行着庆典。[3]

不单是四月,根据比德的记载,其他许多月份都与盎格鲁-撒克逊人的献祭仪式有关。譬如,被称为"糕点之月"的二月(Solmonath),在这个月里人们向神灵敬献糕点。三月(Hrethmonath)也是由女神赫瑞塔(Hretha)命名的,人们在该月向她献祭。另外,九月(Halegmonath)和十一月(Blodmonath)分别被称为"献祭仪式之月"和"祭品之月",需宰杀牲口向神献祭。[4]

学界对比德将三月和四月与盎格鲁-撒克逊女神相联系的说法存有两种看法。部分支持者认为,认为比德没有理由去编造他所反感的盎格鲁-撒克逊旧教传说。有可能厄俄斯特与赫瑞塔如同大地之母埃尔塞(Erce)一样,都是英吉利本土起源的女神。[5] 在日耳曼人中称为"Ostermoneth"的月份可

---

〔1〕 David Wilson, *Anglo-Saxon Paganism*, pp. 6-10.

〔2〕 但一月与十二月重名,都称为"尤里(Giuli)"月。St. Bede, *De Temporum Ratione*, Liber Ⅱ, ch. 15, in: *Bede: The Reckoning of Time*, trans. F. Wallis, Liverpool: Liverpool University Press, 1999, p. 53.

〔3〕 St. Bede, *De Temporum Ratione*, Liber Ⅱ, ch. 15, in: *Bede: The Reckoning of Time*, trans. F. Wallis, Liverpool: Liverpool University Press, 1999, p. 54.

〔4〕 St. Bede, *De Temporum Ratione*, Liber Ⅱ, ch. 15, in: *Bede: The Reckoning of Time*, trans. F. Wallis, Liverpool: Liverpool University Press, 1999, pp. 53-54.

〔5〕 Sir Frank M. Stenton, *Anglo-Saxon England: Reissue with a New Cover*, Oxford: Oxford University Press, 2001, pp. 97-98; Vikki Bramshaw, *Craft of the Wise: A Practical Guide to Paganism and Witchcraft*, Hants: O Books, 2009, pp. 233-234.

能与"Eosturmonath"相对应,雅各布·格林(Jacob Grimm)认为厄俄斯特源于日耳曼的奥斯特拉(Ostara)女神,代表早春和拂晓之光,易被基督教化。[1] 质疑的一方则提出,首先这个说法只见于比德一人的记载,其次在北欧神话中找不到对应的神灵,雅各布·格林等人的观点也过于牵强。"厄俄斯特女神"可能只是比德在词源上的一种推测,盎格鲁-撒克逊语的"Eostur-monath"应是指一年的开端的月份,"Eostre"与"东方"、"黎明"之义相联系,而与一个凭空出现的女神并无关联。赫瑞塔女神与"Hrethmonath"之间的联系也是令人生疑的,"Hreth-"与残酷、凶猛有关,似乎与战争女神有关,但在斯堪的纳维亚的神话传说中并没有对应的女武神的名字。[2] 总体来看,目前学界主流并不认同比德对上述两个月份的词源解释。比德塑造盎格鲁-撒克逊女神形象的目的可能在于,循大格雷戈里改造多神教的思路,从词源反映出人们信仰的变化,以此彰显英吉利教会的功绩。

无论厄俄斯特等神灵是否存在,在英吉利改宗早期人们对各色旧教神明的献祭仪式仍是较为普遍的。[3] 一些仪式在数百年后的文献上仍能找到遗留的痕迹。比如在比德称之为"糕点之月"的二月,很可能就是11世纪的抄本中记载的"耕作庆典"。该庆典在犁第一道犁沟时举行,其时要念诵咒语,并把用三种谷物烘焙的蛋糕放到犁沟下面。[4] 这些仪式在基督教地位确立后虽然大多被取缔,但从一些史料中仍能看到一些残留的痕迹。比如塔西陀曾谈到日耳曼人用鸟的鸣声与飞翔等方法作占卜预测。[5] 这种旧俗在惠特比匿名修士的《大格雷戈里传》中就有所反映。"埃德温国王匆忙赶去教堂……当一只乌鸦从天空的一个不吉利的方位飞来,所有王室随

〔1〕 Jacob Grimm, *Teutonic Mythology*, trans. James Steven Stallybrass, Vol. 4, London: Routledge,1999,pp. 290-291.

〔2〕 有关学术回顾可见 John Layard, *Lady Of The Hare: Being a Study of the Healing Power of Dreams*, Abingdon, New York: Routledge, 2011, pp. 178-179. 另见 Ronald Hutton, *The Stations of the Sun: A History of the Ritual Year in Britain*, Oxford: Oxford University Press, 1996, p. 180.

〔3〕 参阅 C. J. Billson, *County Folk-lore*, Vol. III, *Leicestershire and Rutland*, London: Folklore Society,1895,pp. 446-448.

〔4〕 A. Meaney, "Bede and Anglo-Saxon Paganism", in: *Parergon*,3,1985,p. 6.

〔5〕 Tacitus, *Germania*, x, in: *Germania, Agricola, and First Book of the Annals*, p. 78.

从都听到了它的叫声,并注视着它飞过。"[1]西日耳曼人的另一支部族法兰克人较早地接受了基督教,但这种多神教仪式的遗风也仍长期存留着。比如求神谕[2],或是宫廷妖术之风[3],我们或可以从皈依后法兰克人的一些旧俗,推测出改宗几近波折的盎格鲁-撒克逊人也有同样的多神教文化遗存。

三、盎格鲁-撒克逊地区的基督教信仰留存

后罗马时代的不列颠盎格鲁-撒克逊化的程度一直是备受争议的焦点问题。传统观点建立在吉尔达斯和比德的记载之上,盎格鲁-撒克逊人对不列颠人采取了赶尽杀绝的烧杀政策,在东南部和中部地区的不列颠人几乎被屠杀殆尽,少数人逃往了威尔士、康沃尔、布列塔尼(Brittany)和加利西亚(Galicia)等地。[4]盎格鲁-撒克逊人通过血腥的征服,向不列颠强制输入了日耳曼文化和语言。不过对此质疑的声音始终存在。一些学者提出了"废弃说"来替代旧有的"烧—杀模型",认为多数不列颠城镇是被遗弃而非遭受毁灭。[5]该论点虽无有力的证据支持,但不乏可取之处。20世纪90年代以来,部分学者认为在后罗马时代,盎格鲁-撒克逊人作为一支外来的部落联盟,应属于少数民族,在人数上是处于劣势的。迈克尔·琼斯(Michael Jones)估计,在410—550年左右的盎格鲁-撒克逊移民总体数量在10000—20000人之间。[6]然而,过分地低估当时盎格鲁-撒克逊人的迁徙人口与后来盎格鲁-撒克逊人取代不列颠人成为英吉利地区主要族群的结果是矛盾的,很难想象仅占人口少数的外来军事贵族联盟可以同化受过罗马文化熏陶的不列颠人,琼斯的观点未免失之偏颇。

不可否认,在盎格鲁-撒克逊人占领的地区,有相当数量的不列颠人留存

---

〔1〕 An anonymous monk of Whitby, text and trans. by Bertram Colgrave, *The Earliest Life of Gregory the Great*, Chap. 15, New York: Cambridge University Press, 1985, pp. 97-98.

〔2〕 贡特拉姆·博索、克拉姆王子和墨洛维王子都求过神谕。《法兰克人史》,第158、222、445页。

〔3〕 纽斯特里亚国王希尔佩里克和奥斯特拉西亚国王希尔德贝尔特二世的宫廷里都有过针对"妖术杀人"的审判。《法兰克人史》,第317—318、476—478页。

〔4〕 布列塔尼位于法国西北角,加利西亚位于伊比利亚半岛西北角。

〔5〕 C. A. Snyder, *The Britons*, Malden: Wiley-Blackwell, 2003, pp. 89-93.

〔6〕 Michael E. Jones, *The End of Roman-Britain*, Ithaca: Cornell University Press, 1996, p. 27.

下来融入盎格鲁-撒克逊社会。尽管当时的具体人口已不可考,但从地名学等证据来看,在一些地区,不列颠人口的仍然占有很高的比例。比如在留存有较多罗马不列颠城镇的肯特、盎格鲁-撒克逊人定居点早先相对较少的北部诺森伯里亚地区,以及7世纪才被征服的德文郡、萨默塞特郡和多塞特郡(Dorset)的部分地区。[1] 包含有"Cumbre-"和"Walh-"等前缀,指代"不列颠人的土地"的地名在5、6世纪的不列颠南部地区仍有一定数量的分布。[2] 可以说,不管在盎格鲁-撒克逊人入侵后接管的哪个地方,或多或少地总有不列颠人留下来进入前者的农业系统和社会,不过大多是以奴隶的身份存在。

但是,随着来自欧洲北部的日耳曼人的船只不断抵达不列颠,盎格鲁-撒克逊人逐渐构成了不列颠东南部地区社会的中坚力量。在盎格鲁-撒克逊人入侵的背景下,不列颠基督教随着罗马文化一起衰落了。许多罗马不列颠城镇被荒废或被侵占。主教和教会随着许多罗马职能部门的消失而湮没了。教会使用的拉丁语本身从未真正成为过全不列颠行省的自然语言。在不列颠没有类似于高卢民间的通俗拉丁语。上层建筑的崩塌使得这种文雅、纯净的语言和罗马人一起消失了。受统治的不列颠人潜移默化地放弃了自身的语言和宗教,失去了其民族特性,逐渐融入盎格鲁-撒克逊社会。在5、6世纪幸存下来的不列颠基督徒去往西部或布列塔尼,仍持凯尔特语。

关于这一点有大量语言学和地名学上的佐证。6世纪之后,不列颠地名在东南部和中部大量消失。从现今留存的与基督教有关地名就可以看出这种变化。英语中有20个带有"eccles"词根的地名来源于不列颠凯尔特语"egles",意指教堂或教会,大多位于盎格鲁-撒克逊人的占领区。[3] 比如肯特的埃克尔斯(Eccles in Kent)、诺福克的埃尔克斯(Eccles in Norfolk)和达

---

〔1〕　Henry Mayr-Harting,*The Coming of Christianity to Anglo-Saxon England*,University Park:The Pennsylvania State University Press,1991,p. 31.

〔2〕　参见 C. A. Snyder,*The Britons*,Malden:Wiley-Blackwell,2003,p. 91,Map 5. 2. "Walh-."和"Cumbre-"都表示"不列颠人的",不过前者这种叫法来得更早。(参见 John T. Baker,*Cultural transition in the Chilterns and Essex region*,350 A. D. to 650 A. D,Hatfield:University of Hertfordshire Press,2006,p. 182。)

〔3〕　K. Cameron,"Eccles in English Place-Names",in M. W. Barley and R. P. C. Hanson,ed. ,*Christianity in Britain*,300—700,Leicester:Leicester University Press,1968,pp. 87-92.

勒姆郡(County Durham)的艾格雷斯克利夫(Egglescliffe),"艾格雷斯克利夫"这一小镇名原义是指"陡峭斜坡上的教堂"。而相比塞汶河以东地区,在威尔士和康沃尔源自不列颠语的基督教地名就要来得多得多。比如,包含凯尔特语词根"Llan"的地名在威尔士就超过600个。它常作为前缀,与圣徒的名字结合在一起形成地名,通常是指献给威尔士圣徒的教堂或礼拜堂。比如"Llanaelhaeaen"系"St. Aelhaearn"的名字与"Llan"组合拼写而来,另外譬如"Llandderfel"(St Derfel)、"Llanbeblig"(St. Peblig)、"Llanddewi Brefi"(St. David)、"Llanbadarn Fawr"(Saint Padarn)等地名都是由圣徒名字变化而来。[1] 还有一些直接以殉教徒命名的地区,比如梅泰尔·泰伏勒(Merthyr Tydfil)、梅泰尔·凯诺克(Merthyr Cynog)和梅泰尔·玛瓦(Merthyr Mawr),也都位于威尔士,有学者认为极有可能是圣徒埋葬之地或是保存有他(她)的遗物。[2]

　　有学者就这一现象提出,东部不列颠人为了适应盎格鲁-撒克逊语的发音而将地名作了相应的修正;或者是盎格鲁-撒克逊人意识到残留在他们中间的不列颠人的信仰,故而将多数地名改换。这也是为何在盎格鲁-撒克逊语中不列颠词汇不多的原因。[3]

小　结

　　为何盎格鲁-撒克逊人没有像大陆的法兰克人、东哥特人(Ostrogoths)、西哥特人(Visigoths)、勃艮第人(Burgundians)等其他日耳曼入侵部族一样受到原住民和教会的影响,改信基督教,而是等到一个半世纪之后大格雷戈里的传教团进入方才改宗? 我们可以注意到,一些地名学上的证据提供的早先低地地区的教堂所在地的线索。另如前文提及的考古发现的圣奥尔本

---

〔1〕　Elizabeth Rees, *An Essential Guide to Celtic Sites and Their Saints*, London:Continuum International Publishing Group,2003,pp. 104-108.

〔2〕　Mark Redknap, "Early Christianity and its Monuments", in Miranda J. Green, ed. , *The Celtic World*,London and New York:Routledge,1995,p. 743.

〔3〕　K. Jackson, "The British Language during the period of the English Settlements", in: *Studies in Early British History*,ed. N. K. Chadwick,Cambridge:Cambridge University Press,1954, pp. 61-82.

教堂、圣庞克拉斯教堂、希尔切斯特教堂、塞伦切斯特教堂等 12 处可信的基督教教堂遗迹。在比德的记载中,在坎特伯雷就有两座建于罗马时期后来荒废了的教堂。可见,盎格鲁-撒克逊占领区仍存有许多基督教旧址,并且教会也不可能随罗马军队一道离开,对基督教衰落的唯一解释就是,盎格鲁-撒克逊人的入侵使其毁于战火或被迫遭到遗弃。比德对此也有记载:"(不列颠)各地的神父在祭坛上被活活打死,主教和他们的教徒,失去了一切尊严,被惨无人道地用火烧死或用剑刺死。"[1]对应于高卢,不列颠的侵入者似乎对基督教抱有的较多的敌对情绪。盎格鲁-撒克逊人一直无法占领不列颠人保有的威尔士、康沃尔等地,而不列颠人有时也会取得胜利,显现出卷土重来之势。长期相持不下的战争使得双方积怨颇深。可以推测,即便不列颠的基督徒都留在盎格鲁-撒克逊王国内,那么他们对后者的改宗更多的是一种障碍,而不是帮助。并且,不列颠人在长时间段里居于劣势地位。很难想象,盎格鲁-撒克逊人会信仰敌人兼受统治者的宗教。

另一方面,不列颠的罗马化程度与大陆的差距,也是造成这一差别的重要的因素之一。在大陆,早先进入帝国版图的日耳曼人与罗马人交往密切,在 476 年之前,西哥特人和勃艮第人就已是基督教阿里乌斯派信徒。日耳曼首领们有意无意间仍力图维系罗马政治建构的延续,保存了一些重要的官员,让他们继续行使往日的职权。即便在匈奴的铁骑踏平拉文纳(Ravenna),[2]西罗马帝国已危如累卵之际,西哥特人依然雇佣高卢—罗马人在管理机构中担任高职。[3] 法兰克国王克洛维在 481 年击败西罗马将领西阿格里乌斯(Siagrius),在巴黎确立其统治地位后也采取了类似的方式。反之,不列颠行省作为帝国的边陲之地,其罗马化程度本身就比大陆地区来得低,在驻军撤走之后,依赖军队支撑的行政机构也名存实亡了。盎格鲁-撒萨克人进入的是一个只有不列颠人居住的岛屿。尽管从圣日耳曼努斯来访不列颠的情况来看,一些不列颠部落酋长仍沿用了罗马名字和罗马式的生

---

〔1〕　St. Bede,*Venerabilis Baedae Opera Historica*,Lib. I,15,p. 32.

〔2〕　匈奴王阿提拉(Attila,406—453 年)曾率大军数次入侵东、西罗马帝国,对其造成巨大的破坏损失。他死于 453 年,但他的长子的埃拉克(Ellac)在次年攻下了当时西罗马的首都拉文纳。

〔3〕　J. B. Bury,"The End of Roman Rule in North Gaul",in:*Cambridge Historical Journal*,Vol. 1,No. 2. 1924,p. 197.

活,但不列颠人无法代表罗马文化,罗马生活的本质和秩序已消失了。著名学者查德威克女士(N. K. Chadwick)曾就不列颠教会的情况作过深刻分析,指出"教会若没有了财富和政治力量的支持是难以维持和发展的"[1]。盎格鲁-撒克逊人侵入后,不列颠人或被征服,或撤离至西部地区,基督教的生存基础遭到毁灭性的打击。那些留存在盎格鲁-撒克逊统治区内的不列颠基督徒也缺乏组织上的管理,基督教的生存情况陷入了一个恶性循环。若一个人缺乏足够的基督教教育,且并未得到教会的指导和管理,还能在多大程度上称得上是一名基督徒呢?

在威尔士的不列颠教会对盎格鲁-撒克逊人的改宗并未起到推动作用。比德特别指出,在不列颠教会的过错中,最重要的一条就是:"他们从来不用心向居住在他们之间的撒克逊人即英吉利人宣讲信仰的福音。"[2]盎格鲁-撒克逊人中间为何没有出现帕特里克式的传教士来访这是一个耐人寻味的问题。这一方面是由于双方部族的对立关系,另一方面则与可能与地缘政治问题相关。威尔士与英格兰在罗马时期原是一个统一的海外行省。双方长期交战,信仰对方的宗教意味着政治上的屈从。而帕特里克传教的爱尔兰和哥伦巴去往的苏格兰都不属于原罗马行省的地域,地缘政治的意义都要淡薄得多。当岛内的政治版图大体划定,局势基本稳定之时,罗马传教团作为第三方势力,代表着大陆的政治集团和罗马文化的继承人,他们的介入对基督教在英吉利的重建是适时且必要的。

---

〔1〕 Nora Kershaw Chadwick,"The British or Celtic part in the population of England",in:*Angles and Britons*;*O'Donnell Lectures*,Cardiff:University of Wales Press,1963,p. 143.

〔2〕 St. Bede,*Venerabilis Baedae Opera Historica*,Lib. I,22,pp. 41-42.

第二章　东南三国的基督教化

　　596年,教皇大格雷戈里遣圣安德烈修道院(St. Andrew)院长奥古斯丁(Augustin of Canterbury)前往英吉利传教。在盎格鲁-撒克逊国王的支持和几代传教士的努力下,几经波折,基督教在英吉利终得到广泛传播,罗马的主教建制得以树立,英吉利教会也成为罗马基督教的分支之一。肯特是格雷戈里传教团到达的第一站,也是罗马教会在盎格鲁-撒克逊人中立足发展的大本营。坎特伯雷大主教区的建立在整个英吉利教会史上都有极其重要的意义。比德等史家的记载的大格雷戈里传教的背景和动机,已成为一个广为传颂的历史故事,其真实性是否可靠? 法兰克王室在大格雷戈里传教中的起到了怎样的作用? 这些都是值得讨论商榷的问题。

　　埃塞克斯和东盎格利亚的国王受肯特国王埃塞尔伯特的影响,先后接受了基督教信仰。但此时的教会力量较为单薄,信仰基础尚不稳固。作为最先信仰基督教的两个盎格鲁-撒克逊王国,在最初接受基督教的国王死后,肯特和埃塞克斯都出现过不同程度的多神教复兴事件。通过劳伦斯(Laurence of Canterbury)大主教的挽救,最终保留下肯特这个罗马传教团的大本营。尔后爱尔兰传教团南下进入埃塞克斯和东盎格利亚,在那里建立了教区并使教会得以蓬勃发展。基督教信仰在东南部三国得以确立,是盎格鲁-撒克逊王室、罗马和爱尔兰传教团三方共同推动促进的结果。

第一节　大格雷戈里传教与法兰克人

一、大格雷戈里的传教动机

　　大格雷戈里为何会向一个遥远而未知的地区派出传教团? 是否是因一次偶然的机缘而触发的? 长久以来,大格雷戈里因见到罗马市场里俊美的盎格鲁青年而心生怜悯,遂派出奥古斯丁等人传教的故事广为流传。现今可以找到的这个故事的最早版本,出自于一位匿名的惠特比修士的《大格雷戈里传》,大约创作于 704—714 年。[1] 比德后来相关的记载很可能是参照这一圣传写出。他保留了最初版本中大格雷戈里的三次刻意曲解,一直为后人所津津乐道。[2] 《大格雷戈里传》随后提及,大格雷戈里面见他的前一任教皇本尼迪克一世(Benedict I),请求派他去英吉利传教。教皇开始同意了他的请求,但后因罗马人民的强烈反对而将其召回。[3]

我们很容易在这个故事中找出漏洞。首先,本尼迪克一世并非是大格雷戈里的上一任教皇,二人任期中间隔着佩拉吉二世(Pelagius II)。比德应当意识到了这一点,故而在《英吉利教会史》中未提教皇的姓名,并将这个故事称为"旧时听来的传说"。[4] 不过这个讲述大格雷戈里与盎格鲁人之间的渊源的传说,有效地拉近了二者的距离,并塑造出一个鲜活的风趣的教皇形象,故而比德认为这是适合写入《教会史》中的。其次,假如这个故事真的发生在本尼迪克的任期(575—579 年),那么应当在 578 年大格雷戈里担任助祭,管理罗马的一个教区之后发生。在此之前,大格雷戈里还是圣安德鲁

---

〔1〕 An anonymous monk of Whitby,text and trans. by Bertram Colgrave,*The Earliest Life of Gregory the Great*,New York:Cambridge University Press,1985,pp. 45-49.

〔2〕 即盎格鲁人(Angles)曲解为(上帝的)天使(Angels),艾里(Aelli)曲解为哈利路亚(Alleluia),德伊亚(Deire)曲解为避开(上帝的)怒火(de ira)。(参考 An anonymous monk of Whitby,text and trans. by Bertram Colgrave,*The Earliest Life of Gregory the Great*,Chap. 9,New York:Cambridge University Press,1985,p. 90;St. Bede,*Venerabilis Baedae Opera Historica*,ed. C. Plummer,London,Edinburgh,New York:E Typographeo Clarendoniano,1896,Lib. II,1,pp. 79-81。)

〔3〕 An anonymous monk of Whitby,text and trans. by Bertram Colgrave,*The Earliest Life of Gregory the Great*,Chap. 10,New York:Cambridge University Press,1985,pp. 91-92.

〔4〕 St. Bede,*Venerabilis Baedae Opera Historica*,ed. C. Plummer,London,Edinburgh,New York:E Typographeo Clarendoniano,1896,Lib. II,1,p. 81. 这一对比只能反映比德与匿名修道士处理材料上细微的差别,并不能表明后者的《大格雷戈里传》不可靠。惠特比修道士所使用的口头材料应来源于当时惠特比修道院女院长圣艾尔弗莱德(Aelffled),她是威尔弗里德(Wilfrid)朋友;而她母亲伊恩弗莱德(Eanfled)的主教是波莱纳斯(Paulinus)。威尔弗里德和波莱纳斯对罗马都相当熟悉。《大格雷戈里传》作者对罗马传统和人物关系是很熟悉的。比如他提到大格雷戈里的母亲叫席维亚(Sylvia),这在比德的记载中并无出现。根据 9 世纪助祭约翰的《大格雷戈里传》,席维亚的确是大格雷戈里之母,并且他曾在罗马西莲山(Caelian)的圣格雷戈里修道院见到过这名女子的肖像画。(参考 An anonymous monk of Whitby,text and trans. by Bertram Colgrave,*The Earliest Life of Gregory the Great*,Chap. 1,New York:Cambridge University Press,1985,p. 73;John the deacon,*Sancti Gregorii Magni Vita*,Patrologia Latina,ed. J. P. Migne,Paris:Migne,1849,LXXV,229.)

修道院里的一名修士,威望不显,不太可能得到罗马广大教众的挽留。即便是在 578 年后,大格雷戈里担任助祭伊始就抛下治下的辖区,向教皇请缨前往海外偏远之地传教在情理上也不太讲得通。大格雷戈里对英吉利传教事业的鼓励和支持很可能被比德等后世教士夸大了。现今留存下来的大格雷戈里的 800 多封信件中,不到 4% 的信的内容涉及对英吉利的传教活动,而且几乎都是写于 596—601 年间。[1]

有学者认为这个故事包含了一些史实,只不过在时间上有所提前。道姆·布雷切特(Dom Brechter)认为,首先,在 590 年前后罗马可能有来自德伊勒的奴隶。[2] 这一期间,贝尼西亚与德伊勒应当激战正酣,战俘通常当成奴隶出售。[3] 而不列颠与高卢,高卢与意大利之间存在着奴隶贸易。其次,一封信件证实大格雷戈里对盎格鲁-撒克逊奴隶感兴趣。在 595 年 9 月,他写信给他在高卢的教会财政负责人坎迪杜斯(Candidus),让他在高卢市场上购买一些十七八岁可以接受修道院教育的英吉利男孩。[4]

布雷切特的观点为我们提供了一个新的研究角度,但在有一点上作者似乎无法自圆其说。大格雷戈里写给坎迪杜斯的信中并未有提及为何英吉利男孩会引发他的兴趣,继而想教化这个民族的内容。起先,布雷切特倾向

---

〔1〕 N. J. Higham, *The Convert Kings: Power and Religious Affiliation in Early Anglo-Saxon England*, Manchester and New York: Manchester University Press, 1997, pp. 63-64.

〔2〕 Dom S. Brechter, *Die Quellen zur Angle-sachsenmission Gregors des grossen*, Münster, Westphalia: Aschendorff, 1941, pp. 118-137.

〔3〕 惠特比修道院的匿名修士并未指出在罗马的英吉利男孩是奴隶,但比德明确指了出来。并未有史书明确记载此时贝尼西亚与德伊勒此时发生战争,但依照《盎格鲁-撒克逊编年史》,在 588 年,贝尼西亚的伊达(Ida)之子埃塞尔里克(Æthelric)夺取了原属于德伊勒的埃尔(Ælle)之子埃德温(Edwin)的王位,并驱逐了他。(参考 *The Anglo-Saxon Chronicle MS. E*, ed. Susan Irvine, Cambridge: D. S. Brewer, 2004, pp. 21-22, [588], [593]. *The Anglo-Saxon Chronicle*, in: *English Historical Documents*, Vol. I, ed. and trans. D. Whitelock, London: Eyre & Spottiswoode, 1955, p. 147.)后来埃德温通过战争夺回了王位。一般认为战争是发生了的,因为伊达与埃尔的亲属关系要追溯至沃登时代,二者间并无直接的继承关系。战败了的德伊勒人可能被转卖至罗马。这是故事里自称德伊勒人的盎格鲁男孩的一个间接证据。

〔4〕 *Gregorii I Papae Registrum Epistolarum*, *Monumenta Germaniae Historica*, *Epistolarum*, Tomi I, Libri I-Ⅶ, ed. P. Ewald and L. M. Hartmann, Berlin: Apud Weidmanos, 1887—1891, Ⅵ, 5, pp. 383-384; Gregory the Great, *Nicene and Post-Nicene Fathers*, *Second Series*, Vol. 12, *Leo the Great*, *Gregory the Great*, *The Book of Pastoral Rule*, *and Selected Epistles of Gregory the Great*, trans. James Barmby, ed. Philip Schaff and Henry Wace, Buffalo, NY: Christian Literature Publishing Co., 1895, Ⅵ, 7. http://www.ccel.orgccelschaff/npnf212.toc.html

于认同大格雷戈里是买了盎格鲁-撒克逊奴隶后才萌发派出传教团的看法。[1] 而在后面又表示大格雷戈里在就任教皇之前就已有了传教的考虑。[2] 作者前后矛盾的阐释很难有说服力。大格雷戈里在 599 年致奥顿（Autun）主教西阿格里乌斯（Syagrius）的信中谈到他对盎格鲁-撒克逊的传教事业有着长远的规划。[3] 但这一长远规划何时在大格雷戈里的心中开始酝酿，我们不得而知。595 年大格雷戈里买下英吉利奴隶的意图可能是想在训练并教育他们之后，送回英吉利传播基督教。但这个计划实施起来过于漫长，最后大格雷戈里决定采用更直接的方法，派出由奥古斯丁等罗马修士组成的传教团，于次年便启程远赴英吉利传教。

596 年 7 月大格雷戈里致信给法兰克国王，奥斯特拉西亚（Austrasia）的提乌德贝尔特二世（Theudebert Ⅱ）和提乌德里克二世（Theuderic Ⅱ）。格雷戈里在这封信中提到高卢教会未能尽到改变他们邻人信仰的责任。

> 就我们所知，盎格鲁人渴望获得上帝的美德并信仰上帝。但身处邻所的神父却忽视了他们的这种愿望。[4]

有学者认为这是暗指纽斯特里亚（Neustria）教会[5]，或威尔士教

---

〔1〕 Dom S. Brechter, *Die Quellen zur Angle-sachsenmission Gregors des grossen*, Münster, Westphalia: Aschendorff, 1941, p. 133.

〔2〕 Dom S. Brechter, *Die Quellen zur Angle-sachsenmission Gregors des grossen*, Münster, Westphalia: Aschendorff, 1941, p. 137.

〔3〕 Gregory the Great, *Gregorii I Papae Registrum Epistolarum*, *Monumenta Germaniae Historica*, *Epistolarum*, Tomi Ⅱ, Libri VⅢ-IX, ed. P. Ewald and L. M. Hartmann, Berlin: Apud Weidmanos, 1893, IX, 222, pp. 213-14; Gregory the Great, *Nicene and Post-Nicene Fathers*, *Second Series*, *Vol. 12*, *Leo the Great*, *Gregory the Great*, *Selected Epistles of Gregory the Great*, trans. James Barmby, IX, 108.

〔4〕 Gregory the Great, *Nicene and Post-Nicene Fathers*, *Second Series*, *Vol. 12*, *Leo the Great*, *Gregory the Great*, *Selected Epistles of Gregory the Great*, trans. James Barmby, VI, 58. （在给布隆希尔德的信中也有同样内容。Gregory the Great, Nicene and Post-Nicene Fathers, Second Series, Vol. 12, Leo the Great, *Gregory the Great*, *Selected Epistles of Gregory the Great*, trans. James Barmby, VI, 59. ）

〔5〕 Marilyn Dunn, *The Christianization of the Anglo-Saxons*, *c. 597—700*; *Discourses of Life*, *Death and Afterlife*, London, New York: Hambledon Continuum Press, 2009, p. 53.

会。[1]。但按现在掌握的材料分析,他是在泛指原高卢教会的可能性高一些。罗马教会对不列颠幸存下来的凯尔特教会知之甚少,大格雷戈里写给奥古斯丁等人的信件中也没有提到任何关于不列颠教会的信息。至于纽斯特里亚,它还存有未来与罗马合作的潜在可能,大格雷戈里也未真正参与到奥斯特拉西亚与纽斯塔拉西亚的政治斗争中去。实际上,在601年大格雷戈里写信给纽斯特里亚国王克洛塔尔二世,感谢他为传教事业所作的贡献,并希望在将来提供更多的帮助。[2] 而当时的克洛塔尔二世刚于前一年在奥文纳(Orvanne)为希尔德贝尔特二世和提乌德贝尔特二世所击败,正处于不利的局势,这一点应该为大格雷戈里所知晓。

在罗马时代晚期,不列颠属于高卢执政官辖区(Praefectura Praetorio Galliarum)的管辖范围。5世纪上半叶,因日耳曼人的侵扰,高卢执政官辖区的首府从特里尔(Trier)迁到了阿尔勒(Arles),阿尔勒大主教的地位重要于高卢辖区内的其他主教。因此对不列颠的宗教关怀应由阿尔勒教区发出,这也合乎情理,正如不列颠是高卢辖区的一部分一样。尽管在阿尔勒大主教恺撒里乌斯(Caesarius of Arles)过世之后,阿尔勒教区的辉煌有所褪色,但其地位仍卓然于其他教区之上。595年,大格雷戈里任命阿尔勒主教维尔吉利乌斯(Virgilius)为教皇代理(Pontifical vicar)。数年后,维尔吉利乌斯和里昂主教埃塞里乌斯(Ætherius)奉教皇之命,为奥古斯丁祝圣,并授予其大主教神职。[3] 奥古斯丁曾写信给大格雷戈里,询问如何处理与法兰克主教的关系。他可能存有对罗马时代留存下来的管辖权和对坎特伯雷教区独立性问题的顾虑。大格雷戈里指示他:"(你若到了法兰西之后)凡是需要施行权柄的地方,都应和前面所说的阿尔勒主教配合着办,以免忽视了我

---

[1] Ian Wood, "The Mission of Augustine of Canterbury to the English", in Speculum, Cambridge: Medieval Academy of America, Vol. 69, 1994, p. 4.

[2] Gregory the Great, Nicene and Post-Nicene Fathers, Second Series, Vol. 12, Leo the Great, Gregory the Great, Selected Epistles of Gregory the Great, trans. James Barmby, XI, 61.

[3] St. Bede, Venerabilis Baedae Opera Historica, ed. C. Plummer, London, Edinburgh, New York: E Typographeo Clarendoniano, 1896, Lib. I, 27, p. 48. 据比德记载,是埃塞里乌斯在阿尔勒为比德祝圣授职的。他把埃塞里乌斯混淆为阿尔勒的主教,维尔吉利乌斯的前任。现在一般认为奥古斯丁是在阿尔勒和里昂主教共同出席的仪式上祝圣为大主教的。

们前辈教父们所订立的法规。"〔1〕虽然大格雷戈里对原高卢地区的教会有所抱怨,但还是倚重于他们对奥古斯丁一行人的帮助的。

　　有观点认为,大格雷戈里是在对充斥着世俗人员、买卖神职泛滥的法兰克教会进行改革之后,才有向英吉利传教的想法,并且希望通过盎格鲁-撒克逊人皈依教廷来影响彼岸的法兰克人,从而达到改革的目的。〔2〕大格雷戈里可能有过类似的想法,关于这一点也存有蛛丝马迹。大格雷戈里曾于595年写信给法兰克国王希尔德贝尔特二世和他的母亲布隆希尔德,恳请他们协助教廷对抗西门式的教徒,在授予俗人神职的问题上与罗马保持一致。〔3〕次年,他便委托他们对奥古斯丁的传教之旅给予支持。在601年,大格雷戈里致信给维尔吉利乌斯,建议他听取来访的奥古斯丁的一些观点以便纠正下属教士的过错。〔4〕这一说法的最大漏洞在于,大格雷戈里就传教的事情写给法兰克诸主教与国王的信,都是在奥古斯丁重返罗马之后,为其第二次踏上传教之路作铺垫所写。因此,用大格雷戈里的信件来推论他的传教动机而得出的结论,不能用来证明他传教的初衷。关于给维尔吉利乌斯的信件有一疑点还需要进一步推敲:圣本尼迪克(St. Benedict)修道院院规第61条中就有让修道院院长听取任何一个来访的修士的意见的内容。〔5〕大格雷戈里的本意可能莫过于此。而且,这种迂回曲折的做法的效果并不

　　〔1〕　Gregory the Great, *Nicene and Post-Nicene Fathers*, *Second Series*, *Vol.* 12, *Leo the Great*, *Gregory the Great*, *Selected Epistles of Gregory the Great*, *trans. James Barmby*, XI, 64; *St. Bede*, *Venerabilis Baedae opera historica*, ed. C. Plummer, London, Edinburgh, New York: E Typographeo Clarendoniano, 1896, Lib. I, 27, pp. 52-53. 奥古斯丁原有十一问,比德将这十一问拼凑成著名的九问。

　　〔2〕　R. A. Markus, "Gregory the Great and a papal missionary strategy", in: *The Mission of the Church and the Propagation of the Faith*, ed. G. J. Cuming, Cambridge: Cambridge University Press, 1970, pp. 29-38; Blair, The World of Bede, Cambridge: Cambridge University Press, 1990, pp. 42-3.

　　〔3〕　Gregory the Great, *Nicene and Post-Nicene Fathers*, *Second Series*, *Vol.* 12, *Leo the Great*, *Gregory the Great*, *Selected Epistles of Gregory the Great*, trans. James Barmby, VI, 5-6.

　　〔4〕　Gregory the Great, *Nicene and Post-Nicene Fathers*, *Second Series*, *Vol.* 12, *Leo the Great*, *Gregory the Great*, *Selected Epistles of Gregory the Great*, *trans. James Barmby*, XI, 68; *St. Bede*, *Venerabilis Baedae opera historica*, ed. C. Plummer, London, Edinburgh, New York: E Typographeo Clarendoniano, 1896, Lib. I, 28, p. 62.

　　〔5〕　St. Benedict, RB 1980: *The Rule of St. Benedict in Latin and English with Notes*, trans. and note by Timothy Fry, Collegeville: Liturgical Press, 1981, pp. 257-277.

显著。依照前文的推论,大格雷戈里并未派出需要多年培养的英吉利青年奴隶,而是选择了资历深厚的奥古斯丁,就可看出格雷戈里倾向于更为有效直接的方法来实施他的计划。总览以上观点,有一点还是可以肯定,大格雷戈里希望促进两岸教会之间的交流,相互扶携,更好地得以发展。[1]

与奥古斯丁等罗马修道士一同到达肯特的还有一批法兰克人翻译。大格雷戈里担心奥古斯丁他们囿于语言障碍而不能顺利传教,于是嘱咐他们招募一些法兰克人随行。在给奥斯特拉西亚的国王的信中,他写道:

> 对奥古斯丁和其他上帝的仆人我还抱有担心……带上邻近地区的神父会比较好些,因为他们熟悉盎格鲁人的想法……(通过这些神父)我们可以了解盎格鲁人的需要。[2]

这一点可能是大格雷戈里为迎合法兰克人而增添的。鲜有法兰克教士会懂得盎格鲁-撒克逊方言[3],实际上,奥古斯丁招募的应是一批翻译。[4]墨洛温王室希望在海峡彼岸拓展其势力和声望;而大格雷戈里利用了这一点诉求和法兰克人自身的优越感,确保了传教团的安全和更好的人员配置,体现了其高超的外交手腕。

分析总结大格雷戈里派出罗马传教团向不列颠的盎格鲁-撒克逊人传教的原因,可能有以下三点。

第一,向盎格鲁-撒克逊人传教是为了复兴罗马的基督教传统。大格雷戈里自任罗马主教之后,便着力于恢复教会在帝国时代的光彩。他沿袭了历任罗马主教"以罗马为尊"的本位思想,积极扩大教廷的影响力和管辖范

---

〔1〕 J. M. Wallace-Hadrill, "Rome and the Early English Church: Some Questions of Transmission", *Settimano di Stdio del Centro Italino di Studi sull'alto medioevo*, Vol. 7, Spoleto, 1960, p. 535.

〔2〕 Gregory the Great, *Nicene and Post-Nicene Fathers*, *Second Series*, Vol. 12, *Leo the Great*, *Gregory the Great*, *Selected Epistles of Gregory the Great*, trans. James Barmby, VI, 58.

〔3〕 西撒克逊国王森瓦尔(Cenwalh)因法兰克人主教阿吉尔伯特(Agilbert)不懂撒克逊语而驱逐了他。St. Bede, *Venerabilis Baedae Opera Historica*, ed. C. Plummer, London, Edinburgh, New York: E Typographeo Clarendoniano, 1896, Lib. Ⅲ, 7, pp. 140-141.

〔4〕 St. Bede, *Venerabilis Baedae Opera Historica*, ed. C. Plummer, London, Edinburgh, New York: E Typographeo Clarendoniano, 1896, Lib. I, 25, p. 45.

围。不列颠原是罗马帝国的行省,而进入帝国的日耳曼人在 6 世纪末大多已成为基督徒;一开始是阿里乌斯派异端(Arian heresy)的东哥特人、西哥特人、勃艮第人等也慢慢转为正统派信徒。盎格鲁-撒克逊人是少数仍持异教信仰的外来入侵部族之一,归化他们成为了一种自然而然的选择。从地理范畴上来看,去不列颠传教,实际上是去唤醒那片土地上被遗忘的基督教信仰,具有复兴罗马帝国旧有传统的意义。

第二,传教的政治条件已经成熟。传教团从罗马北上至不列颠,沿途都有各个城市的主教接待。罗马教廷与法兰克政权的良好关系也保证了传教团的安全。并且,大格雷戈里很有可能知晓埃塞尔伯特是盎格鲁-撒克逊人的共主,可以创造改宗的政治条件。大格雷戈里对不列颠的风土人情可能一无所知,但他知道埃塞尔伯特娶了一名法兰克公主。而且当时肯特与高卢地区,尤其是卢瓦尔河南部地区有着密切的商贸往来。[1] 因此他对埃塞尔伯特在不列颠的地位应当比较了解。

第三,在可供遴选的传教人员方面,奥古斯丁是一个的现成人选。在596 年之前,大格雷戈里不了解威尔士和苏格兰的不列颠教会生存状况;至于爱尔兰教会,可能通过 590 年来到勃艮第(Burgundy)传教的爱尔兰修士小科伦巴努斯(Columbanus)会有所知晓。[2] 但即使他获悉爱尔兰教会的情况,也不太可能指派遵循与罗马不同复活节日期的爱尔兰教士前往传教。法兰西教会弊端甚多,亟待改革,也不堪此重任。奥古斯丁原任修道院监院,操行良好,素有声望,在格雷戈里任圣安德烈修道院院长的时期就是其下属,平日恪守院规,对大格雷戈里言听计从。传教团的其他成员也是如此。大格雷戈里对奥古斯丁一行人委以重任是经过一番考虑的,但事实证

〔1〕 J. M. Wallace-Hadrill, "Rome and the Early English Church: Some Questions of Transmission", *Settimano di Stdio del Centro Italino di Studi sull'alto medioevo* Ⅶ, Spoleto, 1960, pp. 527-528; P. Grierson, "The Canterbury (St. Martin's) Hoard of Frankish and Anglo-Saxon Coin-Ornaments", *Britain Numismatic Journal*, 3rd ser., 7, 1952—1954, pp. 39-51.

〔2〕 有关大格雷戈里接触凯尔特教会的信息甚少,我们仅仅知道,小科伦巴努斯在 603 年的索恩河畔沙隆(Chalon-sur-SaÔne)会议数年之前曾给大格雷戈里写过信,这封信是关于探讨凯尔特教会与罗马教会不同的复活节日期和其他一些教仪的。(该信内容参见 St. Columbanus, *Sancti Columbani Opera*, ed. and trans. G. S. M. Walker, Dublin: The Dublin Institute for Advanced Studies, 1957, pp. 3-13.)并未有大格雷戈里的回信留存下来。

明这一决定存在着不太妥当之处。[1]

二、法兰克王室与埃塞尔伯特改宗的关系

大格雷戈里传教团出发后,先到了普罗旺斯(Provence)的某地。修道士们因为对未知的传教前景感到害怕而畏惧不前,他们派出奥古斯丁回罗马请求中止传教计划。这或许与希尔德贝尔特二世(Childebert Ⅱ)的死引发的政治动荡有关。[2]经过大格雷戈里的循循劝诫,并委任奥古斯丁为修道院院长之后,一行人又重新上路。根据当时的交通条件和大格雷戈里托奥古斯丁带给沿途主教和修道院院长的信件,可以大致推算出格雷戈里传教团的北上路线。他们由海路到达马赛,沿罗纳河(Rhône)溯流而上,途经阿尔勒、维埃纳、奥顿,到达卢瓦尔河。沿河顺流而下,经图尔拜祭圣马丁之后,抵达西部的入海口。奥古斯丁很可能在贸易口岸招募到口译人员,并乘船来到肯特东部的萨尼特岛(Thanet)。

近期的研究表明,大格雷戈里的传教计划与法兰克王室密切相关。[3]不过这些看法在一些细节之处还有待斟酌讨论。大格雷戈里让奥古斯丁携带了共 9 封信件。除了写给传教团团员、沿途重要城市的主教、修道院院长之外,还包括给法兰克统治者的信件。[4]当时,奥斯特拉西亚的布隆希尔德(Brunhild)以两个孙子提乌德贝尔特二世和提乌德里克二世的名义统治着大半个法兰西。她的对手是纽斯特里亚的弗蕾德贡德(Fredegund)和她

---

〔1〕 比如中途放弃返回罗马、未处理好与凯尔特教会间的关系等等。(参见 St. Bede, *Venerabilis Baedae opera historica*,ed. C. Plummer,London,Edinburgh,New York:E Typographeo Clarendoniano,1896,Lib. Ⅰ,23,p. 42;Lib. Ⅱ,2,pp. 81-83。)

〔2〕 596 年,弗蕾德贡德(Fredgund)和克洛塔尔二世(Chlothar Ⅱ)乘希尔德贝尔特新丧,向他的两儿子在拉夫克斯(Laffaux)挑起战争。Fredegar, *The Fourth Book of the Chronicle of Fredegar*,with its continuations,ed. and trans. J. M. Wallace-Hadrill London:Nelson,1960,p. 93.

〔3〕 Ian Wood,"The Mission of Augustine of Canterbury to the English",in Speculum, Cambridge:*Medieval Academy of America*,Vol. 69,1994,pp. 1-17;N. J. Higham,*The Convert Kings:Power and Religious Affiliation in Early Anglo-Saxon England*,Manchester:Manchester University Press,1997,pp. 62-98;Marilyn Dunn,*The Christianization of the Anglo-Saxons*,c. 597—700:*Discourses of Life*,*Death and Afterlife*,London:Hambledon Continuum Press,2009,pp. 48-55.

〔4〕 Gregory the Great,*Nicene and Post-Nicene Fathers*,*Second Series*,*Vol. 12*,*Leo the Great*,*Gregory the Great*,*Selected Epistles of Gregory the Great*,trans. James Barmby,VI,52-59.

的儿子克洛塔尔二世(Chlothar Ⅱ)。596 年 7 月大格雷戈里致信给布隆希尔德,信的开头便谈到在不列颠有一部分盎格鲁人有改宗的渴求,并请求她帮助奥古斯丁和随行人员。[1] 在给提乌德贝尔特二世和提乌德里克二世的另一封信中,大格雷戈里提到,盎格鲁人的改宗可以增加他们的权力:

> 因全能的上帝接纳了你的王国,以你们良好的操行和在其他民族中突出的普遍的基督教信仰,我们对你们怀有很大的期望。期望你们的追随者改宗为正确的信仰,那么你们将成为他们的国王与主人。[2]

不管这是否是阿谀之辞,这或多或少地暗示着奥斯特拉西亚的国王在肯特有某种权威。肯特王国位于不列颠的东南海角,两岸贸易往来频繁,也较易受法兰克-高卢文化的吸引。事实上,墨洛温王朝的国王们占据着对岸广袤丰饶的疆土,在肯特确实有着一定的政治影响力。[3]

奥古斯丁抵达肯特时,国王埃塞尔伯特早已娶了巴黎王卡里贝尔特(Charibert)的女儿贝尔莎。[4] 通过这桩婚姻肯特与法兰克王国结成了政治盟友关系。贝尔莎是基督徒,据比德记载,贝尔莎嫁至肯特时,其父母附带了一个条件,即必须允许贝尔莎和她的随行主教刘德哈德(Luidhard)履行基督教礼仪。[5] 也就是说,肯特王室最早接触到的基督教信仰是法兰克公主带来的。

---

〔1〕 Gregory the Great, *Nicene and Post-Nicene Fathers*, *Second Series*, *Vol. 12*, *Leo the Great*, *Gregory the Great*, *Selected Epistles of Gregory the Great*, trans. James Barmby, Ⅵ, 59.

〔2〕 Gregory the Great, *Nicene and Post-Nicene Fathers*, *Second Series*, *Vol. 12*, *Leo the Great*, *Gregory the Great*, *Selected Epistles of Gregory the Great*, trans. James Barmby, Ⅵ, 58.

〔3〕 Frank Merry Stenton, *Anglo-Saxon England*, Oxford: Oxford University Press, 1971, p. 59; I. N. Wood, "The Merovigian North Sea", *Occasional Papers on Medieval Topics*, I, Alingsas, Sweden: Viktoria Bokförlag, 1983, pp. 12-17; I. N. Wood, "Frankish Hegemony in England", in *The Age of Sutton Hoo: The Seventh Century in North-Western Europe*, ed. M. Carver, Woodbridge: Boydell Press, 1992, pp. 235-242.

〔4〕 法兰克国王克洛塔尔一世在 561 年死后,他的四个儿子瓜分了国土。其中卡里贝尔特在巴黎称王,希尔佩里克在苏瓦松称王。

〔5〕 St. Bede, *Venerabilis Baedae Opera Historica*, ed. C. Plummer, London, Edinburgh, New York: E Typographeo Clarendoniano, 1896, Lib. I, 25, p. 45.

　　贝尔莎是何时嫁到肯特的？这牵扯到贝尔莎的出生时间和埃塞尔伯特的统治时间跨度问题。各种史料不同程度地存在一些矛盾，学界对此一直存在争议。有两种说法接受度较高。一说是约在 6 世纪 60 年代[1]，另一说是约在 575—581 年间[2]。后一种观点认为贝尔莎是在另一位国王希尔佩里克一世（Chilperic I）主持下嫁给埃塞尔伯特的，这一看法近来较为盛行。

　　按比德的记载，埃塞尔伯特于 560—616 年在位，时间长达 56 年。但他还复加了一点，埃塞尔伯特是在接受基督教 21 年后去世的。[3]埃塞尔伯特的改宗不会早于 597 年，那么以此推算，他去世是在 618 年。按《盎格鲁-撒克逊编年史》的"劳德抄本"（Laud manuscript，E manuscript）的记载，埃塞尔伯特于 565—616 年在位。但在"劳德抄本"中前后两处存有矛盾——"在位53 年"和"在位 56 年"。[4]关于贝尔莎出嫁到肯特的事，比德提到，埃塞尔伯特接受了女方父母关于不干涉贝尔莎基督教信仰的条件，也就是说当时贝尔莎父母还在世。

　　据图尔主教格雷戈里的《法兰克人史》，贝尔莎的母亲英戈贝尔格（Ingoberg）嫁给卡里贝尔特，生下女儿后，遭到了遗弃。后来，贝尔莎嫁给了肯特某个国王的儿子。格雷戈里还提到，卡里贝尔特死于 567 年；而英戈贝尔格过世于 589 年，享年大约 70 岁。[5]

　　若将这几则史料结合起来解读，一般会产生出如下几处矛盾和疑点。首先，根据《英吉利教会史》和《盎格鲁-撒克逊编年史》的记载，埃塞尔伯特的

---

　　〔1〕 F. M. Stenton, *Anglo-Saxon England*, Oxford: Oxford University, 1971, p. 59; J. M. Wallace-Hadrill, *Early Germanic Kingship in England and the Continent*, Oxford: Clarendon, 1980, pp. 24-25.

　　〔2〕 Nicholas Brooks, *Anglo-Saxon Myths: State and Church*, 400—1066, London: Hambledon Press, 2000, pp. 47-51; N. J. Higham, *The Convert Kings: Power and Religious Affiliation in Early Anglo-Saxon England*, pp. 66-7, p. 86; Marilyn Dunn, *The Christianization of the Anglo-Saxons, c. 597—700: Discourses of Life, Death and Afterlife*, pp. 48-49.

　　〔3〕 St. Bede, *Venerabilis Baedae Opera Historica*, ed. C. Plummer, London, Edinburgh, New York: E Typographeo Clarendoniano, 1896, Lib. II, 5, pp. 89-90.

　　〔4〕 *The Anglo-Saxon Chronicle MS. E*, ed. Susan Irvine, Cambridge: D. S. Brewer, 2004, p. 20 [565], p. 23[616].

　　〔5〕 Gregory of Tours, *Historia Francorum*, MGH, SRM 7, ed. Bruno Krusch and Rudolf Buchner, *Gregor von Tours, Zehn Bücher Geschichten*, 2 vols, Darmstadt: Wissenschaftliche Buchgesellschaft, 1955, IV, 26, IX, 26. http://www. thelatinlibrary. com/gregorytours/gregorytours4. shtml;《法兰克人史》，第 165—167、464—465 页。

统治时期应该有多种可能——560—616 年、565—618 年或 565—616 年。贝尔莎的母亲英戈贝尔格生前曾委托格雷戈里处理她留给图尔大教堂、圣马丁教堂和勒芒(Le Mans)大教堂的遗赠,有过密切的接触,格雷戈里的记载可信度应是比较高的。如果认同他的记载,我们可以判定贝尔莎是在埃塞尔伯特未成为国王前便嫁至肯特,也就是 560 年或 565 年之前。另一方面,参照格雷戈里的记载顺序来看,英戈贝尔格嫁与卡里贝尔特的时间是在克洛塔尔去世(561 年)之后,当时的卡里贝尔特已经称国王。这样就形成了一个很大的矛盾。其次,依据比德的记载,贝尔莎成婚时其父尚且在世,这一点也与上述相悖。第三,若按照英戈贝尔格去世时的年龄来看,参照中世纪女子平常的适婚年龄和生育年龄,卡里贝尔特不太可能晚于 539 年与她成婚,贝尔莎也不太可能晚于 559 年出生。

　　归纳以上种种,矛盾的焦点问题在于英戈贝尔格嫁给卡里贝尔特是否是在 561 年以后。持 575—581 年间观点的学者认为这是正确的,指出在卡里贝尔特死时,贝尔莎不会超过 5 岁。例如,尼古拉斯·布鲁克的看法是比德可能把埃塞尔伯特的生卒年份误当作统治年份了,埃塞尔伯特的年纪应与贝尔莎相仿。[1] 然而需要指出的是,按 N. 海厄姆等人的观点,卡里贝尔特娶英戈贝尔格是在 561 年成为国王之后。但事实上格雷戈里在这里并没有按照时间顺序记载的必要。他把克洛塔尔诸子的婚姻状况放到他们父亲过世后再写,并不意味着贡特拉姆(Guntram)、卡里贝尔特等人的历任妻子都是在 561 年裂土而治之后所娶。第二,格雷戈里称卡里贝尔特娶英戈贝尔格时的身份为国王(Rex),并不意味着这时他已与兄弟们瓜分了父亲的领土,真正地在巴黎称王——墨洛温王朝的王子们可以统称为"国王",实际上只拥有头衔而已。[2] 第三,图尔的格雷戈里提到在 589 年英戈贝尔格是 70

---

〔1〕　Nicholas Brooks,*Anglo-Saxon Myths*:*State and Church*,400—1066,London:Hambledon Press,2000,p. 50.（另见 N. J. Higham, *The Convert Kings*:*Power and Religious Affiliation in Early Anglo-Saxon England*,Manchester：Manchester University Press,1997,p. 86.）

〔2〕　格雷戈里把克洛塔尔另一个儿子克拉姆(Chramn)也称为"Rex"。（参考 Gregory of Tours, *Historia francorum*, MGH SRM 7,ed. Bruno Krusch and Rudolf Buchner,Gregor von Tours, Zehn Bücher Geschichten,2 vols,Darmstadt：Wissenschaftliche Buchgesellschaft,1955,Ⅳ,13.）

岁,"我认为今年她是七十岁"(…septuagisimo,ut arbitror vitae anno)。[1]
虽然所使用的口吻不太肯定,但并不能因此忽视这条信息。贝尔莎作为她
唯一的女儿(filiam unicam)[2],不太可能晚至561年英戈贝尔格43岁之后
才出生。[3]

综合几则史料,相对合理的说法是,贝尔莎在561—564年间,在父母的
主持下嫁给了当时尚是肯特王子的埃塞尔伯特,他随后在565年称王,死于
616—618年之间。这一时间表兼顾了比德和图尔的格雷戈里两方的记载,
也最为合理。

N.海厄姆等研究者认为,贝尔莎属于希尔佩里克以及其子克洛塔尔二
世的阵营。而大格雷戈里教皇与布隆希尔德和奥斯特拉西亚的两位国王交
好,因此大格雷戈里传教团与王后在肯特宫廷中分属不同政治势力。他们
以此来解释贝尔莎在改宗伊始中贡献不大的原因,以及布隆希尔德支持向
海峡彼岸传教动机。并指出,之所以在601年贝尔莎收到了教皇的来信,是
因为此时大格雷戈里与克洛塔尔二世已建立起了联系。[4] 这些论点都是
建立在希尔佩里克于575—581年间为贝尔莎主婚的前提之上的。根据前面
所作的史料分析,这种看法很难站得住脚。那么贝尔莎在她的父亲死后,有
可能与她的叔叔希尔佩里克建立外交亲善关系吗? 英戈贝尔格在遭到遗弃
后,长期居于图尔、勒芒两地,她将遗产赠送给了这两地的教堂。而这两地
在567年之后,分属西吉贝尔特(Sigibert I)和希尔佩里克的治下。卡里贝尔
特原先的旧都巴黎,先后被他的这两个弟弟所统治。诚然,在575年西吉贝

---

〔1〕 Gregory of Tours, *Historia Francorum*, MGH SRM 7, ed. Bruno Krusch and Rudolf
Buchner, Gregor von Tours, Zehn Bücher Geschichten, 2 vols, Darmstadt: Wissenschaftliche
Buchgesellschaft,1955,IX,26.

〔2〕 Gregory of Tours. *Historia Francorum*,IX,26.

〔3〕 依照格雷戈里的记载,卡里贝尔特对几任妻子都是始乱终弃。按这种个性来看,他不太
可能娶一个40多岁的妻子。并且,英格贝尔格的出身也并不高贵,政治联姻的可能性很小。(参考
Gregory of Tours, *Historia francorum*, MGH, SRM 7, ed. Bruno Krusch and Rudolf Buchner, *Gregor
von Tours*, *Zehn Bücher Geschichten*, 2 vols, Darmstadt: Wissenschaftliche Buchgesellschaft, 1955,
IV,27.)其次,在那个时代,女性40多岁生育第一胎的可能性也不大。

〔4〕 N. J. Higham, *The Convert Kings: Power and Religious Affiliation in Early Anglo-
Saxon England*, pp. 70-74; Marilyn Dunn, *The Christianization of the Anglo-Saxons*, c. 597—700:
Discourses of Life, *Death and Afterlife*, pp. 48-49, 55.

尔特死后,巴黎、图尔、勒芒都划到了希尔佩里克的控制之下,但肯特与纽斯特里亚之间早先建立起来的政治联盟有可能为他所继承,并一直传承至他的儿子克洛塔尔二世执政时期吗? 笔者认为,假如贝尔莎在565年之前就已出嫁至肯特这个推论成立,那么由于法兰克王国频繁的内部政治变动,两岸关系不太可能作出相应的多次调整,联盟的具体形式很难一直维持下去。

从贝尔莎嫁至肯特到大格雷戈里传教团的到来,中间相隔了约30多年,包括埃塞尔伯特在内的肯特王室应该对基督教的教义、各种礼仪并不陌生。随贝尔莎一起来到肯特的法兰克主教刘德哈德,也应在肯特统治上层中间宣讲过福音。考古发现,在坎特伯雷的圣马丁教堂附近出土的一枚金币上刻着"LEU. DARDUS EPS"。这被认为是为刘德哈德所铸造的。[1] 法兰克公主和主教的工作为奥古斯丁一行人的传教作了良好的铺垫,在一定程度上加速了基督教在肯特的传播。接纳并允许在奥斯特拉西亚支持下的奥古斯丁等人传教,可以看作是埃塞尔伯特向法兰克人示好的一种举动。但埃塞尔伯特是否很快就接受了基督教信仰呢? 比德并没有给出具体的皈依受洗时间,只是笼统地讲了其过程,暗示国王和其他一些贵族似乎在奥古斯丁到来之后不久就接受了洗礼。[2] 这是需要进一步加以分析的问题。

第二节　基督教在肯特地区的初步建立

一、埃塞尔伯特的皈依过程及其意义

比德并未像记叙诺森伯里亚国王埃德温的皈依过程那样,详细地描述埃塞尔伯特在改宗时的反复思量,以及为改宗所作的种种准备工作。实际上,作为一名盎格鲁-撒克逊君主,要使他的子民接受一种全新的宗教,还是一件相当不容易的事。在他的王国里,多神教圣地、圣山遍及各处,在这些地方时常举行对沃登和索尔等神灵的献祭仪式,世世代代延续下来的神灵

---

〔1〕　M. Werner,"The Liuhard medalet",*Anglo-Saxon England*,ed. Michael Lapidge,Malcolm Godden,Simon Keynes,Vol. 20,Cambridge,New York:Cambridge University Press,1991,pp. 27-41.

〔2〕　St. Bede,*Venerabilis Baedae Opera Historica*,ed. C. Plummer,London,Edinburgh,New York:E Typographeo Clarendoniano,1896,Lib. I,26,p. 47.

崇拜早已深入人心。对普通族民而言,多神教崇拜是祖先的传统不可动摇;而对身居高位的旧教集团,包括祭司和部分守旧贵族来说,改换信仰会极大地损害他们的利益。埃塞尔伯特刚接触奥古斯丁和他的随行时,出于多神教的一种迷信观念,认为奥古斯丁可能会施妖术,因此避免与他在屋内会面。[1]贝尔莎和她的主教平日会举行基督教仪式,国王应曾耳濡目染,不至于如此惧怕。很有可能这是他的部属提醒他需提防外来宗教使徒,才出此下策。

　　比德关于肯特方面的材料来源于由坎特伯雷大主教诺赛尔姆(Nothelm)带给他的、来自教廷书记处的不完整的记录,以及部分的口头传承。[2]一些材料并不为比德所知。比如,教皇大格雷戈里的4封写于597—599年间的信。这几封信分别是597年9月写给布隆希尔德的,598年7月写给亚历山大主教尤洛基乌斯(Eulogius of Alexandria)的,599年7月分别写给奥顿主教西阿格里乌斯和布隆希尔德的。[3]以上4封信都提及了在英吉利的传教事业,但都未谈到埃塞尔伯特的洗礼。而清楚地点明埃塞尔伯特已经受洗的证据是,601年6月大格雷戈里致信褒奖鼓励埃塞尔伯特的信件。[4]有学者认为埃塞尔伯特的受洗发生在601年的复活节,也就是奥古斯丁来到肯特的4年之后。[5]这种看法存在一定的参考价值。但更多

　　[1]　St. Bede, *Venerabilis Baedae Opera Historica*, ed. C. Plummer, London, Edinburgh, New York: E Typographeo Clarendoniano, 1896, Lib. I, 25, pp. 45-46.

　　[2]　St. Bede, *Venerabilis Baedae Opera Historica*, ed. C. Plummer, London, Edinburgh, New York: E Typographeo Clarendoniano, 1896, Praefor, pp. 6-7. (相关分析可参考 J. M. Wallace-Hadrill, *Bede's Ecclesiastical History of the English People*, *A historical Commentary*, Oxford: Clarendon, 1988, pp. 30-31, 38-39。)

　　[3]　Gregory the Great, *Nicene and Post-Nicene Fathers*, *Second Series*, *Vol. 12*, *Leo the Great*, *Gregory the Great*, *Selected Epistles of Gregory the Great*, trans. James Barmby, VI, 59, VIII, 30, IX, 108, IX109.

　　[4]　Gregory the Great, *Nicene and Post-Nicene Fathers*, *Second Series*, *Vol. 12*, *Leo the Great*, *Gregory the Great*, *Selected Epistles of Gregory the Great*, trans. James Barmby, XI, 66; St. Bede, *Venerabilis Baedae Opera Historica*, ed. C. Plummer, London, Edinburgh, New York: E Typographeo Clarendoniano, 1896, Lib. I, 32, pp. 67-70.

　　[5]　Dom S. Brechter, *Die Quellen zur Angle-sachsenmission Gregors des grossen*, *Münster*, Westphalia: Aschendorff, 1941, pp. 140-157; Margaret Deanesly, *The Pre-Conquest Church in England*, NewYork: Oxford University Press, 1961, p. 49.

的意见还是倾向于受洗发生于597—601年之间。[1]

　　绝大部分研究者都认为,从埃塞尔伯特允许奥古斯丁等人传教到他接受洗礼有一个较长的时间间隔。在598年7月写给尤洛基乌斯的信中,大格雷戈里提到,奥古斯丁已为1万多盎格鲁-撒克逊人施洗。[2] 这个数字应该经过了夸大,很难想象国王不作表率,在多神教氛围浓厚的盎格鲁-撒克逊王国,传教工作如何深入开展。比德提到,国王和其他一些贵族是受到奥古斯丁等人圣洁纯朴的基督教生活所吸引,并且深为他们展现出来的神迹所震慑,因此接受了洗礼。在这之后,越来越多的人竞相来听福音。[3] 这从一个侧面说明,促使广大民众相继受洗皈依的事件是国王与统治阶层的受洗。并且,直到"在国王皈依了基督教之后,(奥古斯丁)他们才被允许更加自由地在他们愿意的地方进行传教和在各地新建或修缮教堂"[4]。在此之前,奥古斯丁和其他传教士的活动范围大多限于坎特伯雷城内的住所和城外的圣马丁教堂,过着一种与他们在罗马安德烈修道院里并无二致的修道院生活。奥古斯丁较大的传教行动,都是过了数年之后才展开的。比如601年与不列颠教士召开的"奥古斯丁橡树会议",以及在604年任命梅里图斯(Mellitus)和贾斯图斯(Justus)分别为东撒克逊人地区和罗切斯特的主教。大格雷戈里很有可能是在得知奥古斯丁已成功为埃塞尔伯特受洗,即将展开对肯特的臣属国的传教活动之后,才加派梅里图斯等人协助其工作的。598年奥古斯丁在阿尔勒祝圣为主教。很可能在他返回肯特之后方才为国王施洗。埃塞尔伯特的受洗大概发生在599—600年。

　　埃塞尔伯特没有很快接受基督教的重要原因之一是,他必须面对旧教的支持者是否愿意跟随他这一现实问题。比德提到,埃塞尔伯特没有迫使

　　[1] Robert A. Markus, "The Chronology of the Gregorian Mission to England: Bede's Narrative and. Gregory's Correspondence", *Journal of Ecclesiastical History*, Vol. 14, Cambridge: Cambridge University Press, 1963, p. 16; D. P. Kirby, *Earliest English Kings*, New York: Routledge, 2000, p. 28; Marilyn Dunn, *The Christianization of the Anglo-Saxons, c. 597—700: Discourses of Life, Death and Afterlife*, London: Hambledon Continuum Press, 2009, p. 55.

　　[2] Gregory the Great, *Nicene and Post-Nicene Fathers, Second Series*, Vol. 12, *Leo the Great, Gregory the Great, Selected Epistles of Gregory the Great*, trans. James Barmby, Ⅷ, 30.

　　[3] St. Bede, *Venerabilis Baedae Opera Historica*, ed. C. Plummer, London, Edinburgh, New York: E Typographeo Clarendoniano, 1896, Lib. I, 26, pp. 46-47.

　　[4] Ibid.

其他人追随他信教是因为奥古斯丁坚持服侍上帝完全出于自愿的原则。[1]
值得注意的是,肯特的王子伊德鲍尔德(Eadbald)就没有随他父亲一起接受
新的信仰。这可能反映了当时的一种社会意愿:一个家庭希望尽可能多地
与多种宗教,无论新旧,保持着一定的联系,而不是强加一种统一的意志于
每个家庭成员。[2] 这种做法类似当代非洲某些地区统治阶层采取的宗教
政策。在这些地区伊斯兰教或基督教与当地多神教共存的现象十分普遍,
统治者采用兼容并包的政策摇摆于当地传统信仰的局部区域和一神教的大
背景之间。[3] 埃塞尔伯特允许家人信仰沃登等神灵,与巩固王朝的统治基
础,争取尽可能多的宗教派系支持是紧密相关的。在盎格鲁-撒克逊人中的
这类例子普遍存在,比如埃塞克斯和威塞克斯王室也采取与肯特同样的
做法。[4]

　　按比德的记载,埃塞尔伯特是继西撒克逊人的首领查乌林(Ceawlin)之
后,不列颠的第三位共主。但他能够控制的势力范围仅限于南部诸王国,并
且,奥古斯丁到来之时,距离他取得这一地位并不久。[5] 他还是必须获得
一些盟友的支持。与贝尔莎的婚姻,增加了他的家族在肯特以及周边地区
的声望,提高了自身的地位,使其身份凌驾于其他潜在的对手之上。成为共
主之后,他为了在战略上进一步巩固与法兰克人的盟友关系,接受了基督
教,与欧洲大陆的基督教信仰背景形成一致。然而正因为如此,国内的宗教
矛盾可能激化,作为国王必须处理好种种关系来确保其地位不受动摇。贝
尔莎死后,埃塞尔伯特又娶了一名女子为妻。这名女子应是多神教教徒:在
埃塞尔伯特死后,她按照传统风俗嫁给了她的继子伊德鲍尔德,这是有违基

　　[1]　Ibid.

　　[2]　Marilyn Dunn, *The Christianization of the Anglo-Saxons*, c. 597—700: *Discourses of Life, Death and Afterlife*, London: Hambledon Continuum Press, 2009, p. 102.

　　[3]　Robin Horton, "On the rationality of conversion", *Africa: Journal of the International African Institute*, Cambridge: Cambridge University Press, Vol. 45, 1975, pp. 219-235.

　　[4]　埃塞克斯国王萨伯特的儿子们都未受洗,威塞克斯国王基内吉尔斯的两个儿子中有一个
未受洗。

　　[5]　查乌林在 592 年遭到政变驱逐,埃塞尔伯特应在他失势后取得共主地位。(参考 *The Anglo-Saxon Chronicle MS. E*, ed. Susan Irvine, Cambridge: D. S. Brewer, 2004, p. 22, [592]。)

督教教义的。[1] 有可能埃塞尔伯特是为了笼络续弦的妻子所在的家族才娶了一名异教徒。但对刚继位的伊德鲍尔德来说,肯特当地环境远比法兰西在大环境上的影响来得重要。墨洛温王朝的支持对埃塞尔伯特的改宗存在一定的推动作用,但过于强调法兰克王室在肯特的政治影响也是不太适宜的。如果肯特在政治上依赖法兰克人的条件已经成熟,那么在贝尔莎嫁至肯特后,埃塞尔伯特就有可能改奉基督教信仰,无需等至大格雷戈里传教团来到肯特之时。从某种程度上来说,奥古斯丁与埃塞尔伯特奉行的入教自愿原则也是出于无奈之举。偏居一隅的地理环境决定了肯特和其他盎格鲁-撒克逊王国走一条折衷的路线。抛开克洛维率 3000 亲兵参与的、盛大而隆重的兰斯受洗不提,对比同时期西哥特国王的举动就可看出二者的差距。587 年和 589 年,雷卡雷德一世(Reccared I)在托莱多(Toledo)召开了两次宗教会议,宣布脱离阿里乌斯派,并焚毁阿里乌斯派教义的书籍,命令所有西哥特人重新受洗,改宗为正统基督徒。[2] 无论是早先的罗马化程度,还是基督教留存的程度,盎格鲁-撒克逊人控制下的不列颠都无法与大陆比肩。埃塞尔伯特等国王采取了有保留态度的改宗方案与边缘化的海岛位置是有很大关系的。

但是,即便埃塞尔伯特在家族内实行的改宗政策有所保留,他对基督教在英吉利的建立与发展做出的巨大贡献是不容置疑的。他在坎特伯雷、罗切斯特和伦敦都兴建了大教堂。此外,埃塞尔伯特还提供了不少经济上的支援,包括可供养教士们生活的土地和财产。除了经济上的倾力支援之外,他还制定了法律保护教会财产和教堂的安宁环境,其惩罚力度甚至高于国王的标准。在《埃塞尔伯特法典》(*The Laws of Ethelbert*)第 1 条中就明确规定:

(盗窃)上帝和教会财产(当处以)12 倍的罚金,盗窃主教和神

---

[1] 贝尔莎死于约 612 年。埃塞尔伯特的续弦有可能出身于旧行省贵族家庭,其家族在当地颇有地位。(参考 S. Hollis, *Anglo-Saxon Women and the Church: Sharing a Common Fate*, Woodbridge: Boydell Press, 1992, pp. 231-232 and pp. 238-241。)

[2] Fredegar, *The Fourth Book of the Chronicle of Fredegar, with its Continuations*, ed. and trans. J. M. Wallace-Hadrill, London: Nelson, 1960, p. 133;《法兰克人史》,第 448—450 页。

父的私人财产则分别处以 11 倍和 9 倍的罚金。

而在法典第 4 条中规定,盗窃国王财产只需交纳 9 倍罚金,与盗窃神父的罚款是同一个标准。[1] 而大陆日耳曼民族关于保护基督教的法律条款并未像这般严厉。

同样是改宗后颁布的第一部法典,法兰克人的《萨利克法典》(*The Laws of the Salian Franks*)保留了更多的日耳曼传统色彩。[2] 对照法典中关于盗墓、毁坏尸体的处罚条例,可以发现,法兰克人在保护异教徒和基督徒的坟墓方面事实上并无多大区别。第 60 条母条款下的第 4 条称:

在早期法中规定,盗墓者将被放逐,直至死者的亲属同意他回到部落里来。在赔款未偿付之前,同情罪犯并予以施舍的人一律处以 15 索里达的罚金。盗墓者将被处以 200 索里达的罚金。

而第 7 条则规定:"烧毁存放圣者遗物的圣龛或受祝福的教堂,赔款 200 索里达。"[3] 相比之下,早期习惯法对盗墓者的处罚显得更为严苛。法典针对破坏基督徒坟墓而订立的第 6、7 条款,并未给予基督徒任何特权。[4] 而在 643 年颁布的,西哥特人改宗罗马正统基督教后的第一部法典《西哥特法典》(*The Visigothic Code*),它则着力于效仿《查士丁尼法典》(*The Justinian*

---

〔1〕 *Ancient Laws and Institutes of England*,ed. and trans. Benjamin Thorpe,London,1840,pp. 1-2. 原文第一条中并无动词,罚金是针对盗窃行为作出的来自比德的说法。qui aliquid rerum uel ecclesiae, uel episcopi, uel reliquorum ordinum furto auferret. (参考 St. Bede,*Venerabilis Baedae opera historica*,ed. C. Plummer,London,Edinburgh,New York;E Typographeo Clarendoniano,1896,Lib. Ⅱ,5,p. 90。)破坏教堂安宁和教会会议的都处两倍罚金。(补全译文参考 *English Historical Documents*,Vol. I,ed. David C. Douglas,London:Eyre&Spottiswoode,1955,p. 357。)

〔2〕 如对偷猪者的处罚规定,作为牺牲的阉猪价值要高于同类。偷窃献祭用的阉猪,罚款 700 迪纳里。这与偷窃猪群中的带头母猪的罚金相同。而对偷窃一岁至两岁大的猪处以的罚金从 200—600 迪纳里不等。Pactus Legis Salicae,Ⅱ:7,15,16,trans. Katherine Fischer Drew,*The Laws of the Salian Franks*,University Park:University of Pennsylvania Press,1991,p. 67.

〔3〕 Pactus Legis Salicae,LV:4,7,trans. Katherine Fischer Drew,*The Laws of the Salian Franks*,University Park:University of Pennsylvania Press,1991,p. 118.

〔4〕 Pactus Legis Salicae,LV:6,7,trans. Katherine Fischer Drew,*The Laws of the Salian Franks*,University Park:University of Pennsylvania Press,1991,p. 118.

Code),比前两部法典更系统有条理。在其有关教会事务的法律条例中,甚至有防止专断的主教侵吞教会财产的条目。[1] 但在《西哥特法典》中也并无类似《埃塞尔伯特法典》中针对侵犯教会财产行为如此重责的条款。比德指出,肯特的这部法典是埃塞尔伯特仿效罗马人的做法制定的。[2] 因此在法律制定的过程中,奥古斯丁他们作为罗马的唯一代表,其意见很可能起到了主导的作用。他也曾就偷窃教会财产的问题请教过大格雷戈里的意见。[3] 奥古斯丁订立这一条文的指导思想可能来源于《查士丁尼法典》第1卷同样置于卷首的有关教会的条目。[4] 但《查士丁尼法典》中并无对应的具体课罚内容,很可能奥古斯丁是结合了肯特部落习惯法的传统,制定出该条文内容的。将盗窃教会财产的惩罚标准定于国王财产之上,这一作法能获得埃塞尔伯特的通过,并不意味他承认教权高于王权,而是为了凸显对教会的尊重,并且给予教会在一个蛮荒之地开始传教事业的保障。当时诺森伯里亚人、西撒克逊人等部族对持基督教信仰的不列颠人的战争仍未结束,攻击教会的行为也时有发生。在这种环境下,以法律形式提升教会地位,给予其正式的国王法令保护是一种因时因地制宜的办法。

609—610 年,时任伦敦主教的梅里图斯前往罗马觐见教皇卜尼法斯四世(Boniface IV),讨论有关英吉利教会的一些重要事宜,并出席了 610 年 2 月 27 日的宗教会议。[5] 这次会面有可能与英吉利教会继续维持独立于法兰克教会外的自主权有关。[6] 梅里图斯签署并带回了会议有关修院典章

---

〔1〕　*The Visigothic Code（Forum Judicum）*. Book Ⅴ, Ⅰ: 6, ed. and trans. Samuel Parsons Scott, Boston: Boston Book Company, 1910, p. 147.

〔2〕　St. Bede, *Venerabilis Baedae opera historica*, ed. C. Plummer, London, Edinburgh, New York: E Typographeo Clarendoniano, 1896, Lib. Ⅱ, 5, p. 90.

〔3〕　大格雷戈里回信指出要给偷窃者施以惩罚,但不宜过重。教会也不应在追回财产的过程中为己牟利。这和奥古斯丁最终订立的法律条文是有一定差异的。(参考 Gregory the Great, *Nicene and Post-Nicene Fathers*, Second Series, Vol. 12, *Leo the Great*, *Gregory the Great*, *Selected Epistles of Gregory the Great*, trans. James Barmby, XI, 64.)

〔4〕　*The Justinian Code from the Corpus Iuris Civilis*, ed. and trans. S. P. Scott, Book Ⅰ, Title Ⅰ, Ⅱ, Cincinnati: The Central Trust Co., 1932, pp. 9-28.

〔5〕　St. Bede, *Venerabilis Baedae Opera Historica*, ed. C. Plummer, London, Edinburgh, New York: E Typographeo Clarendoniano, 1896, Lib. Ⅱ, 4, p. 88.

〔6〕　N. J. Higham, *The Convert Kings: Power and Religious Affiliation in Early Anglo-Saxon England*, Manchester: Manchester University Press, 1997, p. 115.

制度的决议,以及卜尼法斯写给肯特国王和主教的两封信,相关的材料并未留存下来。

在埃塞尔伯特生前,罗马传教团的传教范围仅限于肯特和埃塞克斯两地。这很大程度上是因受到良好教育的传教士人员太少所致,尽管在601年大格雷戈里加派了一些教士前去协助,但人手不足的问题仍然存在。如果奥古斯丁他们一开始能与威尔士和爱尔兰教会达成协作,传教事业的进展会快得多。埃塞尔伯特与他的外甥萨伯特(Sæberht)死后,多神教在两个王国相继复辟。鉴于不利的形势,梅里图斯、贾斯图斯和劳伦斯商议,决定返回罗马。前二者先去法兰西,留下劳伦斯以观后况。

在劳伦斯决意离开不列颠的前一晚,事态出现了转机。圣彼得的异象出现在他面前教训并鞭笞了他。[1] 伊德鲍尔德看到他的伤痕后受到感化,抛弃了偶像崇拜,废止了有违基督教伦理的婚姻,并召回了梅里图斯和贾斯图斯。可能劳伦斯向他面呈了取舍基督教的利害关系,使他意识到基督教作为一种政治资本的价值所在,这才让他重返埃塞尔伯特的支持教会发展的政策,接受了洗礼。之后,伊德鲍尔德又娶了一名法兰克女子艾玛(Emma),有关于她的信息寥寥,仅在618年伊德鲍尔德颁给圣彼得和圣保罗修道院的特许状中留有她的署名,系法兰克国王的一个女儿。[2] 她可能是克洛塔尔二世的女儿。[3] 在613年成为墨洛温王朝唯一的统治者后,克洛塔尔的权势波及至海峡彼岸。伊德鲍尔德令肯特回归基督教,并与其联姻也含有向其示好、承认法兰克人的霸权的意义。伊德鲍尔德死后,他的儿子厄康伯特(Earconbert)在640年下令销毁整个王国的偶像,并颁布国王法令处罚那些固守旧教信仰的人。[4] 这一举措标志着基督教化进程在肯特

---

〔1〕 很可能是劳伦斯进行了苦修的一种方式:自我鞭笞。(St. Bede, *Venerabilis Baedae opera historica*, ed. C. Plummer, London, Edinburgh, New York: E Typographeo Clarendoniano, 1896, Lib. Ⅱ,6,pp. 92-93.)

〔2〕 Emma Francorum regis filia et regis Eadbaldi copula. William Thorne, Chronicle, in *Historiæ Anglicanæ Scriptores X*, ed. *Simeon Monachus Dunelmensis, Johannes Prior Hagustaldensis*, etc, London: Typis Jacobi Flesher, Sumptibus Cornelii Bee, 1652, p. 2125.

〔3〕 Ian Wood, "Frankish Hegemony in England", in: *The Age of Sutton Hoo: The Seventh Century in North-Western Europe*, ed. M. O. H. Carver, Woodbridge: Boydell Press, 1992, p. 240.

〔4〕 St. Bede, Venerabilis *Baedae opera historica*, ed. C. Plummer, London, Edinburgh, New York: E Typographeo Clarendoniano, 1896, Lib. Ⅲ,8,p. 142.

已基本完成。

二、大格雷戈里传教团的宗教政策

大格雷戈里制定了奥古斯丁在肯特的传教政策的基本框架。他在601年6月写给奥古斯丁的信中指示，需将整个英吉利地区分成南北两个大主教区，一个的首府设在伦敦，另一个设在约克。在这两个大主教区下再分设十二名主教。[1] 这个计划在奥古斯丁生前未能实现。直至625年，波莱纳斯（Paulinus of York）才被任命为约克大主教，而伦敦始终未能成为大主教区。这不仅与当时的国王对基督教的支持程度紧密相关，而且，若在基督教方兴未艾之时，放弃坎特伯雷这个立足点，把大本营迁往多神教氛围氤氲的伦敦，这并非一个稳当妥帖的方案。大格雷戈里之所以拟定这一计划，是建立在对罗马时代的不列颠行政区域划分的基础上，从这一点也能看出复兴罗马传统在他心中的重要位置。奥古斯丁向教廷的报告存有的夸大之嫌，如在598年已为1万多盎格鲁-撒克逊人施洗的汇报，造成大格雷戈里对传教工作的前景作出过于乐观的误判，从而导致大格雷戈里决策的大跃进。

这一总体规划的失误之处在于以下两点。首先，早先的规划带有一定的长远性。大格雷戈里无法预见埃塞尔伯特死后多神教势力的反弹，也高估了肯特对共主地位把持的时间。其次，他低估了伦敦所在的埃塞克斯的多神教信仰基础。从大格雷戈里的出发点来看，他的传教团的事业很难在英吉利取得一帆风顺的进展。尔后屡屡发生的多神教复兴事件并不是偶然事件，而是有其历史的必然性。显然，光复罗马的宗教传统在罗马化程度较低的不列颠并不能得到持续一贯的有力支持和广泛响应。盎格鲁-撒克逊人的侵略，破坏了不列颠大部分地区原有的教会组织，这对高度依赖于教会管理指导的基督教来说，无疑是毁灭性的打击。这与在大陆的情况是迥然不同的。奥古斯丁一行人在肯特、埃塞克斯取得的成功，大多依靠埃塞尔伯特

---

〔1〕　Gregory the Great, *Nicene and Post-Nicene Fathers*, *Second Series*, *Vol. 12*, *Leo the Great*, *Gregory the Great*, *The Book of Pastoral Rule*, *and Selected Epistles of Gregory the Great*, trans. James Barmby, ed. Philip Schaff and Henry Wace, Buffalo, NY: Christian Literature Publishing Co., 1895, XI, 65; St. Bede, *Venerabilis Baedae opera historica*, ed. C. Plummer, London, Edinburgh, New York: E Typographeo Clarendoniano, 1896, Lib. I, 29, pp. 63-64.

的共主身份的影响力,当其逝世之后,宗教格局发生变动也是合乎情理的。大格雷戈里对传教的困难性应有所认识,但因其对不列颠的宗教、政治状况缺乏足够的了解,致使他对整个传教蓝图的筹谋存在一定的差池。

如果说大格雷戈里对不列颠传教的总体规划有冒进的成分存在,那么他在具体方针上是否依然下达了同样精神的指示呢? 他给埃塞尔伯特的信件证明,他也曾循传统方法授意奥古斯丁等人,但后来他及时纠正了这一过于简单粗暴的指示。

在 601 年 6 月写给埃塞尔伯特的信中,大格雷戈里恳请国王摧毁异教的偶像与神庙。[1]但在 1 个月之后他改变了主意,给已动身返回不列颠的梅里图斯又追加了一封信。需要指出的是,比德将时间记为儒勒历 6 月 17 日(Data die XV. Kalendarum Iuliarum),而实际上此信应为在梅里图斯返程之后再写的。[2]但梅里图斯一开始带给奥古斯丁和埃塞尔伯特的信写于 6 月 22 日,如此推论,就会与实际情况有出入。比德很可能在抄录时将 8 月误记为 7 月。按 8 月 1 日前(包括当日)的第 15 天计算(XV. Kalendarum Augustarum),这封信的时间应为 7 月 18 日。[3]

这封信较为详细地指导了肯特的神父们在改宗方面需要注意的具体事宜,其中心思想是用替代的方法来逐步达到改变信仰的目的。大格雷戈里写道,"不必去毁坏这个国家里偶像的神庙,而只需砸毁里面的多神教偶像。要制作圣水,洒在这些神庙周围;并在里面建造祭坛,放上圣徒的遗物。如

---

〔1〕 Gregory the Great, *Nicene and Post-Nicene Fathers*, *Second Series*, Vol. 12, *Leo the Great*, *Gregory the Great*, *Selected Epistles of Gregory the Great*, trans. James Barmby, XI, 66; St. Bede, Venerabilis Baedae opera historica, ed. C. Plummer, London, Edinburgh, New York: E Typographeo Clarendoniano, 1896, Lib. I, 26, pp. 67-70.

〔2〕 Post discessum congregationis nostrac. Gregory the Great, *Gregorii I Papae Registrum Epistolarum*, *Monumenta Germaniae Historica*, *Epistolarum*, Tomi II, Libri VIII-IX, ed. P. Ewald and L. M. Hartmann, Berlin: Apud Weidmanos, 1899, XI, 56, pp. 330-331.

〔3〕 儒勒历纪年表示月、日的方法有多种。比如写给奥古斯丁的信的日期为"Data die X. Kalendarum Iuliarum",这种形式的月日记法即指在 7 月 1 号前(包括这一天)的第 10 天,即为 6 月 22 日。形如 x. Kalendarum Y 的日期公式可总结为:月份为 Y-1;日期为(Y-1)月的总天数减去(x-2)得到的差值。(Gregory the Great, *Gregorii I Papae Registrum Epistolarum*, *Monumenta Germaniae Historica*, *Epistolarum*, Tomi II, Libri VIII-IX, ed. P. Ewald and L. M. Hartmann, Berlin: Apud Weidmanos, 1899, XI, 36-37, pp. 305-310, XI, 56, pp. 330-31; St. Bede, *Venerabilis Baedae opera historica*, ed. C. Plummer, London, Edinburgh, New York: E Typographeo Clarendoniano, 1896, Lib. I, 29, 30, 32, pp. 63-70.)

果这些神庙建造得很好,那就有必要把他们由崇拜魔鬼的地方改造成供奉真正的天主的地方"[1]。并且,为了取代多神教神灵的节日,大格雷戈里允许在新教堂落成典礼那天(die dedicationis)或在殉教徒的周年纪念日里宰杀并食用动物。不积跬步,无以至千里(summum locum ascendere nititur gradibus vel passibus)。[2] 在大格雷戈里意识到这一点之后,他改变了初衷,认为在肯特的传教工作必须循序渐进。这种折衷的做法带有妥协调和的成分,在当时的意大利是看不到的,可以说,这是大格雷戈里传教思想发展的重要一步。

基督教早期时代存在两种不同的传教方法。一种是以图尔的圣马丁为代表的正面冲击异教圣地的传统方式。如苏比西乌斯·塞维鲁(Sulpicius Severus)所记,圣马丁一般采用直接破坏多神教神庙,摧毁他们的偶像,挑战异教祭司这种彻底颠覆旧教物质基础和精神理念的方式来确立基督教的权威与地位。[3] 但类似的行为往往把传教士本身置于一个十分危险的境地,圣马丁自己就在传教过程中遇刺,险些丧命于一个狂热的异教徒之手。[4] 大多数爱尔兰传教士秉承了这一做法。在阿丹姆南为圣哥伦巴写的传记中,有很多关于他与凯尔特德鲁伊祭司、巫师直接斗争的故事。比如,赶走以一汪毒泉水作为圣地的德鲁伊,揭穿一名巫师变出牛奶的把戏,以及与一个名叫伯伊琛(Broichan)的高级德鲁伊(Druid)斗法的故事。[5] 哥伦巴这种无畏的行为为他赢得了人们的敬畏,但同时也招来了忌恨与危险。哥伦巴曾计划开除一些"破坏教会的人"的教籍,其中就包括盖尔人国王康耐尔

----

〔1〕　quia fana idolorum destrui in eadem gente minime debeant; sed ipsa,quae in eis sunt,idola destruantur; aqua henedicta fiat,in eisdem fanis aspergatur,altaria construantur,reliquiae ponantur. Quia,si fana eadem bene constructa sunt,necesse est,ut a cultu daemonum in obsequio veri Dei debeant commutari. *Gregory the Great*, *Gregorii I Papae Registrum Epistolarum*, *Monumenta Germaniae Historica*,*Epistolarum*,Tomi Ⅱ,Libri VⅢ-IX,ed. P. Ewald and L. M. Hartmann,Berlin: Apud Weidmanos,1899,XI,56,pp. 330-31.

〔2〕　Ibid.

〔3〕　Sulpicius Severus,*The Life of St. Martin*,*in Nicene and Post-Nicene Fathers*,*Second Series*,Vol. 11,trans. Alexander Roberts,ed. Philip Schaff and Henry Wace,Buffalo,NY: Christian Literature Publishing Co. ,1894,Chap. 11,14.

〔4〕　Ibid. Chap. 15.

〔5〕　Adamnan,*Life of Saint Columba*,ed. William Reeves,Edinburgh: Edmonston and Douglas, 1874,Vol. Ⅱ,Chapter X,p. 45; Chapter XVI,pp. 48-49; Chapter XXXⅢ,XXXIV,pp. 58-60.

的儿子们。很可能此时他们仍是德鲁伊教的信徒。为此数名王子在"魔鬼的教唆下",组织了一次对哥伦巴的行刺活动,但因有教士提前获悉这一消息,穿上了主教的蒙头斗篷,主动做其替身,这次图谋才未能得手。[1] 自从"良善的西格伯特"接受基督教后,在出身林迪斯凡的切德教导下,东撒克逊人对多神教圣地、神庙的态度也是持彻底否定的态度。但在 664 年的大瘟疫爆发后,埃塞克斯国王西格希尔恢复了多神教崇拜,他和他的族民重新竖立起偶像,并把原先遗弃的神庙重建起来。不过在麦西亚的主教贾路曼(Jaruman)的引领下,这一地区又重归基督教信仰,"在抛弃并摧毁先前重建的神庙与祭坛之后,开放了教堂"[2]。

大格雷戈里的新政策则是另一种传教布道方式的典型。8 世纪上半叶,"萨克森人的使徒"(Apostle of the Germans)圣卜尼法斯(St. Boniface)前往萨克森传教时,使用的是圣马丁的那套法则。同为西撒克逊人的温切斯特主教丹尼尔(Daniel)为他的传教事业提供了许多指导意见。在写于 723 年左右的一封信中,他劝说卜尼法斯采用温和的方法,而不要以容易冒犯恼人的方式对待异教徒。[3] 丹尼尔的劝导是因为在该地区存在传教士遭遇不幸的前车之鉴,早先两位同样都叫休厄尔德(Heuuald)的英吉利传教士在萨克森人地区被疯狂的多神教教徒杀死。[4] 这同时也表明,丹尼尔是倾向于大格雷戈里的传教方式的。754 年,卜尼法斯和 52 个同伴在弗里西亚被异教徒杀害,这与他一直秉行较为严厉的传教方式可能存在一定的联系。[5] 约克主教威尔弗里德的传教方式则与大格雷戈里循序渐进的方式相仿。他在站在苏塞克斯塞尔西(Selsey)的市集上的异教徒人群中,一连好几个月,耐心地向他们布道。他以友善亲民的态度对待多神教教徒,在苏塞克斯和

---

〔1〕 Adamnan, *Life of Saint Columba*, ed. William Reeves, Edinburgh: Edmonston and Douglas,1874,Vol. Ⅱ,Chapter XXV,pp. 53-54.

〔2〕 St. Bede,*Venerabilis Baedae opera historica*, ed. C. Plummer, London, Edinburgh, New York:E Typographeo Clarendoniano,1896,Lib. Ⅲ,30,pp. 199-200.

〔3〕 St. Boniface, S. Bonifatii et Lulli Epistolae, *Monumenta Germaniae historica*:Epistolae selectae,Tomus I,ed. Michael Tangl,Berlin:Apud Weidmanos,1916,No. 23,pp. 38-41.

〔4〕 St. Bede,*Venerabilis Baedae Opera Historica*, ed. C. Plummer,London,Edinburgh,New York:E Typographeo Clarendoniano,1896,Lib. V,10,pp. 299-301.

〔5〕 对卜尼法斯的传教方式的讨论可参考 F. Flaskamp, *Die Missionsmethode des hl. Bonifatius*,Hildesheim:F. Borgmeyer,1929,pp. 30-37。

弗里西亚都曾指导生产,教导人们如何捕鱼,并获得丰收。[1] 威尔弗里德在 7 世纪 60—70 年代修建的里彭修道院教堂就紧挨在一块多神教徒的墓地的西首。这片墓地建在一座被称为"精灵的墓地(Elveshowe)"的小土丘上。约翰·布莱尔指出,这可能是威尔弗里德有意将这一异教圣地基督教化所为。[2]

改建旧有神庙为教堂的做法并不是一次彻底的革新,也并非意味着完全出于无奈的妥协退让,而是一种以退为进的大胆的策略。在劝诱奉迎的基础上,调整了教会的姿态,用一种温和的手段使得异教徒更容易接受基督教。类似的做法是存有先例的。在基督教早期发展史上,罗马为取缔异教信仰,对异教节日主动加以改造,赋予其基督教意义,使之成为基督教节日。譬如从太阳神节发展而来的圣诞节和从鬼节演化而来的万圣节。大格雷戈里的传教思路的调整,无疑更进一步地标志着教会对改造替代政策的认同和鼓励。借多神教的旧有场地、仪式,加以改造,改头换面为基督教的教堂和庆典,这种方针的调整对罗马化程度不高、多神教传统浓厚,且统治者采取有所保留的改宗政策的盎格鲁-撒克逊英格兰来说是度身定制且恰到好处的。这反映了大格雷戈里的实用主义倾向,同时,这个政策的制定也是出于对传教士人身安全的考虑。

大格雷戈里早先并不清楚岛上凯尔特教会的生存发展情况,故而他并未授意奥古斯丁谋求与威尔士和爱尔兰教会合作。奥古斯丁受任大主教后,向大格雷戈里来信询问如何处理与法兰西及不列颠主教之间的关系,这时大格雷戈里对岛内教会状况应已有所了解。他的回信着重于强调如何沟通协调好与法兰克方面的关系,对处理不列颠主教的问题只在信末一句话带过。"(至于)所有的不列颠主教,我授权兄弟您管理他们:教导无知者,劝

〔1〕 Eddius Stephanus, *Vita Wilfridii*, chap. 26, 41, in: *The Age of Bede*, Bede: *Life of Cuthbert*, *Eddius Stephanus*: *Life of Wilfrid*, *etc.* trans. J. F. Webb, ed. D. H. Farmer, London: Penguin, 2004, pp. 134, 150.

〔2〕 教堂残存的地窖的轴线正对着墓地。John Blair, *The Church in Anglo-Saxon Society*, New York: Oxford University Press, 2005, pp. 185-186. 考虑到这处修道院是阿尔奇弗里德从爱尔兰人手中转给威尔弗里德的,因此也有可能是爱尔兰修士建的,威尔弗里德接手后对这一选址持默认态度。

诚弱者使之坚强,以权威纠正刚愎自用者。"[1]大格雷戈里的这种态度可能与他在600年前后获知凯尔特教会遵奉的复活节日期等教规与罗马不同有关。[2]

无论出自何种原因,都不能否认大格雷戈里对待不列颠教会有一种轻慢的态度。这一态度被奥古斯丁承袭,导致"奥古斯丁橡树会议"商议合作的计划告吹。在601年收到大格雷戈里的指示后,奥古斯丁借助埃塞尔伯特的影响力,召集不列颠的主教和教士们在赫威赛与威塞克斯的边境上开会。奥古斯丁在会上展现了令盲人复明的奇迹,但这并未使不列颠人彻底服膺,于是双方约定召开第二次会议。这一时期,双方的教义分歧问题并不尖锐,双方主要还是围绕着领导权的中心议题展开讨论。威尔士与会者主要来自班戈(Bangor)修道院,这些人在参加会议之前先去询问了一位隐士的看法。该隐士认为,如果奥古斯丁能起身迎接他们,表现出一种谦卑有礼的态度,就可承认他的大主教地位;反之,则否认其领导权。[3] 隐士的提议也许建立在这一基础之上:罗马统治者坐在专用的官椅(sella curulis)之上办公,寻求他裁决或帮助的人进来时,他不需要起身;修辞学教师上课时坐在他的讲席之上(cathedra),学生们则站立着。如果奥古斯丁站起来迎接,就表明已默认了他们之间的平等性,预先宣告已放弃了教导威尔士主教的权力。[4]这种对比有一定的参考价值,但这种对个人小节的考察是非正式的,大多看的是一个人的品性和处事态度,存在变通的余地。

威尔士主教们到了会场,奥古斯丁并未起身向他们致意。这一细节使得谈判破裂。也许奥古斯丁是贯彻了大格雷戈里的精神指示——"以权威纠正刚愎自用者",但这种看似傲慢的态度与奥古斯丁的修士出身也有很大

---

[1] Brittaniarum ucro omnes cpiscopos tuac frcdcrnitati commiffimus, utindocti doceantur, infirmi persuasion roborentur, peruersi auctoritate corrigantur. *Gregory the Great*, *Gregorii I Papae Registrum Epistolarum*, *Monumenta Germaniae Historica*, *Epistolarum*, Tomus Ⅱ, Libri Ⅷ-Ⅸ, ed. L. M. Hartmann, Berlin: Apud Weidmanos, 1899, Ⅺ, 56a, p. 337.

[2] 参考前文小科伦巴努斯的信件。

[3] St. Bede, *Venerabilis Baedae Opera Historica*, ed. C. Plummer, London, Edinburgh, New York: E Typographeo Clarendoniano, 1896, Lib. Ⅱ, 2, pp. 82-83.

[4] Margaret Deanesly, *The Pre-Conquest Church in England*, NewYork: Oxford University Press, 1961, pp. 58-59.

的关联。在个人处事方面，奥古斯丁显得较为执拗，不懂变通。奥古斯丁原先在罗马安德烈修道院担任监院，负责经济方面的事务，很有可能他在如何对待威尔士教士问题上，应用了他早先对待修道院领土上不服管束的佃农的方法，这显然不适用于教士阶层。世故练达如大格雷戈里，不太可能会错失这样一个统一不列颠东西教会的良机。

　　比德还记录了奥古斯丁对这些不承认其权威的威尔士教士的死亡预言。后来班戈修道院的1200多名修士在卡尔莱吉恩（Carlegion，今切斯特）被诺森伯里亚国王埃塞尔弗里思（Ethelfrith）的大军杀死。[1] 这种诅咒在当时的基督教舆论中很可能并非被认为是带有恶意的报复，而是一种严厉的审判。大格雷戈里在他的布道书里提到了这一问题。[2] 比德引申了大格雷戈里的观点，认为这是上帝对不列颠教士无视奥古斯丁的劝诫，不向盎格鲁-撒克逊人传福音的惩罚。这一看法历来饱受史家的诟病，比德的种族偏见蒙蔽了他理性的判断。有意见认为，这一段记述来自于威尔士方面，不像是坎特伯雷传承下来的故事，比德采用这一视角可能是因为想让读者知道在敌对势力眼中奥古斯丁的形象。[3] 但无论这一事件的讲述者来自哪里，比德都在自己的立场上对此事作了诠释，并反映出他身为盎格鲁-撒克逊人观念的局限性。比德在威尔士教会问题上带偏见的记载，体现了日耳曼人和当地不列颠土著间强烈的敌意。在比德的时期，人们很可能对"比异教徒还凶残"的不列颠国王卡德瓦龙（Caedualla）杀害诺森伯里亚的妇孺和虔诚的埃德温国王等事件还怀有很深的悲恨。[4]

　　虽然奥古斯丁并未能完成统一不列颠教会的使命，但在埃塞尔伯特帮助下还是取得了不少建设教会的成绩。他不仅令坎特伯雷成为大主教区首

　　〔1〕　St. Bede, *Venerabilis Baedae opera historica*, ed. C. Plummer, London, Edinburgh, New York：E Typographeo Clarendoniano，1896，Lib. Ⅱ，2，pp. 83-84.

　　〔2〕　non ad banc ex voto ultionis, sed ex justitiae examine erumpunt. Gregory the Great, *SS Gregorius I Magnus Moralium Libri Sive Expositio In Librum Beati Job*, *Patrologiae Cursus Completus. Series Latina*, Vol. 75, ed. J. P. Migne, Paris：apud Garnier fratres，1862，p. 639A.

　　〔3〕　Henry Mayr-Harting, *The Coming of Christianity to Anglo-Saxon England*, University Park：Pennsylvania State University Press，1991，p. 72.

　　〔4〕　St. Bede, *Venerabilis Baedae opera historica*, ed. C. Plummer, London, Edinburgh, New York：E Typographeo Clarendoniano，1896，Lib. Ⅱ，20，pp. 124-125.

府,还在肯特西部的罗切斯特(Rochester)另设了一个主教区,任命贾斯图斯为该地区主教。604 年,梅里图斯也被奥古斯丁派往伦敦传教,担任东撒克逊地区的主教。奥古斯丁大约在 605 年 5 月去世[1],劳伦斯继任其位。劳伦斯在任时也曾致力于改善与不列颠和爱尔兰教会的关系,并希望将他们统一到普世的罗马教会中来。他在一封致爱尔兰主教和修道院院长的公开信中表达了这一愿望,并抱怨了来访的威尔士和爱尔兰主教不合作的行为。[2] 比德对此表示无奈,并继续抨击了不列颠人食古不化的抗拒态度——直至比德的时代,威尔士教会仍未接受罗马复活节的历法。[3]

第三节　基督教在埃塞克斯和东盎格利亚的初步确立

一、基督教在埃塞克斯的传播

作为统治英吉利东南部地区的不列颠共主,埃塞尔伯特利用他的权威,劝说另两位盎格鲁-撒克逊国王在他的宫廷里接受了基督教,其中之一就是埃塞克斯国王萨伯特。埃塞尔伯特把妹妹丽库拉(Ricula)嫁给了埃塞克斯国王席尔德(Sledd),在席尔德死后,他的儿子萨伯特于 604 年继承了王位,他的王国实际上处在他的舅舅的统辖之下,顺理成章地,他在埃塞尔伯特的影响下成为了基督徒。在埃塞尔伯特的授意下,在伦敦兴建了圣保罗教堂,作为梅里图斯及其继承者的驻地。[4]

在埃塞尔伯特去世之后,肯特在埃塞克斯的影响力大幅度地减弱了。

---

〔1〕 比德并未记奥古斯丁去世的具体年份,只记下了是 5 月 26 日。学界一般认为是在 604 年或 605 年。(参考 Henry Hoyle Howorth, *Saint Augustine of Canterbury*, London: J. Murray, 1913, p. 177。)

〔2〕 来访的小科伦巴努斯和不列颠主教达甘努斯不愿意与劳伦斯等罗马教士一道用餐。(参考 St. Bede, *Venerabilis Baedae Opera Historica*, ed. C. Plummer, London, Edinburgh, New York: E Typographeo Clarendoniano, 1896, Lib. Ⅱ, 4, pp. 87-88。)

〔3〕 St. Bede, *Venerabilis Baedae Opera Historica*, ed. C. Plummer, London, Edinburgh, New York: E Typographeo Clarendoniano, 1896, Lib. Ⅱ, 4, p. 88. 威尔士在 755 年之后才接受罗马复活节的计算历法。

〔4〕 St. Bede, *Venerabilis Baedae Opera Historica*, ed. C. Plummer, London, Edinburgh, New York: E Typographeo Clarendoniano, 1896, Lib. Ⅱ, 3, p. 85.

萨伯特的儿子们与伊德鲍尔德一样,在他们的父亲生前都未接受洗礼,但在一定程度上放弃了异教活动。随着埃塞尔伯特和萨伯特的相继离世,他们的儿子又都恢复了对多神教的公开崇拜。萨伯特的三个儿子要求梅里图斯给予他们圣餐,但却不愿接受洗礼,并以此为借口驱逐了主教和他的随从。这一举动实际上是为了维护地方独立统治作出的宣告。这股多神教复兴的风潮也使得在肯特的传教士的境遇恶化。伊德鲍尔德在劳伦斯的劝诫下恢复信仰后,将被迫离开的梅里图斯召回英吉利,指派他回到伦敦重新担任主教职务。

但在伦敦的东撒克逊人并不接受归来的梅里图斯做他们的主教,多神教的大祭司重新成为宗教方面的权威。这与萨伯特诸子的政治导向有关,即摆脱萨伯特时代的傀儡地位,夺回王国的领导权。比德也提到伊德鲍尔德没有他父亲那样的权力,不能恢复梅里图斯伦敦主教一职。[1] 然而,这在另一个方面也表明,在埃塞克斯多神教信仰的根基很深,这也导致了大格雷戈里把伦敦作为大主教区的蓝图无法付诸现实。

在驱逐梅里图斯出境之后,东撒克逊人与格维莎斯人(Gewisses)[2]发生战争,萨伯特的三位继承人全都战死。比德认为这是上帝对他们背教行为的惩罚,但他们的子民并未由此重新接受基督教。[3] 直到 30 多年之后(约 653 年),埃塞克斯国王"良善的西格伯特"(Sigbert the Good)才在诺森伯里亚国王奥斯维(Oswy)劝说下接受了基督教。

这种劝诫类似于埃塞尔伯特对萨伯特的影响,但西格伯特应与奥斯维年纪相仿,二者存在着一种朋友关系。[4] 奥斯维曾多次向他的朋友宣讲教义:"人造的东西(偶像)不可能是神,神不可能用木头或石头这种材料制作

---

〔1〕 St. Bede, *Venerabilis Baedae Opera Historica*, ed. C. Plummer, London, Edinburgh, New York: E Typographeo Clarendoniano, 1896, Lib. Ⅱ, 6, p. 93.

〔2〕 比德常用格维莎斯人(Gewissaes)指代西撒克逊人。这一部族包括在南安普敦登陆的撒克逊人和沿着罗马大道艾克尼尔德路(Icknield Way)下来到泰晤士河中游的盎格鲁人。

〔3〕 St. Bede, *Venerabilis Baedae opera historica*, ed. C. Plummer, London, Edinburgh, New York: E Typographeo Clarendoniano, 1896, Lib. Ⅱ, 5, p. 92.

〔4〕 Amicus eiusdem Osuiu regis, St. Bede, *Venerabilis Baedae Opera Historica*, ed. C. Plummer, London, Edinburgh, New York: E Typographeo Clarendoniano, 1896, Lib. Ⅲ, 22, pp. 171-174.

出来。"[1]西格伯特征求了他的贵族们的意见,他们一致同意受洗入教。于是国王与他的随从们在阿德穆隆姆(Ad Murum)王家庄园[2]接受了诺森伯里亚主教菲南(Finan)主持的洗礼。受洗之后,西格伯特请求奥斯维派一些神父来主持传教工作。菲南从中盎格利亚召来了修士切德(Cedd)。切德是盎格鲁-撒克逊贵族,他的三个兄弟也都是神职人员。他在埃塞克斯的传教工作进行得很顺利,菲南在林迪斯凡(Lindisfarne)与另两名主教一起为其祝圣,授予其伦敦的主教职位。

切德在许多地方建起了教堂,其中彭塔(Pentte,今布莱克河)河畔的伊赛恩卡斯特(Ythancaestir)和泰晤士(Thames)河畔的蒂拉伯格(Tilaburg)是他经常布道和施洗的地方。[3] 很可能大多数时候他就近在河里为平民进行洗礼。切德还在诺森伯里亚的德伊勒地区的一座高山上修建了拉斯廷厄姆(Lastingham)修道院。[4]他经常往返于诺森伯里亚与埃塞克斯之间,拉斯廷厄姆修道院院长的身份使其实际担当着相当于德伊勒主教的职能。664 年切德死后,他在埃塞克斯地区修道院的 30 名下属修士来到了拉斯廷厄姆。[5]

主教切德在东撒克逊人中间享有很高的威望。比德记载了一个关于他训斥国王不遵守他的教令并预言他被害的故事。切德因西格伯特的一名下属(Comitibus)的非法婚姻,开除了此人的教籍,并明令任何人不得进入他家或与他共餐。但国王收到那人的邀请后,却无视这条禁令,前往他家去吃饭。在途中,国王与切德不期而遇。当西格伯特见到主教时,吓得当即跳下马来,俯伏在他脚下,颤抖着请求他的原谅。[6] 切德也下马,并用手中的棍

---

〔1〕　Ibid.

〔2〕　一般认为在沃尔伯特(Walbottle),纽斯卡尔(Newcastle)的西郊。

〔3〕　St. Bede, *Venerabilis Baedae opera historica*, ed. C. Plummer, London, Edinburgh, New York: E Typographeo Clarendoniano, 1896, Lib. Ⅲ, 22, p. 173.

〔4〕　St. Bede, *Venerabilis Baedae opera historica*, ed. C. Plummer, London, Edinburgh, New York: E Typographeo Clarendoniano, 1896, Lib. Ⅲ, 23, p. 176.

〔5〕　St. Bede, *Venerabilis Baedae opera historica*, ed. C. Plummer, London, Edinburgh, New York: E Typographeo Clarendoniano, 1896, Lib. Ⅲ, 23, pp. 176-177.

〔6〕　At rex intuens eum, mox tremefactus desiluit equo, ceciditque ante pedes eius, ueniam reatus postulans. St. Bede, *Venerabilis Baedae opera Historica*, ed. C. Plummer, London, Edinburgh, New York: E Typographeo Clarendoniano, 1896, Lib. Ⅲ, 22, p. 174.

子按在国王的背上，告诉他，如果他去了那罪臣的家里，将死在那里。这个故事的一些情节可能被后人夸大了，但西格伯特后来的确死在那名下属的家中，凶手是那人和他的亲兄弟。比德也记载了西格伯特的软弱温顺的性格，并指出这给他招来了死亡。[1] 不过，国王对主教如此祗若敬畏，发生在一个曾拒绝基督教，并赶走他们原来的主教的部族中，说明这时基督教信仰薄弱的基础已得到了很大的改观。

西格伯特的继任是塞克斯鲍尔德（Sexbald）之子斯维德赫尔姆（Suidhelm），切德在东盎格利亚的伦德尔沙姆（Rendlaesham）庄园为他举行了洗礼。东盎格利亚国王，安纳的兄弟埃塞尔沃尔德（Ethelwald）担任了斯维德赫尔姆的教父。斯维德赫尔姆在切德死后不久也随主教而去，很可能与切德一样都是因染上 664 年的瘟疫而病死。继位的是塞比（Saebbi）和西格希尔（Sigehere）。西格希尔和他的子民发现基督教信仰并不能使他们摆脱瘟疫的侵袭，转而投向了多神教；塞比一方仍坚持了基督教信仰。麦西亚国王伍尔夫希尔（Wulfhere）乘西格希尔抛弃基督教之时，借传教将自己的威望拓展于埃塞克斯地区。他派出自己的主教，诺森伯里亚人贾路曼，去"纠正他们的错误，并唤醒这个地区的真正的信仰"[2]。在完成这个任务之后，贾路曼回到了麦西亚。伍尔夫希尔为巩固他在埃塞克斯的影响力，接受了被威塞克斯驱逐的主教威尼（Wini）的贿赂，派他前去出任伦敦主教。[3] 尽管西格希尔回归了基督教，但瘟疫还是暴露出基督教这一新信仰在面对大规模流行病时的软肋。瘟疫流行期间，埃塞克斯很多地区的教堂被摧毁，旧教神庙和祭坛被重建起来。据比德的《卡思伯特传》，当 664 年瘟疫在贝尼西亚蔓延之时，卡思伯特见到一些民众又回复到偶像崇拜，比如用咒文或护身符治愈或预防疾病。[4] 贾路曼、卡思伯特和其他教士们在人群中对旧教

---

〔1〕　Ibid.

〔2〕　St. Bede, *Venerabilis Baedae opera historica*, ed. C. Plummer, London, Edinburgh, New York：E Typographeo Clarendoniano, 1896, Lib. Ⅲ, 30, pp. 199-200. 此事是贾路曼的一个随行神父告诉比德的。

〔3〕　St. Bede, *Venerabilis Baedae opera historica*, ed. C. Plummer, London, Edinburgh, New York：E Typographeo Clarendoniano, 1896, Lib. Ⅲ, 7, pp. 140-141.

〔4〕　St. Bede, *Two Lives of St. Cuthbert*, ed. and trans. B. Colgrave, Cambridge：Cambridge University Press, 1940, Chap. 9, pp. 184-187.

神灵强于基督的说法大加驳斥,终于使许多人"迷途知返"。

切德在埃塞克斯传教的成功很大程度上归功于英吉利整个宗教氛围的变化。在 7 世纪中叶,不仅以肯特为代表的南部地区基本皈依了基督教,北部的诺森伯里亚大力支持着基督教的扩张和发展,而且中部的中盎格利亚和麦西亚两个传统宗教势力强盛的地区也在 7 世纪 50 年代前后加入到了基督教王国的行列。盎格鲁-撒克逊人对基督教的态度与梅里图斯出走法兰西时期发生了根本性扭转。尽管在切德去世后,因瘟疫的肆虐使一部分东撒克逊人丧失了信心,转而救助于旧教神灵的帮助,但因周边基督教国家的介入,他们很快又恢复了基督教信仰。其次,切德本身的撒克逊人身份也使传教事业在本土化的基础上得以综合。切德精通爱尔兰语和盎格鲁-撒克逊语,曾在 664 年惠特比会议(Synod of Whitby)上担任双方的翻译。来自法兰西的阿吉尔伯特(Agilbert)曾在爱尔兰学习修行多年,后前往威塞克斯担任主教,但却因不通盎格鲁-撒克逊语而遭国王驱逐。后者有着更深的资历和更高的地位,但其传教工作却未取得成功,对比切德,很大程度上是因为不谙当地语言和文化风俗所致。

二、基督教在东盎格利亚的传播

东盎格利亚国王雷德瓦尔德(Redwald)也曾在肯特影响下接受基督教的教义。比德提到,雷德瓦尔德在肯特王宫里待了很长一段时间,并把基督教的信仰和礼仪带回了自己的宫廷。但他顶多能称得上是一位"半信者",因为他在供奉基督的同时还供奉多神教的神灵。比德认为他像古代的撒玛利亚人(Samaritanori),是一名伪信徒。[1] 在《以斯拉记》中,作者称撒玛利亚人是"犹大和雅便悯的敌人",二者分属不同的教派。当结束巴比伦之囚生活的以色列人回归家园,准备兴建神庙之时,他们出来请求一同建造神庙,并宣称他们有同样的信仰。但因为古撒玛利亚人一面敬畏耶和华,一面侍奉其他的神灵,信仰并不纯净,以色列人拒绝了他们的请求。而在碰了钉

---

〔1〕 St. Bede, *Venerabilis Baedae opera Historica*, ed. C. Plummer, London, Edinburgh, New York: E Typographeo Clarendoniano, 1896, Lib. Ⅱ, 15, p. 116.

子之后,撒玛利亚人施计阻挠修建工程。[1] 这种相似性反映在雷德瓦尔德像供奉多神教的神灵一般供奉上帝的行为上——"在同一所神庙里,他有一个向基督献祭的祭坛,同时还有一座较小的向魔鬼献祭的祭坛。"[2] 这种撒玛利亚人式的做法可能与雷德瓦尔德后来的地位抬升有关。雷德瓦尔德是继埃塞尔伯特之后,不列颠的第四位共主。全面改宗意味着对肯特王室的一种臣服,这在政治上是不允许的。

雷德瓦尔德的共主地位是通过击败诺森伯里亚国王埃塞尔弗里思获得的。在埃德温落难之时,雷德瓦尔德在自己的王宫里接纳并庇护了他。埃塞尔弗里思得知这一消息后,千方百计地想借雷德瓦尔德之手处死埃德温,以断绝他日埃德温及其子嗣来争夺王位继承权的后患。起先,雷德瓦尔德禁不住对方战争的威胁和重金的诱惑,答应了埃塞尔弗里思的要求。但在王后的劝说之下,雷德瓦尔德改变了主意,不仅没有出卖朋友,而且帮助他夺回了王位。617 年,雷德瓦尔德秘密组织起大军,突然发动对诺森伯里亚的猛烈攻势。埃塞尔弗里思来不及征召他的所有军队,仓促应战,被雷德瓦尔德击杀于麦西亚边境上的艾德尔河(Idle)东岸。[3] 埃德温借此次胜利赶走了埃塞尔弗里思的诸王子,入主诺森伯里亚。埃德温是在雷德瓦尔德扶持下获得王位的,一开始臣服于东盎格利亚。之后十年间,随着埃德温不断地取得军事上的傲人战绩,他的羽翼渐丰,逐步取代了雷德瓦尔德的共主地位。在改宗基督教后,他还劝说雷德瓦尔德的继承人厄普沃尔德(Eorpwald)在 627—628 年间接受了洗礼。[4] 东盎格利亚正式接受基督教应是从此次受洗开始。不过因厄普沃尔德在位时间较短,基督教真正得以

---

〔1〕 参考《以斯拉记》,第 4 章,《圣经·旧约》,ESV,上海:中国基督教两会出版社 2008 年版,第 739—740 页。

〔2〕 Atque in eodem fano et altare haberet ad sacrificium Christi, et arulam ad uictimas daemoniorum. St. Bede, *Venerabilis Baedae opera historica*, ed. C. Plummer, London, Edinburgh, New York: E Typographeo Clarendoniano, 1896, Lib. Ⅱ, 15, p. 116.

〔3〕 *The Anglo-Saxon Chronicle MS. E*, ed. Susan Irvine, Cambridge: D. S. Brewer, 2004, p. 23 [617]; St. Bede, *Venerabilis Baedae opera historica*, ed. C. Plummer, London, Edinburgh, New York: E Typographeo Clarendoniano, 1896, Lib. Ⅱ, 12, pp. 109-110.

〔4〕 *The Anglo-Saxon Chronicle*, in: *English Historical Documents*, Vol. I, ed. and trans. D. Whitelock, London: Eyre& Spottiswoode, 1955, p. 150. (另有 632 年之说。参考 *The Anglo-Saxon Chronicle MS. E*, ed. Susan Irvine, Cambridge: D. S. Brewer, 2004, p. 24[632]。)

发展的时期是在他同母异父的兄弟"博学的西格伯特"(Sigebert the Learned)掌权时期。[1]

厄普沃尔德在受洗后不久即被一名异教徒里克伯特(Ricbercto)谋害,此后三年,东盎格利亚又回复到多神教信仰中去。[2] 很可能这是多神教势力联合国内反对派对改宗国王策划的一次夺权政变。里克伯特是这次政变的受益者,他恢复了旧教崇拜活动,并在这三年里篡夺了王位。[3] 西格伯特早年因与继父的矛盾被迫流亡法兰西,在那里他接受了基督教教育和洗礼。回到东盎格利亚后,他夺回了王位,与埃格里克(Egric)共治领土。他大力支持教会的事业,使基督教得以复兴,并蓬勃地发展。

来自勃艮第的神父费利克斯(Felix)主动向坎特伯雷大主教荷诺里乌斯(Honorius)请缨,来到东盎格利亚传教,帮助西格伯特创立了一所基督教学校,并在邓诺克(Domnoc,今邓尼奇)建立起主教区,担任东盎格利亚的主教17年。[4] 从他的背景和对艾丹的敬仰来看[5],费利克斯很有可能出自小科伦巴努斯在勃艮第建立的修道院门下,属于爱尔兰教会。另一位在"博学的西格伯特"时期活动的传教士是爱尔兰人富尔萨(Fursa)。他在坎诺布希尔伯格(Cnobheresburg)建立了一所大修道院。富尔萨的一生充满传奇色彩,比德根据写于 7 世纪中后期的《圣富尔萨传》(*Vita Fursei Abbatis Latiniacensis*)和贾罗(Gyruum,Jarrow)修道院里的长者的口述,记录了他两次见到异象的神奇经历。在西格伯特死后,因时局动荡,富尔萨离开了东盎格利亚,坐船来到高卢。他受到克洛维二世和法兰克贵族的欢迎,并在那

---

〔1〕 比德只提到两人是兄弟关系(frater eiusdem Eorpualdi Sigberct)。不过很可能西格伯特是厄普沃尔德同母异父的兄弟,他的母亲曾嫁给埃塞克斯的王室生下了西格伯特。他的名字并不像出自东盎格利亚的伍芬斯(Wuffings)王朝,更像出自东撒克逊王室。(参考 Steven Plunkett, *Suffolk in Anglo-Saxon Times*, Stroud: Tempus, 2005, pp. 99-100.)

〔2〕 St. Bede, *Venerabilis Baedae opera historica*, ed. C. Plummer, London, Edinburgh, New York: E Typographeo Clarendoniano, 1896, Lib. Ⅱ, 15, p. 116.

〔3〕 Barbara Yorke, *Kings and Kingdoms of Early Anglo-Saxon England*, London and New York: Routledge, 2002, p. 62.

〔4〕 St. Bede, *Venerabilis Baedae opera historica*, ed. C. Plummer, London, Edinburgh, New York: E Typographeo Clarendoniano, 1896, Lib. Ⅱ, 15, p. 116-117, Lib. Ⅲ, 18, 20, pp. 162-163, p. 169.

〔5〕 St. Bede, *Venerabilis Baedae opera historica*, ed. C. Plummer, London, Edinburgh, New York: E Typographeo Clarendoniano, 1896, Lib. Ⅲ, 25, p. 182.

里建立起修道院。[1]

西格伯特死后被追认为圣徒。这很大程度上归因于他的虔诚。据比德记载,西格伯特在做了一段时期的国王之后,出于对主的事业的热爱,抛下了世俗世界的王位,进入到一间修道院剃度作了修士。[2] 他是否有可能因为受到政治上的排挤才放弃世俗权力?[3] 但从之后发生的事情来看,这种可能性不大。大约在 7 世纪 40 年代早期[4],麦西亚人在彭达率领下入侵东盎格利亚。东盎格利亚人将西格伯特从修道院硬拉了出来,要求他上战场鼓舞士气。但西格伯特秉持修士誓约,手中只持一截木棍(uirgam tantum)作战,结果与埃格里克一同被杀。

西格伯特的继任安纳(Anna)同样也是基督徒。在他执政时期,东盎格利亚与肯特、威塞克斯建立起了联盟。他的长女塞克斯伯格(Sexburg)嫁给了肯特国王厄康伯特,他们的女儿厄康格塔(Earcongota)以及安纳的两位女儿都去了法兰西的布里奇(Brige)修道院做修女。[5] 可以说安纳的后世的声望很大一部分来自于他养育的五个孩子都成为了盎格鲁-撒克逊圣徒。[6] 644 年,威塞克斯国王森瓦尔(Cenwalh)在被彭达赶下台之后,在安纳的宫廷里避居了三年,后又恢复了王位。在安纳的影响下,他接受了洗礼。[7] 然

〔1〕 Vita Fursei abbatis Latiniacensis et de Fuilano addit. Nivialense, ed. Bruno Krusch, *MGH*, *SRM* 4, Hannover: Impensis bibliopolii Hahniani, 1902, pp. 423-440; St. Bede, *Venerabilis Baedae opera historica*, ed. C. Plummer, London, Edinburgh, New York: E Typographeo Clarendoniano, 1896, Lib. Ⅲ,19, p. 163-168.

〔2〕 St. Bede, *Venerabilis Baedae opera historica*, ed. C. Plummer, London, Edinburgh, New York: E Typographeo Clarendoniano, 1896, Lib. Ⅲ,18, pp. 162-163. 这间修道院即后来著名的伯里·圣德蒙德修道院。(参考 Susan Janet Ridyard, *The Royal Saints of Anglo-Saxon England: A Study of West Saxon and East Anglian Cults*, Cambridge: Cambridge University Press, 1988, pp. 219-220。)

〔3〕 Clare Stancliffe, "Kings who Opted Out", in: *Ideal and Reality in Frankish and Anglo-Saxon Society*, ed. Patrick Wormald, Oxford: Blackwell, 1983, pp. 154-176.

〔4〕 Barbara Yorke, *Kings and Kingdoms of Early Anglo-Saxon England*, London and New York: Routledge, 2002, p. 62.

〔5〕 St. Bede, *Venerabilis Baedae opera historica*, ed. C. Plummer, London, Edinburgh, New York: E Typographeo Clarendoniano, 1896, Lib. Ⅲ,8, p. 142.

〔6〕 具体参考 Stephanie Hollis, *Anglo-Saxon Women and the Church*, Woodbridge: The Boydell Press, 1992, p. 68.

〔7〕 St. Bede, *Venerabilis Baedae opera historica*, ed. C. Plummer, London, Edinburgh, New York: E Typographeo Clarendoniano, 1896, Lib. Ⅲ,7, p. 140; *The Anglo-Saxon Chronicle MS. E*, ed. Susan Irvine, Cambridge: D. S. Brewer, 2004, p. 26[644].

而，即便东盎格利亚与周边基督教国家结成了同盟，安纳还是在 654 年败亡于彭达之手。这种同盟是很脆弱的盟友关系，而且所带有的宗教意义并不明晰。在基督教信仰逐步建立的 7 世纪，类似于克洛维单纯在基督教名义下讨伐异端西哥特人的案例，在盎格鲁-撒克逊诸王国间并不存在。[1] 原因就在于持基督教信仰的国家很长时期内都处于弱势地位。这种情况在奥斯维 655 年击败彭达后才得到改观。改宗初期，基督教对政权力量的依附性，以及基督教国家军事力量的相对弱小是造成传教过程多有反复波折的重要原因(参见第六章)。

小　结

埃塞尔伯特改宗是多种合力作用下的结果。不可否认，来自以王后贝尔莎为代表的墨洛温王室的影响是存在的，但是，如前所述，不可过分高估这一影响力。来自奥斯特拉西亚的政治压力的确存在，但这并非是埃塞尔伯特接受基督教的根本原因。当其他各支日耳曼人纷纷皈依基督教之后，这一连带效应也波及英吉利海峡对岸的肯特。这种趋同性可看作是罗马文明在宗教方面的再造——构建统一的文明秩序不仅仅是对往昔光辉的罗马的怀念，更是社会维稳进步的基础。基督教教会作为硕果仅存的罗马文化继承人，代表着一种传统精神秩序，并与地中海文明富饶的生活联系在一起，因此为蛮族人所敬畏与依赖。在盎格鲁-撒克逊七国中，肯特的这一举动是一次创举，但放眼整个西欧，埃塞尔伯特的改宗只是在这一大背景下的一块拼图。因此当大格雷戈里派传教团来到肯特之时，埃塞尔伯特以此为契机，接受了基督教信仰以及西欧共同的文明秩序。

英吉利东南部三国的改宗是外来势力与内部势力间的博弈，守旧派与革新派的反复较量的结果。包括北部地区在内的盎格鲁-撒克逊人接受基督教的进展较慢，并且改宗之后出现了多次的旧教势力反弹，造成这种现象的因素除了客观上的罗马化程度较低、王权相对弱小等因素外，在主观上对不列颠和爱尔兰教会的敌意和轻视，也是罗马传教团在一开始未能取得邻近

---

[1]《法兰克人史》，第 94—95 页。

教会的支持,致使传播福音的工作不能较快较顺利地扩展到全岛的重要原因。但无论如何,大格雷戈里在恰当的时机向肯特传教,使肯特成为第一个信奉基督教的盎格鲁-撒克逊王国,他和埃塞尔伯特在英吉利教会建成史上的功绩是列于首位的。大格雷戈里的门徒将基督教信仰传入邻近的埃塞克斯和东盎格利亚,虽然在之后遭遇了阶段性的挫折,但还是在危机之中守住了肯特这块根据地。大格雷戈里传教团的最大功绩在于,获得了一个握有强权的国王的认可和支持,首次在盎格鲁-撒克逊人的居住地建立起了主教区和教会组织。在罗马人播下信仰的种子之后,爱尔兰人、法兰克人和苏格兰人也相继来到英吉利传播教义、普及信仰。从埃塞克斯和东盎格利亚改宗的整个过程来看,爱尔兰教会和它背后的推手诺森伯里亚起到的作用同样很大——两个王国都是在诺森伯里亚的影响下走出了背教时期。使这两个地区的教会得以真正发展的主教一个来自林迪斯凡,另一个则很可能有爱尔兰教会的背景。待切德、查德(Chad)和威尔弗里德等本土的传教士成长起来并担当重任时,英吉利的基督教发展方才真正迎来了黄金时期。

第三章　西北三国的基督教化

在埃塞尔伯特去世后,多神教势力卷土重来,传教事业一度陷入岌岌可危的境地。这种颓势在诺森伯里亚国王埃德温受洗皈依基督教后得到了改观。在诺森伯里亚的影响下,不仅原先信仰或接触过基督教的埃塞克斯和东盎格利亚王室重新接纳了基督教信仰,而且多神教氛围氤氲的威塞克斯和麦西亚也改信了基督教。这种成功一方面得益于诺森伯里亚强大的军事威慑力和在战场上取得的胜利,另一方面主要依靠传教士,尤其是爱尔兰修士的贡献。爱尔兰教会的修道院体制与罗马主教区体制相比,更适合于早期英吉利北部散居式的乡村社会。

第一节　基督教在诺森伯里亚的初步确立

一、改宗的原因和背景

埃德温在位的 17 年里,统一了贝尼西亚和德伊勒,拓展了诺森伯里亚的疆域,成为继雷德瓦尔德之后英吉利最有权势的君主。625 年,埃德温派使节去肯特提亲。肯特公主埃塞尔伯格(Ethelbergae)在她兄弟伊德鲍尔德的主持下,嫁给了埃德温。[1] 像随贝尔莎来到肯特的刘德哈德主教一样,波莱纳斯也在同年 7 月由大主教贾斯图斯祝圣为主教,跟随埃塞尔伯格来到

---

〔1〕 St. Bede, *Venerabilis Baedae opera historica*, ed. C. Plummer, London, Edinburgh, New York: E Typographeo Clarendoniano, 1896, Lib. Ⅱ, 9, pp. 97-98.

了诺森伯里亚。[1] 埃德温同意了肯特方面关于不干涉公主信仰自由和举行宗教仪式的条件。

626年,埃德温遭到了威塞克斯派来的刺客袭击,侥幸脱险。刚好次日晚上,埃塞尔伯格为埃德温生下了一名女儿。在对西撒克逊人的复仇之战前夕,埃德温向天主许愿,若保佑他得胜,归来后改宗基督教。在取得胜利之后,埃德温让女儿伊恩弗莱德和他家族的11名成员接受了洗礼,但自己却没有立即抛弃偶像崇拜。

比德谈埃德温的改宗,是经过了反复思考掂量后作出的决定。很可能埃德温在这一段时间里是在为其行动积累政治上的筹码。此时只有肯特是基督教国家,诺森伯里亚的周边王国都持多神教信仰。埃德温与肯特王室联姻,可能存在意欲改宗基督教的打算,但当时的政治环境并不允许他这么做。扶立埃德温的雷德瓦尔德同时供奉着两种宗教的神灵,实系一个伪基督徒。雷德瓦尔德在世之时,埃德温想要进行改宗将面临来自东盎格利亚的压力,可能性不大。在7世纪20年代中期雷德瓦尔德死后,埃德温仍维持着与东盎格利亚的盟友关系,但凭借对威塞克斯的战争胜利,政治天平已完全倾向诺森伯里亚这一边。埃德温在受洗之后,引导雷德瓦尔德之子厄普沃尔德也接受了基督圣礼。这是巩固他在盎格鲁-撒克逊王国中的霸权的一种手段。

教皇卜尼法斯五世(Boniface V)在625年写信敦促埃德温接受洗礼。[2] 在信中他解释了上帝作为造物主和不可分割的三位一体的基本教

---

〔1〕 有学者不同意波莱纳斯和贝尔莎是在625年来到诺森伯里亚的,而是在619年,并认为625年只是波莱纳斯受任主教的时间。(参考 D. P. Kirby, "Bede and Northumbrian Chronology", *English Historical Review*, Vol. 78, London: Longmans, Green and Co., 1963, p. 522)这一说法的证据并不可靠,较为牵强。

〔2〕 一些学者对比德所记的这一段关于埃德温改宗的具体时间,包括卜尼法斯写信日期在内,存有一些争议。(参见 S. Wood, "Bede's Northumbrian Dates Again", *English Historical Review*, London: Longmans, Green and Co., Vol. 98, 1983, pp. 280-296; D. P. Kirby, *The Earliest English Kings*, London: Unwin Hyman Ltd, 1991, pp. 37-44.)本书沿用旧说。卜尼法斯五世写给埃德温及其王后的信是在625年7月波莱纳斯受任主教至10月他去世这段时间内。埃德温与肯特联姻就有改宗的打算,这一信息也事先从坎特伯雷传到了教廷。

义。他谴责那些崇拜偶像的人，并提醒埃德温，他的妻子和妻兄都是基督徒。[1] 教皇还给埃塞尔伯格写了信，让她劝说她的丈夫受洗入教，并提醒她一个基督徒与一个异教徒的婚姻是不合适的。[2] 卜尼法斯可能借鉴了大格雷戈里601年写信给贝尔莎的做法。教会方面都希望持基督教信仰的妻子劝服他们作为统治者的日耳曼人丈夫接受洗礼，承担改宗的敦促者的角色。事实上，贝尔莎和埃塞尔伯格的丈夫们所处的政治环境才是决定改宗的最重要因素。卜尼法斯应该意识到了这一点。他送给埃德温一件用金线刺绣的长袍(camisia)和一件产自安卡拉(Ancyra)的衣服，这些在大陆都是权势的象征。在7世纪盎格鲁-撒克逊精英的墓室中出土发现的贵重物品也同样有来自地中海的商品。[3] 罗马帝国的文化观念和财富吸引着盎格鲁-撒克逊统治者们。基于布莱恩·泰勒在20世纪中期的考古发现，在诺森伯里亚的耶威林，人们或可以从埃德温时代尚存着的罗马圆形露天剧场的遗迹看到罗马盛期的辉煌。[4]

　　7世纪的盎格鲁-撒克逊统治者借用罗马代言人的身份，来维系和增强自身权力的做法在一定程度上已被考古界所证实。早期获得罗马或法兰西的商品标志着某种特殊地位；到了7世纪晚期，这种象征意义转化为统治者分配进口的商品给他的追随者们。[5] 卜尼法斯尽管在信中充斥着为上帝服务和教义理论的内容，但在礼物的选择上，却反映出当时罗马教会为吸引居于欧洲偏远的西北角的异教国王，手段世俗化的一种倾向。

　　埃德温针对是否接受基督教而召开的贤人会议是比德笔下脍炙人口的

───────────────

〔1〕　St. Bede, *Venerabilis Baedae opera historica*, ed. C. Plummer, London, Edinburgh, New York：E Typographeo Clarendoniano, 1896, Lib. Ⅱ, 10, pp. 100-104.

〔2〕　St. Bede, *Venerabilis Baedae opera historica*, ed. C. Plummer, London, Edinburgh, New York：E Typographeo Clarendoniano, 1896, Lib. Ⅱ, 11, pp. 104-106.

〔3〕　Marilyn Dunn, *The Christianization of the Anglo-Saxons, c. 597—700：Discourses of Life, Death and Afterlife*, London, New York：Hambledon Continuum Press, 2009, pp. 163-165.

〔4〕　Brian Hope-Taylor, *Yeavering：An Anglo-British Centre of Early Northumbria*, London：Her Majesty's Stationery Office, 1977, pp. 119-122, 241-142. M. 迪恩斯利认为这个剧场在7世纪早期用于召开王室的会议或贤人会议。国王站在剧场底部，可以向他的大臣们发表演说。Margaret Deanesly, *The Pre-Conquest Church in England*, NewYork：Oxford University Press, 1961, p. 70.

〔5〕　H. Geake, *The Use of Grave-Goods in Conversion-Period England c. 600—c. 850*, British Series 261, Oxford：British Archaeological Reports, 1997, pp. 129-134.

故事之一。他的大祭司科伊弗(Coifi)和另一位贵族先后对多神教进行了抨击。与那一名贵族相比,科伊弗的言语更为激进。他在听了波莱纳斯的宣讲之后,表示他所敬奉的宗教无一丝可取之处,并提议烧毁旧教的神庙与祭坛。随后科伊弗作出的举动更加令人诧异:在得到埃德温的许可后,他身披多神教禁止祭司穿戴的甲胄,骑着一匹公马,用长矛破坏了位于古德曼汉姆(Goodmanham)神殿。[1] 他的这般近似疯狂的举动,应是得到了埃德温事先的授意。以一个多神教祭司长的身份,彻底否定自己供奉的神灵,这种行为的宣传效果是带有很强的煽动性的。

二、受洗和之后多神教的复兴

627 年的复活节,埃德温和他的亲族在约克接受了洗礼。当时埃德温的驻地在德文特河畔(amnem Deruuentionem)的一处王家庄园[2],一般认为是在今麦尔顿(Malton)附近,距离约克约 17 英里的东北角处。很可能因为受大格雷戈里早先的规划的影响,波莱纳斯坚持在约克举行洗礼,并在那里搭建了一座木制的小礼拜堂。此后,埃德温还在旧教堂外围建起一座巴西利卡式(Basilica)的大教堂,但教堂尚未完工他就战死沙场。最终在奥斯瓦尔德主持下完成了约克大教堂的修建工作。[3] 离开约克之后,波莱纳斯来到位于耶威林的王家庄园,在那里用附近的格伦河(Glen)河水为百姓施洗。布莱恩·泰勒在耶威林的考古成果,除了上述的罗马剧场外,还发现了一系列的建筑,构成整个木结构村庄的布局。在国王宫殿周围有许多小一些的房子,是为贵族们建造的。与贵族区毗邻的就是圆形露天剧场残存的楔形碎片。在耶威林的早期建筑中,有一座部分建于 7 世纪早期的长方形大厅,

〔1〕 St. Bede, *Venerabilis Baedae opera historica*, ed. C. Plummer, London, Edinburgh, New York:E Typographeo Clarendoniano,1896,Lib. Ⅱ,13,pp. 111-113.

〔2〕 St. Bede, *Venerabilis Baedae opera historica*, ed. C. Plummer, London, Edinburgh, New York:E Typographeo Clarendoniano,1896,Lib. Ⅱ,9,p. 99.

〔3〕 St. Bede, *Venerabilis Baedae opera historica*, ed. C. Plummer, London, Edinburgh, New York:E Typographeo Clarendoniano,1896,Lib. Ⅱ,14,p. 114.

类似于异教神庙改建而来的教堂。[1] 据比德记载,这座庄园在埃德温过世后荒废了,后来的国王将驻地迁到了在梅尔明(Maelmin)的一处庄园。可能是像另一处在坎波杜诺(Campodono)的王家庄园一样,在卡德瓦龙和彭达的入侵中毁于战火。[2]

波莱纳斯在之后的近六年时间里,在贝尼西亚和德伊勒四处行走传教。他在斯韦尔河(Swale)和特伦特河(Trent)里为民众施洗,就像一些凯尔特教士所做的那样。他还越过了亨伯河,前往林赛地区(Lindissi)传教。波莱纳斯在林肯(Lincoln)利用罗马旧要塞的石头修建了一所教堂,在这座教堂里,他任命荷诺里乌斯为继贾斯图斯之后的坎特伯雷大主教。

埃德温的军事扩张在 633 年遭到威尔士国王卡德瓦龙和麦西亚国王彭达的联手阻击。两军在哈特菲尔德(Hatfield)交战,埃德温战败身亡。他的死令诺森伯里亚的基督教生存和发展受到了威胁。诺森伯里亚又分裂为两部分。卡德瓦龙让埃塞尔弗里思之子伊恩弗里思(Eanfrith)担任贝尼西亚的国王,而埃德温的堂兄弟奥斯里克(Osric)控制了德伊勒。奥斯里克早年曾聆听过波莱纳斯的讲道,接受了洗礼。而伊恩弗里思等前朝贵族在埃德温生前被流放至苏格兰,他们在那里接受了基督教教育,并受洗入教。这两位国王登基后就抛弃了基督教信仰,转而崇拜偶像。[3]

与肯特、埃塞克斯发生的回归多神教崇拜的事件不同,伊恩弗里思和奥斯里克早先都接受了洗礼,是名副其实的基督徒;而伊德鲍尔德们在上台之前,本身就是多神教的信徒。伊恩弗里思和奥斯里克的背教,原因可能有两点。从主观认识分析,埃德温作为诺森伯里亚首位皈依的国王,在与有一半是异教徒的联军作战时死去,表示基督教作为一种胜利的守护神和保护国王和子民的宗教,其效用并不足以信赖。从客观环境来看,当时诺森伯里亚的基督教事业底子薄弱,教会立足尚不稳固,信教者可能也只限于特定地区

〔1〕 Brian Hope-Taylor, *Yeavering : An Anglo-British Centre of Early Northumbria*, London: Her Majesty's Stationery Office, 1977, pp. 49-63, 73-78, 97-102; John Blair, *The Church in Anglo-Saxon Society*, New York: Oxford University Press, 2005, pp. 54-57.

〔2〕 St. Bede, *Venerabilis Baedae opera historica*, ed. C. Plummer, London, Edinburgh, New York: E Typographeo Clarendoniano, 1896, Lib. Ⅱ, 14, p. 115.

〔3〕 St. Bede, *Venerabilis Baedae opera historica*, ed. C. Plummer, London, Edinburgh, New York: E Typographeo Clarendoniano, 1896, Lib. Ⅱ, 20, pp. 124-125, Lib. Ⅲ, 1, p. 127.

和特殊人群。这反映了在埃德温统治后期,波莱纳斯主持下的诺森伯里亚教化工作存在一些问题。在比德记载中的约克和耶威林大量民众受洗的情况在后来有没有多次重现? 埃德温为拓展他在南方的势力,使东盎格利亚也归信了基督;波莱纳斯前往林赛传教可能也是为了同化他在亨伯河以南的势力范围内的子民。但是如此一来,波莱纳斯在诺森伯里亚传教工作就大大地减少了。同样依比德所记,在奥斯瓦尔德上任之前,"整个贝尼西亚王国没有一丝信仰基督的迹象:没有一座教堂,没有一个祭坛被建立起来"。[1]在埃德温改宗后的 6 年时间里,他过于看重基督教在的政治上的功能,将其输出至林赛、东盎格利亚等地区,而忽视了诺森伯里亚本地的基督教建设。以从坎特伯雷调拨的罗马教士的有限人数,根本无法大范围地展开对辽阔的诺森伯里亚里的民众的布道、施洗以及修建教堂等传教工作。当然,埃德温的英年早逝是诺森伯里亚传教工作戛然受阻的最重要原因。在改宗的初代盎格鲁-撒克逊国王统治时期,基督教大多被当作一种政治工具,它的传播主要依赖于国王自上而下的行政命令。在罗马文化几乎被遗忘的英吉利,作为一种外来宗教,基督教的信仰基础在短时间内无法顺利建立起来,极其依赖于一个长期稳定的、强有力的政权扶持。如何在动荡的局势中逐步培养改良适合基督教扎根繁衍的土壤,这是传教士们所要面对的最大困难。

三、诺森伯里亚的王室矛盾与宗教政策

埃德温战死后,由于继任的两位国王背弃了基督教,波莱纳斯不得不与王后埃塞尔伯格一起回到肯特。波莱纳斯补了罗切斯特主教的空缺。他把他的助祭耶可布斯(Jacobus)留在了诺森伯里亚,作为教会在北方最后的联络人。基督教的地位得以恢复之后,耶可布斯以在多所教堂以教唱圣歌为业。

奥斯里克和伊恩弗里思的统治时期非常短暂。他们在一年左右的时间

---

[1] Quia nullum,ut conperimus,fidei Christianae signum,nulla ecclesia,nulhim altare in tota Berniciorum gente erectum est. St. Bede,*Venerabilis Baedae opera historica*,ed. C. Plummer,London,Edinburgh,New York:E Typographeo Clarendoniano,1896,Lib. Ⅱ,20,pp. 124-125,Lib. Ⅲ,2,p. 130.

里,先后被卡德瓦龙处死。诺森伯里亚基本上被卡德瓦龙所控制。这一局面被奥斯瓦尔德所打破。据比德记载,伊恩弗里思死后,奥斯瓦尔德决意为其兄报仇。634 年,他亲率一支精锐部队,奇袭卡德瓦龙驻地,以少胜多,将威尔士国王杀死在丹尼斯伯纳(Deniseburna)。[1]

　　奥斯瓦尔德 641 年在马赛菲尔思(Maserfelth)战死后,奥斯维继任他在贝尼西亚的王位;而德伊勒的王位则由埃德温的堂侄奥斯温(Oswin)继承。据比德记载,奥斯温与他背教的父亲奥斯里克不同,是一个特别虔诚、笃信的教徒。[2] 在两人共治诺森伯里亚期间,奥斯维常蓄意挑起事端,图谋吞并奥斯温的领土。651 年,奥斯温遭到随从的出卖,被奥斯维杀害。[3] 之后,王后伊恩弗莱德劝说她的丈夫在吉灵(Gilling)捐立了一所修道院,以示对她的堂兄和德伊勒王室血亲的补偿,消弭这一罪过。[4] 吉灵修道院的首任院长是奥斯温的亲戚特朗希尔(Trumhere)。[5]

　　655 年,奥斯维战胜了举大军来犯的彭达,这在教会眼中是一次基督教战胜异教的伟大胜利。奥斯维效法埃德温,在战前也向天主许愿,如果保佑他得胜,将把自己的女儿献给基督。事实上这次战争对阵双方并不像单纯的基督徒对多神教徒这般壁垒分明。在温韦德费尔德(Winwaedfeld)的这场战役,麦西亚方面召集了多国组成庞大的联军参战,号称有 30 名王公投入了这次战斗。[6] 挑起战争的两名国王——彭达和东盎格利亚国王埃塞尔

　　[1] St. Bede, *Venerabilis Baedae opera historica*, ed. C. Plummer, London, Edinburgh, New York: E Typographeo Clarendoniano, 1896, Lib. Ⅱ, 20, pp. 124-125, Lib. Ⅲ, 1, p. 128.

　　[2] St. Bede, *Venerabilis Baedae opera historica*, ed. C. Plummer, London, Edinburgh, New York: E Typographeo Clarendoniano, 1896, Lib. Ⅱ, 20, pp. 124-125, Lib. Ⅲ, 14, pp. 154-157.

　　[3] The Anglo-Saxon Chronicle, in: *English Historical Documents*, Vol. I, ed. and trans. D. Whitelock, London: Eyre & Spottiswoode, 1955, pp. 151-152, [641][643][651].

　　[4] St. Bede, *Venerabilis Baedae opera historica*, ed. C. Plummer, London, Edinburgh, New York: E Typographeo Clarendoniano, 1896, Lib. Ⅲ, 14, p. 155. 作为一名盎格鲁女性,既要忠于她的丈夫,又要对自己的家族尽义务。基督教信仰为她在二者之间找到了一个心理平衡点。

　　[5] St. Bede, *Bedae Opera de temporibus*, ed. Charles W. Jones, Cambridge, Mass: The Mediaeval Academy of America, 1943, p. 98.

　　[6] St. Bede, *Venerabilis Baedae opera historica*, ed. C. Plummer, London, Edinburgh, New York: E Typographeo Clarendoniano, 1896, Lib. Ⅱ, 20, pp. 124-125, Lib. Ⅲ, 24, pp. 177-178; *The Anglo-Saxon Chronicle*, in: *English Historical Documents*, Vol. I, ed. and trans. D. Whitelock, London: Eyre & Spottiswoode, 1955, p. 152, [655].

希尔(Ethelhere)战死。[1] 战争的结果是有利于基督教发展的。7 世纪上半叶英吉利改宗的困难与两大异教王国的军事优势有着很大的联系。起先是雷德瓦尔德的东盎格利亚,后来是彭达的麦西亚。尽管比德鄙视伪教徒雷德瓦尔德,称其为古撒玛利亚人,但比德还是将他而不是彭达列入不列颠共主行列,这还是有一定宗教意义的:雷德瓦尔德扶持诺森伯里亚的首任基督教国王埃德温上位,而彭达却先后发动了杀害了两任基督教国王的两次战争。

奥斯瓦尔德成为国王后,从哥伦巴创立的爱奥那修道院请来了艾丹做主教。艾丹在林迪斯凡岛建立了修道院作为他传教活动的根据地。该岛位于诺森伯里亚东北部海岸的王室城堡班堡(Bamburgh)附近。诺森伯里亚教会自此走向了繁荣昌盛。在之后直至惠特比宗教会议的召开的 30 年时间里,肯特在诺森伯里亚的影响力为爱尔兰所取代,林迪斯凡也一跃成为与坎特伯雷并举的英吉利基督教中心。爱尔兰修士修道院体制的制度特征,以及诺森伯里亚国王的共主身份是推动爱尔兰教会高速发展的两大方面因素。

埃塞尔弗里思的诸子,包括伊恩弗里思、奥斯瓦尔德、奥斯维、奥斯拉克等人,在流放苏格兰期间都接受了爱尔兰教会的教育,经受了洗礼。[2] 为何唯有伊恩弗里思选择恢复多神教的政策,而他的两个弟弟却贯彻了支持基督教发展的方针?很有可能在伊恩弗里思掌权后,为了表明自身源自信奉多神教的父亲埃塞尔弗里思的血统,并拉拢原先受到前朝排斥的旧教派系的势力,因此站在埃德温的亲基督教政策的对立面。而到奥斯瓦尔德继位时,因旧教权贵在战争中遭受了沉重的打击,这种压力就减轻了很多。其次,奥斯瓦尔德是埃德温的外甥,日耳曼人极其重视甥舅关系[3],这种风俗

---

〔1〕 埃塞尔希尔是安纳的兄弟。彭达杀死安纳后,可能将埃塞尔希尔扶上了王位,因此二者结为盟军。

〔2〕 *The Anglo-Saxon Chronicle MS. E*,ed. Susan Irvine,Cambridge:D. S. Brewer,2004,p. 23 [617];St. Bede,*Venerabilis Baedae opera historica*,ed. C. Plummer,London,Edinburgh,New York:E Typographeo Clarendoniano,1896,Lib. Ⅱ,20,pp. 124-125,Lib. Ⅲ,1,p. 127.

〔3〕 塔西陀:《阿古利可拉传 日耳曼尼亚志》,马雍、傅正元译,北京:商务印书馆 2010 年版,第57 页。

有利于奥斯瓦尔德向埃德温的政策靠拢,甚至继承他在德伊勒的王位。[1]
第三,个人信仰的程度深浅也是决定支持基督教与否的重要因素之一。奥
斯瓦尔德是比德笔下最富圣徒奇迹的盎格鲁-撒克逊君主,他的虔诚是毋庸
置疑的。奥斯维延续了奥斯瓦尔德的宗教政策,这是因为当时诺森伯里亚
教会已在爱尔兰教会的引领推动下迅速地成长起来,并且国王也意识到基
督教的进步意义,支持其发展有利于巩固王权和对外扩张。奥斯瓦尔德、奥
斯维先后在任期间,都运用外交手腕分别使威塞克斯、埃塞克斯和中盎格利
亚的国王接受了基督教。635 年,奥斯瓦尔德作为教父参加了威塞克斯国王
基内吉尔斯(Cynegils)的洗礼。约 653 年,奥斯维劝说埃塞克斯国王西格伯
特入教,该国经历 30 多年的多神教复兴时期后,重返基督教王国行列。之后
不久,彭达之子皮达(Peada)与诺森伯里亚结成姻亲关系,在奥斯维和他的
儿子阿尔奇弗里德(Alchfrid)的影响下也接受了洗礼。

第二节　爱尔兰传教团

一、爱尔兰修道院主义的发展状况

爱尔兰的修道院主义源自高卢。在帕特里克将基督教信仰带到爱尔兰
之后,5 世纪初兴起的高卢修道院文化也经不列颠传至爱尔兰,并在那里演
化为带有海岛部落特色的爱尔兰修道院制度。

4 世纪晚期圣马丁在图尔城外建立的半隐居式的修道院类似于东方埃
及的修道组织,后者系许多隐士组成的小团体,组织结构较为松散。这种生
活方式在当时的罗马教会是不入主流的。随着罗马帝国晚期的分裂和蛮族
的入侵,社会动荡加剧,避世的修道院主义呈现出一个迅猛发展的态势。其
中,阿尔勒大主教霍诺拉图斯(Honoratus)于 410 年前后在里维埃拉
(Riviera)的圣霍诺拉特岛(St Honorat)上建立的雷兰修道院(Lérins
Abbey)是首批真正意义上的修道院之一,在五六世纪享有盛誉。著名神学

---

〔1〕 St. Bede, *Venerabilis Baedae opera historica*, ed. C. Plummer, London, Edinburgh, New
York: E Typographeo Clarendoniano, 1896, Lib. Ⅱ, 20, pp. 124-125, Lib. Ⅲ, 6, pp. 138-139.

家、"沙漠教父"之一的约翰·卡西安(John Cassian)在 425 年完成的《制度》(Institutes)和《会议》(Conferences)二书,奠定了高卢修道院主义的理论基础。[1] 他早年曾游历埃及,向一些前辈修士讨论学习过他们的习俗。在《制度》一书中,他主要介绍埃及修士的生活方式;而《会议》一书则是他与 24 个修道院长者的书面笔谈,并且综合了自己对修道院教育的一整套的看法。他和霍诺拉图斯是将东方修道院思想引入高卢的代表人物,并在此基础上添加了西方的元素。第一,强调修道院的凝聚力和小团体性,凸显院长的领导地位。[2] 第二,他们的修道院是学习的中心。相传圣帕特里克在雷兰修道院曾学习过 9 年时间。这两种特点在爱尔兰得到了进一步的强化。

　　除受到高卢的影响外,爱尔兰的修道院也带有不列颠教堂的特征。在爱尔兰的西海岸,几乎没有什么高大的树木,修道院就用当地的岩石累筑而成,至今其中一些还保留下了遗迹。一份 1969 年的爱尔兰考古调查报告指出,早期修道院大多建有护院河,其中一些的河岸还依稀可辨,另一些仅存下环形的树篱,更多的则被野草所淹没。一些河床的遗迹在黄昏的航拍图中仍可辨认出来。[3] 这种构造和地理环境类似于南威尔士沿海的教堂。[4]

　　爱尔兰的修道院上下紧紧围绕在院长的周围,比埃及的修道团体来得紧密得多。院长的地位甚至高于主教。[5] 从帕特里克到哥伦巴,从小科伦巴努斯到艾丹,他们创立并弘扬的爱尔兰教会更倾向于修道院制,而非主教区制。这是由爱尔兰本身的文化和社会结构所决定的。主教区制适用于多城镇的社会,而爱尔兰是一个乡村社会,缺乏人口稠密的城镇。K. 休斯

〔1〕 卡西安的著作可参见 John Cassian, *Institutes*, *Conferences*, trans. C. S. Gibson, *Nicene and Post-Nicene Fathers*, Second Series, Vol. 11, Edited by Philip Schaff and Henry Wace, Buffalo, NY: Christian Literature Publishing Co., 1894. 另可参见 Owen Chadwick, *John Cassian*, Cambridge: Cambridge University Press, 1968, pp. 18-19, 37-49.

〔2〕 具体讨论参见 Marion Mulhall, "St. Patrick and the Monastery of Lerins", *The Irish Monthly*, Dublin: Irish Jesuit Province, Vol. 17, No. 194, 1889, pp. 395-399.

〔3〕 E. R. Norman and J. K. S. Joseph, *The Early Develoment of Irish Society: The Evidence of Aerial Photography*, London and New York: Cambridge University Press, 1969, pp. 106-121, figures, 60, 63, 65, 66.

〔4〕 John Blair, *The Church in Anglo-Saxon Society*, New York: Oxford University Press, 2005, p. 12, 20, figures, 1, 4.

〔5〕 St. Bede, *Venerabilis Baedae opera historica*, ed. C. Plummer, London, Edinburgh, New York: E Typographeo Clarendoniano, 1896, Lib. Ⅱ, 20, pp. 124-25, Lib. Ⅲ, 4, p. 134.

(Kathleen Hughes)指出,修道院制度对应于爱尔兰的部落制,好比修道院院长是部落首领,分散的一个个修道院相当于部落联盟下的各个部族。修道院管理层可以被创建者及其亲族垄断,职位可以世袭,这就保护了家族财产免于流失,而主教制很难做到这一点。并且,分散的修道院还对应了爱尔兰人喜爱到处行游的天性。[1]

爱尔兰修道院浓郁的学习氛围,造就了一大批神学家和传教士,收集并保存了大量的基督教和古希腊、罗马的经典书籍。爱尔兰修道院里的抄写员常常在书页边上记下自己对教义和生活的感受,很多散记显示这些修士颇有文学素养,这在文史界一直被传为佳话。托马斯·卡西尔(Thomas Cahill)有一个很著名的观点,即"爱尔兰人拯救了古代文明"[2]。这一说法虽有些言过其实,但不能否认,爱尔兰修士们的工作为西方留下了一笔巨大的精神财富。在基督教传到爱尔兰后,爱尔兰的教士们继承并弘扬了基督教文化,将信仰播散至苏格兰和英吉利,乃至大陆的勃艮第、弗里西亚等地。

苦修和行游是爱尔兰教会修道院思想的另外两大特征。相传小科伦巴努斯曾因不堪忍受都罗修道院严苛的院规,出走到德鲁伊教徒那旦。科隆讷纳夫的芬檀(Fintan of Clonenagh)是 6 世纪晚期的一名修士,他只食用水和野菜。因过于消瘦,邻近的修道院组成代表团来劝导他放弃这种生活。而他因得到一名天使的提前告知,为大家准备了一顿丰盛的大餐,使本想劝诫的院长们无话可说了。次日他们走后,芬檀又恢复到原先的饮食。[3] 爱奥那修道院的创立者哥伦巴也是一名苦修的贯彻者。根据阿丹姆南的记载,哥伦巴睡的是石床石枕,那块石枕后来成为了他死后墓地旁的纪念他的石碑。[4] 一次,哥伦巴在爱奥那附近的一个小岛上苦修,整整三天未进滴水。这使得他产生了幻听和幻觉——他听到了从未听到的圣歌,看到了从

---

〔1〕 Kathleen Hughes, *The Church in Early Irish Society*, New York: Cornell University Press, 1966, pp. 77-78.

〔2〕 可参见 Thomas Cahill, *How the Irish Saved Civilization*, New York: Anchor Books, 1996.

〔3〕 *Vitae Sanctorum Hiberniae*, ed. C. Plummer, Oxford: E typographeo Clarendoniano, 1910, Vol. II, p. 98.

〔4〕 Adamnan, *Life of Saint Columba*, ed. and trans. William Reeves, Edinburgh: Edmonston and Douglas, 1874, Vol. III, Chapter XXIV, p. 213.

室外透过门缝和锁眼的一道奇异的光：这道光照亮了他的心眼（cordis oculis），使他领悟了《圣经》中许多模糊费解之处。[1]

行游是推动爱尔兰教会对外交流的一大驱动力。爱尔兰修士们不仅在爱尔兰岛四处行游，建立修道院或隐居地，大不列颠岛甚至大陆都是他们的目的地之一。这种游历可能带有一种随意性。《盎格鲁-撒克逊编年史》中记有一个很典型的例子。3 个爱尔兰人乘坐一艘无桨小船，只带了 7 天的食物，偷偷地离开爱尔兰，漫无目的地漂泊于海上。[2]"他们愿意为敬爱的天主而置身异域，至于是何处，他们并不在乎。"[3]幸运的是，他们最后到了威塞克斯国王阿尔弗雷德那里。行游兼备了朝圣和传教两方面的功用。从某种意义上来说，哥伦巴在爱奥那的修道院和小科伦巴努斯在勃艮第的修道院都是行游的产物。这种文化也影响到接受爱尔兰修道院教育的盎格鲁-撒克逊教士。威尔弗里德、比德的院长比斯科普（Biscop）曾多次前往罗马朝圣。

在不列颠遭受盎格鲁-撒克逊人入侵的 150 多年间，大不列颠岛的东南部和中部大部分地区的教会组织遭受了毁灭性的打击。然而信仰传到爱尔兰后，孕育出了富有当地特色的、蓬勃发展的修道院文化，并培养了大量的具有很高文化素养的教士。这为英吉利的传教事业输送了新鲜血液，是盎格鲁-撒克逊人最终抛弃根深蒂固的多神教信仰，接纳基督教极为重要的助力之一。爱尔兰的修道院主义在很大程度上也影响了英吉利教会文化和制度的发展，这与教会建立初期爱尔兰修士们留下的遗产是有很大关系的。

二、从艾丹到切德

林迪斯凡成为北部地区基督教文化中心与爱尔兰传教团的努力是密不可分的。作为训练爱尔兰和盎格鲁-撒克逊教士的基地，林迪斯凡向英吉利

---

[1]　…tres dies totidemque noctesAdamnan…neque manducans neque bibens. Adamnan, *Life of Saint Columba*, ed. and trans. William Reeves, Edinburgh：Edmonston and Douglas, 1874, Vol. Ⅲ, Chapter XIX, p. 206.

[2]　可能他们是未经修道院院长允许，擅自出来行游。

[3]　The Anglo-Saxon Chronicle, in：*English Historical Documents*, Vol. I, ed. and trans. D. Whitelock, London：Eyre& Spottiswoode, 1955, p. 184, [891].

输送了大量的传教人才。艾丹在635—651年间培养了一大批年轻的神职人员。包括切德、查德、伊塔(Eata)在内12个英吉利男孩都是艾丹最初来到诺森伯里亚亲自挑选的门徒。与此同时,来自爱奥那和爱尔兰本土的传教士也络绎不绝地来到不列颠南部传教,比如前文提到的富尔萨,马姆斯伯里(Malmesbury)修道院院长奥尔德赫尔姆(Aldhelm),以及艾丹的继任菲南和科尔曼(Colman),等等。

艾丹的个人魅力和才能是爱尔兰教会在诺森伯里亚顺利传教的前提保障。比德笔下的艾丹谦和审慎、虔诚节制、乐善好施,是同时代教士的典范。他不但在诺森伯里亚广受尊敬,而且来自法兰西的费利克斯主教和来自罗马的荷诺里乌斯同样对他恭敬有加。最初几任诺森伯里亚主教,尤其是艾丹平易近人、体恤下层民众的作风也使爱尔兰教士在基层得到了拥戴。在奥斯瓦尔德死后,艾丹与奥斯维与奥斯温都保持着良好的关系,这证明艾丹虽生长于修道院,却深谙俗世间的处世之道。比德提及,一开始爱奥那派来的传教士是一个严厉刻板的人,他在诺森伯里亚的传教遭到了民众的抵制。艾丹在之后的长老会议上针对传教任务的失败提出了自己的意见,得到爱尔兰教士的一致推举,任命他为主教前去传道。比德认为艾丹循序渐进的教导方法和处事审慎(discretionis)的优点是他取得成功的最重要的原因。[1]这一审慎的态度也是他平衡好奥斯维和奥斯温之间关系的立身之本。奥斯温被害前艾丹曾沉痛地预言国王将不久于人世。这可能与他提前知晓贝尼西亚方面的军事计划有关。尽管他与奥斯温关系甚好,但他也未向奥斯温透露这方面的消息——在与奥斯温的一次用餐中,艾丹含泪向一名神父告诉了这个预言,两人使用的是国王和朝臣听不懂的爱尔兰方言。[2]

值得一提的是,爱尔兰教会也热衷于宣扬圣徒奇迹。据比德记载,艾丹

---

〔1〕 St. Bede, *Venerabilis Baedae opera historica*, ed. C. Plummer, London, Edinburgh, New York:E Typographeo Clarendoniano, 1896, Lib. Ⅱ, 20, pp. 124-125, Lib. Ⅲ, 5, p. 137.

〔2〕 St. Bede, *Venerabilis Baedae opera historica*, ed. C. Plummer, London, Edinburgh, New York:E Typographeo Clarendoniano, 1896, Lib. Ⅱ, 20, pp. 124-125, Lib. Ⅲ, 14, pp. 156-157.

也显现过几次诸如平息风暴、扑灭大火这样的奇迹。[1] 不过,艾丹最大的奇迹是通过奥斯瓦尔德之手显现的。在某个复活节,艾丹与奥斯瓦尔德一起就餐时,国王将盛食物的硬盘敲碎分给穷人。艾丹为这一善行而感动,他抓住国王的右手说道,"愿这只手不朽"[2]。奥斯瓦尔德死于战场后,双手被砍下,后供奉于班堡的圣彼得教堂里,在比德时期仍完好无损。事实上,奥斯瓦尔德被诺森伯里亚教会吹捧成一个前所未有的国王圣徒,他的遗骸、遗物甚至他战死的地方的土壤都有神奇的治病良效。之所以奥斯瓦尔德会被塑造成圣徒的形象,是因为他为基督教拨乱反正的历史功绩和被害于异教徒之手的殉教徒身份。教会利用共主的威望和民众对奇迹的迷信使得基督教国王的圣徒形象很快树立起来,并传扬到了爱尔兰本土。[3] 在整部《英吉利教会史》中,圣徒奇迹故事数奥斯瓦尔德最多。对奇迹持谨慎态度的比德花费如此篇幅来记载这些传闻故事,体现了他对本民族圣徒的一种特殊的崇敬之情。艾丹和他的继任们激发了盎格鲁-撒克逊人的这种民族情绪,将其与基督教信仰紧密联系在一起,这是爱尔兰传教士宣传教义的成功之处。

爱尔兰的修道院体制相对于罗马教会的主教区体制可能更适宜于诺森伯里亚早期教会的建立发展。7世纪的诺森伯里亚地广人稀,多丘陵地带,植被覆盖率很高,河流经常泛滥成灾。相对于肯特为代表的南方,诺森伯里亚的商业贸易并不发达,具有一定规模的城镇也要少得多。诺森伯里亚与爱尔兰、苏格兰这些都是罗马文明未经影响或影响甚少的地方,它们的非城镇化的特性,使其更易接受修道院制度。在比德的圣卡思伯特的生平传记中,谈到艾丹作为林迪斯凡的首任主教,其身份实际上是一名修士,他和他

---

〔1〕 St. Bede, *Venerabilis Baedae opera historica*, ed. C. Plummer, London, Edinburgh, New York: E Typographeo Clarendoniano, 1896, Lib. Ⅱ, 20, pp. 124-125, Lib. Ⅲ, 15, 16, pp. 157-159.

〔2〕 Numquam inueterescat haec manus. St. Bede, *Venerabilis Baedae opera historica*, ed. C. Plummer, London, Edinburgh, New York: E Typographeo Clarendoniano, 1896, Lib. Ⅱ, 20, pp. 124-125, Lib. Ⅲ, 6 p. 138.

〔3〕 St. Bede, *Venerabilis Baedae opera historica*, ed. C. Plummer, London, Edinburgh, New York: E Typographeo Clarendoniano, 1896, Lib. Ⅱ, 20, pp. 124-125, Lib. Ⅲ, 9-13, pp. 144-154.

的追随者们遵循修道院院规生活。[1] 在大主教西奥多于 678—679 年间划分诺森伯里亚教区之前,该地的主教区事实上并未真正建立起来。

南部的坎特伯雷、罗切斯特和伦敦,北部的约克教区都是建立在旧有罗马文明遗址的基础之上,即比德称之为城市(civitates)的地方。而林迪斯凡此时只是仿效爱奥那建立起来的一片修道院领地,而不是罗马传统教制中的中心城镇。艾丹是一个漫游各地传教的主教,笼统地讲,他是整个诺森伯里亚地区的主教,而并非是一个传统意义上的主教。在这一点上,埃塞克斯的主教切德也与他的老师的处境相类似。他在埃塞克斯建立的教区也并非属于严格意义上的罗马主教区。切德的主教身份并不是明确对应于一个城镇,而是对应于东撒克逊人这一支部族或整个埃塞克斯。[2] 身为盎格鲁人的切德出身于林迪斯凡教会,但与此同时,他也受到南方教会的很大影响,这种爱尔兰与罗马教会的综合特质在切德身上都有所体现。

切德的爱尔兰特性最易见于他对拉斯廷厄姆修道院的选址。奥斯瓦尔德的儿子埃塞尔沃尔德允诺赐予切德一块土地用于建造修道院,切德选择了北约克郡的一座荒山。"这里处在峭壁和高山之中,看起来不适宜人类居住,却像是强盗和野兽聚居之所。"[3]切德按林迪斯凡的条例为拉斯廷厄姆修道院制定了院规。他自己也严格遵循着爱尔兰教会的斋戒,恪守清修之道。

从切德建于海边的布拉德韦尔(Bradwell-on-Sea)的教堂,或可以看出两种特性的混合。这座教堂类似于肯特早期的意大利风格的教堂:教堂的中殿被三重拱门与圣坛和半圆形的后殿分开,旁边还有走廊或小祈祷室。从建筑学来说它是罗马式的。[4] 但不像埃特伯雷等罗马城镇里的教堂,这座教堂并非是由罗马要塞旧址的石头筑成,这证明该地并非是罗马城镇旧址。

---

〔1〕 St. Bede, *Two Lives of St. Cuthbert*, ed. and trans. B. Colgrave, Cambridge: Cambridge University Press, 1940, Chap. 16, pp. 206-208.

〔2〕 Henry Mayr-Harting, *The Coming of Christianity to Anglo-Saxon England*, University Park: Pennsylvania State University Press, 1991, p. 100.

〔3〕 St. Bede, *Venerabilis Baedae opera historica*, ed. C. Plummer, London, Edinburgh, New York: E Typographeo Clarendoniano, 1896, Lib. Ⅲ, 23, pp. 174-175.

〔4〕 A. Clapham, *English Romanesque Architecture before the Conquest*, Oxford: Clarendon Press, 1930, pp. 16-26.

从定址的角度来看,选择偏远之地的特点可追溯到早期爱尔兰修道院的风格。[1]

从罗马时代起,骑马就标志着一种高贵的社会身份。从对骑马的认识上,可反映主教如何看待自身地位的问题,以及爱尔兰与罗马教会在这一细节上的区别。艾丹平日传教时都步行,除非遇到非常紧急的事件时才骑马。这是爱尔兰教会典型的禁欲节制的苦修作风。奥斯温曾送给艾丹一匹良种骏马,艾丹把它转赠给了一名向他乞讨的穷人。国王得知此事后在一次酒席上质问主教为何将他特地挑选的好马随便送人,两人因此发生了一次争执。[2] 与罗马的高级教士热衷于骑马不同,爱尔兰的修道院院长、主教不愿骑马出行体现出一种低调亲民的态度,更易在下层民众建立信仰的基础。亨利·哈丁认为这种回避骑马的作风可追溯至圣马丁时代。[3] 但他引证于苏比西乌斯·塞维鲁的《对话集》中的两个例子并不能自圆其说。[4] 而图尔的格雷戈里在《荣列精修圣人录》中第8章中提到圣马丁有骑马出行的经历[5],按上下文推断他骑马外出也非特例。爱尔兰修士回避骑马的态度很可能并非源自高卢,而是一种自身特色。到了艾丹的门徒切德、查德担任主教之时,他们的态度就开始发生分化。查德效仿艾丹,徒步拜访各个城镇和乡村农舍。[6] 西奥多大主教到来之后,要求他在长途旅行中骑马。查德拒绝了这一要求。但西奥多亲手将他扶上了马背,迫使他像一个罗马主教

---

〔1〕 F. Henry, *Irish Art in the Early Christian Period to A. D. 800*, London: Methuen, 1965, pp. 79, 82.

〔2〕 St. Bede, *Venerabilis Baedae opera historica*, ed. C. Plummer, London, Edinburgh, New York: E Typographeo Clarendoniano, 1896, Lib. Ⅱ, 20, pp. 124-125, Lib. Ⅲ, 14, pp. 156-157.

〔3〕 Henry Mayr-Harting, *The Coming of Christianity to Anglo-Saxon England*, University Park: Pennsylvania State University Press, 1991, pp. 96-97.

〔4〕 这两个例子分别是,圣马丁步行于途中遭罗马士兵鞭打,他使士兵的马停住不再前行;圣马丁的一名高级修士因购买女奴和马匹遭到责备。这并不能说明圣马丁不骑马。(详见 Sulpicius Severus, *Dialogues*, *Corpus Scriptorum Ecclesiasticorum Latinorum*, I, pp. 183, 213; *Nicene and Post-Nicene Fathers*, *Second Series*, Vol. 11, *Dialogues*, trans. Alexander Roberts, ed. Philip Schaff and Henry Wace, Buffalo, NY: Christian Literature Publishing Co., 1894, Ⅱ, 3, Ⅲ, 15.)

〔5〕 Gregory of Tours, *Glory of the Confessors*, ed. and trans. Raymond Van Dam, Liverpool: Liverpool University Press, 1988, Chap. 8, p. 9.

〔6〕 St. Bede, *Venerabilis Baedae opera historica*, ed. C. Plummer, London, Edinburgh, New York: E Typographeo Clarendoniano, 1896, Lib. Ⅱ, 20, pp. 124-125, Lib. Ⅲ, 22, p. 174.

一般骑马出行。[1] 西奥多的理念承继于教皇大格雷戈里。大格雷戈里曾写信给西西里岛的副执事彼得,抱怨他送来的一匹老马和五匹驴无法外出骑行。[2] 而切德则大多骑马出巡,前文提到他曾骑马偶遇国王"良善的西格伯特"。切德下马指责俯身下跪的国王违背教令这一场景,体现了一种罗马主教式的权威。[3]

如果说是否愿意骑马只涉及个人喜好问题不足为据,那么参考惠特比会议的决议,同样能发现此时以诺森伯里亚教会为代表的北方派系的倾向性。基本上所有的盎格鲁-撒克逊教士,不管是否接受过爱尔兰教会的教育,都站在了罗马教会这一方。在某种程度上可以说,切德开启了爱尔兰和罗马教制相互调合的和谐之路。比德在《使徒行传》的评注本中谈到的信仰是一种"统一的语言"(adunatio linguarum)。[4] 以比德的视角来看,切德对这种统一的语言的领悟不仅反映在精通不同语言上,而且更重要的是他在会后接纳了罗马的复活节日期算法。这也是盎格鲁-撒克逊教士与他们的老师的不同之处。这次会议是在倡导罗马化、联合南方和大陆势力的指针下召开的,其结果带有一定的政治因素。但就信仰而言,为何自幼接受爱尔兰修道院教育的北方系盎格鲁-撒克逊教士更倾向于采用罗马派的宗教仪式?原因大多在于,在政治上以诺森伯里亚王室为代表的盎格鲁-撒克逊人开始奉行亲大陆的政策,从而在宗教事务上也更尊崇教廷的权威,这是后来胜利导向罗马派的最关键因素。

---

〔1〕 St. Bede, *Venerabilis Baedae opera historica*, ed. C. Plummer, London, Edinburgh, New York: E Typographeo Clarendoniano, 1896, Lib. Ⅱ, 20, pp. 124-125, Lib. Ⅳ, 3, p. 206.

〔2〕 *Gregorii I Papae Registrum Epistolarum*, *Monumenta Germaniae Historica*, Epistolarum, Tomus I, Libri I-Ⅶ, ed. P. Ewald and L. M. Hartmann, Berlin: Apud Weidmanos, 1887—1891, Ⅱ, 38, p. 139. 大格雷戈里十分注重维系一位主教的身份和尊严。可参考他对终日痴迷于造船,衣着肮脏,散发臭味的那不勒斯主教帕斯卡西乌斯(Paschasius)的批评。*Gregorii I Papae Registrum Epistolarum*, *Monumenta Germaniae Historica*, *Epistolarum*, Tomus Ⅱ, Libri VⅢ-XIV, ed. L. M. Hartmann, Berlin: Apud Weidmanos, 1899, XⅢ, 29, pp. 393-394.

〔3〕 St. Bede, *Venerabilis Baedae opera historica*, ed. C. Plummer, London, Edinburgh, New York: E Typographeo Clarendoniano, 1896, Lib. Ⅱ, 20, pp. 124-125, Lib. Ⅲ, 28, p. 195.

〔4〕 参考 St. Bede, *Venerabilis Baedae opera Historica*, ed. C. Plummer, London, Edinburgh, New York: E Typographeo Clarendoniano, 1896, Lib. Ⅲ, 25, 26, pp. 181-191. 比德在评注《新约 · 使徒行传》第 4 章 31 节时谈到巴别塔与信仰一致问题。(参考 St. Bede, *The Complete Works of Venerable Bede: Commentaries on the Scriptures*, ed. John Allen Giles, London: Whittaker, 1844, In Acta Apost. Cap. Ⅳ, pp. 118-119。)

第三节　基督教在威塞克斯和麦西亚的初步确立

一、基督教在威塞克斯的传播

埃德温战死后,波莱纳斯和王后埃塞尔伯格被迫回到了肯特,也把这一消息汇报给教廷。634 年,教皇荷诺里乌斯一世(Honorius I)派出比林纳斯(Birinus)向不列颠传教。罗马方面的原计划是想向"先前的导师从未去过的遥远的英吉利内陆地带播撒信仰的种子"[1],这很可能是希冀向战胜诺森伯里亚的麦西亚传教。因为此时正是英吉利基督教化进程的第二个危机阶段,埃德温的失利使北方的传教事业突然中断了。坎特伯雷和波莱纳斯方面碍于同肯特和诺森伯里亚的政治联盟,不适合向麦西亚传教,罗马作为第三方则无这方面的顾虑。另一个优势是,以教皇作为传教的发起者,更具宗教权威性。拉拢一个具有强大军事实力的君主加入基督教,对英吉利的传教事业无疑是大有助益的。

比林纳斯在热那亚(Genova)由主教阿斯泰里乌斯(Asterius)祝圣为主教后出发前往不列颠。但他来到西撒克逊人中间的时候,发现这里的人们都不信教。因此他留了下来,在威塞克斯进行传教活动。[2] 根据比德的记载,比林纳斯首先到的是西撒克逊人统治地区,很可能他是在南安普敦(Southampton),即罗马时代的贸易港克劳乌森顿(Clausentum)登陆的,并未先到肯特与荷诺里乌斯、波莱纳斯他们见面。这就造成原本对英吉利地区的基督教传播情况不熟悉的比林纳斯未按原计划传教。比林纳斯在泰晤士河畔的多切斯特(Dorchester-on-Thames)建立了主教区。经考古发现,这座城市在罗马时代至盎格鲁-撒克逊时代的过渡期,仍保存有很多罗马文化

---

〔1〕 in intimis ultra Anglorum partibus,quo nullus doctor praecessisset,sanctae fidei semina esse sparsurum. St. Bede,*Venerabilis Baedae opera historica*,ed. C. Plummer,London,Edinburgh,New York:E Typographeo Clarendoniano,1896,Lib. Ⅱ,20,pp. 124-125,Lib. Ⅲ,7,p. 139.

〔2〕 St. Bede,*Venerabilis Baedae opera historica*,ed. C. Plummer,London,Edinburgh,New York:E Typographeo Clarendoniano,1896,Lib. Ⅱ,20,pp. 124-125,Lib. Ⅲ,7,pp. 139-140.

的特质。[1]

比林纳斯传教的成功的很大原因在于奥斯瓦尔德向威塞克斯施加的政治压力。比林纳斯来到威塞克斯约一年后,国王基内吉尔斯就接受了洗礼。比德记道,"恰逢最神圣的善战的奥斯瓦尔德也在场,将他从圣水中引领了出来"[2]。事实是否如同比德所说,是一次偶然事件(contigit tunc)已无从考证,但通过这次洗礼,奥斯瓦尔德认基内吉尔斯为教子,并结成政治联盟,双方预先是有所准备的。奥斯瓦尔德后来还娶了基内吉尔斯的女儿为妻。这种娶教子的女儿为妻的做法在意大利或拜占庭是不被允许的。比德等后世教士遵奉其为最圣洁虔诚的国王之一,实际上是名不副实的。奥斯瓦尔德为了制衡麦西亚,选择与南部的威塞克斯联手,对其形成南北夹击之势,并且当时距奥斯瓦尔德战胜卡德瓦龙不久,是他军事实力最强盛的时期,威塞克斯也愿意与其结盟。这种政治纽带的缔结通过洗礼认教子的方式确立,是盎格鲁-撒克逊王国中普遍存在的形式。比德提到的两位国王共同赐予比林纳斯的多切斯特城,原先就属于威塞克斯的领地。这有可能是比德刻意把奥斯瓦尔德向一个支持罗马传教团的形象靠拢——以此在他引入的爱尔兰传教团和罗马传教士之间形成平衡——实际赠城一事与他并无关系。[3]

值得注意的是,基内吉尔斯的一个儿子奎切尔姆(Cwichelm)继他父亲之后接受了洗礼,[4]但另一个儿子森瓦尔却没有。这种情况与前文所述肯特王室的情况相类似。考虑到威塞克斯大多数族民都是多神教徒,王室成员中必须有人与他们保持一致的信仰。森瓦尔在 643 年继承王位之后,在国

---

〔1〕 J. N. Myres, *Anglo-Saxon Pottery and the Settlement of England*, Oxford: Clarendon, 1969, pp. 77-78.

〔2〕 contigit tunc temporis sanctissimum ac uictoriosissimum regem Nordanhymbrorum Osualdum adfuisse, eumque de lauacro exeuntem suscepisse. St. Bede, *Venerabilis Baedae opera historica*, ed. C. Plummer, London, Edinburgh, New York: E Typographeo Clarendoniano, 1896, Lib. Ⅲ,7,p. 139.

〔3〕 C. Stancliffe, "Oswald, most holy and most victprious king of the Northumbrians", in Oawald:*Northumbrian King to European Saint*, ed. C. Stancliffe and E. Cambridge, Stamford, 1995, p. 57.

〔4〕 *The Anglo-Saxon Chronicle MS. E*, ed. Susan Irvine, Cambridge: D. S. Brewer, 2004, p. 25 [636].

内恢复了多神教的信仰。《盎格鲁-撒克逊编年史》称此时他授意令人在温切斯特建造老教堂。[1] 这是令人疑惑的。或许此举是为了讨好国内外的基督教派势力,但更多的可能是混淆了建造温切斯特老教堂的年代。

645年,森瓦尔因为抛弃了原配妻子(彭达的妹妹),而遭到麦西亚的军事讨伐。兵败后森瓦尔在东盎格利亚国王安纳那里避难三年,其间改奉了基督教信仰。森瓦尔上台后的宗教政策也在一定程度上反映了他的政治倾向。奥斯瓦尔德在马赛菲尔思的战败导致基督教国家的阵营遭受重大的打击,这也在一定程度上影响了森瓦尔的宗教选择,两国的联盟关系也不复存在。森瓦尔与彭达的战争失利后并未向原先的盟友诺森伯里亚寻求政治庇护,而是去了东盎格利亚。他后来的重新掌权也应与国王安纳的支持有关。

森瓦尔恢复王位后(约648年),在国内重建主教区。但他似乎并未有意在威塞克斯大力推行基督教化政策——接连两个主教都被他赶下了台,这导致西撒克逊人在一段时期内没有主教。第一任主教阿吉尔伯特是法兰克人,之前在爱尔兰研习教义。在他担任多切斯特主教多年之后,森瓦尔以不熟悉他的异邦语言为由,将主教区一分为二,在温彻斯特(Winchester)新建了一个主教区,并请来威尼(Wini)担任主教。威尼与阿吉尔伯特同样是在法兰西被授予主教职位,但威尼懂盎格鲁-撒克逊语,很可能本身是英吉利人。阿吉尔伯特因此卸职,回到了法兰西。威尼在温彻斯特担任主教数年之后,也遭到了森瓦尔的驱逐。需要指出的是,比德在《英吉利教会史》中提及,阿吉尔伯特参加了664年的惠特比会议[2],因此他担任多切斯特的主教至少十年以上,语言不通恐怕并不是二者间的唯一隔阂。威尼离任一段时间后,森瓦尔派使节前往法兰西,希望迎回阿吉尔伯特,但此时阿吉尔伯特已就任巴黎主教。他推荐他的侄子洛塞尔乌斯(Leutherius)前往威塞克斯就任。670年,西奥多主教为洛塞尔乌斯举行了就任仪式,任命他为多切斯

---

〔1〕 *The Anglo-Saxon Chronicle*,in:*English Historical Documents*,Vol. I,ed. and trans. D. Whitelock,London:Eyre& Spottiswoode,1955,p. 151[643].

〔2〕 St. Bede,*Venerabilis Baedae opera historica*,ed. C. Plummer,London,Edinburgh,New York:E Typographeo Clarendoniano,1896,Lib. Ⅲ,25,p. 183.

特的主教。[1]

二、基督教在麦西亚和中盎格利亚的传播

在彭达在温韦德费尔德败亡以前,麦西亚一直被视为异教徒势力的大本营。事实上,在 7 世纪 50 年代初,彭达反基督教的思想已经开始松动。比德提到,在彭达被杀的两年前,彭达就已对愿意听讲福音的人不加干涉。[2]这种态度也体现在他允许他的儿子,统治中盎格鲁人的皮达改宗基督教之事上。

653 年,皮达娶奥斯瓦尔德的女儿阿尔奇弗莱德(Alchfred)为妻,奥斯维的儿子阿尔奇弗里德则娶了彭达的女儿辛尼伯格(Cyniburg)。二者结成同盟关系。但盎格鲁-撒克逊人的这种联姻并不附带持久的和平保障,盟友或敌人的关系随着实力和利益的变动随时有颠倒的可能。两年后,二者便展开了一场异常激烈的厮杀,以奥斯维的全面胜利而告终。这次胜利在某种意义上标志着多神教与基督教两大宗教集团间的政治对峙已基本结束。多神教地方势力逐渐开始收缩,越来越多的盎格鲁-撒克逊部族加入到信仰基督教的大背景中来。

皮达的受洗仪式在诺森伯里亚的阿德穆隆姆(Ad Murum)王家庄园进行,由艾丹的继任菲南主教主持,随行的贵族和亲兵也都一起接受了洗礼。[3]同一时期埃塞克斯王国西格伯特的洗礼也发生在该地,同样是由菲南主教施洗,这种相似性反映了诺森伯里亚实力的迅速崛起。655 年彭达发动战争很可能是受到了邻国强大的军事力量的威胁,因此才不顾双方的姻亲关系,拒绝奥斯维纳贡求和的请求,一意求战。双方的军队数量差距也未像比德所说的那么悬殊。

皮达带回国内的四名神父切德、艾达(Adda)、贝迪(Betti)和迪乌马

---

〔1〕 *The Anglo-Saxon Chronicle MS. E*,ed. Susan Irvine,Cambridge:D. S. Brewer,2004,p. 30 [670].

〔2〕 St. Bede,*Venerabilis Baedae opera historica*, ed. C. Plummer, London, Edinburgh, New York:E Typographeo Clarendoniano,1896,Lib. Ⅲ,21,p. 170.

〔3〕 St. Bede,*Venerabilis Baedae opera historica*, ed. C. Plummer, London, Edinburgh, New York:E Typographeo Clarendoniano,1896,Lib. Ⅲ,21,p. 170.

(Diuma)，除迪乌马是爱尔兰人外，其他三人都是盎格鲁人。这三人可能都出自艾丹当初栽培的 12 名本地首批弟子。年轻的一代英吉利神父已经成长起来，但资历可能尚且欠缺。在彭达死后，迪乌马同时兼任麦西亚和中盎格利亚两地的主教，主教座堂设在利奇菲尔德（Lichfield）。比德指出这是当时缺乏神父的缘故。需要补充的是，比德所指的是符合当选主教条件的神父。一般来说，教会对任命主教有着严格的资历考核机制，[1] 毕竟这时林迪斯凡修道院创立不过 21 年时间，培养的教士都还年轻，如切德这样在 30 多岁就成为主教的情况完全属于破格提拔。而且在彭达任期，麦西亚与中盎格利亚已经合并，菲南的任命也并无不妥之处。西奥多时期麦西亚新增了赫里福德（Hereford）、伍斯特（Worcester）和莱斯特（Leicester）三个主教区。这可能影响了比德对早先较大的主教区制的看法。

　　温韦德费尔德战役后的三年里，奥斯维控制着麦西亚北部地区。他扶立了他的女婿皮达[2]为南部麦西亚的国王，双方以特伦特河为界。皮达与奥斯维在彼得伯勒（Peterborough）建立了梅德斯汉姆斯德（Medeshamstede）修道院，交由一位名叫塞克斯伍尔夫（Saxulf）的修士管理。[3] 但不久之后（次年的复活节），皮达即遇害身亡，整个麦西亚都被奥斯维所控制。657 年，麦西亚的三位贵族发动叛乱，推举彭达的另一个儿子伍尔夫希尔为国王，成功地赶走了奥斯维委派来的官员，恢复了原有的国土边界。伍尔夫希尔继承了他

---

　　〔1〕　可参考克莱蒙卡托神父在 551 年要求当选主教的话。"我曾经按照教规的规定经历了教职诸等级。我充任读经师十年，当副助祭五年，任助祭十五年，膺神父之尊二十年。" Nam et ipsos clericati grados canonica sum semper institutione sortitus. Lector decim annis fui, subdiaconatus officium quinque annis ministravi, diaconatui vero quindecim annis mancipatus fui, presbiterii, inquam, honorem viginti annis potior. Gregory of Tours, *Historia francorum*, *MGH*, *SRM* 7, ed. Bruno Krusch and Rudolf Buchner, Gregor von Tours, Zehn Bücher Geschichten, 2 vols, Darmstadt: Wissenschaftliche Buchgesellschaft, 1955, IV, 6.

　　〔2〕　比德在这里把皮达记为奥斯维的内兄弟（cognatus），显然是有误的。皮达应与奥斯维之子阿尔奇弗里德互为内兄弟。St. Bede, *Venerabilis Baedae opera historica*, ed. C. Plummer, London, Edinburgh, New York: E Typographeo Clarendoniano, 1896, Lib. Ⅲ, 24, p. 180, Lib. Ⅲ, 21, p. 170. 商务印书馆的译本翻成姻兄弟，但无注释。比德:《英吉利教会史》，陈维振、周清民译，北京:商务印书馆 1991 年版，第 205 页。牛津经典译本译为二者互为亲戚（kinsman）。St. Bede, *The Ecclesiastical History of the English People*, ed. and trans. Judith McClure, Roger Collins, New York: Oxford University Press, 1999, p. 152.

　　〔3〕　*The Anglo-Saxon Chronicle MS. E*, ed. Susan Irvine, Cambridge: D. S. Brewer, 2004, p. 26 [654]. 时间应为 655 年。

长兄对基督教友善的态度,在他就任不久之后,就召见了塞克斯伍尔夫,赐予其金钱和土地以继续修建皮达下令建造的修道院。664年在修道院落成之际,伍尔夫希尔召开了盛大的奉献典礼。包括坎特伯雷大主教德乌斯德迪特(Deusdedit)在内的主教们和国内全体贵族都出席了这次庆典。其间,国王献给了梅德斯汉姆斯德修道院相当可观的土地、湖泊和沼泽。[1]

　　主教迪乌马死后由爱尔兰人切奥拉奇(Ceollach)接任,但他继任不久之后就离任回到了爱奥那,这应该与伍尔夫希尔推翻奥斯维在麦西亚的统治有关。有可能是奥斯维出于借外族人控制麦西亚的宗教事务的意图,才让两位爱尔兰人先后担任主教。伍尔夫希尔上台后,原吉灵修道院院长,盎格鲁人特朗希尔(Trumhere)成为麦西亚人的主教。

小　结

　　通常以国王的受洗为该国接受基督教标志。按此计算,盎格鲁-撒克逊七国的改宗过程大约经历了90年。若以建立主教区为标志,这段历史约持续了百年。事实上,除苏塞克斯外,截至655年,其余六国王室都已接受了基督教。在此过程中,来自罗马与爱尔兰的影响是交织并存着的。东南部的肯特、埃塞克斯和东盎格利亚早先因大格雷戈里传教团的到来而接触到基督教。但除肯特外,后二者的改宗过程或多或少地受到了爱尔兰方面的推动作用。而西部和北部的三个王国,尤其是诺森伯里亚和麦西亚的改宗道路,则大致呈现出一种以爱尔兰影响为主、罗马为辅的特征。在奥斯瓦尔德平息了多神教复兴运动之后,林迪斯凡作为爱尔兰教会在英吉利的大本营,为不列颠传教事业做出了巨大的贡献。威塞克斯和麦西亚皆因受诺森伯里亚的辐射影响才接受了基督教。其中,威塞克斯基督教的发展道路表现为一种非典型的混合模式。因奥斯瓦尔德系基内吉尔斯的教父,比林纳斯很可能受到来自林迪斯凡修道院的指导与帮助。而威塞克斯的第二任主教、

　　[1]　The Anglo-Saxon Chronicle MS. E, ed. Susan Irvine, Cambridge: D. S. Brewer, 2004, p. 28 [656]. 时间应为 657 年。从 640 年至 657 年, E 版本编年史的纪年基本都要提早一年。参考 The Anglo-Saxon Chronicle, in: English Historical Documents, Vol. I, ed. and trans. D. Whitelock, London: Eyre& Spottiswoode, 1955, pp. 151-153[640-657].

法兰克人阿吉尔伯特则有在爱尔兰学习修行多年的背景。由此来看,过多地区分或强调罗马或爱尔兰各自在盎格鲁-撒克逊诸国的作用都是不适宜的。

　　一些国王在传播基督教的过程中扮演了积极的推动者的角色。但早期英吉利国王接受基督教大多出于政治原因,王室的改宗史很大程度上可以看成一部政治史。这种态度从埃塞尔弗里思诸子对基督教的取舍就可见一二。接受基督教的初代国王从改宗中受益主要包括两方面。一方面,以基督教这一欧洲大陆的价值观念来再造有产阶级的罗马体制,以此建立和巩固自己的王权。这种进步的手段更具象征意义,也为不列颠共主们普遍使用。另一方面,利用基督教作为拓展自己权势的工具。从属的国王对带有政治意义的屈从——作为强势国王的教子——可能也比直接纳贡称臣要来得容易接受。当然,除在政治上的考虑外,也不能排除基督教在精神层面的影响力。沃登崇拜融入基督教信仰可以部分归因于多神教神灵被上帝是上古造物者这一概念的取代;上帝在佑护信徒取得战争胜利的能力及圣徒在治病、改变天气等方面显现的奇迹也是教会在崇尚迷信的英吉利得以立足的重要原因。但在自上而下的改宗过程中,国王及其他权贵的作用举足轻重。不同于基督教早期和后来新教时期的个人归信,日耳曼人的皈依基本上是采取了以国王为主导的集体归信形式。从 7 世纪早中期英吉利各地的教会建立,到下半叶的惠特比会议、划分主教区事件,盎格鲁-撒克逊王室起到的政治作用都是关键性的。

第四章　教会的发展与基督教化的深入

　　655 年奥斯维在温韦德费尔德战胜彭达,为基督教进一步发展壮大扫除了最具威胁的对手。但教会的内部矛盾也随之日益凸显,爱尔兰教会与罗马教会在遵奉的复活节日期、剃度仪式上的不同成为了英吉利教会统一道路上的最大阻碍。双方的拥护者在惠特比会议上展开了针锋相对的辩论,最后奥斯维裁定罗马传统得胜。这次会议的召开,在一定程度上缓解了南北教会间的矛盾,英吉利教会进入到一个融合再造的阶段。7 世纪下半叶的英吉利教会一方面奉教皇为尊,以罗马典制统一了北部教会的教规;另一方面也保留了爱尔兰修道院的许多特色,以修道院教育为本,培养青少年教士,一种混合了双方的传统的基督教文化在英吉利孕育而生。

　　继教规方面的冲突之后的教会内部矛盾是对南北主教区控制权的争夺。威尔弗里德和西奥多的分分合合是贯穿 7 世纪下半叶教会史的焦点事件,但这也是比德避讳谈论的问题。在这 50 年间,包括惠特比会议的召开、西奥多(Theodore)重划主教区、威尔弗里德传教苏塞克斯等在内的重要事件使英吉利教会迎来了一个高速发展的时期。成长起来的本土教士也为基督教在盎格鲁-撒克逊诸国的扎根、传播和进一步的发展平添了巨大的助力,尤其是威尔弗里德,他几乎参与了在这一时期内的所有重大教会活动,他的生平事迹在某种程度上代表着崛起的盎格鲁-撒克逊教会对自身利益诉求的写照。

第一节　惠特比会议

一、会议召开的背景

　　罗马教会与凯尔特教会之间遵奉的一些教规和教仪差别很早就已显现。小科伦巴努斯在 603 年的索恩河畔沙隆(Chalon-sur-Saône)会议数年之前曾给大格雷戈里写过信,希望就凯尔特教会与罗马教会不同的复活节日期和其他一些教仪的问题进行探讨。[1] 但并未有大格雷戈里的回信留存下来,因此我们不清楚他作出了怎样的回应。到奥古斯丁来到肯特之后,双方都意识到了这一重大的差异,但威尔士方面仍坚守他们的复活节日期,这也是导致"奥古斯丁橡树会议"会谈破裂的原因之一。

之后教皇荷诺里乌斯一世(Honorius I)和约翰四世(Ioannes IV)先后写信给爱尔兰人劝诫他们纠正与普世教会不一致的复活节日期计算方法。[2] 其中荷诺里乌斯的信是应南部爱尔兰科库敏修道院(Kilcummin)院长库米安(Cummian)要求而写。约在 629 年,南部爱尔兰教会在库米安的召集下在玛格-琳恩(Magh-Lene)进行会议,探讨阿基坦的维克多里乌斯(Victorius of Aquitaine)的复活节计算表的可行性,并派出使节去教廷询问。第 3 年,使者携信返回,并告知库米安,除了罗马,希腊、埃及和叙利亚的基督徒都在同一天过复活节,而凯尔特人遵守的复活节则晚了整整四个星期。[3] 于是,库米安采纳了高卢的 532 年循环计算表(事实上与罗马计算方法还是略有不同),并写信给爱奥那修道院院长塞格讷(Ségéne),劝他接受大陆的复活节计算方法。[4] 塞格讷回信道,即便修道院通过了遵从罗马复活节的提议,还是要面对维护传统的长老们的抵制和反对。而他自己认为,若上帝认为爱奥那的做法是错误的,必有旨意降临。[5] 需要指出的是,库米安并非

---

〔1〕　St. Columbanus,*Sancti Columbani Opera*, ed. and trans. G. S. M. Walker, Dublin: The Dublin Institute for Advanced Studies, 1957, pp. 3-13.

〔2〕　St. Bede,*Venerabilis Baedae opera historica*, ed. C. Plummer, London, Edinburgh, New York: E Typographeo Clarendoniano, 1896, Lib. Ⅱ, 19, pp. 122-124.

〔3〕　经计算,按爱尔兰的 84 年为循环的历法,631 年的复活节落在 4 月 21 日,比正统的罗马复活节 3 月 24 日正好晚 4 个星期。参考 Cummianus Hibernus,*Cummian's Letter "De controversia paschali" and the "De ratione conputandi"*, ed. and trans. Maura Walsh and Dáibhí Ó Cróinín, Toronto: Pontifical Institute of Mediaeval Studies, 1988, introduction, section A; Kenneth Harrison,*The Framework of Anglo-Saxon History: to A. D. 900*, Cambridge: Cambridge University Press, 2010, p. 58.

〔4〕　Cummianus Hibernus,*Cummian's Letter "De controversia paschali" and the "De ratione conputandi"*, ed. and trans. Maura Walsh and Dáibhí Ó Cróinín, Toronto: Pontifical Institute of Mediaeval Studies, 1988, pp. 57-97.

〔5〕　St. Bede, *Bedae Opera de temporibus*, ed. Charles W. Jones, Cambridge, Mass: The Mediaeval Academy of America, 1943, p. 98.

是第一个采用罗马计算历法的爱尔兰人。早在 7 世纪的头 10 年[1],北爱尔兰的班戈修道院院长西尔兰(Sillan of Bangor)就遵从了罗马的复活节日期。[2] 然而,对北爱尔兰和英吉利北部影响力最大的还是爱奥那修道院。爱奥那的修士们过于拘泥于哥伦巴留下传统,很难被说服,这一点在惠特比会议结束后,科尔曼坚持旧历法返回爱奥那上也可得见。

关于怎样计算复活节日期的问题贯穿了整个教会史,至今在东正教会和天主教间仍存有差异。在该问题上,爱尔兰与罗马的分歧主要体现在如下两个方面。

第一,与犹太人的逾越节重叠的问题。犹太人的逾越节是在犹太历的尼散月(Nisan)的第 14 天的日落之前。[3] 据《马可福音》,耶稣在逾越节被处死,这天是安息日(周五日落后至周六日落前)的前一天。他在第三天,也就是七日里的第一天复活。[4] 以此来推算,复活节应定于逾越节之后第一个星期日。但犹太历与儒勒历之间的换算较为复杂,很容易出现偏差。325 年的尼西亚公会决议,订明春分后月圆的第一个周日为复活节。但是因逾越节是犹太人的节日,所以无论那天是否是周日,在尼散月 14 日庆祝复活节的人都会被视为异端。这些人被称为第十四日异端(Quartodecimans)。为避免出现这种情况,罗马方面将原先的复活节日期段延后了一天,在春分后的那个朔望月的 15—21 日之间庆祝复活节。但并非各地的教徒都遵守这一规定。爱尔兰教会就是在朔望月的 14—20 日之间的一天庆祝复活节的。

第二,采用的历法问题。复活节的计算依赖于犹太朔望月制和春分到来的那一天。从罗马的儒勒历换算到犹太历,需要插入一定数量的闰月(犹太历闰年有 13 个月)进行计算,这让教会感到十分困扰。4 世纪时的计算历

---

〔1〕　西尔兰死于 610 年。*The Annals of Ulster* (*to A. D.* 1131),ed. and trans. Seán Mac Airt and Gearóid Mac Niocaill,Dublin:School of Celtic Studies,1983,u610. 2.

〔2〕　Kathleen Hughes,*The Church in Early Irish Society*,London:Methuen Co. ,1966,pp. 132-133.

〔3〕　尼散月为犹太教历的正月,犹太国历的第七个月,对应儒勒历在三、四月之间。15—21 日为除酵节。现代的一部分犹太人在尼散月的 15 日庆祝逾越节。他们把 14 日日落之后称为逾越节头夜。

〔4〕　《马可福音》,第 16 章,《圣经·新约》,ESV,上海:中国基督教两会 2008 年版,第 92—93 页。

法相当混乱，尼西亚会议前后，罗马采用的是犹太旧历，即以 84 年为循环的计算表。[1] 而亚历山大城则采用由叙利亚老底嘉主教阿纳托里乌斯（Anatolius of Laodicea，Anatolius of Alexandria）在 3 世纪中叶发明的 19 年循环计算表。[2] 尽管当时的 19 年循环表并不成熟，在 19 年周期中只包含两个闰年[3]，但相对来说，还是后者更为精确一些。当时罗马教会把春分定在 3 月 18 日，而亚历山大教会则定在 3 月 21 日。有时这会导致很大的偏差。例如，在 387 年，罗马人在 3 月 21 日庆祝复活节，但亚历山大人却在 5 个星期之后的 4 月 25 日过复活节，原因就在于春分日的不同。[4] 需要注意的是，自 5 世纪起 84 年循环表将春分日作出了调整，将其定在了 3 月 25 日。[5] 这样一来，采用 84 年循环表的爱尔兰人在 631 年的复活节就比罗马复活节晚 4 个星期——过晚的春分日使得爱尔兰人错过了 631 年 3 月 24 号这一正确的复活节日期。继阿纳托里乌斯之后，亚历山大的西里尔（Cyril of Alexandria）在 5 世纪初又把这一套 19 年为周期的计算表加以改进。但罗马和高卢此时仍在采用 84 年循环表。爱尔兰方面以 84 年为一个周期的计算表可能是由罗马人帕拉迪乌斯在 431 年左右传入的，在他之后，帕特里克也沿用了这套计算法则。

457 年，阿基坦的维克多里乌斯设计出一套以 532 年（19×28）为周期的计算表，高卢和罗马教会都接受了这套计算表。虽然维克多里乌斯的计算表是建立在西里尔的 19 年为一周期的基础之上，但他弄错了春分日的计算，这样一来与西里尔的复活节日期有了分歧。但因为他的循环周期过大，这

〔1〕 Michael John Brenan，*An Ecclesiastical History of Ireland：From the Introduction of Christianity into That Country*，*to the Year* 1829，Vol. 1，Dublin：J. Coyne，1840，p. 129.

〔2〕 阿纳托里乌斯的 19 年循环表可见：Anatolius of Laodicea，*Ante-Nicene Fathers*，*Vol.* 6，*Gregory Thaumaturgus*，*Dionysius the Great*，*Julius Africanus*，*Anatolius and Minor Writers*，*Methodius*，*Arnobius*，ed. Alexander Roberts，and James Donaldson，Grand Rapids：William B. Eerdmans Publishing Company，1885，pp. 358-359.

〔3〕 Sacha Stern，*Calendars in Antiquity：Empires，States，and Societies*，Oxford：Oxford University Press，2012，p. 392，note. 2.

〔4〕 Charles Hefele，*A History of the Councils of the Church*，Vol. 1，*To the Close of the Council of Nicaea A. D.* 325，trans. and ed. W. R. Clark，London：Hamilton，Adams，and Co. ，1871，pp. 328-329.

〔5〕 Alden A. Mosshammer，*The Easter Computus and the Origins of the Christian Era*，Oxford：Oxford University Press，2008，pp. 223-224.

一问题耽搁了几十年才被发现。525年,狄欧尼休·易斯吉乌斯(Dionysius Exiguus)进一步完善了19年循环表,并在此基础上建立了公元纪年法。依此表计算,春分日在3月21日,复活节则在春分过后的那个朔望月15日至21日之间。[1] 奥古斯丁带到肯特的计算表就是狄欧尼休的19年计算表,而此时法兰西仍在使用维克多里乌斯的532年计算表。小科伦巴努斯在勃艮第接触到的即为此表,南部爱尔兰人在7世纪初采纳的也是该计算方法。不过,维克多计算表和狄欧尼休计算表出自同源,二者都是建立在19年为一周期的纪年法上。

并且,复活节的时间关系到教会的整年节庆安排。从罗马传入的主要节日有1月6日的主显节(Epiphany),主显节之后的那个星期天的基督受洗日,复活节前46天的圣灰星期三(Ash Wednesday),复活节前一周的星期五的耶稣受难日,复活节前一周周日的棕枝主日(Palm Sunday),复活节前星期四的濯足节(Maundy Thursday),复活节,复活节后第40天的耶稣升天节,复活节后第50天的圣灵降临日(Whit Monday),圣灵降临日后第一个星期日的三一节(Trinity Sunday),自圣诞节前的第四个星期的星期日起至圣诞节止的降临节,12月25日的圣诞节。可以看到许多重要节日的日期都是变动的,其中很大一部分取决于复活节的日期。接受爱尔兰北部教会指导的英吉利北部教会截止至惠特比会议召开之时,仍在使用罗马与高卢在两个世纪前抛弃的84年循环表,与肯特、威塞克斯和东盎格利亚采用的历法相抵触(见表4-1)。对英吉利教会的整体发展而言,这是一个亟待解决的问题。

表 4-1　复活节计算历法的接受时间表[2]

事件 地区	各个教会对不同复活节计算历法的接受时间		
罗马	84年计算表	维克多计算表(457年)	狄欧尼休计算表(525年)
高卢	84年计算表	维克多计算表(457年)	狄欧尼休计算表(8世纪后期)

---

〔1〕 St. Bede, *Venerabilis Baedae opera historica*, ed. C. Plummer, London, Edinburgh, New York: E Typographeo Clarendoniano, 1896, Lib. V, 21, pp. 332-346.

〔2〕 此表根据比德的《英吉利教会史》；Alden A. Mosshammer, *The Easter Computus and the Origins of the Christian Era*, Oxford: Oxford University Press, 2008; Sacha Stern, *Calendars in Antiquity: Empires, States, and Societies*, Oxford: Oxford University Press, 2012, 等材料整理编出。

续表

事件 地区	各个教会对不同复活节计算历法的接受时间		
北爱尔兰	84 年计算表(431 年)		狄欧尼休计算表(716 年)
南爱尔兰	84 年计算表 (431 年)	维克多计算表 (631 年)	狄欧尼休计算表(7 世纪末)
南英吉利	以肯特为代表的南部教会在 597 年接受狄欧尼休计算表		
北英吉利	以诺森伯里亚为代表的北部教会在 664 年接受狄欧尼休计算表		

二、召开会议的原因

艾丹逝世后,爱奥那在英吉利北部教会的威望下降了。按比德所记,660 年前后,秉持哥伦巴传统的林迪斯凡实际上已陷入了内外交困的境地。在诺森伯里亚除了极力倡导罗马化的威尔弗里德外,当年波莱纳斯留在约克的助祭耶可布斯也说服了一批信众接受罗马的复活节日期。由王后伊恩弗莱德担任赞助人的吉灵修道院也很可能遵循狄欧尼休计算表过复活节。[1] 不仅有来自外部的攻讦之声,北爱尔兰教会内部对此也存在着争议。林迪斯凡主教菲南在任期间,一名叫罗南(Ronan)的神父曾对哥伦巴的传统发起挑战,他是在法兰西和意大利接受基督教教育的。这场争论一直延续到菲南死后,科尔曼接任主教职务之时。[2] 这种局面引发了教众的不安,加上宫廷里有时会出现庆祝复活节日期不一致的情况,奥斯维和他的儿子阿尔奇弗里德遂召开了惠特比会议讨论解决这一问题。

为何在会议召开前的 60 多年时间里,罗马派爱奥那未能举行相关的会议讨论解决复活节日期分歧这一问题?这与爱尔兰教会在北方教会中的特殊贡献和地位有关。起先大格雷戈里传教团对凯尔特教会成员的看法并无太大区别。自奥古斯丁开始,英吉利教会提及威尔士教会就多伴随着咒骂,至比德的时代仍然如此。在 7 世纪初,坎特伯雷大主教和他的同仁曾联名致信给爱尔兰教会,要求他们遵从罗马的复活节日期,并指出他们与威尔士教

---

〔1〕 伊恩弗莱德系埃德温之女,自小接受波莱纳斯的教育。

〔2〕 St. Bede, *Venerabilis Baedae opera historica*, ed. C. Plummer, London, Edinburgh, New York: E Typographeo Clarendoniano, 1896, Lib. Ⅲ, 25, pp. 181-182.

士同样难以教化。[1] 但在艾丹来到诺森伯里亚后这种态度发生了转变。爱尔兰教士们得到了普遍的尊重。这种区别对待最明显的表现是,在坎特伯雷大主教西奥多到来之后,不予承认有威尔士主教参与的祝圣仪式,而对爱尔兰教会任命的主教则未提出非议。[2] 可见,爱尔兰和威尔士教会虽然同属凯尔特教派,遵守相同的教会礼仪和教规,但英吉利教会对待他们的态度是有区别的。再者,碍于诺森伯里亚强大的实力,以坎特伯雷为大本营的罗马派很难插手北方教会的事务。最终惠特比会议的召开还是因诺森伯里亚宫廷和教会内部的矛盾而引发的。

比德在《教会史》中提到,当诺森伯里亚国王奥斯维已经停止守斋,开始庆祝复活节之时,王后伊恩弗莱德却还在守斋和过圣枝主日(Palm Sunday)。[3] 这一年正是惠特比会议召开的那一年。664 年爱尔兰教会的复活节在 4 月 14 日,而罗马教会则是在 4 月 21 日。这一年的情况完全吻合科尔曼与威尔弗里德在会议上争论的是否需要将日期段延后一天而可能导致的复活节日期相差一周的情况。该年的逾越节在儒勒历的 4 月 14 日日落到 4 月 15 日日落之段时间。[4] 爱尔兰人在儒勒历的 14 日白天就开始庆祝复活节,这时才是希伯来历的尼散月 13 日。这正好应了威尔弗里德的话:"(爱尔兰人)有时完全在月圆之前即 13 日守复活节。"[5]

除了教规教仪上的矛盾冲突之外,政治上的角力也是引发惠特比会议召开的重要原因之一。660 年前后,阿尔奇弗里德通过威塞克斯国王森瓦尔

---

〔1〕 St. Bede, *Venerabilis Baedae opera historica*, ed. C. Plummer, London, Edinburgh, New York:E Typographeo Clarendoniano,1896,Lib. Ⅱ,4,pp. 87-88.

〔2〕 最明显的例子是,西奥多对有两名威尔士主教参与的查德的祝圣提出了非议,但对有两名爱尔兰主教参与的切德的祝圣却并未提出其中的问题。St. Bede, *Venerabilis Baedae opera historica*, ed. C. Plummer, London, Edinburgh, New York:E Typographeo Clarendoniano, 1896, Lib. Ⅲ,22,pp. 172-173; Lib. IV,2,pp. 205-206.

〔3〕 St. Bede, *Venerabilis Baedae opera historica*, ed. C. Plummer, London, Edinburgh, New York:E Typographeo Clarendoniano,1896,Lib. Ⅲ,25,pp. 181-182.

〔4〕 希伯来历与儒勒历的换算参见网站 http://www. shirhadash. org/calendar/hcal. html, 2012-07-25。

〔5〕 ita ut XⅢ luna ad uesperam saepius pascha incipiatis. St. Bede, *Venerabilis Baedae opera historica*, ed. C. Plummer, London, Edinburgh, New York:E Typographeo Clarendoniano, 1896, Lib. Ⅲ,25,pp. 181-182.

的介绍,结识了刚从欧陆归来的威尔弗里德。[1] 阿尔奇弗里德当时控制着德伊勒。据艾迪乌斯记,他先后赠给了威尔弗里德两块土地:一块在林肯郡最南边的斯坦福(Stamford),大约 10 海德(hida);另一块在北约克郡中部的里彭(Ripon),除一所修道院外,附属领地约 30 海德。[2] 但艾迪乌斯未言明的是,里彭修道院原先是阿尔奇弗里德奉献给爱尔兰人的。在威尔弗里德接管之后,早先的爱尔兰派修士由于不愿遵从罗马的复活节日期,纷纷离开了这所修道院。[3] 这可能是威尔弗里德感到在诺森伯里亚推行罗马历法受挫,因此推动王子与他一起召开宗教会议解决这一尴尬问题的一个诱因。

奥斯维早年在苏格兰长大,接受爱尔兰修士的教育,精通他们的语言。因此他认为"没有什么比苏格兰人所教导更完美了"。[4] 而阿尔奇弗里德在接触了威尔弗里德之后,转而倾向于罗马派的教规,并支持威尔弗里德排斥爱尔兰修士。这种父子间的对立是微妙的。不同于先前肯特埃塞尔伯特和伊德鲍尔德,或是威塞克斯基内吉尔斯和森瓦尔之间基督徒与多神教徒的身份差异,这种差异的存在是为了平衡部族内宗教势力关系的维稳手段,这类因信仰不同造成的父子对立关系在父亲在位期间并不显山露水。而阿尔奇弗里德公开支持罗马派的举动,实际上反映了诺森伯里亚内部德伊勒与贝尼西亚之间权力的碰撞,是阿尔奇弗里德意图减弱他父亲的影响力的一次谋划。[5] 这种王室父子间的争权斗争使得教会中的矛盾加剧,直接推动了惠特比会议的召开。

〔1〕 Eddius Stephanus,*Vita Wilfridii*,chap. 7,in:*The Age of Bede*,*Bede:Life of Cuthbert*,*Eddius Stephanus:Life of Wilfrid*,*etc.*,trans. J. F. Webb,ed. D. H. Farmer,London:Penguin,2004,pp. 114-115.

〔2〕 Eddius Stephanus,*Vita Wilfridii*,chap. 8,in:*The Age of Bede*,*Bede:Life of Cuthbert*,*Eddius Stephanus:Life of Wilfrid*,*etc.*,trans. J. F. Webb,ed. D. H. Farmer,London:Penguin,2004,p. 115.

〔3〕 St. Bede,*Venerabilis Baedae opera historica*,ed. C. Plummer,London,Edinburgh,New York:E Typographeo Clarendoniano,1896,Lib. Ⅲ,25,pp. 182-183.

〔4〕 St. Bede,*Venerabilis Baedae opera historica*,ed. C. Plummer,London,Edinburgh,New York:E Typographeo Clarendoniano,1896,Lib. Ⅲ,25,p. 182.

〔5〕 E. John,"Social and Political Problems of the Early English Church",in:*Land*,*Church and People:Essays Presented to Professor H. P. R. Finberg*,ed. J. Thirsk,Reading:Agricultural Historical Review Supplment,1970,p. 50;Henry Mayr-Harting,*The Coming of Christianity to Anglo-Saxon England*,University Park:Pennsylvania State University Press,1991,p. 108.

三、会议的过程和意义

在会议上双方派出的辩论代表分别是威尔弗里德和科尔曼。威尔弗里德是顶替不谙盎格鲁-撒克逊语的多切斯特主教阿吉尔伯特上场的。双方并未在具体教义上针锋相对，而是围绕着哪位圣徒的教规更权威、更值得遵从的问题展开的。科尔曼认为爱奥那的复活节日期的正确性基于以下理由：复活节在(春分过后的第一个)朔望月的 14 日至 20 日间的传统是由《约翰福音》的作者圣约翰，以及圣阿纳托里乌斯和爱奥那修道院的创立者圣哥伦巴遵循并肯定的。威尔弗里德对此进行了一一的反驳，并提出：(1)罗马的复活节日期是普世遵循的；(2)圣约翰遵从犹太人的做法已在尼西亚会议上被修正，圣阿纳托里乌斯实际上是支持罗马复活节日期计算法的；(3)圣哥伦巴的做法受制于他的时代认识，而今的爱尔兰人不应以无知作为借口；(4)罗马教会的创立者圣彼得是众使徒之首，天堂的钥匙的持有者。[1] 最后，由奥斯维裁定，诺森伯里亚教会改从罗马派的复活节日期，其最直接的理由即是彼得掌握着天堂的钥匙，拥有圣徒中的最高权威。

奥斯维的决定是意与坎特伯雷和罗马教会亲善的表现。会后，科尔曼和不愿改变传统的一部分爱尔兰修士离开林迪斯凡回到了爱奥那。奥斯维仍然委任了一名爱尔兰人图达(Tuda)作主教。图达来自南爱尔兰，遵守罗马复活节日期，削罗马冠冕式发式。他的出身很好地平衡了诺森伯旦亚教会的新晋的罗马派和残存的爱尔兰派的势力。但不久之后，流行于亚洲的鼠疫传播至不列颠，对整个社会、包括教会造成了极大的破坏。图达在这场灾害中病死，留下林迪斯凡主教的空缺。艾丹的弟子伊塔(Eata)原任梅尔罗斯修道院(Melrose)院长。在科尔曼临行前，他曾恳求奥斯维任命伊塔为林迪斯凡修道院院长，国王答应了这一要求。图达死后，奥斯维又提拔伊塔为林迪斯凡的主教。[2]

〔1〕 St. Bede, *Venerabilis Baedae opera historica*, ed. C. Plummer, London, Edinburgh, New York: E Typographeo Clarendoniano, 1896, Lib. Ⅲ, 25, pp. 183-189.

〔2〕 St. Bede, *Venerabilis Baedae opera historica*, ed. C. Plummer, London, Edinburgh, New York: E Typographeo Clarendoniano, 1896, Lib. Ⅲ, 26, pp. 189-190.

爱尔兰北部最终接受狄欧尼休计算表是在半个世纪之后。716 年，青年时代曾在爱尔兰求学的埃格伯特(St. Egbert)神父来到爱奥那[1]，劝服该岛的修士们摒弃了旧历法，转而采用狄欧尼休计算表，这场持续了一个多世纪的争论终以罗马派的全面胜利告终。

从比德的记录来看，威尔弗里德赢得了惠特比会议辩论的胜利，但比德在记述双方的言论时难免有厚此薄彼的做法。这场辩论上的说辞很可能经过了增删甚至是人为的艺术加工。事实上威尔弗里德发言的要点在上文提及的库米安给·塞格讷的信中基本都能找到。[2] 二者的论述都存在很多漏洞，比如圣约翰并不一定在周日过复活节；罗马复活节日期计算方法也历经多次变动；阿纳托里乌斯并不支持罗马的做法；等等。以爱尔兰人的视角去探寻这一问题的症结所在会得到更全面的结论。从 600 年左右小科伦巴努斯写给大格雷戈里的信中可以看到，以他为代表的爱尔兰人以一种独立的姿态发出的声音。在信中写道，他追随的是君士坦丁堡大主教阿纳托里乌斯(Patriarch Anatolius of Constantinople)的教规，而阿纳托里乌斯是像哲罗姆(St. Jerome)一般的圣贤。[3] 小科伦巴努斯认为在信仰允许的条件下，实践爱尔兰传统不应受到干扰。他的意见总的来看是与科尔曼一致的。

于罗马派来说，复活节的日期事关教义乃至信仰的根本，不一致的日期严重影响了教会的秩序和统一。他们在这一点上大做文章——比德也在《英吉利教会史》中耗费了大量的篇幅阐述了关于复活节日期的争议。这不仅仅是因为在盎格鲁-撒克逊教会的早期发展史上它是一个焦点问题，更重要的是，英吉利教会最后同化了执拗的爱尔兰教会，这是英吉利人在教义教规领域取得的第一次重大的胜利。比德在阐述相关历史事件时，往往持偏

---

〔1〕　在惠特比会议后，一所由英吉利教士组成的修道院在北爱尔兰的梅奥(Mayo)成立，遵循罗马复活节日期。这所修道院很可能是由埃格伯特建立的，旨在扩大罗马复活节的影响力。N. K. Chadwick,"Bede, St. Colman and the Irish Abbey of Mayo", *Celt and Saxon*, Cambridge: Cambridge University Press, 1964, pp. 186-205.

〔2〕　Cummianus Hibernus, *Cummian's Letter "De controversia paschali" and the "De ratione conputandi"*, ed. and trans. Maura Walsh and Dáibhí Ó Cróinín, Toronto: Pontifical Institute of Mediaeval Studies, 1988, pp. 57-97.

〔3〕　St. Columbanus, *Sancti Columbani Opera*, ed. and trans. G. S. M. Walker, Dublin: The Dublin Institute for Advanced Studies, 1957, pp. 3-13.

祖的立场,并带有胜利者的自豪感。他的身边就发生过这样的事。他的导师贾罗修道院院长切奥尔弗里德(Ceolfrid),在 8 世纪初成功说服了皮克特人国王内奇坦四世(Nechtan IV),使他接受了罗马复活节日期,并让所有教士都剃罗马冠冕式发型。[1] 不过,除了这两处争议外,比德和同时期的英吉利教士还是肯定并欣赏爱尔兰修士的智力劳动的。[2]

惠特比会议为罗马派赢得了北部王室的支持,使得罗马教会的权威在盎格鲁-撒克逊诸国初步确立,同时也为西奥多大主教整合、划分全英吉利的主教区打下了政治基础。不过,后世的英吉利教会学者在一定程度上夸大了惠特比会议的重要性。他们拔高了此次会议在教义教规上的成就,将其当成一件伟大的功业来回顾,却往往忽视了背后的政治因素。

第二节　西奥多重划主教区

在教廷指派的西奥多大主教在任的 21 年时间里(669—690 年),南北主教区被重组与进一步分割,在此基础上南部教会形成了有机联系的统一整体,英吉利的教权先于王权得到了统一。

西奥多生于 602 年,是因阿拉伯人入侵,从东方到罗马来避难的众多基督徒之一。他本是教皇维塔利安(Vitalian)属意派往英吉利担任坎特伯雷大主教的第三人选。在前两人拒绝担任大主教一职后,维塔利安还是将第一人选,那不勒斯的一所修道院院长哈德良(Hadrian)与西奥多一同派往英吉利,以免西奥多引入与罗马方面抵触的希腊教义。[3] 教皇对其的出任还是心存顾虑的,但事实证明,西奥多是一名杰出的、有手腕的且长寿的教会领袖,他一直牢牢地掌控着英吉利教会的发展方向直至他 88 岁去世为止。

西奥多试图建立起协调一致的教区和有统一部署和管理的教会体系,

---

〔1〕 St. Bede, *Venerabilis Baedae opera historica*, ed. C. Plummer, London, Edinburgh, New York: E Typographeo Clarendoniano, 1896, Lib. V, 21, pp. 332-346.

〔2〕 当时还是有许多盎格鲁-撒克逊人去爱尔兰学习。St. Bede, *Venerabilis Baedae opera historica*, ed. C. Plummer, London, Edinburgh, New York: E Typographeo Clarendoniano, 1896, Lib. Ⅲ, 27, pp. 191-194.

〔3〕 St. Bede, *Venerabilis Baedae opera historica*, ed. C. Plummer, London, Edinburgh, New York: E Typographeo Clarendoniano, 1896, Lib. IV, 1, pp. 201-204.

摆脱由于某一地区或某位国王权力的变化导致的对教会的阶段性影响。在669 年到达英吉利之后,他与哈德良一起作了巡视,解决了教会存在的几大漏洞和不足。一是查德由威尔士主教祝圣的问题[1];二是罗切斯特主教长期空缺的问题。在坎特伯雷大主教空缺时,威尔弗里德曾代行其职能,在肯特任命了一批神父与助祭,西奥多把他调往约克担任主教,而派查德去麦西亚,任利奇菲尔德主教。他任命普塔担任罗切斯特主教,此人尤擅长按罗马风格唱赞美歌。[2]

在 673 年,西奥多召开了赫特福德宗教会议,颁布了 10 条教令。这次会议首次引入了希腊-罗马世界的会议规则。西奥多带着自己的书记官提蒂勒乌斯(Titillus),以正规的形式记录下会议时间、内容、与会者和通过的教令。第一条教令重申了惠特比会议的决议,让每个人都遵守在同一天庆祝复活节——这个曾威胁英吉利教会统一的首要问题;最后再对当时最普遍的违反教规的婚姻方面的问题作出强调,以明令彰示基督教道德的纯洁性和操守。而其他 8 条都是有关教会组织体制的。教令规定,一方主教在没有得到当地主教的允许下,不能干涉其他教区的事务;修士和神父没有教会的许可不得在外行游,(像此次这样的大型)宗教会议需每年召开一次;等等。[3] 来到英吉利后,西奥多发现主教区都是以一个王国或一个王国的部分地区来建立大教区的,并且主教可以居住在其主教区之外,城市作为大本营的功能很多被修道院所替代了。鉴于在拜占庭和罗马的经验,西奥多有在旧有罗马城市或人口密集的城镇建立较小的主教区的想法。从这 8 条教令可见,西奥多认为英吉利教会很不稳固,时常陷入一种无秩序的状态中,需要出台教令建立登记制度来重建教会,以此确保教会的良性发展并吸引到更多的

---

〔1〕　查德先前被任命为约克主教,系由伦敦主教威尼和两名威尔士主教为其祝圣。除了威尔士主教的身份不妥外,威尼贿买伦敦主教席位也存在着问题。

〔2〕　St. Bede, *Venerabilis Baedae opera historica*, ed. C. Plummer, London, Edinburgh, New York:E Typographeo Clarendoniano,1896,Lib. IV,2,p. 206. 比德讲普塔唱圣歌的本领是从大格雷戈里的门徒那里学来的,很可能指罗马努斯或波莱纳斯。

〔3〕　St. Bede, *Venerabilis Baedae opera historica*, ed. C. Plummer, London, Edinburgh, New York:E Typographeo Clarendoniano,1896,Lib. IV,5,pp. 215-216.

教徒。[1] 教令第9条,给出了一个笼统的意见,"主教人数应随教徒的人数增加而增加"。但此条仅仅作为一个象征性的参考提议,并未获得与会主教的一致认可。事实上,主教人数的增加有赖于新的主教区的建立,而新教区的建立基本上依靠国王或大权贵赠予土地来维持主教和他的班子在主教区的生活和工作。

不同于威尔弗里德在里昂所见到的风气:主教们作为国王的代理人,处理地方事务,手执权柄,打压地方权贵。在英吉利,主教的政治基础是较为薄弱的,并且绝大多数的主教的政治声望仅限于一个部族或一个王国之内,这是赫特福德会议上许多主教希望维持一个王国一个主教的现状的原因之一。

更重要的是,一个教区的规模决定了该地主教的收入。在比德写给约克大主教埃格伯特的信中,痛心地谴责了一些主教无耻的敛财行径,而这些主教却因下辖地域广阔而无法去往他们的村落传教,因此力主设立更多的主教席位。[2] "总的来看,引发所有这些丑恶行为的莫过于贪婪这一原因。"[3] 西奥多划分教区后的比德时期尚是如此,在西奥多时代这一问题引发的矛盾定当更为尖锐。除了捐赠外,主教的收入主要来自三个方面。

一是谷物税(Church-scot)。《英尼法典》(*The Law of Ine*)规定每个人都要在收获时节过后的11月11日圣马丁节交谷物税。法典规定,谷物税由稻草和仲冬的炉灶中抽取。不缴纳者处以60先令(Scillingas)的罚款,并补

---

〔1〕 Marilyn Dunn, *The Christianization of the Anglo-Saxons*, c. 597—700: *Discourses of Life*, *Death and Afterlife*, London, New York: Hambledon Continuum Press, 2009, pp. 128-129.

〔2〕 Cum enim antistes, dictante amore pecuniae, maiorem populi partem, quam ulla ratione per totum anni spatium peragrare praedicando aut circuire valuerit, …comprobatur concinnare periculum. 假如一个主教因贪财而管辖了太多的教民——他无论如何也无法在一年之内遍访各地,为他们布道——那么定会带来灾难性的后果。 St. Bede, Epistola Bede ad Ecgbertum Episcopum, in: *Venerabilis Baedae opera historica*, ed. C. Plummer, London, Edinburgh, New York: E Typographeo Clarendoniano, 1896, pp. 411-412.

〔3〕 Cuius totius facinoris nulla magis quam auaritia causa est. St. Bede, Epistola Bede ad Ecgbertum Episcopum, in: *Venerabilis Baedae opera historica*, ed. C. Plummer, London, Edinburgh, New York: E Typographeo Clarendoniano, 1896, p. 411.

缴 12 倍的谷物税。[1] 二是在弥撒、葬礼时募集的钱财。不过类似这时候的
什一税，是在本人自愿下给予的。这种募捐方式在法兰西很普遍，多由修道
院或其附属教堂执行，但在英吉利，主教需要挨家挨户上门劝募。[2] 三是
各个教堂必须为所使用的圣油向主教缴税。这是该时期法兰西主教收入的
主要来源之一，而在英吉利也同样重要。[3] 威尔弗里德在里彭和赫克瑟姆
修建的大教堂的资金多数来自大额的捐赠，但在约克翻修旧教堂的费用就
可能来自教堂日常的收入。

在 673 年的赫特福德会议上，出席了 5 位主教，威尔弗里德则派代表与
会。伦敦主教威尼和林迪斯凡主教伊塔未列席会议，很可能是因为西奥多
不承认他们的主教席位。[4] 此时整个英吉利的主教席位仅有 8 个，分别是
坎特伯雷、约克、伦敦、罗切斯特、邓尼奇、林迪斯凡、多切斯特和利奇菲尔
德，远远低于大格雷戈里原先规划的南北各 12 名主教的数量。在会议上，西
奥多意图增加主教的计划遭到以威尔弗里德为首的多名主教的反对。J. M.
华莱士-哈德里尔指出，反对派多有在法兰西求学、被授予神职的背景，这些
人联合起来，抵制分割教区的提案。[5] 威尔弗里德自不待言，多切斯特主
教洛塞尔乌斯本身就是法兰克人，另外，历任温切斯特和伦敦主教，仍有一
定影响力的威尼也是在法兰西接受主教职位的。坚定地站在西奥多这一方
的主教唯有罗切斯特主教普塔，他是大主教在 669 年任命的，比德称其生性

---

〔1〕 The Law of Ine，cc. 4 and 61，in：English Historical Documents，Vol. I，ed. and trans. D.
Whitelock，London：Eyre& Spottiswoode，1955，pp. 365，371；Ancient Laws and Institutes of
England，ed. and trans. Benjamin Thorpe，London，1840，pp. 46，61.

〔2〕 E. Lense，Histoire de la Propriété Ecclésiatique en France，Tome I：Époques romaine et
mérovingienne，Lille：R. Giard；Paris：H. Champion，1910，pp. 177，180，186-190.

〔3〕 E. Lense，Histoire de la Propriété Ecclésiatique en France，Tome I：Époques romaine et
mérovingienne，Lille：R. Giard；Paris：H. Champion，1910，p. 67.

〔4〕 威尼是贿买的职位，伊塔则是爱尔兰派系的，很可能他是由爱尔兰主教祝圣或未正式祝
圣。在 678 年，西奥多正式擢升伊塔为主教，并为其祝圣。St. Bede，Venerabilis Baedae opera
historica，ed. C. Plummer，London，Edinburgh，New York：E Typographeo Clarendoniano，1896，Lib.
IV，12，pp. 228-229.

〔5〕 J. M. Wallace-Hadrill，"Rome and the Early English Church：Some Questions of
Transmission"，Settimano di Stdio del Centro Italino di Studi sull'alto medioevo Ⅶ，Spoleto，1960，
pp. 540-541.

质朴,对权力并无太大兴趣[1];而同样系西奥多委任,672 年接替查德之位的温弗里德(Wynfrid)在会上则成为了他的反对派。比德提到,会议结束后不久,温弗里德就因不服从命令冒犯了大主教而被革除了主教一职。[2] 西奥多划分教区的计划在 673 年取得唯一的成绩是将东盎格利亚分割为两个主教区——邓尼奇和埃尔姆汉(Elmham)。原邓尼奇主教比西(Bisi)因身染重病,无法履行主教职能,故遭免职。[3]

　　西奥多的宗教政策结合了罗马与爱尔兰教区建制上的优点。一方面他按政治地缘划分主教区。东盎格利亚被分为以埃尔姆汉为中心的诺福克和以邓尼奇为中心的萨福克两个主教区。对诺森伯里亚,大主教将传教重心平衡在伯尼西亚、德伊勒和林赛之间。由于 678 年埃格弗里德与威尔弗里德间发生的冲突,西奥多得以委任两名新主教去取代威尔弗里德在约克和赫克瑟姆的位置,并派往另一名主教前往林肯,接管埃格弗里德从麦西亚夺取的林赛地区。三年后,他进一步把诺森伯里亚划分为 5 个主教区。此举除了旨在进一步分化威尔弗里德的旧教区外,也是为了在幅员辽阔的诺森伯里亚加强教民与主教之间的联系所设。大格雷戈里在论教牧工作中提出,主教要像对邻居一样对每一个教民抱怀同情之心。[4] 大格雷戈里不仅仅是在强调神职人员需对教民施以关爱,他更关注的是主教与他的教民间的联系,乃至用母子关系来形容二者间的亲密度。[5] 即便是在分割了教区之后,在诺森伯里亚的情况仍不容乐观。如前文所述,比德在致埃格伯特的信中,就尖锐地指出,主教与教民间仍缺乏联系,需要在一些大修道院属地再

---

〔1〕 St. Bede, *Venerabilis Baedae opera historica*, ed. C. Plummer, London, Edinburgh, New York:E Typographeo Clarendoniano,1896,Lib. IV,2,p. 206; Lib. IV,12,p. 228.

〔2〕 St. Bede, *Venerabilis Baedae opera historica*, ed. C. Plummer, London, Edinburgh, New York:E Typographeo Clarendoniano,1896,Lib. IV,6,p. 218.

〔3〕 St. Bede, *Venerabilis Baedae opera historica*, ed. C. Plummer, London, Edinburgh, New York:E Typographeo Clarendoniano,1896,Lib. IV,5,p. 217. 比西也是由西奥多任命的。我们对他的出身经历并不清楚,但他的前任费利克斯来自勃艮第,担任东盎格鲁人的主教长达 17 年,该地区也因此深受法兰克教会的影响。

〔4〕 每一个教导者对教民都要怀有像对邻人般的恻隐之心,这优先于所有的宗教沉思。Sit rector singulis compassione proximus, prae cunctis contemplatione suspensus. Gregory the Great, *Regulae Pastoralis Liber*, *Patrologia Latina*, Vol. 77,ed. J. P. Mingne,Book II,5,p. 32B.

〔5〕 Gregory the Great, *Regulae Pastoralis Liber*, *Patrologia Latina*, Vol. 77, ed. J. P. Mingne,Book II,5,p. 33C.

增设主教席位。[1] 大格雷戈里与西奥多的想法难以完全实现的原因主要在于地域差别。无论是罗马中南部,还是小亚细亚,那里的城镇数量远远多于英吉利地区。因此在另一方面,西奥多也借鉴了爱尔兰人因地制宜的办法,向各个部落输送神职人员。在麦西亚王国,除麦西亚人外的三大部落:中盎格鲁人、赫威赛人(Hwiccians)和马贡萨特人(Magonsætans)[2]在 6 世纪 80 年代都拥有了自己的主教,驻地分别设在莱斯特、伍斯特和赫里福德。他创建的主教区,有一些并不是在罗马时代的城市旧址上建立的,比如赫里福德和埃尔姆汉。还有在大修道院的基础上建立起来的,比如赫克瑟姆。西奥多并不拘泥于罗马的旧制,他认为在人口较多的地方建立主教区更为重要,这样一来,每个主教都可获得明确的辖区,并充分尽到他们的宗教义务。[3]

尽管在西奥多的任期内,盎格鲁-撒克逊教会总体朝着繁荣稳定的态势发展,但在局部地区仍会因众国王的野心和争斗而动荡不安。比如在 676 年,麦西亚国王埃塞尔雷德入侵肯特,肆意烧杀抢掠。这导致罗切斯特主教普塔出逃,该主教区也因此被荒废了一段时间。[4] 西奥多一方面不断地增加着主教数量,另一方面努力与国王搞好关系,维系和平的局面,毕竟这对刚上轨道的教会来说是最为重要的外部环境因素。在 679 年诺森伯里亚与麦西亚间的特伦特河战役结束后,西奥多为参战双方调解争端。因埃格弗里德的弟弟死于战场,双方有可能掀起一场更为惨烈的战争。西奥多劝说国王接受赔偿金,放弃血亲复仇,平息了这场争斗。西奥多也颇具审时度势的眼光,675 年麦西亚国王伍尔夫希尔逝世后,西奥多趁机废除了两年前赫里福德会议上与他对立的麦西亚主教温弗里德的职位。684 年埃格弗里德在与皮克特人的战争中败亡,诺森伯里亚的国势随之衰落。685 年 2 月肯特国王洛西尔(Lothere)在与南撒克逊人的战争中伤重去世。次年,威塞克斯

---

〔1〕　St. Bede, Epistola Bede ad Ecgbertum Episcopum, in: *Venerabilis Baedae opera historica*, ed. C. Plummer, London, Edinburgh, New York: E Typographeo Clarendoniano, 1896, pp. 411-414.

〔2〕　马贡萨特(Magonsæte)是麦西亚与北威尔士交界处的一个部落,被奥斯维所征服,成为附属王国。该部族以赫德福德为活动中心。

〔3〕　不像在大陆有许多领衔主教(Titular Bishop),如阿吉尔伯特和威尼。

〔4〕　St. Bede, *Venerabilis Baedae opera historica*, ed. C. Plummer, London, Edinburgh, New York: E Typographeo Clarendoniano, 1896, Lib. IV, 12, p. 228.

国王卡德瓦龙又举兵侵入肯特。这时早先被放逐的威尔弗里德在苏塞克斯和威塞克斯颇得人望，受到卡德瓦龙的重用。7世纪晚期，肯特的国势已大不如前。在680年西奥多主持的哈特菲尔德会议的记录开头致辞中，肯特国王洛西尔排在第四位，列在诺森伯里亚、麦西亚和东盎格利亚国王之后。[1]西奥多权衡利弊之后，分别致信给诺森伯里亚和麦西亚国王，恳请他们重新启用威尔弗里德，借此拉拢卡德瓦龙，达到重建和平的目的。

　　西奥多尽了他最大的努力来构建、完善英吉利的主教制度。在盎格鲁-撒克逊国王的心目中，教会的强化和统一并不是最优先的；反之如果某位主教（如威尔弗里德）掌握了过多的资源和权力，很难想象，该国的王室会听任其不断壮大。从这一角度来看，主教区小型化的方针是国王们所乐见的；反对的声音往往来自教会内部。然而小型化的教区意味着教会将会拥有更多的主教和神职人员，这对基层的传教工作是大有益处的。在西奥多的任期内，英吉利主教席位从8个增长到15个，多了将近一倍，虽然仍未到达大格雷戈里原先规划的24名主教的数量，但已初步建构起英吉利的主教区网络，奠定并极大地拓展了中世纪英吉利教会的基础和发展方向，这项工作意义重大。

第三节　基督教在苏塞克斯和怀特岛的初步确立

　　在传统观念中，威尔弗里德成功传教苏塞克斯，使其国王埃塞尔沃尔奇受洗皈依，标志着英吉利作为一个整体统一至基督教旗下，是盎格鲁-撒克逊七国基督教化进程的一个里程碑。但从这一传教过程的出发点来看，却貌似是无心插柳之举。约680年前后，流放中的威尔弗里德来到麦西亚。一名友好的地方官给予了他一座小教堂以容身。但因麦西亚的王后是诺森伯里

---

〔1〕imperantibus dominis piissimis nostris Ecgfrido rege Hymbronensium anno X regni eius, sub die XV Kalendas Octobres, indictione VIII；et Aedilredo rage Mereinensium, anno sexto regni eius；et Alduulfo rege Estranglorum anno XVII regni eius；et Hlothario rege Cantuariorum, regni eius anno VII. 可以发现，这一排序并非按统治年数长短排序，而是按主次排序的。St. Bede, *Venerabilis Baedae opera historica*, ed. C. Plummer, London, Edinburgh, New York：E Typographeo Clarendoniano, 1896, Lib. IV, 17, p. 239.

亚国王埃格弗里德(Ecgfrid)的姐姐,她要求威尔弗里德立即离境。随后,主教一行人来到威塞克斯,但这里的王后却又是诺森伯里亚王后伊乌敏伯芙(Iurminburgh)的姊妹,他们又遭到了驱逐。[1] 终于,他在苏塞克斯找到了安身之处。这里的国王和族民都是多神教徒,威尔弗里德便向国王埃塞尔沃尔奇(Ethelwealh)传教。埃塞尔沃尔奇赐予他在塞尔西的一片很大的土地用于修建修道院、教堂,供他和他的追随者们居住。威尔弗里德在苏塞克斯的传教取得了成功。686 年,他又获得了威塞克斯国王卡德瓦拉(Cadwalla)赠予的在怀特岛的 300 海德的土地,并派遣教士前往该岛传教。[2]

关于苏塞克斯接受基督教的时间,几种史料的记载有一定的出入。按比德所记,苏塞克斯国王是在麦西亚国王伍尔夫希尔的劝说下接受基督教的。埃塞尔沃尔奇的洗礼发生在麦西亚的宫廷,由主教威尔弗里德主持。伍尔夫希尔把他从洗礼池中引领了出来,认他为教子,并赠予他怀特岛和米恩瓦拉斯(Meanwaras)两处领地[3]。根据比德的说法,埃塞尔沃尔奇的洗礼发生在伍尔夫希尔去世之前(675 年)。依此推论,从 675 年至威尔弗里德681 年来到苏塞克斯[4],距埃塞尔沃尔奇的受洗至少已过了 6 年时间,但比德仍写道,此时南撒克逊人依旧崇拜多神教;并且表示埃塞尔沃尔奇的洗礼发生在不久之前(non multo ante baptizatus)。这显然是不合情理的。《盎格鲁-撒克逊编年史》中称早在 661 年伍尔夫希尔就侵入怀特岛,并把统治权

---

〔1〕　流放一事以及威尔弗里德与诺森伯里亚王室之间的矛盾参见本章第 4 节。

〔2〕　Eddius Stephanus, *Vita Wilfridii*, chap. 40-42, in: *The Age of Bede*, Bede: *Life of Cuthbert*,*Eddius Stephanus*: *Life of Wilfrid*, *etc.*, trans. J. F. Webb, ed. D. H. Farmer, London: Penguin,2004, pp. 149-152; St. Bede, *Venerabilis Baedae opera historica*, ed. C. Plummer, London, Edinburgh,New York: E Typographeo Clarendoniano,1896,Lib. IV,13, pp. 230-232; IV,15-16, pp. 236-238.

〔3〕　St. Bede, *Venerabilis Baedae opera historica*, ed. C. Plummer, London, Edinburgh, New York: E Typographeo Clarendoniano,1896,Lib. IV,13, p. 230.

〔4〕　埃塞尔沃尔奇死于 675 年。St. Bede, *Venerabilis Baedae opera historica*, ed. C. Plummer, London, Edinburgh, New York: E Typographeo Clarendoniano,1896,Lib. V,24, p. 354. 威尔弗里德从罗马回来后,在 680 年将一份关于梅德斯汉姆斯德修道院教皇教令的诏书送到麦西亚。*The Anglo-Saxon Chronicle MS. E*,ed. Susan Irvine,Cambridge: D. S. Brewer,2004, p. 32[675](内注680 年)。后威尔弗里德遭麦西亚、威塞克斯王室的驱逐,约在 681 年来到苏塞克斯。

交给了埃塞尔沃尔奇,因为他在后者的洗礼时当了他的教父。[1] 该记载的后半部分有与比德的记录附会之嫌。伍尔夫希尔早年给予埃塞尔沃尔奇怀特岛可能是作为赫威赛公主伊巴(Eabae)的嫁妆送出的。根据艾迪乌斯为他的主教撰写的传记,威尔弗里德来到苏塞克斯时,这里的国王和子民都是异教徒。于是,威尔弗里德向国王传教,很快国王和他的很多随从贵族都接受了洗礼。埃塞尔沃尔奇在塞尔西给予了他一块大约 90 海德[2]的土地。[3] 从三种记载的成书年代和与当事人的关系来看,以艾迪乌斯的版本最为可靠,对此事的记载也最合乎逻辑。

在 15 年前,威尔弗里德曾到过苏塞克斯。艾迪乌斯记道,威尔弗里德在高卢接受神职归来途中,被大风刮到南撒克逊人的海岸。那里的异教徒们对他们进行了掠夺和攻击。当地居民认为凡是在他们的海滩的一切都属于他们的财产。为首的祭司长"像《圣经》中的巴兰(Balaam)[4]一般诅咒上帝的子民",并意图使魔法捆住对方的手。威尔弗里德的一名随从向其扔出一块石头,祭司长倒地失去了知觉。双方展开了对峙。最后,涨潮使搁浅的船得以起浮脱浅,主教一行人方才脱离困境。[5] 当时南撒克逊人民风彪悍,多神教氛围的浓郁可见一斑。若非后来威尔弗里德先后遭诺森伯里亚、麦西亚和威塞克斯王室的驱逐,很难想象他会到苏塞克斯进行传教。不过

---

〔1〕 *The Anglo-Saxon Chronicle MS. E*,ed. Susan Irvine,Cambridge:D. S. Brewer,2004,p. 30 [661].

〔2〕 英国旧时的面积单位。1 海德大致相当于 4 维尔盖特(virgate),折合约 100～120 英亩。*A Dictionary of Weights and Measures for the British Isles:The Middle Ages to the Twentieth Century*,ed. Ronald Edward Zupko,Philadelphia:American Philosophical Society,1985,pp. 179-184,429-432.但在苏塞克斯大致相当于 8 维尔盖特的面积。L. F. Salzmann,"Hides and Virgates in Sussex",in:*English Historical Review*,Oxford University Press,1904,XIX,pp. 92-96.

〔3〕 Eddius Stephanus,*Vita Wilfridii*,chap. 41,in:*The Age of Bede*,*Bede:Life of Cuthbert*,*Eddius Stephanus:Life of Wilfrid*,etc.,trans. J. F. Webb,ed. D. H. Farmer,London:Penguin,2004,pp. 150-151.根据比德,赠地面积是 87 海德。St. Bede,*Venerabilis Baedae opera historica*,ed. C. Plummer,London,Edinburgh,New York:E Typographeo Clarendoniano,1896,Lib. IV,13,p. 232.

〔4〕《民数记》,第 31 章,《圣经·旧约》,ESV,上海:中国基督教两会出版社 2008 年版,第 263 页;《启示录》,第 2 章,《圣经·新约》,第 427 页。

〔5〕 Eddius Stephanus,*Vita Wilfridii*,chap. 13,in:*The Age of Bede*,*Bede:Life of Cuthbert*,*Eddius Stephanus:Life of Wilfrid*,etc.,trans. J. F. Webb,ed. D. H. Farmer,London:Penguin,2004,pp. 120-122.

他的这次政治避难,为苏塞克斯和怀特岛带来了基督教文明,从而使信仰遍及盎格鲁-撒克逊人的各个王国,对整个英吉利教会的发展作出了巨大的贡献。

在威尔弗里德到来之前,一名叫做迪库尔(Dicul)的爱尔兰修士在奇切斯特(Chichester)附近的博萨姆(Bosham)建立了一座小修道院。大约有五六名修士在里面过着清贫的修道生活。比德说,当地没有人效仿他们的生活,也没有人聆听他们的布道。[1]比德的看法或许不太公允,但未得到王权的支持的传教活动确实很难在苏塞克斯开展。威尔弗里德之所以能说服苏塞克斯国王改宗,很大程度上是基于他原约克主教的身份,与罗马、法兰西方面的联系,以及在国内深厚的宗教政治人脉积淀。

南撒克逊人之所以接受新的宗教,除了来自王室的政治影响外,也得益于威尔弗里德所做的一些惠民工作。他释放了在塞尔西领地内250名奴隶,并为他们施行了洗礼。[2]他教会了苏塞克斯的渔民捕鱼的技巧。在苏塞克斯,人们除了知道如何捕捉鳗鱼外,对捕捉其他鱼类的技巧一无所知。威尔弗里德将各处的鳗鱼网收集起来撒进海里,结果收获了300条各种各样的鱼。主教因此赢得了众人的爱戴。[3]当然,经教会的宣传,人们认为这是因天主的赐福才获得的丰收,教众就会怀着更大的期望,期许借主教的讲道与祈祷赢得更多的祝福。无独有偶,在艾迪乌斯写的传记中,也记录了威尔弗里德之前的一次传教经历,类似他在苏塞克斯的所为。约678年,威尔弗里德来到弗里西亚,那里的人都是异教徒。国王奥尔德基索欢迎他的到来,并允许他进行传教。艾迪乌斯指出:

> 在异教徒的眼里,他的教义有着一个巨大的事实支持,在他到来后,捕获的鱼的数量大大增加了。事实上,这一年所有的农产品

---

〔1〕　St. Bede, *Venerabilis Baedae opera historica*, ed. C. Plummer, London, Edinburgh, New York: E Typographeo Clarendoniano, 1896, Lib. IV, 13, p. 231.

〔2〕　St. Bede, *Venerabilis Baedae opera historica*, ed. C. Plummer, London, Edinburgh, New York: E Typographeo Clarendoniano, 1896, Lib. IV, 13, p. 232.

〔3〕　St. Bede, *Venerabilis Baedae opera historica*, ed. C. Plummer, London, Edinburgh, New York: E Typographeo Clarendoniano, 1896, Lib. IV, 13, p. 231.

都有不同于往年的大丰收……因此他的布道被众人所接受，几乎所有的部族首领和数以千计的平民都接受了他的施洗。[1]

传教士们带来实用的生产工具或技能，在实践中体现出先进的生产力——他们往往将其与宗教或者神灵的能力相关联，借此鼓吹基督教信仰的力量。因此，在一些未开化的相对落后的地区，这种方法很容易起到收服人心的效果。另一方面，这类事迹也反映了当时的英吉利主教并非不事生产；相反，像威尔弗里德这样出身修道院的主教，往往因早年长期的田野劳动掌握了一定的生产技能，这也是爱尔兰教派强调清贫修道、自给自足的修道院主义所带来的成效。

在 686 年，在流放中的西撒克逊王子卡德瓦拉突然举兵入侵苏塞克斯，杀死了国王埃塞尔沃尔奇。取胜后他来到威尔弗里德处寻求帮助，这种帮助很可能是请威尔弗里德祈祷，保佑他在战场上得胜。当时威尔弗里德正处于事业低谷期，也需要一位掌握强大武力的国王做他的政治后盾，助他重返约克，夺回教席，因此他同意了卡德瓦拉的请求。之后，卡德瓦拉成功夺取了威塞克斯的王位，邀请主教担任王国的最高顾问大臣——"正如约瑟之于埃及法老"，并赐予其大量的财富和土地。[2] 同时，西撒克逊人也占领了怀特岛。虽然怀特岛之前属于苏塞克斯的领地，距塞尔西半岛也较近，但威尔弗里德并未曾到过此地传教。威尔弗里德随西撒克逊人的部队进入怀特岛后，获得了卡德瓦拉允诺的该岛四分之一的土地和战利品。但他很快就被西奥多召回了北方，临行前他把这一地区交由塞尔西修道院的修士，他的外甥伯温（Berwin）管辖。卡德瓦拉在怀特岛实行的屠戮政策，怀特岛王室的两位男孩逃至南安普敦附近的阿德拉普顿（Ad Lapidom）躲藏起来，但还是被发现并遭到杀害。在行刑前，鲁特福德（Hreutford）修道院院长辛尼伯

---

〔1〕 Eddius Stephanus, *Vita Wilfridii*, chap. 26, in: *The Age of Bede*, Bede: *Life of Cuthbert*, *Eddius Stephanus*: *Life of Wilfrid*, *etc.*, trans. J. F. Webb, ed. D. H. Farmer, London: Penguin, 2004, p. 134.

〔2〕 Eddius Stephanus, *Vita Wilfridii*, chap. 42, in: *The Age of Bede*, Bede: *Life of Cuthbert*, *Eddius Stephanus*: *Life of Wilfrid*, *etc.*, trans. J. F. Webb, ed. D. H. Farmer, London: Penguin, 2004, p. 151.《创世纪》，第 41 章，《圣经·旧约》，ESV，上海：中国基督教两会出版社 2008 年版，第 68 页。

特(Cyniberet)前去为两名王子施洗。比德指出,这象征着怀特岛地区的皈依,此时在不列颠各地都已接受了基督教。[1] 但事实上,自威尔弗里德离开后,苏塞克斯地区的教会事务一直未得到应有的重视。在 705 年之前,怀特岛从未获得过一名神父或主教,该地区一直游离在基督教世界之外,可能直到在温切斯特主教丹尼尔兼辖苏塞克斯地区时期,教会方才派教士前去传教。[2] 在 709—716 年间举行的一次宗教会议上,塞尔西修道院院长伊德伯特受命为塞尔西的主教,结束了苏塞克斯从属于威塞克斯教区的历史。[3]

第四节　威尔弗里德与英吉利教会的成长

约克主教威尔弗里德是 7 世纪下半叶盎格鲁-撒克逊教士的代表人物。[4] 他的一生几经起落,见证了英吉利教会从幼小走向成熟,从完全依赖外来传教力量到独立自主的历史。他是把罗马和高卢的教会文化和制度引入英吉利的领军人物,也是敢于公然与诺森伯里亚王权和坎特伯雷教权对抗的一名斗士。他不仅使英吉利最后的异教王国苏塞克斯接受了基督教,也是第一个成功将教义传播到海外的本土教士。在他身上有着许多与众不同之处,使得他的气质异于大多数谦虚自律的神职人员,而更多地带有盎格鲁-撒克逊贵族的高调张扬、好大喜功之风。但作为对英吉利教会的早期发展最具贡献的本土神父,他的事迹可看作这一个时代教会成长的缩影。

―――――――――――――――

〔1〕　St. Bede, *Venerabilis Baedae opera historica*, ed. C. Plummer, London, Edinburgh, New York:E Typographeo Clarendoniano,1896,Lib. IV,16,pp. 237-238.

〔2〕　St. Bede, *Venerabilis Baedae opera historica*, ed. C. Plummer, London, Edinburgh, New York:E Typographeo Clarendoniano,1896,Lib. IV,16,p. 238.

〔3〕　会议具体时间不明。召开时间应晚于威尔弗里德去世的 709 年,早于 716 年。St. Bede, *Venerabilis Baedae opera historica*, ed. C. Plummer, London, Edinburgh, New York:E Typographeo Clarendoniano,1896,Lib. V,18,p. 321. 在 716 年的克劳福斯霍(Cloveshoh,在萨福克郡的米尔登霍尔)会议上,肯特国王威特雷德(Wihtred)颁布的一项法令中有伊德伯特主教的署名。Ego Eadberht (Eadbrith) episcopus hoc idem subscripsi. Evidentiae ecclefiae Chrifti Cant, in: *Historiæ Anglicanæ Scriptores X*, ed. Simeon Monachus Dunelmensis, Johannes Prior Hagustaldensis, etc, London: Typis Jacobi Flesher, Sumptibus Cornelii Bee, 1652, pp. 2211-2212; http://www. anglo-saxons. net/ hwaet/? do=seek&query=S+22.

〔4〕　波莱纳斯时期的约克是与坎特伯雷并列的大主教驻地,但威尔弗里德的大主教地位在 705 年才受到承认。在西奥多任期内,全英吉利只有一名大主教。

可以说自威尔弗里德始,英吉利走上了立足于本民族的教会发展史。他的生平事迹大多来源于他的乐师艾迪乌斯·斯蒂芬和比德的记载,比德在《教会史》中的记录可能也大多参考了艾迪乌斯的传记写成。虽然艾迪乌斯过度渲染了威尔弗里德的光辉形象,且带有很强的党派性,但该传记作为同时代写成的第一手史料,仍具有很高的参考价值。

一、生平经历

威尔弗里德出身贵族家庭,幼年时曾受到继母的虐待。在他14岁时离家去往诺森伯里亚宫廷担任王后伊恩弗莱德的侍从,后在王后的要求下来到林迪斯凡照顾一名年老瘫痪的贵族。威尔弗里德在那里开始了他的修道院生活,并学习了整部《圣咏集》和其他经院书籍。数年后他决定去罗马朝圣。伊恩弗莱德建议他先去拜见她的表兄、肯特国王厄康伯特。在肯特等待了一年后,厄康伯特为他安排了一名同伴一道启程,此人即是日后贾罗修道院的创始人本尼迪克·比斯科普(Benedict Biscop)。[1] 他们来到里昂后,大主教安纳蒙杜斯(Annemundus)对威尔弗里德颇为欣赏,决定栽培他,并想把自己的侄女嫁给他。[2] 但他一心向往罗马,在待了一段时间后,还是决意离开。在艾迪乌斯的笔下,威尔弗里德的婉拒之辞颇带些理想化、圣经化的色彩。

> 我誓言奉献给主,而我定当遵循它。离开我父亲和众多亲友,像亚伯拉罕那样去朝拜使徒的教区,学习那里的教规,这样我的民

---

〔1〕 Eddius Stephanus, *Vita Wilfridii*, chap. 1-3, in: *The Age of Bede*, *Bede*: *Life of Cuthbert*, *Eddius Stephanus*: *Life of Wilfrid*, *etc.*, trans. J. F. Webb, ed. D. H. Farmer, London: Penguin, 2004, pp. 108-110.

〔2〕 艾迪乌斯把里昂大主教安纳蒙杜斯记成他的兄弟里昂伯爵达尔冯乌斯(Dalfinus),之后比德也照搬了这一错误。Eddius Stephanus, *Vita Wilfridii*, chap. 4,6, in: *The Age of Bede*, *Bede*: *Life of Cuthbert*, *Eddius Stephanus*: *Life of Wilfrid*, *etc.*, trans. J. F. Webb, ed. D. H. Farmer, London: Penguin, 2004, pp. 111,113; St. Bede, *Venerabilis Baedae opera historica*, ed. C. Plummer, London, Edinburgh, New York: E Typographeo Clarendoniano, 1896, Lib. V, 19, pp. 324-325.

族就可以更好地侍奉天主。[1]

有学者指出,这与爱尔兰修士的朝圣观念很相似,亚伯拉罕恰恰是爱尔兰朝圣者所效仿的模板。[2]但爱尔兰修士鲜有去往罗马朝圣的先例,这多半与他青少年时代的庇护人伊恩弗莱德的罗马派倾向有关。很可能是伊恩弗莱德授意他前往罗马,并利用她在肯特的人脉,将他编入即将赴罗马学习朝圣的使节团。

在罗马,他接受了副主教卜尼法斯的指导。后者为他讲解四部福音书与正确的复活节日期计算法。在面见了教皇之后,威尔弗里德带着他收集的一些圣徒遗物回到了里昂。安纳蒙杜斯任命他为执事,并为他行了冠冕式的剃度礼。威尔弗里德一直在里昂教会工作了三年。658 年,许多高级教士卷入墨洛温王室的政治斗争中,9 名主教遇害,其中就包括安纳蒙杜斯。威尔弗里德逃离了这场宗教残杀,回到了不列颠。[3]尤金·艾威戈(Eugen Ewig)教授对此事件有专门的讨论,他指出,安纳蒙杜斯和他的兄弟里昂伯爵达尔冯乌斯一起,在里昂实行以大主教为首的贵族共和政治,遭到当时纽斯特里亚的宫相埃布罗因(Ebroin)为首的贵族的打击,安纳蒙杜斯和其他几名主教被处死。[4]威尔弗里德很可能受到他们区域自治的共和思想的影响,在此后的仕途生涯中屡屡与诺森伯里亚国王、坎特伯雷大主教相对抗,以期维护教区自治的权力。

在结识并赢得诺森伯里亚王子阿尔奇弗里德的全力支持之后,威尔弗里德参加了惠特比会议。但在一种促进和平的调解局势下,诺森伯里亚的

---

〔1〕 Eddius Stephanus,*Vita Wilfridii*,chap. 4,in:*The Age of Bede*,*Bede*:*Life of Cuthbert*,*Eddius Stephanus*:*Life of Wilfrid*,*etc.*,trans. J. F. Webb, ed. D. H. Farmer, London:Penguin,2004,p. 111.

〔2〕 Henry Mayr-Harting, *The Coming of Christianity to Anglo-Saxon England*,Pennsylvania State University Press,1991,p. 143.

〔3〕 艾迪乌斯将这次宫廷事变归罪于纽斯特里亚和勃艮第国王克洛维二世(Clovis Ⅱ)的王后鲍尔德希尔德(Balthild),这是存有一定争议的。Eddius Stephanus,*Vita Wilfridii*,chap. 5-6,in:*The Age of Bede*,*Bede*:*Life of Cuthbert*,*Eddius Stephanus*:*Life of Wilfrid*,*etc.*,trans. J. F. Webb,ed. D. H. Farmer,London:Penguin,2004,pp. 112-114.

〔4〕 E. Ewig,"Milo et Eiusmodi Similes",in:*Sankt Bonifatius Gedenkgabe zum zwölfhundertsten Todestag*,Fulda:Parzeller,1954,pp. 432-433.

主教并未由威尔弗里德接任。先后两任林迪斯凡主教图达和伊塔接受了罗马复活节计算法,但仍保留了爱尔兰的教会传统,也仍与爱尔兰保持着联系。他们的态度是,由教规造成的分裂交予时间来弥合。这是奥斯维对离开的科尔曼一行人的补偿,也是平衡诺森伯里亚国内势力的手段。

　　会后围绕着主教的任命问题,奥斯维与他儿子阿尔奇弗里德之间的不和爆发了。双方都意图将自己的候选人推到主教的位置上去。阿尔奇弗里德力推威尔弗里德担任林迪斯凡主教,但这次举荐并未得到奥斯维的赞同。[1] 而约克大主教一职自从波莱纳斯走后一直空缺着。于是,阿尔奇弗里德派威尔弗里德前往法兰西,请巴黎主教阿吉尔伯特为他祝圣,授命他为约克的主教。[2] 在此期间,奥斯维则委任拉斯廷厄姆修道院院长查德去坎特伯雷,请求大主教德乌斯德迪特为其祝圣。但查德到达时,德乌斯德迪特已去世,后改由温切斯特主教威尼和另外两个不知名的威尔士主教授任其神职。

　　威尔弗里德通向约克的路上布满荆棘。从巴黎回来后,威尔弗里德发现他并不能顺利就任约克主教时,便回到里彭修道院度过了三年时光。这时他的庇护人阿尔奇弗里德很可能已死——在送威尔弗里德离开后,他的名字就再未见于史书过。不过威尔弗里德很快又找到了新的支持者。麦西亚国王伍尔夫希尔赠给他许多土地建造小修道院,而他也常去帮助当时的利奇菲尔德主教贾路曼处理教务。艾迪乌斯还提到,因德乌斯德迪特的去

---

　　〔1〕 按艾迪乌斯所记,在惠特比会议结束后,两个国王征求众人的意见,一致认为空缺出的主教一职由威尔弗里德接任最为合适,遂派威尔弗里德去往法兰西接受任命。他并未明言威尔弗里德被派往法兰西受任的到底是林迪斯凡还是约克主教的职位。这可能是艾迪乌斯夸大掩饰的说法。在 664 年奥斯维先后任命了两任林迪斯凡主教,都有爱尔兰背景;后又在威尔弗里德去往大陆时期任命查德为约克主教。很可能因为开始威尔弗里德未被任命为林迪斯凡主教,才转而牟求出任约克主教。比德的记载则倾向于他被授任为约克主教。Eddius Stephanus, *Vita Wilfridii*, chap. 11-12, in: *The Age of Bede*, *Bede*: *Life of Cuthbert*, *Eddius Stephanus*: *Life of Wilfrid*, *etc.*, trans. J. F. Webb, ed. D. H. Farmer, London: Penguin, 2004, pp. 118-120; St. Bede, *Venerabilis Baedae opera historica*, ed. C. Plummer, London, Edinburgh, New York: E Typographeo Clarendoniano, 1896, Lib. Ⅲ, 28, pp. 194-195. Lib. V, 19, pp. 321-330.

　　〔2〕 比德提到在威尔弗里德 30 岁左右(664 年)的时候来到巴黎,由阿吉尔伯特和其他 11 个主教为其祝圣。但阿吉尔伯特在 664 年以威塞克斯主教的身份出席了惠特比会议,因此威尔弗里德去往法兰克应要晚于 664 年。St. Bede, *Venerabilis Baedae opera historica*, ed. C. Plummer, London, Edinburgh, New York: E Typographeo Clarendoniano, 1896, Lib. V, 19, p. 325.

世,坎特伯雷大主教一职空缺。肯特国王埃格伯特(Egbert)因此邀请他去任命了不少神父和助祭。其中一位名叫普塔(Putta)的神父在 669 年升任为罗切斯特的主教。[1] 从肯特回来后他召来了石匠和技工开始建造修道院附属教堂,并带回了两名唱诗班的唱师。其中一名叫艾德(Aedde,Eddius 的变体)很可能就是传记作者本人。他将本尼迪克的院规介绍到里彭修道院,并着手从各个方面引入罗马教会的体制和文化。[2]

669 年,西奥多大主教来到不列颠后,罢免了查德的职务,原因是他的祝圣典礼上有不遵循罗马复活节日期的威尔士主教的参与。[3] 威尔弗里德因为与西奥多持相同的立场,故而被后者启用,获得约克主教一职。但他并不是一味地遵从罗马发展教会的理念,在主教区的规模大小和主教数量的问题上,他与西奥多产生了矛盾。在 673 年召开的赫特福德(Hertford)会议上,西奥多关于增加主教人数的提案未获通过,很有可能是遭到以威尔弗里德为主的英吉利主教的联合抵制。[4] 678 年,威尔弗里德日益增长的权势和财富招致诺森伯里亚国王埃格弗里德的猜忌,被剥夺了约克主教的职位。[5] 按艾迪乌斯所记,西奥多接受了国王的贿赂,无端地向威尔弗里德问责。威尔弗里德向埃格弗里德和西奥多询问,自己是否犯错或是冒犯君上,得到回答是没有,但国王仍然维持了原判。[6] 西奥多任命了三位新主

---

〔1〕 Eddius Stephanus, *Vita Wilfridii*, chap. 14, in: *The Age of Bede, Bede: Life of Cuthbert, Eddius Stephanus: Life of Wilfrid, etc.*, trans. J. F. Webb, ed. D. H. Farmer, London: Penguin,2004,p. 122.

〔2〕 比如本尼迪克院规中供白天用和晚上用的赞美诗,大陆圣徒节日的日期表,华美的福音书以及意大利式的石制教堂。

〔3〕 艾迪乌斯称其为"十四日异端",但这与在春分后那个朔望月(绝大部分都落在尼散月)的14～20 日间的周日庆祝复活节的凯尔特人是有本质区别的。Eddius Stephanus, *Vita Wilfridii*, chap. 14,in: *The Age of Bede, Bede: Life of Cuthbert, Eddius Stephanus: Life of Wilfrid, etc.*, trans. J. F. Webb, ed. D. H. Farmer,London:Penguin,2004,p. 122. 查德在重新接受祝圣仪式后被委派去麦西亚,担任利奇菲尔德主教。

〔4〕 St. Bede,*Venerabilis Baedae opera historica*, ed. C. Plummer, London, Edinburgh, New York:E Typographeo Clarendoniano,1896,Lib. IV,5,p. 216.

〔5〕 St. Bede,*Venerabilis Baedae opera historica*, ed. C. Plummer, London, Edinburgh, New York:E Typographeo Clarendoniano,1896,Lib. IV,12,pp. 228-229.

〔6〕 Eddius Stephanus, *Vita Wilfridii*, chap. 26, in: *The Age of Bede, Bede: Life of Cuthbert, Eddius Stephanus: Life of Wilfrid, etc.*, trans. J. F. Webb, ed. D. H. Farmer, London: Penguin,2004,p. 132.

教取代威尔弗里德在北部地区的教席,分别是约克的博萨(Bosa)、林迪斯凡的伊塔(兼赫克瑟姆主教)和林赛地区的伊德赫德(Eadhaed)。三年后,他又在赫克瑟姆和盎格鲁人治下的福斯湾北部地区新增了两位主教。[1]

　　因受到莫须有的罪名的构陷,威尔弗里德来到罗马向教皇阿加塞(Agatho)那里申诉。途中他来到弗里西亚传教,并取得了成功。对威尔弗里德前往弗里西亚的动机史家是存有争议的。比德只是提到,他"被一股西风(Fauonio)吹往弗里西亚"[2],似乎之前并无前去传教的计划。而据艾迪乌斯的传记,威尔弗里德去弗里西亚是有事先计划的。并且,艾迪乌斯在这里并无刻意美化他的主教的意图。如前文所述,埃布罗因作为当时的纽斯特里亚的公爵,提奥多里克三世(Theoderic Ⅲ)的宫相,曾下令处死了威尔弗里德的导师安纳蒙杜斯。当威尔弗里德来到弗里西亚时,埃布罗因写信给弗里西亚国王奥尔德基索(Aldgisl),请求他将威尔弗里德交给他,并许以重金,此事被奥尔德基索拒绝了。[3] 威尔弗里德一行人从纽斯特里亚东边绕行经过是出于安全的考虑,比德寥寥几笔的记述存在着误导读者的嫌疑。

　　离开弗里西亚后,威尔弗里德取道奥斯特拉西亚前往罗马。国王达戈贝尔二世(Dagobert Ⅱ)早年被政敌流放至爱尔兰,在归途中曾受过威尔弗里德的热情接待。达戈贝尔邀请威尔弗里德接受斯特拉斯堡(Strasbourg)的主教席位,但后者婉拒了,不过国王还是给予他"城市的建设者和市民的顾问"(aedificator urbium, consolatory civium)的头衔。679 年,威尔弗里德抵达了罗马。[4] 而在此之前,他的对手西奥多的信使就已到达罗马并汇报

〔1〕　St. Bede, *Venerabilis Baedae opera historica*, ed. C. Plummer, London, Edinburgh, New York: E Typographeo Clarendoniano, 1896, Lib. IV, 12, p. 229.

〔2〕　Flante Fauonio pulsus est Fresisim. St. Bede, *Venerabilis Baedae opera historica*, ed. C. Plummer, London, Edinburgh, New York: E Typographeo Clarendoniano, 1896, Lib, V, 19, p. 326.

〔3〕　Eddius Stephanus, *Vita Wilfridii*, chap. 27, in: *The Age of Bede*, *Bede*: *Life of Cuthbert*, *Eddius Stephanus*: *Life of Wilfrid*, *etc.*, trans. J. F. Webb, ed. D. H. Farmer, London: Penguin, 2004, p. 135.

〔4〕　据艾迪乌斯,威尔弗里德在坎帕尼亚(Campania)国王帕克塔瑞特(Perctarit)那里也受到了接待,帕克塔瑞特也拒绝了来自威尔弗里德国内的敌人的贿赂。Eddius Stephanus, *Vita Wilfridii*, chap. 28, in: *The Age of Bede*, *Bede*: *Life of Cuthbert*, *Eddius Stephanus*: *Life of Wilfrid*, *etc.*, trans. J. F. Webb, ed. D. H. Farmer, London: Penguin, 2004, p. 136. 坎帕尼亚在罗马东南部约 220 公里处,威尔弗里德从奥斯特拉西亚去罗马不太可能行经此处。有可能威尔弗里德在 668 年之前曾拜访过当时仍是伦巴第国王的帕克塔瑞特,作者混淆了时间顺序。

了此事的情况。他向教皇阿加塞递交了请愿书,申诉有三个主教谋夺了他的主教区,而这个教区他已苦心经营了十年。他要求篡位者必须从他的教区被赶出去。如果坎特伯雷大主教和其他人要求增加主教席位,也必须从原系统内部遴选。教皇在君士坦丁大教堂召开的宗教会议上将此事作为议题之一,最终裁定应归还威尔弗里德旧有的教区,重新认可他对下属主教的任命权,不过必须由西奥多为他们祝圣。[1]

在启程离开罗马前,威尔弗里德收集了许多圣徒遗物和用来装饰教堂的用品。他的朋友达戈贝尔二世在不久之前遭到下属公爵的暗杀。威尔弗里德一行人途经法兰克时,遭到了逮捕,当地主教指控他早先帮助过达戈贝尔二世,曾意图帮这个"对城市压榨无度,对教会轻视"的人恢复王位。威尔弗里德对此作出了有力的辩解,得以无罪释放。[2] 回到英吉利后,他把教皇的信件交给埃格弗里德,但诺森伯里亚国王和他的臣属并不接受教皇的决议,一部分人甚至认为这封信是伪造的。埃格弗里德将威尔弗里德关押起来,并且不允许他的朋友们来探视他。王后伊乌敏伯芙则拿走了威尔弗里德珍贵的圣遗骨盒。起先,威尔弗里德被囚在国王的酿酒官奥斯弗里德(Osfrid)处。他的妻子艾蓓(Ebbe)突然中风瘫痪,威尔弗里德的祷告使她得以康复,奥斯弗里德便去找国王求情,恳请释放主教。但国王闻之大怒,驳回了这一请求,并将其转押到皮克特人地区的一名地方官处。不久之后,王后伊乌敏伯芙在北上巡行途中病倒,在苏格兰南部海岸的科尔丁厄姆(Coldingham)女修道院养病。院长艾蓓(Ebbe)是前任国王奥斯维的妹妹[3],她见王后的病日益严重,认为这是上帝因威尔弗里德受到不公的对

〔1〕 Eddius Stephanus, *Vita Wilfridii*, chap. 29-32, in: *The Age of Bede*, Bede: *Life of Cuthbert*, *Eddius Stephanus*: *Life of Wilfrid*, *etc.*, trans. J. F. Webb, ed. D. H. Farmer, London: Penguin, 2004, pp. 137-142; St. Bede, *Venerabilis Baedae opera historica*, ed. C. Plummer, London, Edinburgh, New York: E Typographeo Clarendoniano, 1896, Lib. V, 19, pp. 326-327.

〔2〕 Eddius Stephanus, *Vita Wilfridii*, chap. 33, in: *The Age of Bede*, Bede: *Life of Cuthbert*, *Eddius Stephanus*: *Life of Wilfrid*, *etc.*, trans. J. F. Webb, ed. D. H. Farmer, London: Penguin, 2004, pp. 142-143.

〔3〕 科尔丁厄姆女修道院院长艾蓓与前文的艾蓓是两个人,作为酿酒官之妻的艾蓓后来也成为了一名女修道院院长。Eddius Stephanus, *Vita Wilfridii*, chap. 37-38, in: *The Age of Bede*, Bede: *Life of Cuthbert*, *Eddius Stephanus*: *Life of Wilfrid*, *etc.*, trans. J. F. Webb, ed. D. H. Farmer, London: Penguin, 2004, pp. 146-148.

待而向国王所施以的惩罚。于是她劝她的侄子埃格弗里德,释放威尔弗里德,并让王后归还圣遗骨盒,到各个村镇里去展示圣徒遗骨以抵恕她的罪过。国王听从她的建议,威尔弗里德和他的随从方获得自由,之后王后也痊愈了。

在流放期间,威尔弗里德前往苏塞克斯传教,并获得成功。威塞克斯国王卡德瓦拉的支持使得威尔弗里德重新得势,而此时埃格弗里德已死于685年对皮克特人的战争,大主教西奥多也因年老多病,不再将威尔弗里德视为最大的对手。据艾迪乌斯所记,686年西奥多为他对威尔弗里德所做的不公允的事,派人去请求后者的原谅。[1] 他还写信给诺森伯里亚国王奥尔德弗里德(Aldfrid)和麦西亚国王埃塞尔雷德(Ethelred),请求他们让威尔弗里德重掌北方大主教区。起先埃塞尔雷德归还了威尔弗里德在麦西亚修建的教堂,接着奥尔德弗里德也召请他回来,还给他在赫克瑟姆的教堂和所有土地、约克主教的教席和里彭的修道院,并把一些后来占据威尔弗里德地位的主教驱逐出境。这些主教是西奥多在678年任命的约克主教博萨等人,可以说坎特伯雷和诺森伯里亚方面都做了相当大的让步。大主教西奥多主动与威尔弗里德言和,并帮助后者重新建立起与诺森伯里亚和麦西亚的友好关系,一方面是因为认可威尔弗里德本身的能力和对教会作出的巨大贡献;另一方面可能是因为支持威尔弗里德的军事强人卡德瓦拉的迅速崛起威胁到了肯特和埃塞克斯等王国的和平,通过对威尔弗里德示好,从而拉拢威塞克斯国王,建立盟友关系。事实上卡德瓦拉之后的确成为了一名虔诚的基督教信徒,他于689年前往罗马朝圣,在复活节接受洗礼后不久死在了那里。[2]

好景不长,威尔弗里德与国王们的友谊未持续多久,因主教辖区和教会财产问题双方又起争端。691年,威尔弗里德被免去在诺森伯里亚的所有职务,被迫来到麦西亚。尽管再一次遭受流放,但自西奥多在690年9月去世

---

〔1〕 Eddius Stephanus, *Vita Wilfridii*, chap. 43, in: *The Age of Bede*, Bede: *Life of Cuthbert*, *Eddius Stephanus*: *Life of Wilfrid*, *etc.*, trans. J. F. Webb, ed. D. H. Farmer, London: Penguin, 2004, pp. 152-154.

〔2〕 St. Bede, *Venerabilis Baedae opera historica*, ed. C. Plummer, London, Edinburgh, New York: E Typographeo Clarendoniano, 1896, Lib. IV, 13, pp. 230-232; V, 6, pp. 289-290.

后,威尔弗里德成了英吉利最具声望的主教,实际上仍掌控着很大的权力。702 年,西奥多的继任伯特沃尔德(Berhtwald)以西奥多遗令的名义召开了对威尔弗里德的审判大会,在奥尔德弗里德的煽动下,西奥多先前委任的主教们与威尔弗里德一派之间又爆发了斗争。703 年,70 岁的威尔弗里德再一次来到罗马请愿。教皇约翰四世对其前任阿加塞的教令和 679 年的宗教会议的决议进行了调查确认,给奥尔德弗里德和埃塞尔雷德写了一封信,表示对无尽的纷争感到遗憾。信中禁止了对威尔弗里德的审判,提议让大主教伯特沃尔德、主教博萨、贝弗利的约翰(John of Beverley)和威尔弗里德一起会谈,磋商遗留问题,最好能达成会前和解。[1]

威尔弗里德在归途中染上瘟疫,病得十分严重。待痊愈后,他回到了不列颠。伯特沃尔德和埃塞尔雷德在见到教皇的信件后,表示愿意与威尔弗里德和解。唯有奥尔德弗里德不同意教皇的决定,这与他的兄弟埃格弗里德的做法如出一辙。705 年,奥尔德弗里德病重死去,临终前他向威尔弗里德忏悔了自己的罪过。伊德伍尔夫(Eadwulf)在他死后统治了两个月,直至因宫廷政变下台。奥尔德弗里德 8 岁的儿子奥斯雷德(Osred)成为国王,由威尔弗里德担任他的教父。次年,伯特沃尔德召集北部的诸位国王、主教、修道院院长和贵族在北约克郡的尼德河(Nidd)东岸举行会议。经过漫长的商议与讨论,以伯特沃尔德为首的南部高级教士承认威尔弗里德拥有相当于大主教的地位,归还了里彭和赫克瑟姆的两处教堂。

在这次会议之后,威尔弗里德在尼德河畔安然度过了生命中的最后四年。在他去世前不久,他把他的财产分为了四份,其中两份献给各处的教堂,另一半一份施舍于穷人,一份给予在他流放时期忠实跟随他的教友。709 年,威尔弗里德死于昂德尔(Oundle)的一所修道院,他的遗体被运回里彭修道院安葬。[2] 里彭修道院也因此成为中世纪英吉利著名的朝圣地之一。

---

〔1〕 信件参阅 Eddius Stephanus,*Vita Wilfridii*,chap. 54,in:*The Age of Bede*,*Bede*:*Life of Cuthbert*,*Eddius Stephanus*:*Life of Wilfrid*,*etc.*,trans. J. F. Webb, ed. D. H. Farmer, London:Penguin,2004,pp. 167-169.

〔2〕 Eddius Stephanus,*Vita Wilfridii*,chap. 63-66,in:*The Age of Bede*,*Bede*:*Life of Cuthbert*,*Eddius Stephanus*:*Life of Wilfrid*,*etc.*,trans. J. F. Webb, ed. D. H. Farmer, London:Penguin,2004,pp. 177-182.

二、生平评述

约克主教威尔弗里德的一生充满着争议,但他无疑对英吉利教会的发展作出了极其重大的贡献。他的修道院王国从北部的皮克特人地区一直向南到达苏塞克斯,向西越过了奔宁山脉一路延伸到西约克郡(West Yorkshire)的伊登(Yeadon)、里布尔河(Ribble)地区。[1] 威尔弗里德的成功很大程度上建立在他吸引了一大批盎格鲁-撒克逊贵族进入修道院的基础之上。

> 贵族,世上的居高位者把他们的子弟送往他(威尔弗里德)处以求教导,他们之后可在终身服侍上帝和在威尔弗里德的推荐下进入宫廷作为国王的武士这两条道路上选择……他对教会和俗世的馈赠是如此慷慨,世间找不出第二个人来。[2]

在艾迪乌斯的这段描述中,威尔弗里德成为了一位社会领袖:通过给予舍弃多神教的改宗者一种补偿的方式来维护社会稳定。这种新宗教英雄的出现,在一定程度上迎合了传统期望中对宗教界人士的上层地位的需求。

艾迪乌斯耗费了相当大的篇幅来记述在 678—681 年间,威尔弗里德遭受埃格弗里德、西奥多等人的排斥打击而前往罗马申诉,直到归来仍被囚禁、流放的这一系列事件;而比德对此过程,尤其是对威尔弗里德归来后的遭遇采取了避而不谈的做法。一方面是因为比德在威尔弗里德与西奥多的对峙中持偏向西奥多的立场,另一方面更是因为诺森伯里亚国王和部分教会人士对教皇决议的怀疑甚至否认态度让英吉利教会蒙羞。埃格弗里德无视教皇的仲裁是由于他对威尔弗里德怀着很深的敌意。二者之间的不和源

---

〔1〕 Eddius Stephanus, *Vita Wilfridii*, chap. 17, in: *The Age of Bede*, *Bede*: *Life of Cuthbert*, *Eddius Stephanus*: *Life of Wilfrid*, *etc.*, trans. J. F. Webb, ed. D. H. Farmer, London: Penguin, 2004, pp. 125-126.

〔2〕 Eddius Stephanus, *Vita Wilfridii*, chap. 21, in: *The Age of Bede*, *Bede*: *Life of Cuthbert*, *Eddius Stephanus*: *Life of Wilfrid*, *etc.*, trans. J. F. Webb, ed. D. H. Farmer, London: Penguin, 2004, pp. 129-130.

自一个赌约。国王曾经许诺,如果威尔弗里德能够成功劝说他的妻子,东盎格利亚国王安纳的女儿埃塞尔思里德(Ethelthryth)出家侍奉天主,那么他会给主教大量的土地和金钱。而埃塞尔思里德最终还是选择做了修女,威尔弗里德在科尔丁厄姆女修道院给予其法衣。[1] 埃格弗里德因此记恨于威尔弗里德。更重要的是,威尔弗里德拥有的巨大的财富也引发了王室的妒忌。按艾迪乌斯的记载,威尔弗里德遭到免职的原因是由于王后伊乌敏伯芙嫉妒他的权力和财产。[2] 迅速成长起来的教会掌控了相当庞大的资源,这是王权与教权产生矛盾的最根本原因。

　　威尔弗里德取得成绩被证明是一把双刃剑。忌惮于威尔弗里德日益增长的权势和其他一些原因,诺森伯里亚国王埃格弗里德和坎特伯雷大主教西奥多在678年一致反对他,诺森伯里亚教区被一分为三。威尔弗里德高调的行事作风和对独揽大权的诉求不仅是个性使然,也与他在里昂大主教安纳蒙杜斯处接受的熏陶有关。当威尔弗里德前往里昂之时,高卢主教的特权史已延续了近两个世纪,而主教们的这种地位的抬升正是法兰克人、勃艮第人等日耳曼人入侵所导致的结果。安纳蒙杜斯和他兄弟实施的为主教为首的贵族共和政治对威尔弗里德影响很大,这很可能就是他日后为维护本教区的权益和统一,不惜与国王和大主教为敌的思想策源地所在。不过从对教会长远发展的利益角度来看,西奥多分割教区的做法是符合教会壮大发展的战略需要的。

　　7世纪60年代末开始,威尔弗里德大兴土木,在各地修建了许多所教堂。包括修缮了波莱纳斯时期未完成的教堂:他加固了屋脊并在上面覆盖了一层铅,给窗户装上了玻璃,并用各种器皿和帘子装饰了祭坛。同时他还在里彭和赫克瑟姆修建教堂。艾迪乌斯对赫克瑟姆大教堂充满了溢美之

　　〔1〕　St. Bede, *Venerabilis Baedae opera historica*, ed. C. Plummer, London, Edinburgh, New York: E Typographeo Clarendoniano, 1896, Lib. IV, 19, p. 243.
　　〔2〕　Eddius Stephanus, *Vita Wilfridii*, chap. 24, in: *The Age of Bede*, Bede: *Life of Cuthbert*, *Eddius Stephanus*: *Life of Wilfrid*, *etc.*, trans. J. F. Webb, ed. D. H. Farmer, London: Penguin, 2004, p. 132.

词,"我们从未听闻阿尔卑斯山的这边有如此(华美壮观)的建筑"[1]。威尔弗里德无疑向英吉利引入了一种崭新的建筑风格。凯尔特教堂基本上是木结构的,以 6 世纪的格兰达洛(Glendalough)修道院教堂和班戈修道院教堂最为典型。爱尔兰人在 7 世纪在达勒姆郡建造的埃斯科布(Escomb)教堂是为数不多的石结构建筑之一,但其内堂也偏小,且没有半圆形的后殿(是长方形后殿)。[2] 据现代考古发现,在里彭和赫克瑟姆的教堂借鉴了意大利和高卢的风格和结构,这两座教堂都有地下室、半圆壁龛、石质小祭坛、圆柱和侧廊,赫克瑟姆教堂还设有一座盘旋向上的阶梯。[3]

　　在将大众的注意力从异教圣地向教堂转移的过程中,教会需要克服许多困难。基督教无论从仪式和教义上来讲都未及多神教那般简单浅显。教会否定了偶像崇拜,它自身的宗教人物、故事就必须通过肖像化或图像化来使人们加深对其认识。在这种宗教形象化的过程中,原本需要大量深层次的语言和文字说明讲解的深奥晦涩的教义理念变得清晰易懂起来。

　　威尔弗里德也在这方面做了大量的工作。他在修道院建设上投入重金,努力使每个俗人参观者都对基督教留下深刻印象。在里彭和赫克瑟姆修道院的教堂大厅的圣坛下都设有圣徒遗体的地方,并按照罗马墓室的设计以容下死者的整个身体。通向圣坛曲折而昏暗的通道营造出一种神秘感和迷失感。[4] 即便墓穴里并没有圣徒的遗体存在,这种肃穆庄严又带有一种云迷雾锁的气氛,使得来参观教堂和圣坛的人都不由地心生敬畏。在北安普敦郡(Northamptonshire)的布里克斯沃思(Brixworth)和白金汉郡

〔1〕 Eddius Stephanus, *Vita Wilfridii*, chap. 22, in: *The Age of Bede, Bede: Life of Cuthbert, Eddius Stephanus: Life of Wilfrid, etc.*, trans. J. F. Webb, ed. D. H. Farmer, London: Penguin, 2004, p. 130.

〔2〕 Margaret Deanesly, The Pre-Conquest Church in England, NewYork: Oxford University Press, 1961, p. 102.

〔3〕 可参见 Edward Gilbert, "Saint Wilfrid's Church at Hexham", in: *Saint Wilfrid in Hexham*, ed. D. P. Kirby, Newcastle: Oriel Press, 1974, pp. 81-114。

〔4〕 J. Grook, "The enshrinement of local saints in Francia and England", in: *Loacal Saints and Local Churches in the Early Medieval West*, ed. Alan Thacker, Richard Sharpe, New York: Oxford University Press, pp. 189-224.

(Buckinghamshire)的温格(Wing)的教堂里也都有类似的结构存在。[1] 威尔弗里德致力于营造出一个金碧辉煌的圣经世界。从他仿造罗马的圣彼得教堂的样子建起的壮观宏伟的石结构教堂,到打造奢华考究的福音书和盛书盒[2],再到"用金子装饰殿宇,在里边挂起紫色袍冠,铸造纯金十字架挂于祭台之上"[3],都可反映出他对具象化的宗教感官的推崇与追求。威尔弗里德的这种做法对他在各地的传教事业取得的成功起到了很大的帮助,也为其赢得了大批的信徒。

直观的雕刻、绘画都会对广大群众,尤其是教育程度较低的受众产生很大影响。威尔弗里德的好友本尼迪克·比斯科普在历次访游罗马时,都带回了大量宗教书籍和画像。其中679—680年第四次旅途归来时带回了大量的圣徒画像。其中包括一副圣母的画像和12使徒的各自的画像。"他把使徒们的画像放置在圣彼得教堂[4]中央拱门的木制檐部上,又把描绘福音故事场景的绘画装饰于南墙,把圣约翰关于天启的场景绘画装饰于北墙。"[5]在685年的第五次朝圣比斯科普也收获颇丰。他在圣彼得教堂的圣母祈祷室的墙上挂满了描绘耶稣生平的绘画。同时比斯科普也在邻近的圣保罗教堂的墙上装饰了描述宗教故事场景的图画。他把旧约故事的绘画放到新约故事下面好让人们对应着观看。"比如,耶稣背着十字架蹒跚地上山的画像就陈列于以撒(Isaac)被当成祭品献给神,背着木头,即将要被点燃的画像上

〔1〕 D. Rollason,*Saints and Relics in Anglo-Saxon England*,Oxford:Blackwell Pub.,1989,pp.53-59.

〔2〕 威尔弗里德在里彭有一本极为考究的福音书,羊皮纸书页都染成了紫色并用金字书写,并令人打造了一个纯金的盒子盛放它。Eddius Stephanus,*Vita Wilfridii*,chap.26,in:*The Age of Bede*,Bede:*Life of Cuthbert*,Eddius Stephanus:*Life of Wilfrid*,*etc.*,trans. J. F. Webb,ed. D. H. Farmer,London:Penguin,2004,p.126.

〔3〕 摘自威尔弗里德的墓志铭。St. Bede,*Venerabilis Baedae opera historica*,ed. C. Plummer,London,Edinburgh,New York:E Typographeo Clarendoniano,1896,Lib. V,19,p.330.

〔4〕 圣彼得教堂和下文的圣保罗教堂都是由比斯科普所建,属于坎特伯雷的圣彼得和圣保罗修道院,即后来的圣奥古斯丁修道院。

〔5〕 St. Bede,Life of Abbots of Wearmouth and Jarrow,chap. 6,in:*The Age of Bede*,Bede:*Life of Cuthbert*,*Eddius Stephanus*:*Life of Wilfrid*,*etc.*,trans. J. F. Webb,ed. D. H. Farmer,London:Penguin,2004,pp.192-193.

面。又如,人子耶稣举起十字架的场景对应着摩西在沙漠里举起毒蛇的场景。"[1]比德指出这种做法对教众存在着很大的吸引力和教育意义:"如此一来,那些不识字的人进入教堂后就能直接看到慈爱的耶稣和他的圣徒们的容貌,哪怕是仅在画中的化身,也能使人们对主有更深的了解,以此加深信仰。当他们看到最终审判的景象时,视觉带来的冲击则会使人们对教义有更严肃的认识。"[2]可视的艺术品拉近了上帝、圣徒与教众之间的距离,并给予了信徒们更宽广的想象空间。早期圣徒在希腊文中被称为"看不见的朋友"(aoratos philos),这一概念被现代宗教心理学解读为"想象中的朋友"(imaginary companion),用于描述人们内心中对守护天使、灵魂等想象产物。[3]

　　艺术品在基督教传播中起到了重要的作用。建于 7 世纪末 8 世纪初的巨大石质雕塑罗斯威尔十字架位于邓弗里斯郡(Dumfriesshire)的罗斯威尔(Ruthwell)教堂的祭坛旁。十字架上雕刻着各种圣经故事的场景,其中包括耶稣被钉十字架、抹大拉的马利亚(Mary Magdalene)为耶稣冲洗脚、圣徒保罗与安东尼在沙漠分面包给穷人、耶稣治疗盲人等故事。前两个故事象征着基督所经受的苦难,如同十字架本身,是蕴含基督教英雄主义和牺牲精神的救赎体系的一部分。后两个故事则代表着基督的福音,象征着信仰天主得救的希望。另外,十字架上用藤蔓花纹取代了多神教的神树图案,耶稣和两头动物的形象则可能象征着基督教战胜邪恶(或异教)势力。[4] 人们在看了这些浮雕后,相关的圣经故事变得容易理解和接受了,以此在民间形成

---

　　〔1〕　St. Bede,Life of Abbots of Wearmouth and Jarrow,chap. 9,in:*The Age of Bede*,*Bede:Life of Cuthbert*,*Eddius Stephanus:Life of Wilfrid*,*etc.*,trans. J. F. Webb,ed. D. H. Farmer,London:Penguin,2004,p. 196.上帝曾要求亚伯拉罕以其爱子以撒献祭考验其诚心。《创世记》,第 22 章,《圣经·旧约》,ESV,上海:中国基督教两会 2008 年版,第 30—31 页。摩西曾举铜蛇救以色列子民。《民数记》,第 21 章,《圣经·旧约》,ESV,第 244 页。这两件事一直被认为耶稣背十字架拯救世人的预示。《约翰福音》中也有"摩西在旷野怎样举蛇,人子也必照样被举起来"的说法。《约翰福音》,第 3 章,《圣经·新约》,ESV,2008 年版,第 161 页。

　　〔2〕　St. Bede,Life of Abbots of Wearmouth and Jarrow,chap. 6,in:*The Age of Bede*,*Bede:Life of Cuthbert*,*Eddius Stephanus:Life of Wilfrid*,*etc.*,trans. J. F. Webb,ed. D. H. Farmer,London:Penguin,2004,pp. 192-193.

　　〔3〕　Pascal Boyer,*Religion Explained*,New York:Basic Books,2001,p. 150.

　　〔4〕　Ó Carragáin,*Ritual and the Rood*,Toronto:University of Toronto Press,2005,pp. 126-128.

口头传颂的基础。

对刚走出蛮荒时代的日耳曼人来说，生动鲜活的图像对这种认识的形成的帮助，有时要大于教士们单纯的布道和讲述。形象化的基督、圣徒，以及他们的故事更直观地反映了圣经世界中的景象。威尔弗里德、比斯科普等主教、修道院长深谙此道，他们对教堂的建造和装饰无疑代表了英吉利教会在这方面所做的卓有成效的工作。

但如此这般做法与曾经主持北方教会工作的爱尔兰人追求质朴简单的理念是背道而驰的，这种差异正如艾丹与西奥多对待骑马的不同态度。艾丹认为简朴清贫是身为修士的一项基本要素，他也身体力行地贯彻了这一原则。另一位著名圣徒卡思伯特则代表了爱尔兰圣徒推崇的另一方面的品行，他以隐士的形象而闻名不列颠，他所倡导的是以个人苦修为主的修道院生活模式。这两位是林迪斯凡和诺森伯里亚的圣徒形象的典范。而威尔弗里德引入的圣本尼迪克院规（St Benedict Monasticism），主要注重纪律性、整体性，强调稳定和服从，削弱了个人表率的价值理念。他还引入了双唱诗班以谐音颂唱问答形式的赞美歌。当罗马的修道院教规遭遇爱尔兰的修道院文化，英吉利北部的修道院风格出现了一种混杂的状态，既不同于艾丹或卡思伯特的模式，也不单单是本尼迪克的教条式生活。在爱尔兰修士教育下成长起来的奥斯维的两个儿子埃格弗里德和奥尔德弗里德，并不会认同这种做法。这也是两位国王长期排斥威尔弗里德担任诺森伯里亚主教的原因之一。

威尔弗里德对盎格鲁-撒克逊早期教会的发展无疑作出了巨大的贡献。他是惠特比会议的主要推动者，也是苏塞克斯改宗的奠基人。但他在划分主教区之事上的态度却是有违历史潮流的。这源于他对权力的热衷。威尔弗里德对权力的价值取向造成了他与爱尔兰教士在价值观上最大的不同，很多时候他更像一位政客，而不像一名主教。他不仅把罗马修道院教规和建筑风格引入了英吉利，也把大陆教会崇尚斗争的风气带进了岛内。少年时，威尔弗里德在林迪斯凡度过了启蒙时期，但自他从大陆回来后，从教义教规到教堂建设，都走上了一条与爱尔兰教会传统迥异的道路。最令人唏嘘的是，惠特比会议召开后，林迪斯凡原有的精神理念被自己培养的教士所颠覆。对比西奥多，威尔弗里德对待爱尔兰教会的态度是不可取的。尽管西奥多在上任伊始，为确立自身威信，打压爱尔兰教会的势力，免去了查德约克主教的职位；但很快他又启用了查德，有意识地团结爱尔兰教会，走上一条南北教会融合之路。威尔弗里德遭免职后，西奥多任命的博萨、伊塔和伊德赫德都有受爱尔兰人教育的背景。西奥多与比德一样，对爱尔兰人充满同情和赞赏，而威尔弗里德在游学归来后始终对爱尔兰人抱有敌意。他的这种较为狭隘的态度在一定程度上对教会的进一步融合发展是不利的。

小　结

直至 586 年怀特岛皈依基督教，589 年最后一个盎格鲁-撒克逊异教徒国王卡德瓦拉接受洗礼，英吉利漫长的基督教化进程大体告一段落。作为早期盎格鲁-撒克逊教士的代表，约克主教威尔弗里德不仅使苏塞克斯和怀特岛接受了福音，并且成功地在海峡彼岸播撒下基督教教义的种子，表明经历罗马与爱尔兰传教团培养熏陶的盎格鲁-撒克逊教会已成长起来，教职人员和传教事业正朝着本土化的方向发展。

在 7 世纪中叶，大格雷戈里的追随者与哥伦巴的支持者就复活节日期等教规问题爆发了较大的争执，因此在 664 年召开了惠特比会议商议解决这一矛盾。诺森伯里亚国王奥斯维在遵从更权威的使徒、天国的守门人彼得的名义下决定遵从罗马习俗。从此英吉利教会并入了罗马的轨道。此次会议的结果不单是教义之争，复活节日期分歧问题由来已久，奥斯维选择在此时解决该问题，背后存在着很大的政治因素。他的儿子阿尔奇弗里德，德伊勒的王储对会议的召开起到了极大的推动作用；也正因为如此，作为阿尔奇弗里德的亲信，威尔弗里德虽然资历尚浅，却能顶替阿吉尔伯特主教在会议上作为罗马派的辩手。比德和艾迪乌斯将惠特比会议的胜利视为罗马权威的胜利，这一看法是站在教会学者的立场上的片面之说。

在大主教西奥多到来之后，教会的发展更上了一个层次。西奥多最突出的贡献是划分并新增了 6 个主教区。对威尔弗里德与西奥多的教区控制权之争，比德采取了尽量回避的态度，因为先后两任教皇都袒护威尔弗里德，而诺森伯里亚教区因为国王的反对都忽视了教皇的教令；而艾迪乌斯作为威尔弗里德的音乐师，其观点完全倒向他的主教，对西奥多的抨击和指责大多是不公允的。威尔弗里德维护他的教区统一完整是因为受到了法兰克主教的影响,但也夹杂着出于私利的考虑;而西奥多分割大教区,以此建立更贴近下层民众,扎根于基层的教区组织更多地是为教会的长远发展所计。威尔弗里德使北部教会脱离爱尔兰教会的管理和西奥多对整个教区的重新建设,都使得英吉利教会的风格从早期的禁欲苦修朝着世俗管理转轨。

第五章　丧葬风俗观念的基督教化

　　盎格鲁-撒克逊教会的发展,信仰的传播普及不仅有赖于对圣徒奇迹、圣徒遗物的鼓吹,对宗教故事、教义形象化等方针措施,还得益于人们对基督教丧葬仪式和死后世界观念的理解和接纳。全世界普遍存在着"灵魂"的观念,但各种文化中对其的认识和理解都不相同。盎格鲁-撒克逊教会是如何向大众灌输死后灵魂按生前所为的善或恶进入天堂或地狱的观念的? 又是如何将传统丧葬风俗向基督教风俗转变的? 基督教文化中的死者灵魂、死后世界以及与之相关的丧葬仪式是基督教宗教体系中至关重要的组成部分,人们对这些观念的接受是基督教化过程中极其关键的一步。

　　当地居民中有一些相信身后世界是生前生活的一种延续,另一些则基本没有这方面较系统的概念。很多人认为人死后灵魂就生活在墓穴里,这种生活大多取决于死者的身份和丧葬仪式。在斯堪的纳维亚神话中,死者既住在墓穴中,也居住在死神赫尔(Hel)的王国中。[1] 盎格鲁-撒克逊人与其他日耳曼民族一样,认为弱者不会在身后世界里得到保障。只有英灵才能进入奥丁掌管的瓦尔哈拉殿堂(Valhalla,Valholl)。[2] 有学者认为这种身后的荣誉殿堂的概念或可能源于部分贵族战士对奥丁崇拜的兴起,或是受到了基督教的影响。[3] 瓦尔哈拉殿堂与基督教的天堂概念有一定的相似之处,但进入与否的评判标准却是截然不同的。早期教会并不认同在战场上英勇地作战的做法,相反地,要对那些犯下杀戮的战士处以 40 天的赎罪。[4] 而基督教的身后世界的核心理念是,个人凭道德层次的高低从而享

---

〔1〕　John Lindow, *Norse Mythology:A Guide to Gods, Heroes, Rituals, and Beliefs:A Guide to Gods, Heroes, Rituals, and Beliefs*, New York:Oxford University Press,2002,p. 172.

〔2〕　John Lindow, *Norse Mythology:A Guide to Gods, Heroes, Rituals, and Beliefs:A Guide to Gods, Heroes, Rituals, and Beliefs*, New York:Oxford University Press,2002,p. 308.

〔3〕　Hilda Ellis Davidson, "Scandinavian cosmology", in: *Ancient Cosmologies*, eds. Carmen Blacker and Michael, London:George Allen & Unwin,1975,p. 187.

〔4〕　Theodore of Tarsus, *Theodori Arch. Cant. Liber Poenitentialis* Ⅲ,16, in: *Ancient Laws and Institutes of England*, ed. Benjamin Thorpe,p. 279.

受不同的待遇。可想而知,要让土著居民接受这一观念是较为困难的。在接受洗礼的盎格鲁-撒克逊人中,很多人死后仍采用了传统的葬仪。针对这种现象,教会加大了教育与推广的力度。从考古成果来看,丧葬仪式在 7 世纪经历了很大的转变。

第一节　7 世纪早期的王家墓地

一、萨顿胡墓地(Sutton Hoo)

7 世纪早期两处著名的土葬墓地分别是位于萨福克郡的伍德布里奇(Woodbridge)附近的萨顿胡 1 号冢的船葬,以及位于埃塞克斯的滨海绍森德(Southend-on-Sea)普利托威尔(Prittlewell)的王室墓穴。

1939 年出土的萨顿胡 1 号冢的船葬是英国最为壮观和完整的大型墓地之一。船葬源于斯堪的纳维亚人的丧葬风俗。他们认为,将人葬在船中,可以帮助他们踏上通往冥府之路。墓葬的时间大约可追溯至 7 世纪早期。大多数学者认为 1 号冢系东盎格利亚国王雷德瓦尔德的墓地,不过对此说法学界一直存在着诸多争议。[1] 整艘木船长达 27 米,尽管木材已完全沙化,但其主体结构仍保留完好。船舱的中间是墓室,但在发掘过程中并未发现尸体,早期曾认为这是一个衣冠冢。但根据 1967 年的土壤分析结果,发现土壤

---

〔1〕　认为墓地主人是雷德瓦尔德的意见包括:H. M. Chadwick, "The Sutton Hoo ship-burial: who was he?", *Antiquity*, XIV, No. 53, 1940, pp. 76-87; J. Werner, "Das Schiffgrab von Sutton Hoo, Forschungsgeschichte and Forschungsstand zwischen 1939 und 1980", *Germania*, Vol. 60, 1982, pp. 193-228; Guy Halsall, *Early Medieval Cemeteries: An Introduction to Burial Archaeology in the Post-Roman West*, Glasgow: Cruithne Press, 1995, p. 33;认为是东盎格利亚国王"博学的西吉贝尔特"的:I. N. Wood, *The Merovingian North Sea*, Alingsås: Viktoria Bokförlag, 1983, p. 14. "博学的西吉贝尔特"或雷德瓦尔德之子厄普沃尔德:I. N. Wood, "The Franks and Sutton Hoo", in: *People and Places in Northern Europe 500-1600: Essays in Honour of Peter Hayes Sawyer*, I, eds. Wood and N. Lund, Woodbridge, 1991, p. 11;雷德瓦尔德之子里根希尔(Rægenhere):B. Arrhenius, "Review of The Sutton Hoo Ship-Burial by Bruce-Mitford", *Medieval Archaeology*, Vol. 22, 1978, pp. 189-195;东盎格利亚国王埃塞尔希尔:F. M. Stenton, "The East Anglian Kings of the Seventh Century", in: *The Anglo-Saxons: Studies in Some Aspects of Their History and Culture Presented to Bruce Dickins*, ed. P. Clemoes, London: Bowes & Bowes, 1959, pp. 43-52;甚或埃塞克斯国王萨伯特:M. Parker Pearson, R. van de Noort and A. Woolf, "Three Men and a Boat: Sutton Hoo and the East Anglian kingdom", *Anglo-Saxon England*, Vol. 22, 1993, pp. 27-50.

中存在磷酸盐的痕迹,这一发现表明死者的骨骼很可能已经销蚀在酸性土壤中。[1] 在船葬中陆续发现了许多制作精美、奢贵华丽的手工艺品,其中包括 1 个精致的武士头盔,10 个银质嵌套小碗和 2 个银汤匙,1 个纯金的腰带扣,1 组长矛,1 把用黄金和石榴石装饰的宝剑,1 块盾牌,1 个肩扣和搭扣,1 个钱包盖(皮革钱囊已消失)和若干金币,1 个饮酒的牛角,1 把里拉琴,1 个拜占庭风格的大银盘,1 个青铜鹿像和极具象征意义的磨刀石等物品。[2] 墓室的物品整体呈现出一种浓郁的北欧传统丧葬风俗色彩。尤其是那个工艺精湛、造型独特的铁质头盔,在额头、眉间以及口鼻处都覆盖了金色的青铜装饰板,反映了墓室主人高贵的地位和对其生前作为一名英勇的战士身份的认可和褒扬。1881—1883 年在瑞典东部的文德尔村(Vendel)出土的同时期的数个较小的船葬中也有与萨顿胡头盔类似风格特征的铁头盔,同样在眉间和从额头至鼻梁上有一字型的青铜板覆盖。[3]

不过从墓室的诸多大陆的舶来品中也能看到罗马文化的影响。其中两个银汤匙带有十分明显基督教特征:一个用希腊字母刻有保罗名字(PAULOS)的银汤匙,另一个则出自法兰克人的造币厂,字体变化为了扫罗(SAULOS)。一种理论由此认为,这两把汤匙是墓穴主人受洗时接受的礼物——"门徒汤匙(Apostle spoon)"。[4] 比德所记的雷德瓦尔德是一个既拜上帝又拜异教神灵的伪信徒,曾在肯特王宫接受过基督教教育。[5] 他也是继埃塞尔伯特之后英吉利最有权势的君主,在他的支持下埃德温夺回了

---

[1]　Marco Martini, Mario Milazzo, Mario Piacentini, eds., *Physics Methods in Archaeometry*: *Proceedings of the International School of Physics*, Amsterdam: IOS Press, 2004, pp. 270-271; *Sutton Hoo Research Committee*: *Bulletins* 1983—1993, ed. M. O. H. Carver, Bulletins No. 4, 1986, Woodbridge: Boydell Press, 1993, pp. 36-37, Fig. 14.

[2]　M. O. H. Carver and A. Selkirk, "Sutton Hoo, a Drama in three Acts", *Current Archaeology* 128, 1992, pp. 324-330.

[3]　萨顿胡头盔的复原图片可参考 Gale R. Owen-Crocker, *Dress in Anglo-Saxon England*, Woodbridge: Boydell Press, 2004, p. 180, Fig. 142a-142c. 文德尔头盔图片可参考 Michael P. Speidel, *Ancient Germanic Warriors*: *Warrior Styles from Trajan's Column to Icelandic Sagas*, New York: Routledge, 2004, p. 163, Fig. 20. 2.

[4]　A. C. Evans, *The Sutton Hoo Ship Burial*, London: British Museum, 1986, pp. 59-63. Apostle spoon, 即 silver christening spoons, 西方传统中送给受洗之人的礼物, 汤匙一端刻有耶稣门徒的肖像或名字, 带有祝福之意。

[5]　St. Bede, *Venerabilis Baedae opera historica*, ed. C. Plummer, London, Edinburgh, New York: E Typographeo Clarendoniano, 1896, Lib. Ⅱ, 15, pp. 115-116.

诺森伯里亚的王位。从墓室的风格、陪葬品和下葬的仪式来看,雷德瓦尔德作为1号冢的主人是较为可信的。

从整个萨顿胡墓地来看,此时的东盎格利亚正处于多神教向基督教过渡的时期,这不仅反映在主要墓室1号冢的陪葬品组成上,也反映在其他墓室丧葬仪式的转变上。早期盎格鲁-撒克逊人死后通常举行火葬,将尸体放在柴堆上焚烧,收集骨灰放进瓦罐或青铜碗中下土埋葬。在英雄史诗《贝奥武甫》的最后一章如此记道:

> 人们把他们敬爱的领袖,光荣的国王抬了上来,满怀悲伤地将他平躺在薪木堆上。武士们点燃了熊熊之火,火苗上弥漫起又黑又厚的浓烟。当狂风咆哮着,火苗窜跃着,人们啜泣着的时候,贝奥武甫的身体化作了细尘随风而逝。[1]

自5、6世纪开始,因受不列颠原有罗马文化的影响,部分人开始施行土葬;尤其在基督教传入之后,火葬向土葬的转变速度大大加快了。据马丁·卡福领导的第三次萨顿胡考古发掘(1983—1992年)工作报告,在已确定的丧葬仪式的11个坟丘中,5个系火葬,6个系土葬(见表5-1)。这些墓室的主人大多下葬于6世纪晚期至7世纪早期之间,其时东盎格利亚尚未正式接受基督教,但显然部分王族墓室已经受到基督教丧葬文化的影响。

萨顿胡墓地是一个有一定时间跨度的墓葬群,在5号、6号、7号冢中可能葬着东盎格利亚伍夫王朝(Wuffing)的早期统治者;而3号冢的主人则可能是"博学的西吉贝尔特"或雷德瓦尔德之子厄普沃尔德。[2] 早期部族领袖的墓室显现出强烈的多神教传统色彩——在5号冢周围发现了15个"卫星墓室",其中一些墓室的下葬者疑为献祭陪葬的奴隶或罪犯。[3] 但随着

---

〔1〕 Beowulf, trans., *With an Introduction Burton Raffel*, New York: New American Libriary, 2008, Chap. 43, p. 127.

〔2〕 M. O. H. Carver, *Angela Care Evans, Sutton Hoo: A Seventh-Century Princely Burial Ground and its Context*, London: British Museum Press, 2005, p. 503.

〔3〕 *Sutton Hoo Research Committee: Bulletins* 1993, No. 8, ed. M. O. H. Carver, Woodbridge: Boydell Press, 1993, p. 15.

表 5-1　萨顿胡墓地发掘报告(1993)[1]

未经发掘的坟丘	
8、9、10(可能遭盗墓)、11(遭盗墓)、12、15、16 号冢	

已经发掘的坟丘	
1 号冢 (1 号墓室)	土葬,船葬;陪葬有剑、盾、头盔、银器、里拉琴、金币、衣物等,出土于 1939 年,1965—1971 年,埋葬时间约在 625 年
2 号冢 (2 号墓室)	土葬,船葬;陪葬有剑、盾、皮带扣(?)、银搭扣、饮酒牛角、铁箍水桶、青铜碗、蓝色玻璃广口瓶、用银装饰的盒子和杯子、5 把带鞘小刀、织物等;曾遭盗墓或挖掘,发掘于 1938 年,1986—1989 年,埋葬时间约在 6 世纪晚期或 7 世纪早期
3 号冢 (3 号墓室)	土葬,葬于橡木托盘或一艘独木舟上;陪葬有石灰岩饰板、骨饰面板(曾经是一只盒子?)、青铜水壶盖子、法兰克飞斧、梳子、织物、火化的马、瓦罐残片;曾遭盗墓或挖掘,发掘于 1938 年,埋葬时间约在 6 世纪晚期或 7 世纪早期
4 号冢 (4 号墓室)	火葬,骨灰放置于青铜碗(碎片)中;陪葬有织物、棋子、火化的马等;曾遭盗墓或挖掘,发掘于 1938 年,埋葬时间约在 6 世纪晚期或 7 世纪早期
5 号冢 (5 号墓室)	火葬,骨灰放置于青铜碗(碎片)中;陪葬有棋子、铁剪刀、银饰杯子、梳子、带鞘小刀、象牙碎片、玻璃碎片、织物、火化的动物骨头(可能是狗);曾两度遭盗墓,发掘于 1970 年和 1988 年,埋葬时间约在 6 世纪晚期或 7 世纪早期
6 号冢 (6 号墓室)	火葬,骨灰放置于青铜碗(碎片)中;陪葬有铜合金的金字塔剑饰[2]、骨制梳子碎片、织物;曾遭盗墓或挖掘,发掘于 1989—1991 年,埋葬时间约在 6 世纪晚期或 7 世纪早期,地层学上晚于 5 号冢
7 号冢 (7 号墓室)	火葬,骨灰放置于青铜碗(碎片)中;陪葬有瑞提克拉式玻璃珠(reticella bead)、骨制游戏筹码、镀金银器碎片、铁质小刀、织物和动物骨头;曾遭盗墓或挖掘,发掘于 1990—1991 年,埋葬时间约在 6 世纪晚期或 7 世纪早期
13 号冢	无法定性丧葬仪式,曾遭盗墓或挖掘,部分发掘于 1991—1992 年
14 号冢 (8 号墓室)	土葬(可能为女性),葬于挖空的小室;陪葬物品碎片有待分析,可能包含银搭扣、银饰的杯子、银链、箱子的青铜配件(?)、青铜别针、青铜腰带及其挂钩等;曾遭盗墓或挖掘,发掘于 1991 年,埋葬时间约在 6 世纪晚期或 7 世纪早期
17 号冢 (9、10 号墓室)	9 号墓室,土葬,葬于带铁钉的木棺材中;陪葬有剑、镶嵌有石榴石的青铜搭扣、1 对银质金字塔剑饰、铁匕首、钱包、两支矛、有肩带的盾、腰带、锅、陶罐、梳子、马的挽具、木制澡盆等,10 号墓室有土葬的马,墓室未经装饰;发掘于 1991 年,埋葬于 6 或 7 世纪

---

〔1〕 编译整理自 *Sutton Hoo Research Committee*:*Bulletins* 1993,No. 8,ed. M. O. H. Carver, Woodbridge:Boydell Press,1993,pp. 17-18,Table 2:Sutton Hoo:Inventory of Anglo-Saxon Burials.

〔2〕 金字塔剑饰(sword-pyramid)是中世纪早期盎格鲁-撒克逊武士装饰剑鞘的饰物,通常有一对,中间系皮绳,绑在剑鞘上。

续表

18 号冢 (11 号墓室)	火葬,骨灰放置于青铜碗(碎片)中;陪葬有织物和骨制梳子;土层曾被犁过,发掘于 1966 年与 1989 年,埋葬于盎格鲁-撒克逊时代
19 号冢	在 1991 年的挖掘中未显示其存在
20 号冢 (12 号墓室)	土葬,儿童葬于木棺中;陪葬有铁矛头、青铜搭扣、青铜别针;发掘于 1987 年,埋葬于盎格鲁-撒克逊时代

　　时间的推移,墓葬体现的多神教色彩开始淡化,基督教色彩开始增强。马丁·卡福的考古报告推算 1 号冢的埋葬时间约为 625 年,这基本与雷德瓦尔德的去世时间(约 624—627 年间)吻合。虽然比德认为雷德瓦尔德是一个伪信徒,但上述考古证据显示,在他统治时期基督教信仰的确已影响到了东盎格利亚的王室。17 号冢的 9 号墓室和 20 号冢的 12 号墓室都采用了木棺下葬。17 号冢的 10 号墓室虽有陪葬的动物,但动物采用了土葬的形式,而且墓室并未经过装饰[1],这一点与其他存有陪葬动物的墓室是截然不同的——4 号和 5 号墓室主人和陪葬的动物都采用了火葬,并伴有许多其他的陪葬品。

二、普利托威尔和耶威林墓地

　　普利托威尔墓地发掘于 2003 年。因发现时间较晚,迄今仍有很多问题有待科学鉴定与考证。该墓室系土葬,底部约 4 米见方,高 1.5 米。内部陪葬品十分丰富,有超过 140 件的物品。如此之多的陪葬品说明该墓地类似于萨顿胡和泰普洛(Taplow)墓地[2],是一个贵族或王室水准的墓地。已查明的陪葬品包括一只带把手的科普特青铜碗,1 只 6—9 世纪地中海风格的青铜酒壶,2 只木制水壶,壶颈带镀金环状装饰,2 只肯特式的玻璃罐,类似于

　　〔1〕　*Sutton Hoo Research Committee*；*Bulletins* 1993，No. 8，ed. M. O. H. Carver，Woodbridge：Boydell Press，1993，p. 11.

　　〔2〕　泰普洛墓地是 7 世纪的盎格鲁-撒克逊古坟,位于白金汉郡最南端南雄鹿地区(South Bucks)。出土于 1883 年,其历史最早可追溯到 620 年,墓室主人很可能是肯特的一位王子。(可参考 Elizabeth M. Tyler，*Treasure in the Medieval West*，Woodbridge：Boydell & Brewer Ltd，2000，pp. 55-56)

在萨顿胡发现的 2 枚墨洛温金币和 1 架里拉琴(lgre),2 个伦巴德风格的金箔包裹着十字架,2 只装饰有花朵和重叠波浪线的蓝色玻璃矮罐,1 个金搭扣,斯堪的纳维亚式的牛角酒杯,1 把剑,1 只银汤匙,和 1 件类似于烛台的物品等。[1] 主持普利托威尔墓地发掘工作的伊恩·布莱尔认为,那个做工精美的金搭扣可能并非用于服饰上,而是一个圣物盒的一部分。而刻着两行模糊的拉丁文的拜占庭风格的银汤匙,可能与萨顿胡 1 号冢发现的那对汤匙一样,都是墓室主人受洗时收到的礼物。[2] 在青铜酒壶上刻着缀有奖章的东方圣徒,这或许也能反映出墓室主人的基督教倾向(也有可能只是单纯用于显示财富声望)。[3] 最有力的证据来自放置于尸体处的两个金箔十字架,这基本上可以说明他的基督徒身份。[4] 大英博物馆中世纪早期硬币馆馆长加雷思·威廉姆斯(Gareth Williams)在仔细分析了两枚墨洛温金币后,推断它们大约可追溯至 600—630 年。[5] 据此分析,墓室的主人很有可能是埃塞克斯国王萨伯特。萨伯特由第三任坎特伯雷大主教梅里图斯在 604 年施洗皈依,而他的儿子们在他死后抛弃了基督教信仰,直至 653 年"良善的西格伯特"才又接受了基督教信仰。

尽管普利托威尔墓地缺少像萨顿胡墓地 1 号冢一般华丽、精致的陪葬品,比如用黄金和石榴石镶嵌的宝剑、工艺精湛的战士头盔等,但目前在英吉利出土的墓室中,不到 10 个拥有像普利托威尔墓地这般丰富的陪葬品。[6] 在假定萨顿胡 1 号冢埋葬的是雷德瓦尔德,普利托威尔墓地埋葬的

〔1〕 Museum of London Archaeology Service,"Prittlewell:,Treasures of a King of Essex",in: *Current Archaeology*,No. 190,2004,pp. 430-436; Museum of London Archaeological Service,*The Prittlewell Prince: The Discovery of a Rich Anglo-Saxon Burial in Essex*,London: Museum of London,2004,pp. 1-44.

〔2〕 I. Blair,E. Barham and L. Blackmore,"My Lord Essex",*British Archaeology*,Vol. 76,2004,pp. 10-17. http://www.archaeologyuk.org/ba/ba76/feat1.shtml

〔3〕 图片参考 Museum of London Archaeology Service,"Prittlewell:Treasures of a King of Essex",in:*Current Archaeology*,No. 190,2004,p. 435.

〔4〕 Museum of London Archaeological Service,*The Prittlewell Prince: The Discovery of a Rich Anglo-Saxon Burial in Essex*,London:Museum of London,2004,p. 28.

〔5〕 Museum of London Archaeology Service,"Prittlewell:Treasures of a King of Essex",in: *Current Archaeology*,No. 190,2004,p. 431.

〔6〕 Museum of London Archaeology Service,"Prittlewell:Treasures of a King of Essex",in: *Current Archaeology*,No. 190,2004,p. 436.

是萨伯特的基础上,我们可以解释二者财富地位上的差距——雷德瓦尔德是埃塞尔伯特之后英吉利南部的霸主,而萨伯特只是受埃塞尔伯特的约束控制的傀儡国王。另外,雷德瓦尔德只是一度接受了基督教,后又重新供奉起多神教神灵;而萨伯特自受洗后始终是一名基督徒。这也与普利托威尔墓地拥有多重证据显示墓主是一名基督徒,而萨胡顿1号船葬存在基督教的痕迹,但在整体上反映出斯堪的纳维亚葬俗的情况相吻合。

从总体来看,萨顿胡墓地仍然主要体现了与北欧传统风格相类似的墓葬文化,基督教丧葬从简,墓室不经修饰,基本不带陪葬品的原则在已发掘的绝大部分墓室中未有体现。但可以确定,其中相当一部分的墓室主人已接受了洗礼,成为基督徒。这表明此时在英吉利的异教徒与基督徒间的界限仍较为模糊。而对于普利托威尔墓地的主人,我们可以基本认定他是一个基督徒。

需要指出的是,宗教与文化之间,从磨合到相融的过程可能是较为漫长的。以法兰克人为例,自克洛维改宗后,虽然法兰克国王都葬在教堂或教堂边上,但他们和一些贵族仍然按多神教风俗在墓室中放置武器和其他贵重的陪葬品。[1] 在高卢北部地区,"以行排列的坟墓"(row-grave)直至7世纪仍是一种较为普遍的现象。[2] "以行排列的坟墓"起源于罗马帝国晚期,那时日耳曼人受邀进入罗马帝国边境保卫其领土,死后他们的墓就以头领的坟墓为首,相继呈行排列,这些坟墓中大多数都有陪葬品。[3] 这种崇尚领袖崇拜、先祖崇拜的传统风俗最后可能受修道院文化提倡的尚简、谦卑的精神所影响,最后为基督教葬俗所同化。[4] 但较之法兰克王室墓室,萨顿胡1号冢船葬要来得奢华得多,一些学者用这种比较来解释"基督徒的墓室却以

〔1〕 Carl Waldman,Catherine Mason,Catherine Mason,*Encyclopedia of European Peoples*,New York:Infobase Publishing,2006,p. 274.

〔2〕 John Blair,*The Church in Anglo-Saxon Society*,New York:Oxford University Press,2005,p. 61.

〔3〕 Megan McLaughlin,*Consorting With Saints*:*Prayer for the Dead in Early Medieval France*,New York:Cornell University Press,1994,p. 111.

〔4〕 Megan McLaughlin,*Consorting With Saints*:*Prayer for the Dead in Early Medieval France*,New York:Cornell University Press,1994,p. 111.

传统方式下葬"的合理性还是过于勉强。[1] 对于萨顿胡 1 号船葬这种带有强烈斯堪的纳维亚特色的葬俗很可能是基于对基督教丧葬仪式的不理解和不信任。而普利托威尔墓地虽然陪葬品较多,但并未采用船葬或火葬形式,也没有太多的陪葬武器,不像萨顿胡 1 号冢那样,着力于凸显墓主的战士身份。从这两点来看,普利托威尔的墓室主人还是符合一个早期盎格鲁-撒克逊基督教国王的身份的。

北部的诺森伯兰郡(Northumberland)东北角的耶威林(Yeavering)是一个很小的村庄,位于格伦河流经的切维厄特丘陵(Cheviot Hills)的北部山脚。考古学家认为它是 7 世纪诺森伯里亚贝尼西亚王国的行宫之一。剑桥学者布莱恩·泰勒在 1953 年至 1962 年间对这里进行了详细的勘探与发掘,认为这里即为比德在《教会史》中提到的阿德格夫林(Ad Gefrin)王家庄园。[2] 比德如此记道:

> 国王、王后和主教波莱纳斯来到名为阿德格夫林的王家庄园后,在那里住了 36 天。主教每天除了布道、宣讲,什么事都顾不上做,从早到晚都忙于为那些从各地蜂拥而至的百姓宣讲基督救世的福音。他在做了指导之后就让人们在附近的格伦河里用赦免之水接受洗礼。[3]

可见这里在埃德温和波莱纳斯到来后成为了一个基督教的传播中心。但这个地方从前恰恰是多神教风俗浓厚之地。布莱恩·泰勒在此发现了一座疑似异教神庙的建筑,后来可能改建为教堂(参见第三章)。"阿德格夫林"在不列颠语中可解释为"山羊之山",这一点在耶威林发现的 AX 号墓室中得到了证实。该墓室主人可能是 6 世纪下半叶的一位多神教祭司。在该墓室中发现了一支顶上有山羊状青铜物件的长杆,在尸体脚边还有山羊的

---

[1] Marilyn Dunn, *The Christianization of the Anglo-Saxons*, c. 597—700: *Discourses of Life, Death and Afterlife*, London, New York: Hambledon Continuum Press, 2009, p. 163.

[2] Brian Hope-Taylor, *Yeavering: An Anglo-British Centre of Early Northumbria*, London: Her Majesty's Stationery Office, 1977, p. 17.

[3] St. Bede, *Venerabilis Baedae Opera Historica*, ed. C. Plummer, London, Edinburgh, New York: E Typographeo Clarendoniano, 1896, Lib. Ⅱ, 14, pp. 114-115.

头骨。贝尼西亚的盎格鲁人很可能与不列颠人有同样的对山羊的图腾崇拜。[1] 在泰勒的研究基础上，约翰·布莱尔进一步指出，耶威林发掘地东部的环状沟渠(Ring-ditch)中的建筑物朝向轴线的在 7 世纪初的改变(变成正东西向)和后继建筑物的兴建，与基督教的传入可能存在着密切的联系。他认为，7 世纪初在东部环状沟渠的一片早期带状墓地(string-graves)上新修的木结构房屋很可能是为取代旧教崇拜而建的教堂。[2] 但这一假说还是缺乏有力证据的支撑。盎格鲁-撒克逊教会将教堂建于异教徒的墓地上这样的考古证据十分罕见，建于名为"精灵的墓地"小土丘旁的里彭修道院，以及牛津郡的班普顿教堂可能是为数不多的两个例子。[3] 在耶威林的东部环沟墓地内的异教徒尸骨并未迁移出去，这与西奥多后来制定的教规是相抵触的。在西奥多对各种犯罪制订的赎罪条文中规定[4]：

> 如果一所教堂里曾埋有异教徒的尸骨，那么(这所教堂的)祭坛不应被祝圣；只有当尸骨被搬离，(祭坛的)木制品被洗涤和刮去时，(祭坛)才可重新竖立起来。[5]

> 假如(这个祭坛)曾经被祝圣，先前有基督教信徒被埋葬在这里，那么就应举行弥撒庆祝。但若有一个异教徒(被埋葬在那里)，祭坛就需要重新清洗，并把(尸体)丢出去。[6]

---

　　[1]　Brian Hope-Taylor, *Yeavering: An Anglo-British Centre of Early Northumbria*, London: Her Majesty's Stationery Office, 1977, pp. 15, 67-69, 200-203.

　　[2]　John Blair, *The Church in Anglo-Saxon Society*, New York: Oxford University Press, 2005, pp. 54-57, fig. 7-8.

　　[3]　可见前文第 70 页讨论。这种例子极少，转变的证据很难考证。John Blair, *The Church in Anglo-Saxon Society*, New York: Oxford University Press, 2005, p. 237.

　　[4]　赎罪或补赎(Penance)源于拉丁文 peona, 意为"惩罚"或"惩戒"，指信徒违反基督教教规戒令后通过忏悔诵经、禁食节欲或自我流放等形式表明自己的悔意，以期天主的宽恕。在西奥多的《赎罪书》中禁食酒肉往往是最基本的一项。

　　[5]　Theodore of Tarsus, *Penitential of Theodore*, II. I. 4, in: *Medieval Handbooks of Penance: A Translation of the Principal Libri Poenitentiales and Selections from Related Documents*, ed. Austin P. Evans, New York: Columbia University Press, 1938, p. 199.

　　[6]　Theodore of Tarsus, *Penitential of Theodore*, II. I. 5, in: *Medieval Handbooks of Penance: A Translation of the Principal Libri Poenitentiales and Selections from Related Documents*, p. 199.

如此推论,倘若耶威林的异教徒墓地之上后来真的修建了教堂,那么西奥多的教规就未能得到有效地执行。

西奥多的规定体现了他严格隔离基督徒与异教徒墓地的理念。值得我们思考的是,这些教规是否体现了对大格雷戈里改造旧教圣地的思想的一种继承?结合前文西奥多对战士、妇女以及婚姻问题设立的严苛的赎罪条例来看,恐怕未必如此。他从严制定教规,排斥异教徒和异教风俗,很可能与7世纪60年代爆发的大规模瘟疫所引发的多神教复兴现象有关。

第二节　大瘟疫与死后世界观念的基督教化

从目前的考古成果来看,7世纪初英吉利的基督教文化虽处于萌芽状态,但已呈现出替代多神教风俗的一种趋势。但在664年爆发的大瘟疫给教会造成了沉重的打击,不少地区出现了多神教复兴现象。据比德记载,在664年5月的日食前后,爆发了一场毁灭性的瘟疫。瘟疫从大不列颠岛的南部迅速蔓延至诺森伯里亚,持续多时,使无数人丧失了生命。[1] 这种瘟疫很可能就是鼠疫,由老鼠身上的跳蚤叮咬传播,感染者通常会因引发肺炎,病菌继而由病患咳出的唾沫经空气再次扩散。[2]

一、大瘟疫与传统葬仪的复兴

在664年,包括肯特国王厄康伯特、大主教德乌斯德迪特、埃塞克斯主教切德和林迪斯凡主教图达等人相继去世(后二者可以肯定是因染上瘟疫而去世,前二者则很有可能也是瘟疫的牺牲品)。664年之后仍有瘟疫反扑,学

---

〔1〕 St. Bede, *Venerabilis Baedae Opera Historica*, ed. C. Plummer, London, Edinburgh, New York: E Typographeo Clarendoniano, 1896, Lib. Ⅲ, 27, pp. 191-192.

〔2〕 比德记圣卡思伯特感染瘟疫后出现的症状是"大腿上的肿块向内侧移动"。St. Bede, *Life of Cuthbert*, Chap. 8, in: *The Age of Bede*, *Bede: Life of Cuthbert*, *Eddius Stephanus: Life of Wilfrid*, etc., trans. J. F. Webb, ed. D. H. Farmer, London: Penguin, 2004, p. 55. 这与鼠疫引起的鼠蹊部淋巴肿胀症状是极为类似的。如果感染者得以痊愈,那么他就拥有了免疫力。卡思伯特和埃格伯特(Ecgberht,后任里彭修道院院长)都是幸存的遇难者,其中埃格伯特还活到了90岁的高寿。

界将其定义为"分散、零落地爆发瘟疫时期"。[1] 666—669 年间瘟疫在吉灵修道院肆虐,威尔弗里德邀请吉灵修道院院长图伯特(Tunbert)和切奥尔弗里思(Ceolfrith,后任贾罗修道院院长)以及其他修士来里彭避难。[2] 672年,查德在担任麦西亚主教时因瘟疫去世。[3] 680 年,伊利女修道院院长埃塞尔思里德死于瘟疫。[4] 686 年,贾罗-圣彼得修道院院长埃奥斯特温(Eosterwine)染瘟疫亡故。[5] 主教、修道院院长死于瘟疫的例子,不一而足。而在像修道院这类过集体生活的场所死亡率更是突出。在巴金修道院、伊利修道院、塞尔西修道院、林迪斯凡修道院、拉斯廷厄姆修道院、贾罗修道院都出现了大批修士、修女死亡的现象。[6] 在 7 世纪 80 年代早期的一场瘟疫,几乎摧毁了林迪斯凡整个教区。"瘟疫的爆发造成了如此惨痛的浩劫——往日熙熙攘攘的村落今天只剩下了零星几个居民,甚或情况更差。"[7]在瘟疫肆虐过后的贾罗修道院,偌大个修道院里幸存的能书写或唱赞美歌的修士仅剩下了院长切奥尔弗里思和一个小男孩。[8] 一般认为这名小男孩就是比德本人。

　　这种灾难性的传染疾病给社会带来了巨大的创伤,同时也给教会带来

　　〔1〕 J. Maddicott,"Plague in seventh-century England",in:*Plague and End of Antiquity:The Pandemic of 541—750*,ed. L. K. Little,Cambridge:Cambridge University Press,2007,p. 176.

　　〔2〕 Anonymous,*The Anonymous History of Abbot Ceolfrith*,Chap. 3,in:*The Age of Bede*,Bede:*Life of Cuthbert*,Eddius Stephanus:*Life of Wilfrid*,etc.,trans. J. F. Webb,ed. D. H. Farmer,London:Penguin,2004,p. 214.

　　〔3〕 St. Bede,*Venerabilis Baedae Opera Historica*,ed. C. Plummer,London,Edinburgh,New York:E Typographeo Clarendoniano,1896,Lib. IV,3,pp. 206-212.

　　〔4〕 St. Bede,*Venerabilis Baedae Opera Historica*,ed. C. Plummer,London,Edinburgh,New York:E Typographeo Clarendoniano,1896,Lib. IV,19,pp. 243-244.

　　〔5〕 St. Bede,*Venerabilis Baedae Opera Historica*,ed. C. Plummer,London,Edinburgh,New York:E Typographeo Clarendoniano,1896,Historia Abbatum,chap. 8,pp. 371-372.

　　〔6〕 这应与修道院生活方式有一定关联,比如埃奥斯特温在染瘟疫临死之前对所有修士都行了亲吻礼。Bede,*Life of the Abbots of Wearmouth and Jarrow*,Chap. 8,in:*The Age of Bede*,Bede:*Life of Cuthbert*,Eddius Stephanus:*Life of Wilfrid*,etc.,trans. J. F. Webb,ed. D. H. Farmer,London:Penguin,2004,p. 195.

　　〔7〕 St. Bede,*Life of Cuthbert*,Chap. 33,in:*The Age of Bede*,Bede:*Life of Cuthbert*,Eddius Stephanus:*Life of Wilfrid*,etc.,trans. J. F. Webb,ed. D. H. Farmer,London:Penguin,2004,p. 86.

　　〔8〕 Anonymous,*The Anonymous History of Abbot Ceolfrith*,Chap. 14,in:*The Age of Bede*,Bede:*Life of Cuthbert*,Eddius Stephanus:*Life of Wilfrid*,etc.,trans. J. F. Webb,ed. D. H. Farmer,London:Penguin,2004,p. 218.

了沉重的打击。单就 664 年,教会就损失了大主教在内的 4 名主教[很可能罗切斯特主教达米安(Damian)也死于该年]。代替大主教德乌斯德迪特前往罗马请求祝圣的候选人,威格哈德(Wighead)神父也因瘟疫死于归途,致使坎特伯雷大主教的席位空缺了 4 年零 10 个月之久。[1] 这时在英吉利的主教只剩下约克主教查德、利奇菲尔德主教贾路曼、邓尼奇主教贝特基索·伯尼费斯(Berhtgisl Boniface)和温切斯特主教威尼。正是因为盎格鲁-撒克逊教会高级神职人员的匮乏,不得已才让两个威尔士主教来为查德任麦西亚主教祝圣,因为这是有违常规的。虽然教会在之前几十年时间里取得了阶段性的成果,但基础尚不稳固,基督教化进程很有可能因此被打断,甚至出现倒退现象。

7 世纪下半叶流行的瘟疫是使多神教活动复兴的一个关键因素。较为典型的例子是,与埃塞克斯国王塞比共治的西格希尔抛弃了基督教,和他的子民一起重建了旧有的神庙和偶像,认为他们这样就能从瘟疫的魔掌中逃脱。[2] 也许这是一种对旧神的安抚怀柔政策。人类学家认为,人们在改变信仰的过程中存在着一种思维倾向,怕遭到旧神灵的恶意报复。雷蒙德·弗思研究并记录了 20 世纪所罗门群岛的提考皮亚岛(Tikopia)居民在改宗时的一些行为和想法。在基督教传播时期,发生了害虫毁坏大批农作物,鳄鱼上岸袭人的现象,提考皮亚人认为这是旧神对他们改宗的抗议。[3]

切德在埃塞克斯传教时取得了一定的成绩,但很可能并未教化伦敦这个自劳伦斯大主教以来多神教势力兴盛的地方。西格希尔控制的范围很可能就是伦敦周边地区。[4] 切德死后,他在埃塞克斯的 30 名修士都随他的遗体回到了拉斯廷厄姆修道院,埃塞克斯地区的基督教组织一下子变得非常薄弱,这也给西格希尔复兴旧教提供了借口和机会。东撒克逊人的旧教复

---

〔1〕 St. Bede, *Venerabilis Baedae Opera Historica*, ed. C. Plummer, London, Edinburgh, New York:E Typographeo Clarendoniano,1896,Lib. IV,1,pp. 201-202.

〔2〕 St. Bede, *Venerabilis Baedae Opera Historica*, ed. C. Plummer, London, Edinburgh, New York:E Typographeo Clarendoniano,1896,Lib. III,30,pp. 199-200.

〔3〕 Raymond Firth, *Rank and Religion in Tikopia:A Study in Polynesian Paganism and Conversion to Christianity*, Sydney:Allen & Unwin,1970,p. 309.

〔4〕 Marilyn Dunn, *The Christianization of the Anglo-Saxons*, c. 597—700:*Discourses of Life,Death and Afterlife*, London, New York:Hambledon Continuum Press,2009,p. 125.

兴未延续多久就被麦西亚主教贾路曼所率领的传教团所终止了。尔后麦西亚国王伍尔夫希尔为巩固他在埃塞克斯的影响,接受了被威塞克斯驱逐的主教威尼的贿赂,派他前去担任埃塞克斯的主教。[1] 在提考皮亚人遇到灾害时,数名酋长同样率部族重归原始信仰,一个布道团前去劝说。"他们去往酋长帕·塔夫阿(Pa Tafua)处,告诉他你已经受过洗礼,回到教会里来。……塔夫阿重新认识到十字架的威力。他和他的长老战战兢兢地回到教会。长老追随族长是他们部落联盟的一个标志。"[2]

这种情况与埃塞克斯 664 至 665 年发生的信仰反复是类似的,而且部族首领对宗教都有定夺大权。微妙的差别在于,埃塞克斯受到是来自麦西亚的政治压力,而提考皮亚岛则是受到了西方世界,尤其是近邻澳大利亚的政治影响。

尽管西格希尔和他的族民回归了基督教,但瘟疫还是暴露出基督教这一新信仰在面对大规模灾害时的软肋。又如,贝尼西亚地区在瘟疫流行时也发生过类似事件(参见第二章)。人们对死亡的惧怕、对灾难来临时的无助感很容易将他们带回宣扬自然神灵力量,云苫雾罩着的原始多神教。相对于基督教,它的教义更简单,但迷信成分也更浓郁。盎格鲁-撒克逊多神教中有亡魂归来的说法,这类同于中国民间的"叫魂",在世界范围内都是普遍存在的。基督教观念中的灵魂唯一,死时离开身体,死者生前的道德行为决定了灵魂的归宿。而多神教一般认为人有数个灵魂,执行正确的仪式后,其中一个灵魂能去往死后世界,而其他的则随身体消亡;未能正确地完成丧葬仪式,灵魂就会成为鬼或亡魂。[3] 在大瘟疫时期,由于各地区极高的死亡率(比如贾罗修道院),很多人都只是被草草地埋葬甚至曝尸旷野,亡魂归来会杀死生者的传言很有可能被很多人信以为真。

在汉普郡(Hampshire)温切斯特北郊的温纳尔(Winnall)有两座 7 世纪

〔1〕 St. Bede, *Venerabilis Baedae Opera Historica*, ed. C. Plummer, London, Edinburgh, New York: E Typographeo Clarendoniano, 1896, Lib. Ⅲ, 7, pp. 140-141.

〔2〕 Raymond Firth, *Rank and Religion in Tikopia: A Study in Polynesian Paganism and Conversion to Christianity*, Sydney: Allen & Unwin, 1970, p. 339.

〔3〕 Marilyn Dunn, *The Christianization of the Anglo-Saxons, c. 597—700: Discourses of Life, Death and Afterlife*, London, New York: Hambledon Continuum Press, 2009, pp. 6-12.

的撒克逊人墓室。年代较早的温纳尔 1 号冢由于在 19 世纪晚期遭到了暴露和破坏,难以进行考古发掘,而 2 号冢的 45 个墓穴在 1957—1958 年得到了较为系统的挖掘。其中一些墓穴未经装饰,另一些有装饰的墓穴也只有少量的陪葬品,部分仅仅放置了小刀。根据对陪葬品的鉴定推断大约在 7 世纪晚期。考古学家认为,2 号冢应是在基督教传入威塞克斯之后,改宗后的基督徒的墓地。[1] 但这些墓室的尸体大多以一种特殊的位置摆放,或是有燧石压在尸身上。其中还有两具尸体被斩首。这种做法极有可能是为了防止他们的亡灵重归地面之上。[2] 玛丽莲·邓恩分析了萨顿胡墓地 5 具身首分离的尸体特殊墓葬方式,其中有一例较为典型:42b 号墓室主人是一名断首的男性,上面被 42a 和 43 号墓室的两具女性尸体倾斜交叠地压着。邓恩认为这些死者在当时可能都被当成潜在的亡魂,用防止他们归来的方式进行埋葬。[3]

除了固定尸身或分割尸体的手段外,还有一种对尸体进行曝晒的处理方法可能也是为了防止亡魂的归来。在萨默塞特郡巴斯(Bath)西南部的卡梅顿(Cameton)村的一处 7 世纪墓地里,16 具尸体看上去像是经过尸僵(rigor mortis)过程后再放入墓室中的,说明在埋葬前很可能经过了一段时间的曝晒。[4] 在肯特西部的波希尔(Polhill),有一处大型墓地,可追溯至550—650 年间。在墓地东首有 6 个拥有传统环状沟渠的古墓。在西首还有一间长方形结构的屋子,有学者猜测这是进行丧葬仪式的小屋,或是在埋葬

〔1〕 Barbara Yorke, *Wessex in the Early Middle Ages*, London: Leicester University Press, 1995, p. 174.

〔2〕 Audrey Meaney and Sonia Hawkes, *Two Anglo-Saxon Cemeteries at Winnall*, *Winchester*, *Hampshire*, London: Society for Medieval Archaeology, 1970, pp. 29-31.

〔3〕 Marilyn Dunn, *The Christianization of the Anglo-Saxons*, *c.* 597—700: *Discourses of Life*, *Death and Afterlife*, London, New York: Hambledon Continuum Press, 2009, pp. 176-177. 这 5 个例子分别是 27、29、42b、49、53 号墓室。尸体的表现是脖子不规则受损或头颅的位置被其他东西取代,不过其中两例亦有可能是在后期埋葬或搬运中造成的分离。参考 M. O. H. Carver, Angela Care Evans, *Sutton Hoo: A Seventh-Century Princely Burial Ground and its Context*, London: British Museum Press, 2005, pp. 334-349.

〔4〕 Audrey Meaney and Sonia Hawkes, *Two Anglo-Saxon Cemeteries at Winnall*, *Winchester*, *Hampshire*, London: Society for Medieval Archaeology, 1970, p. 30.

前曝晒尸体之用。[1]

　　大瘟疫的爆发可能使部分基督教地区的人重新采用旧有的丧葬仪式，比如在 7 世纪的墓地的使用的环状沟渠，目的可能在于防止亡灵的归来。[2]在肯特东部的伊斯特里镇（Eastry），在一处 650—700 年间的墓地发现有环状沟渠环绕。[3]在附近的芬格勒夏姆村（Finglesham）墓地，在其东南部边界有一片未装饰或仅带一点装饰的墓室，同样有环状沟渠围绕，时间大约在 7 世纪晚期至 8 世纪早期之间。[4]肯特在大瘟疫期间也遭受了重大的打击，瘟疫很可能是经其贸易港口从法兰西传入的。尽管它是第一个接受基督教的盎格鲁-撒克逊国家，在 650 年之后基督教信仰大体已经普及，但人们很可能出于对瘟疫的恐惧，对受害者采用传统葬仪以防止他们的亡魂归来。在格洛斯特郡（Gloucestershire）科茨沃尔德（Cotswolds）南部的莱奇莱德（Lechlade）镇，有一处 7 世纪的精美的盎格鲁-撒克逊女性墓室。陪葬品包括一条编织带，一把小刀和一个银制的颈箍等物件。颈箍外面有一个突起的十字架，证明墓主的基督徒身份。墓地外也有一圈由许多长坑道组成环状沟渠。[5]这是否是一个大瘟疫时期死去的贵族基督徒，因被家人认为可能成为亡魂而采用了传统葬仪的例子呢？

　　迄今为止，大瘟疫时期的死者与传统葬仪之间的联系并不清晰。由于采用 DNA 分析手段寻找中世纪早期尸骸的病因的技术尚不成熟，这一假说仍待时间的验证。然而无论假说正确与否，上述诸多线索都反映了瘟疫时期出现了较大规模的多神教复兴现象，盎格鲁-撒克逊教会是如何应对这一

[1]　Marilyn Dunn, *The Christianization of the Anglo-Saxons*, c. 597—700: *Discourses of Life*, *Death and Afterlife*, London, New York: Hambledon Continuum Press, 2009, pp. 178. 另参考 Brian Philp, *Excavations in West Kent*, 1960—1970, Dover: The West Kent Border Archaeological Group, 1973, pp. 187-188。

[2]　Marilyn Dunn, *The Christianization of the Anglo-Saxons*, c. 597—700: *Discourses of Life*, *Death and Afterlife*, London, New York: Hambledon Continuum Press, 2009, pp. 178-180.

[3]　J. Willsin, "Rescue excavations on the Anglo-Saxon cemetery at Eastry, 1989", in: *Kent Archaeological Review*, Vol. 100, 1990, pp. 229-231.

[4]　S. C. Hawkes and G. Grainger, *The Anglo-Saxon Cemetery at Finglesham*, Kent, Oxford: Oxford University School of Archaeology, 2006, pp. 31 and 157-160.

[5]　A. Boyle, D. Jennins, D. Miles and S. Palmer, *Anglo-Saxon Cemetery at Butler's Field*, Lechlade, Gloucestershire, Oxford: Oxford University School of Archaeology, 1998, pp. 133-134; John Blair, *The Church in Anglo-Saxon Society*, New York: Oxford University Press, 2005, pp. 231-233.

异教思潮回归局面的？这恐怕要从基督教思想观念的核心——信基督者死后必得救，即基督教的死后世界观念着手分析。

二、基督教中的死后世界观念

推广基督教死后世界观念主要依赖于神职人员的布道。四卷本《大格雷戈里对话集》(*The Dialogues of Saint Gregory the Great*)是盎格鲁-撒克逊教会在早期传教布道中使用的重要材料。它现存较为完整的底稿来源自阿尔弗雷德大王约在 890 年命伍斯特主教威尔福尔斯 (Werferth of Worcester)翻译的盎格鲁-撒克逊语稿[1]，后传抄收藏于坎特伯雷基督教堂，并流传至今。《对话集》早先被认为是教皇大格雷戈里在当选教皇后的第三年，也就是 593 年写成的文集。[2] 但最新研究表明，《对话集》中除了《道德篇》(*Moralia*)等作品外，其主体部分大约完成于 670—680 年间。[3] 通过对该文集的研究，可以更好地了解英吉利教会在民众中布道、宣传的方法，以及应对环境变化的政策调整。

《对话集》中保留了一名叫做史蒂芬 (Stephen) 的士兵讲述的"死后见闻"。他描述的天堂是在一条浑浊乌黑的河流的对岸，那里有一栋疑似金砖砌成的房屋，有美丽的牧场和身着白衣的人群。而他在过桥时不小心掉了下来。《对话集》对此予以批驳："天堂并不需要有用金子堆砌的房屋，这种

---

〔1〕 Gregory the Great, *The Dialogues of Saint Gregory the Great*, ed. and trans. Edmund G. Gardner, London: Medici Society Ltd., 1911, introduce, p. xxiv.

〔2〕 Gregory the Great, *The Dialogues of Saint Gregory the Great*, ed. and trans. Edmund G. Gardner, London: Medici Society Ltd., 1911, introduce, p. xix.

〔3〕 该书相关的主题除了本尼迪克主义外，还混合了其他的一些教义，而这些教义在大格雷戈里时代的罗马是不可能了解到的。《对话集》最早的手稿之一出现于诺森伯里亚。今天我们所看到的版本很可能是后世英吉利学者在原有篇章基础上加工而成的。Francis Clark, *The "Gregorian" Dialogues and the Origins of Benedictine Monasticism*, Boston: Brill, 2003, pp. 365-371; Marilyn Dunn, *Emergence of Monasticism*, Oxford: Blackwell, pp. 131-133; D. Yerkes, "An Unnoticed Omission in the Modern Critical Editions of Gregory's Dialogues", in: *Revue Bénédictine*, Vol. 87, 1977, pp. 178-179. 下文简称《对话集》。

见闻是很荒唐的。"[1]俗人的"灵魂离体"或是弥留时看到的幻象往往不被教会所认可,但从中也可看出当时普通人对死后世界的一种想象。

神职人员见到的幻象或"灵魂出体"时的经历,往往会被教会拿来宣传基督教的天堂-地狱观。爱尔兰圣徒富尔萨在东盎格利亚的一所修道院患重病时就曾有过类似的幻觉。他的肩膀和脸颊被一个在炼狱的灵魂烧伤,因为他曾拿走过这个罪人的衣物。最后天使还告诉他如何去拯救那些死时确有悔罪表现的人。[2] 在这里,教会强调了为善和忏悔的重要性,富尔萨痊愈后,他的身上始终留有烧伤的印记——这是他后半生为赎罪付出的代价。

在林林总总的"死时的经历"中,7世纪末一个诺森伯里亚人死而复生的故事很具有代表性。德莱塞尔姆(Dryhthelm)原先只是一个普通的信徒,因生重病身体日益虚弱。在一天晚上亲人都以为他去世了,但他却在次日早晨复苏,突然坐了起来。经过这番死里逃生的经历后,他去梅尔罗斯修道院做了一名修士。德莱塞尔姆向人们讲述了他在弥留之际在死后世界的见闻。一名穿着闪亮袍子的人为他引路,起先他们来到了一个又长又深的峡谷。这里一边是熊熊燃烧的烈焰,一边是漫天的大雪和冰雹。两边寒暑分开,气候迥异。很多人的灵魂在这两边反复迁移,受着无尽的折磨。他们继续前行来到一个漆黑的深渊旁,这里有一团团火焰从黑洞里冒出,魔鬼正在把一群哭嚎着的灵魂拽入深渊。接着向导把德莱塞尔姆带到了一片美丽的田野,使他一度认为这便是天堂。向导告诉他这里只是一片乐土,供那些善良但不够资格去天堂的灵魂居住;而在冰与火之间峡谷是炼狱,在这里的人们虽然犯了罪过,但他们在临终前做了认罪忏悔,还是可以在最终审判日那天升入天堂。向导补充说,地上的生者通过祷告、施舍、守斋特别是做弥撒可以使炼狱里的灵魂早日脱离苦海得到解脱,但在地狱的灵魂是无法得到

---

[1] Gregory the Great, *The Dialogues of Saint Gregory the Great*, Book IV, Chap. 36, ed. and trans. Edmund G. Gardner, London: Medici Society Ltd., 1911, pp. 219-223. 奥古斯丁也曾驳斥铁匠卡曼(Curma)"复活之旅"的见闻。St. Augustine, *On the Care of the Dead*, *Nicene and Post-Nicene Fathers*, First Series, Vol. 3. Edited by Philip Schaff, Buffalo, NY: Christian Literature Publishing Co., 1887, Chap. 15.

[2] St. Bede, *Venerabilis Baedae Opera Historica*, ed. C. Plummer, London, Edinburgh, New York: E Typographeo Clarendoniano, 1896, Lib. Ⅲ, 19, pp. 165-167.

救赎的。[1] 这个故事涉及了"炼狱"的概念,并为比德所承认,证明此时英吉利的赎罪理论已发展到较为成熟的阶段。[2]

三、大瘟疫与死后世界观念的发展

基督教早期的死后世界观是建立在犹太教的末日审判论基础之上的。

> 万民都聚集在人子的面前。他要把他们分别出来,好像牧羊人分别绵羊和山羊一般。我主将绵羊安置在右边,山羊在左边。王向右边的说:"你们这边蒙我父赐福的,可继承创世以来的为你们预备的王国。……"向左边的说:"你们这些被诅咒的人,离开我,进入到魔鬼所预备的永恒之火里去!"[3]

从早期经典来看,去往天国或地狱的灵魂之间应是泾渭分明的。但随着赎罪理论和炼狱概念的逐渐成形,这种差别就开始模糊起来。

忏悔赎罪可以帮助人们脱离炼狱、进入天堂的观念早先就有,如一个世纪多之前的爱尔兰的《芬里安赎罪书》(*Penitential of Finnian*)便反映了这一思想。[4] 但从德莱塞尔姆的故事可以看出,这种观念已有所改进,即在世的人的祈祷也可助死者在末日审判前脱离炼狱。尽管《对话集》的影响力是建立在大格雷戈里的罗马权威体系之上,但在赎罪、死亡与死后世界这三

---

〔1〕 St. Bede, *Venerabilis Baedae Opera Historica*, ed. C. Plummer, London, Edinburgh, New York: E Typographeo Clarendoniano, 1896, Lib. V, 12, pp. 303-310.

〔2〕《圣经》中并未明确论及炼狱,但早期教父们认为还是有几处涉及了这一概念,都与赎罪相关。其中一处是:"凡说话干犯人子的,还可得赦免。"《马太福音》,第 12 章,《圣经·新约》,ESV,上海:中国基督教两会 2008 年版,第 22 页。另一处是:"人的工程若被烧了,他就要受损失;虽会得救,但就像经过火烧一般。"《哥多林前书》,第 3 章,《圣经·新约》,ESV,第 286 页。

〔3〕《马太福音》,第 25 章,《圣经·新约》,ESV,第 49—50 页。

〔4〕 赎罪体系的整个价值理念即建立在这一点上。比如《芬里安赎罪书》的第 1 条:"如果有人内心有犯罪的念头,那么他立刻去打胸膛忏悔,寻求主的宽恕,并得到(神父的)满意,那么他还是一个无暇的人。"第 28 条:"如果一个神父犯了愤怒、妒忌、谗谤或贪婪等大戒,等于他们抹杀了(自己的)灵魂,并把灵魂投向了地狱的阴影中。但因为有忏悔,我们可以在主的帮助下,通过自身的努力,请求主的怜悯,对这些(罪孽)取得胜利。" Finnian of Clonard, *Penitential of Finnian*, 1 and 28, in: *Medieval Handbooks of Penance: A Translation of the Principal Libri Poenitentiales and Selections from Related Documents*, pp. 87 and 92.

者关系间,它还是加入了一些后来发展起来的新的观念。在《大格雷戈里对话集》第4卷谈到,圣餐礼的力量使一名叫做贾斯图斯(Justus)的修士从无尽的炼狱折磨中得到解放。[1] 这个故事很可能脱胎于惠特比匿名修士所撰的《大格雷戈里传》中,大格雷戈里的一个修士犯了罪,而圣餐礼救其灵魂出炼狱火海的事。[2] 又如,《对话集》还提到一名罗马助祭帕斯卡西乌斯(Paschasius)的故事。帕斯卡西乌斯是6世纪初年对立教皇劳伦斯(antipope Laurentius)的追随者,被判分裂教会罪。在他死后,卡普阿主教日耳曼努斯(Germanus of Capua)在一处温泉疗养时发现了他。死去的助祭说他在这里做苦工是上帝对他帮助劳伦斯对抗正统教皇的惩罚,他请求日耳曼努斯为他祈祷,后者照做了。几天后,日耳曼努斯重访温泉,发现帕斯卡西乌斯的灵魂已经不见了。作者指出,像帕斯卡西乌斯这样原先好善乐施的人因为犯了无知的错误,是可以被上帝原谅的。[3] 事实上这也暗示了教会可以用祈祷来拯救亡魂。《对话集》中还有个相似的故事:一个常在温泉出现的亡魂,在被奉了7天的圣餐礼后消失。[4] 从这两个故事也可发现,教会认为亡魂多出现于温泉这样的异教崇拜场所。

瘟疫爆发后,教会为安抚人们的恐慌情绪,阻止人们回归多神教信仰,对死后世界的一些观念做出了相应的调整和修正,以便更好地让民众接受基督教关于死后世界的教义。这首先体现在对忏悔赎罪功用的鼓吹渲染,以及强化教会圣礼、祈祷的价值上。

在那个时代,面对瘟疫这样的可怕的灾难,任何的解释都会显得苍白无力;唯有给生者以希望和安慰,或在某种程度上可以平复他们的伤痛,缓解社会的恐慌情绪。比德记载了在瘟疫期间巴金女修道院的一名男孩厄西卡(Esica)死时的情形。他死前呼喊了三声伊德吉斯(Eadgyth),这是一名照料

---

〔1〕 Gregory the Great, *The Dialogues of Saint Gregory the Great*, Book IV, Chap. 55, ed. and trans. Edmund G. Gardner, London: Medici Society Ltd., 1911, pp. 250-252.

〔2〕 An anonymous monk of Whitby, text and trans. by Bertram Colgrave, *The Earliest Life of Gregory the Great*, Chap. 28, New York: Cambridge University Press, 1985, pp. 125-127.

〔3〕 Gregory the Great, *The Dialogues of Saint Gregory the Great*, Book IV, Chap. 40, ed. and trans. Edmund G. Gardner, London: Medici Society Ltd., 1911, pp. 234.

〔4〕 Gregory the Great, *The Dialogues of Saint Gregory the Great*, Book IV, Chap. 55, ed. and trans. Edmund G. Gardner, London: Medici Society Ltd., 1911, pp. 249-250.

他的修女的名字。碰巧的是，伊德吉斯也在那天因瘟疫去世。针对这样易引起恐慌的事件，比德解释说这是男孩召唤这名修女去往天国的呼声。[1]在《对话集》中也有两个相仿的故事。圣安德烈修道院修士基朗提乌斯（Gerontius）和意大利波尔图港（Portus）的修士梅里图斯（Mellitus）在死于瘟疫死前都曾见到了相似的幻象——一本天堂的名册，上面记有他们和将要去世的修士的名字。[2]事实上这些事表明，基督教在无力拯救信众的生命时，只能认为这是上帝的安排。对于那些身染瘟疫必定死去的人们，给予他们进入天堂的允诺，作为善良和虔诚的回报，也是一种安抚的手段。

在《对话集》中还有一个用古怪的口吻讲述死于瘟疫的一名男孩的故事。他的灵魂从天堂回来后，告诉旁人所有死于他之后的人的名字。他描述天堂的语言是他从不通晓的。[3]这很可能就是因瘟疫引发的高烧，导致他意识模糊，在病榻上喃喃呓语。还要离奇的是这名男孩死去时咬了自己的手和手臂。从多神教的观点来看，这名男孩可能是吸血鬼的化身。在发掘尚未腐烂的尸体时有时可发现手部指甲和皮肤的缺损，给人的印象似乎是他们自己咬掉的。[4]这个故事很可能来源于英吉利，在先前的故事版本中这名小男孩被描述为一个亡魂，并从死者之地归来带走了其他人的生命。比德在《教会史》中记载，在塞尔西修道院，一名男孩同样身染瘟疫。在弥留之际，他说他见到了天堂的众使徒，并告诉神父那天是奥斯瓦尔德国王的忌日。[5]《对话集》作者与比德都采用了一种的庆幸口吻来讲述病患去世的事——能够脱离俗世的烦恼升上天堂——但实则隐藏着一种对不可抗力的无奈。

罗马附近的恩珐德（Enfide）修道院的一名小修士在回家看望父母时生病死去。在葬礼过后，他的尸体多次从坟墓里返回地面。他的家人感到惊

〔1〕 St. Bede, *Venerabilis Baedae Opera Historica*, ed. C. Plummer, London, Edinburgh, New York: E Typographeo Clarendoniano, 1896, Lib. IV, 8, pp. 220-221.

〔2〕 Gregory the Great, *The Dialogues of Saint Gregory the Great*, Book IV, Chap. 26, ed. and trans. Edmund G. Gardner, London: Medici Society Ltd. , 1911, pp. 206-210.

〔3〕 Gregory the Great, *The Dialogues of Saint Gregory the Great*, Book IV, Chap. 26, ed. and trans. Edmund G. Gardner, London: Medici Society Ltd. , 1911, pp. 209-210.

〔4〕 P. Barber, Vampires, *Burial and Death: Folklore and Reality*, New Haven: Yale University Press, 1988, pp. 109-110.

〔5〕 St. Bede, *Venerabilis Baedae Opera Historica*, ed. C. Plummer, London, Edinburgh, New York: E Typographeo Clarendoniano, 1896, Lib. IV, 14, pp. 233-236.

恐万分,将此事归因为超自然的力量,并视其为亡灵。圣本尼迪克送给他父母一块祝福过的圣体,并指导他们将圣体与孩子一同埋入坟墓,以确保尸体一直待在坟墓里。[1] 令人生疑的是,无论是圣本尼迪克,还是大格雷戈里的时代,宗教会议都颁布教令,明令禁止死者有任何陪葬品,包括民间较为流行的在死者口中安放圣体的做法。[2] 考古学家在6—8世纪许多孩子的墓室里都发现了带有传统风俗的护身符。[3] 我们从这个故事可以看到,用圣体代替护身符作为防止亡魂归来的手段已经得到了应用。虽然圣体(面包)由于易腐烂分解,不可能从考古现场予以证实,但假若该故事是盎格鲁-撒克逊教会在实际工作中的一个翻版,那么这一做法很可能成为基督教改造传统葬礼风俗和习惯的有力武器。此外,《对话集》第2卷还提到恩珐德修道院旁的一所女修道院的亡魂的故事。两名出身贵族家庭的修女因骄纵的言辞而被本尼迪克警告,要赶她们出女修道院,但她们仍我行我素。不久两名修女都患病死去,被葬在教堂里。每每做弥撒,助祭循惯例喊"未领圣体的人请离开教堂"时,她们都会从坟墓里出来,自行离开。在本尼迪克给予她们圣体之后,她们再也未在教堂出现过。[4]

第三节　洗礼与死后世界观念的转变

受多神教熏陶的日耳曼人认为,他们死后会和祖先一起生活在死者之地。在中世纪早期,教会否定这一传统观点的做法可能会导致一些人拒绝

---

〔1〕 Gregory the Great, *The Dialogues of Saint Gregory the Great*, Book Ⅱ, Chap. 24, ed. and trans. Edmund G. Gardner, London: Medici Society Ltd., 1911, p. 86. 男孩的尸体很可能是被野兽从土里刨出来的。(参考 P. Barber, Vampires, *Burial and Death*: *Folklore and Reality*, New Haven: Yale University Press, 1988, pp. 154-157。)

〔2〕 393年的希波(Hippo)会议、397年和525年的迦太基(Carthage)会议、578年的奥塞尔(Auxerre)会议和692年的君士坦丁堡的圆顶大厅(Trullo)会议都明文规定禁止这一做法。*The Encyclopedia of Christianity*, ed. Erwin Fahlbusch, Grand Rapids: Wm. B. Eerdmans Publishing, 1999, p. 366.

〔3〕 S. Crawford, "Children, Death and Afterlife in Anglo-Saxon Furnished Burial Ritual", *Anglo-Saxon Studies in Archaeology and History*, Vol. 6, ed. S. Hawkes and W. Filmer-Sankey, Oxford: Oxford University School of Archaeology, 1993, pp. 83-92.

〔4〕 Gregory the Great, *The Dialogues of Saint Gregory the Great*, Book Ⅱ, Chap. 23, ed. and trans. Edmund G. Gardner, London: Medici Society Ltd., 1911, p. 84-85.

接受基督教。比如弗里西亚的公爵雷德伯德(Radbod)。当桑斯主教伍尔弗雷姆(Wulfram of Sens)告知他的异教徒祖先在地狱时,他从洗礼池前撤了回来。[1] 而在 17 世纪早期的秘鲁,一些人甚至恳求教会把他们的祖先的木乃伊也施以洗礼,以确保他们在天堂相聚不被分离。[2]

　　异教徒祖先问题在教会史上也是一个充满争议的问题。一般情况下,圣徒是不能为堕入地狱的异教徒祈祷的,因为这毫无意义,且违背了基督教严惩不信主之人的原则。[3] "萨克森人的使徒"圣卜尼法斯率英吉利传教团在日耳曼人中间传教时,一名神父在民众中宣讲耶稣在被钉死到复活的三日间,去地狱解放基督徒和异教徒的灵魂,卜尼法斯当即予以驳斥,并惩罚了这名布道者。[4] 但在有些时候,对一些早期历史上的重要而善良的人物,教会也会网开一面。大格雷戈里用眼泪为图拉真(Trajan)皇帝受洗的著名故事就是个典型例子。

　　　　一天格雷戈里经过祭坛时看到了一本记载图拉真事迹的书。读后他发现图拉真所做的富于慈悲和仁爱之心的善事让他看上去更像一名基督徒,而非异教徒。……格雷戈里认为他维护了孤儿寡母的权益,深受感动,来到圣彼得教堂哭泣着恳求使徒净化图拉真的灵魂,直至得到神示,他的要求得到了允许。[5]

　　这个故事最初见于惠特比匿名修士的《大格雷戈里传》,其暗示性是较为明显的——图拉真象征着一名盎格鲁-撒克逊王国的仁君。虽然这种以泪

---

〔1〕　P. Geary, *Living With the Dead in the Middle Ages*, New York: Cornell University Press,1994,pp. 36-40.

〔2〕　P. Gose,"Converting the Ancestors", in: *Conversion: Old Worlds and New*, ed. K. Mills and A. Grafton,New York:University of Rochester Press,2003,pp. 140-174.

〔3〕　Gregory the Great, *The Dialogues of Saint Gregory the Great*, Book IV,Chap. 44,ed. and trans. Edmund G. Gardner,London:Medici Society Ltd. ,1911,pp. 238-241.

〔4〕　Charles H. Talbot, *The Anglo-Saxon Missionaries in Germany*, London and New York: Sheed and Ward,1954,p. 115.

〔5〕　这个故事指图拉真付给敌方阵亡士兵的母亲(同时也是一名寡妇)赔偿金的事。An anonymous monk of Whitby, *The Earliest Life of Gregory the Great*, Chap. 29,text and trans. by Bertram Colgrave,New York:Cambridge University Press,1985,pp. 126-129.

施洗的做法缺乏教义的支持和广泛的认可,但在英吉利一度较为流行。在 7
世纪末伦敦主教厄康沃尔德(Erkenwald)的一首圣诗中也有记述了类似的
事件。厄康沃尔德在搬迁圣保罗教堂时发现了一具未腐烂的尸体。通过与
他的亡魂的交流,主教了解到他是一名不列颠人的法官,生前公正廉洁,但
因异教徒身份而不能上天堂,法官深深为此痛苦烦恼。厄康沃尔德为其向
天主诚心祈祷,眼泪落于尸体上,尸体顿时化为了尘土,灵魂因此得救。[1]
假如这种行为真的可以将祖先的灵魂加以救赎,那么意味着只要死去的异
教徒祖先生前做过高尚、哀矜之事就可以免受坠入地狱之苦。这种安抚政
策虽然不被严格的教义所允许,也未见于广泛的记载,但很可能给那些担心
异教徒祖先归宿的盎格鲁-撒克逊人一种心理安慰,使他们在接受基督教的
同时,亦可为祖先在天堂谋得一块安身之地。

　　对婴儿施洗亦是加强教会影响的重要手段。盎格鲁-撒克逊人长期以来
形成的传统观念是,一个新生命从另一个世界来到现世的信仰如同死者去
往死者之地一样难以揣摩。[2] 很可能由于这种不确定性和多神教的遗风
导致人们不愿为新生儿洗礼。当时人们普遍的观念是在孩子将死之时才让
他接受洗礼,这样可以使他身后进入天堂。莎丽·克劳福德(S. Crawford)
认为,一个健康的孩子无需接受洗礼的观点在盎格鲁-撒克逊英格兰存在了
很久。[3] 温切斯特主教丹尼尔曾提出,在地狱有一个赎罪坑,里面住满了
那些未曾受洗就死去的儿童。[4] 可见在 8 世纪早期仍有许多儿童死前未来
得及受洗。

　　从西奥多制定《赎罪书》中的一些条例的动机来看,部分人仍然在抵制
婴儿的受洗。例如:"如果一名孩子在 3 岁之前死了,却未受洗,他的父亲和

　　[1]　St. Erkenwald, *Select Early English Poems*; *Saint Erkenwald*, ed. Israel Gollancz,
London; Oxford University Press, 1922, Preface xi-xii and pp. 12-13.

　　[2]　Marilyn Dunn, *Emergence of Monasticism*, Oxford; Blackwell, p. 142.

　　[3]　S. Crawford, "Children, Death and Afterlife in Anglo-Saxon Furnished Burial Ritual",
Anglo-Saxon Studies in Archaeology and History, Vol. 6, ed. S. Hawkes and W. Filmer-Sankey,
Oxford; Oxford University School of Archaeology, 1993, p. 88.

　　[4]　St. Boniface, *The Letters of St. Boniface*, trans. E. Emerton, New York; Columbia
University Press, 2000, p. 168.

母亲应赎罪 3 年。"[1]在威塞克斯的《英尼法典》的第二条款规定:"一个孩子需在出生的头 30 天里接受洗礼,违者处以 30 先令的罚金。""如果孩子未接受洗礼就死去,那么家长的全部财产需充公。"[2]这一处罚措施是相当严厉的。虽然传统风俗难以马上取代,教会还是通过教令和国王法规来尽力达成为婴儿施洗的目的。

　　洗礼的神秘仪式也使一些父母认为它或许有神奇的力量,能使孩子复活。艾迪乌斯的《威尔弗里德传》中记载了相关的一个故事。一名妇女来到威尔弗里德处,要求为她刚断气的男婴施洗,并且对主教隐瞒了孩子已死的事实。这名妇女相信,只要通过洗礼仪式,她的儿子就会活过来。[3]洗礼本身包含的程序或许会使人产生这样的想法。类似于吹气驱邪(exsufflation),神父首先要在受洗者身上呼气、洒盐驱邪,然后再用圣油涂抹受洗人的身体,最后再用水浸没全身。[4]教会也宣扬了这种神力——威尔弗里德最终救活了那名男婴,而这名男孩长大后做了威尔弗里德的侍从。诺森伯里亚国王埃德温的一对儿女很可能也是在重病时受洗。国王希望孩子能通过洗礼驱除疾病,但他们并未有那个男孩那般幸运——他们受洗后还未来得及脱下裹着圣油的白服就死去了。[5]

　　在 7 世纪下半叶,一些盎格鲁-撒克逊人仍然在杀死或抛弃他们不想要的婴孩,《西奥多赎罪书》中规定,"如果有人杀死自己的孩子,他必须(赎罪)10 年"[6]。一些妇女在遗弃婴儿前往往会救助于神父施洗,以免他们的灵

---

〔1〕 Theodore of Tarsus, *Penitential of Theodore*, I. XIV. 29, in: *Medieval Handbooks of Penance: A Translation of the Principal Libri Poenitentiales and Selections from Related Documents*, p. 197.

〔2〕 *Laws of Ine*, 2-2.1, in: *English Historical Documents*, Vol. I, ed. and trans. D. Whitelock, London: Eyre& Spottiswoode, 1955, p. 364.

〔3〕 Eddius Stephanus, *Vita Wilfridii*, chap. 18, in: *The Age of Bede*, Bede: *Life of Cuthbert*, *Eddius Stephanus*: *Life of Wilfrid*, etc., trans. J. F. Webb, ed. D. H. Farmer, London: Penguin, 2004, pp. 126-127.

〔4〕 Bryan D. Spinks, *Early and Medieval Rituals and Theologies of Baptism*, Aldershot: Ashgate, 2006, pp. 120-121.

〔5〕 St. Bede, *Venerabilis Baedae Opera Historica*, ed. C. Plummer, London, Edinburgh, New York: E Typographeo Clarendoniano, 1896, Lib. Ⅱ, 14, p. 114.

〔6〕 Theodore of Tarsus, *Penitential of Theodore*, I. XIV. 30, in: *Medieval Handbooks of Penance: A Translation of the Principal Libri Poenitentiales and Selections from Related Documents*, p. 198.

魂坠入地狱。但西奥多针对一些贫穷的妇女出于经济因素考虑抛弃孩子的情况,量刑时予以酌情减轻处罚。经济宽裕的家庭中,母亲杀死自己的婴儿需赎罪 15 年,而贫困妇女只需 7—10 年。怀孕不到 40 天打掉孩子的妇女仅需赎罪 1 年。[1] 这种按不同情况制定的赎罪条例是教会因地制宜政策的一种表现,但也说明在当时婴幼儿死亡率极高的时代,抛弃甚至杀死婴孩并没有我们今天想象的那样的罪恶。几个世纪后,冰岛人接受基督教时,仍然保留了他们两项旧有风俗:吃马肉和遗弃婴儿。[2] 这种错误的举动不仅仅与传统风俗,以及人们对死后世界的观念有关,与整个社会的经济、医疗基础也有着莫大的联系。西奥多折衷的考量恰恰反映了教会这一无奈的窘况。

小　结

随着基督教化进程的推进,到 8 世纪 20 年代,绝大多数人采用了基督教的丧葬仪式,这也是基督教观念在盎格鲁-撒克逊社会得到接纳与普及的证据之一。海伦·吉克对 7 世纪末至 8 世纪初的墓葬陪葬品情况做了较为系统的研究整理,对包括位于剑桥郡的布威尔村(Burwell)和夏迪村(Shudy Camps)、贝德福德郡(Bedfordshire)的莱顿巴扎德市(Leighton Buzzard)的张伯伦谷仓 2 号(Chamberlain's barn Ⅱ)、赫特福德郡(Hertfordshire)的圣阿尔班市的国王哈里路(King Harry Lane)、诺福克郡的索海姆村(Thornham)和西牛津郡(West Oxfordshire)的耶里福德村(Yelford)在内的墓穴的陪葬品数量作出了较为全面的统计。[3] 约翰·布莱尔在讨论这一成果时指出:“670—720 年间,在普通盎格鲁-撒克逊人的墓地中,大约 45%是未经装饰的;25%仅有小刀陪葬;在剩下的约 30%的墓室中,也很少发现

---

〔1〕　Theodore of Tarsus,*Penitential of Theodore*,I. XIV. 25-27,in:*Medieval Handbooks of Penance:A Translation of the Principal Libri Poenitentiales and Selections from Related Documents*,p. 197.

〔2〕　J. H. Aðalsteinsson,*Under the Cloak:A Pagan Ritual Turning Point in the Conversion of Iceland*,ed. Jakob S. Jónsson,trans. Terry Gunnell,Reykjavík:University of Iceland Press,1999,p. 81.

〔3〕　参考 H. Geake,*The Use of Grave-Goods in Conversion-Period England*,*c.* 600—*c.* 850,Oxford:British Archaeological Reports,1997,pp. 147,144,157,171,176。

有超过 1—2 件的工艺复杂的陪葬品。"[1]至 720 年左右,所有不太珍贵的陪葬品,除了常见的小刀外,也基本消失了。[2] 以现阶段的考古成果来看,在 8 世纪初,盎格鲁-撒克逊人利用陪葬品作为划分社会阶层的标志的做法已大体上消失[3];从丧葬文化来看,基督教的理念已深入人心。精英们的做法已经转为向修道院或教堂捐赠财产或土地,以此来获得葬于大教堂或修道院墓地的荣耀,以此来展现其地位和身份。一些学者认为从陪葬品较多的厚葬转向较少或不带陪葬品的薄葬,可能更多的是出于社会原因,而非宗教原因导致的改变。[4] 但相对地,也有学者认为这种改变是宗教变革的产物,如布莱尔总结指出,这一现象缘于"新的教会经济和生者对死者的认识的更新"。[5]

　　盎格鲁-撒克逊人对基督教死后世界观念的认识的逐步确立是建立在教会的宣传教育工作的基础之上的。6 世纪下半叶大瘟疫的流行在对教会造成打击的同时,反过来也给教会制造了机会,教育、引导了那些多神教信仰者和动摇派的皈依。尽管大瘟疫是一场悲剧性的灾难,但从教会来看,这可能是最后帮助成功建立起基督教社会文化体系和价值标准的关键步骤。人们对瘟疫的恐惧使得部分人群使用传统葬仪阻止死者亡魂的归来,而这也迫使教会聚焦于考虑灵魂、丧葬和死后世界等教义问题,采取针对性的变通政策。这在《大格雷戈里对话集》《西奥多赎罪书》和惠特比匿名修士的《大格雷戈里传》等材料中都有所反映。通过文中上述方法,盎格鲁-撒克逊教会

---

〔1〕 John Blair, *The Church in Anglo-Saxon Society*, New York:Oxford University Press, 2005,p. 240. 这一结论是根据上述墓穴的陪葬品数量计算得出的平均值。

〔2〕 H. Geake, *The Use of Grave-Goods in Conversion-Period England*, c. 600—c. 850, Oxford:British Archaeological Reports, 1997, p. 158; John Blair, *The Church in Anglo-Saxon Society*, New York:Oxford University Press,2005,p. 240.

〔3〕 现较为明晰的考古证据主要集中肯特、东盎格利亚、埃塞克斯三国,北部地区除了耶威林等墓葬外,证据略显单薄。

〔4〕 M. O. H. Carver,"Kingship and Material Culture in the Early Anglo-Saxon East Anglia", in:*The Origins of Anglo-Saxon Kingdoms* ,ed. S. Bassett,London:Leicester University Press,1989, pp. 141-158.

〔5〕 John Blair, *The Church in Anglo-Saxon Society*, New York:Oxford University Press, 2005,p. 245.(教会出于经济方面考虑的原因有很多,本书不作展开讨论。比如,教会不鼓励厚葬可能不是出于宗教原因,而是缘于对葬礼征税的间接结果。参考 H. Geake,*The Use of Grave-Goods in Conversion-Period England* ,c. 600—c. 850,Oxford:British Archaeological Reports,1997,p. 135)

寻求到了一种人们可以接受的死后世界的建构框架,摆脱了圣奥古斯丁(Augustine)那种直至世界末日才能得到解脱的论调约束[1],为教民提供了一种在一定程度上可影响死后世界灵魂归宿的希望和途径。

死后世界观念体系建立的意义不仅仅在于安抚那些在瘟疫中幸免遇难的生者,为整个盎格鲁-撒克逊社会更是带来了一种精神上的希望和福音。关于死后涤罪和为死者转求[2]、祈祷的理论的建立,包括为祖先的转求和为婴儿的洗礼等做法的实施,有效地增强了教会对民众的精神影响力。很多传统的信仰和习俗流传了下来,并融入基督教体系中去,一些折衷的手段为今后基督教教义的发展和理论建设提供了前提,也对西方后世的基督教发展之路产生了深远的影响。

---

〔1〕　奥古斯丁虽承认忏悔赎罪的价值,但并未提出明确的"炼狱"概念,并认为坠入地狱者是不得出的。他"反对主张天主审判时,因圣人的转求,要宽恕所有人的意见",认为"因圣人的转求,只能阻止我们受地狱的永火,而不是已进了地狱,过些时候再出来"。(奥古斯丁指出,未领圣体的异教徒在末日审判中也不能得到宽恕,而"天主教人就是犯罪,将因火而得救……就是由公审判后罪恶人之火中救出"。圣奥古斯丁:《天主之城》下,吴宗文译,长春:吉林出版集团2010年版,第21卷,第21、24、26章,第852、855、872页)

〔2〕　转求,祈祷方式的一种,意为神职人员为他人向天主祈祷,与"代祈"无异。

第六章　世俗王权在基督教化中的作用比较

在民族大迁徙及之后一段时期里,进入西罗马帝国旧有属地的日耳曼人先后皈依了基督教。法兰克国王克洛维在统一高卢的同时,在5世纪末率先接受了代表基督教正统的罗马教义,成为西罗马帝国名义上的继承者。法兰克人的改宗对周边民族的宗教信仰辐射影响巨大。而盎格鲁-撒克逊人的基督教史,则始于597年奥古斯丁进入肯特,比法兰克人约晚100年。在其改宗的过程中,基督教信仰几经起落,皈依的进程也更加波折而漫长。二者都施行了自上而下的改宗运动,但若从历经时间的长短、稳定程度等诸多方面进行分析比较,还是有较大的不同。为何法兰克人与盎格鲁-撒克逊人的信仰转变过程存在较大的差异?除了高卢的地缘优势和皈依时间的先后等因素外,王权对改宗的影响力也是二者改宗道路差异的主要因素之一。本章试图从王权的角度切入,试就法兰克人和盎格鲁-撒克逊人皈依基督教的早期历史作几点比较,借此初步论证王权在二者的改宗过程中的重要作用与差别。

第一节　从"神王"到圣徒

在改宗基督教以前,部族首领作为"神王"这一概念,普遍存在于日耳曼人的诸多部落中。[1] 经过民族大迁徙这段动荡时期,部分日耳曼首领凭借

---

[1]　"神王"这一概念对应的英文"sacred king",或是"sacral kingship",本身就包含有国王在祭礼中的作用之意。如弗雷泽就曾在《金枝》里讨论过国王兼司祭,和国王以自身血肉或子女献祭的古老做法。詹·乔·弗雷泽:《金枝》,徐育新等译,北京:大众文艺出版社1998年版,第16—18页、第424页;日耳曼人和盎格鲁-撒克逊人的早期"神王"情况可参阅 William A. Chaney, *The Cult of Kingship in Anglo-Saxon England: The Transition from Paganism to Christianity*, Manchester University Press, 1997, pp. 7-42.

效忠于自己的亲兵卫队,建立起一支长期稳定的个人扈从军队,逐步确立了自身权力的稳固地位。"神王"这一概念也从祭祀的意义中脱胎,慢慢转化为"神圣的王权(或国王)"之义。早期国王被认为是神灵的后代,血统神圣高贵。比如在法兰克人的传说中,就有克洛维曾祖母遭受海怪昆诺陶里的袭击,后诞下墨洛温王朝奠基人墨洛维的故事。[1] 较为明显的证据是,多神教的遗痕保存在国王的名字当中,而这种取名方式一直延续至基督教时代。以诺森伯里亚王国为例,在诸多国王当中,有 12 个国王的名字是以"Os"开头的,而"Os"指的正是多神教神灵。诺森伯里亚国王奥斯瓦尔德就是其中的一位。而墨洛温王朝中很多国王名字的前缀 "Child-"和"Chramn-",意为一种渡鸦,而这种鸟正是献给奥登神的特殊祭品。[2] 国王既是地位最崇高的贵族,也是名义上最高的祭司,常常在日常节日的祭祀仪式中作为最高祭司主持献祭仪式。早期英吉利的"神王"统治,常常表现为节庆祭祀与王朝统治,宗教仪式和政治政策相混合的形式。[3] 也就是说,当国王要实现某一政治目的时,往往利用祭祀活动求得神灵相助,以此得到族民的支持。

在底层民众当中,对国王的崇拜是一种普遍的现象,无论盎格鲁-撒克逊人还是法兰克人,皆具某种共性。改宗以后,国王在族民精神上的至高地位并没有减弱,只是在原来的神灵后裔形象上又附加了基督圣徒的光环。将国王的遗体、遗物甚至衣服碎片视为圣物的记载也屡见不鲜。严谨如比德,亦对奥斯瓦尔德的遗体、遗物显圣的记载颇多。奥斯瓦尔德出征前立下的十字架碎片、战死时倒下的那片土地的泥土,都被信众视为治疗疾病的圣物。他的双手也被供奉于教堂,供教徒膜拜。法兰克人的基督徒也将虔诚的国王视为圣徒。587 年,在瘟疫肆虐的里昂附近奥克塔维斯村,一名妇女偷偷撕下贡特拉姆国王的斗篷的一小片。碎片浸泡过的水治愈了她患疟疾

〔1〕 Fredegar,*Historia*,ed.,B. Krusch,in:*MGH*,*SRM* 2,Ⅲ.9.

〔2〕 William A. Chaney,*The Cult of Kingship in Anglo-Saxon England*:*The Transition from Paganism to Christianity*,Manchester University Press,1997,p. 22.

〔3〕 J. M. Wallace-Hadrill,*Early Germanic Kingship in England and the Continent*,Oxford:Clarendon,1980,pp. 8-20.

的儿子。[1] 此类事件通常是发生在圣徒身上的。[2] 事实上,国王被认为拥有治病疗伤的能力,在日耳曼人中也并不是个别的,法兰克人就相信他们的首领有着神奇的力量。一幅 9 世纪留存下来的画作描绘了克洛维受洗时的情景,代表圣灵的鸽子衔来一只圣油瓶,克洛维涂油受洗之后即可通过触摸来治疗淋巴结核病。[3] 这或许正是"神王崇拜"的遗风。以上事例也说明,在普通民众的心目中,对国王的崇拜与基督教的圣徒崇拜这两者之间是很容易发生转移和互换的。

国王本身即是宗教领袖,因此,国王的宗教取向也往往成为其子民信仰的准绳,从某种意义上来说,古代日耳曼国王代表了全体族民的信仰。在多神教时期,国王通常以神灵、英雄的后代自居,充当了民众与神灵的中介。改宗以后,国王则化身为基督在俗世的代言者,借上帝授予的权力继续统治其子民。

第二节 埃塞尔伯特与克洛维改宗的比较

一、二者改宗的动机比较

按图尔的格雷戈里所记,克洛维是在 496 年与阿勒曼尼人在托尔比亚克(Tolbiac)交战处于劣势时向上帝祈祷,借天父之神力扭转败局,由此信教受洗的。[4] 除了这段记载的真实性有待商榷之外,按常理推断,克洛维作为一个异教徒在战场上临时向圣子祈祷求助,其可信度似乎也不高。笔者曾就这个问题作过探讨,认为克洛维有意把一场事前胜负难料的古代战争结

---

〔1〕《法兰克人史》,第 462 页。

〔2〕 比如,隐士圣卢比西努斯死后,人们甚至为争夺他衣服的一块碎片而大动干戈。Gregory of Tours, *Liber vitae patrum*, xiii. 2, English translation by Edward James, *Gregory of Tours: Life of the Fathers*, pp. 87-88.

〔3〕 琼斯:《剑桥插图法国史》,杨保筠等译,世界知识出版社 2004 年版,第 86 页。

〔4〕《法兰克人史》,第 85—86 页。作战地点有不同的说法,这里采用现今较为流行的说法(可参见 J. M. Wallace-Hadrill, *The Frankish Church*, p. 24.)。托尔比亚克,今苏尔匹希镇,位于德国北莱茵-威斯特法伦州境内。关于受洗时间问题也存在很多争议,有 496 年、498 年、506 年和 508 年等诸家观点。

果予以神化了,借此转败为胜的战场变局而大做文章,向族人展示上帝所具有的非凡力量和主宰战场的能力,以此来让他们信服,并随同他一起皈依基督教,此种可能性是存在的。[1]

西罗马帝国倾覆之后的西欧社会是动荡不安的。教会本身没有军队,面对来势汹汹的蛮族人入侵,它需要军事力量的支持来保护教民的安全和教会的财产。维埃纳主教阿维图斯写信给克洛维说:"你的信仰是我们的胜利……神圣的天意已赋予你作为我们时代的主宰者。"[2]固然,克洛维并不需要主教们对他歌功颂德,但政治互利的目的使两者的结合成为其首要的选择。要统一高卢,就必须和握有财富和权势的教会及高卢贵族保持信仰上的一致,否则就会产生"道不同,不相与谋"的局面。我们需要看到的是,克洛维在耶稣基督名义下发起的征讨,并非真的是为教会铲除异端。阿里乌斯派教义并非是引发争端的实际原因。作为一个有野心、有谋略的军事领袖,克洛维首先考虑的应是政治利益。事实上,507年伏伊耶战役之后,法兰克人曾与勃艮第人组成联军,夺取了阿尔勒城。[3] 克洛维为何会与当时尚持异端信仰的勃艮第人合作? 此事在格雷戈里笔下未见记载,也许他刻意回避了这段史实。克洛维以讨伐异端的名义对西哥特人进行征讨,宗教信仰上的分歧成为其发动战争的借口,但这一点并未妨碍他与其他异端信仰者进行必要的军事合作,由此看来,对克洛维而言,具体的战略利益才是在抽象的宗教信仰需要之上的。

埃塞尔伯特接受基督教则始于教皇大格雷戈里派遣奥古斯丁等人赴肯特传教事件。不可否认,埃塞尔伯特接纳奥古斯丁一行人,并最终受洗入教是带有一定的政治动机的。埃塞尔伯特贵为当时英吉利南部诸邦的盟主,其接受基督教的目的不仅在于引入先进文化。他在坎特伯雷创立大主教区,颁布《埃塞尔伯特法典》保护教会财产,冀图凭此建立对原先不列颠主教区的控制,都是为了更好地巩固并扩大自己的统治基础。

---

〔1〕 可参见徐晨超:《论克洛维的改宗》,《绍兴文理学院学报(社会科学版)》,2008 年第 5 期。

〔2〕 Avitus of Vienne, *Avitus of Vienne: Letters and Selected Prose*, trans. and notes by Danuta Shanzer and Ian Wood, Liverpool University Press, 2002, pp. 369-372.

〔3〕 Cesarius of Arles, *Vita Caesarii*, 1. 28, in: *Cesarius of Arles: Life, Testament, Letters*, trans. William E. Klingshirn, Liverpool: Liverpool University Press, 1994, pp. 22-23.

　　埃塞尔伯特的改宗与墨洛温王朝有一定的联系。肯特与高卢,尤其是卢瓦尔河南部一带有着密切的商贸往来。[1] 并且,埃塞尔伯特娶了一名法兰克公主——贝尔莎。贝尔莎笃信基督教,与她一同来到肯特的还有随行的主教刘德哈德。不过,如笔者在第二章所作的讨论,过于凸显埃塞尔伯特改宗与法兰克人的联系未免有夸大之嫌。近些年一些学者对埃塞尔伯特与大格雷戈里以及法兰克权贵,如布隆希尔德王后等人之间的联系有较深入的研究,强调在肯特改宗背后,存在着法兰克王国奥斯特拉西亚巨大的政治推力。[2] 其观点有一定的参考价值,但缺乏实证支持,立论还是尚嫌单薄。与大陆上的勃艮第人、东哥特人相比,肯特与高卢毕竟有一水之隔,当贝尔莎嫁于埃塞尔伯特时,政治上依赖法兰克人的条件并不成熟(参见第二章)。

　　罗马传教团的到来是埃塞尔伯特改宗的决定因素。奥古斯丁作为教皇大格雷戈里的使节、罗马地中海文化的代表,本身就具有一种宗教权威性,即便埃塞尔伯特身为盎格鲁-撒克逊人的共主,也需借助教皇的力量催熟国内与周边属国的改宗环境。这在客观上与不列颠罗马化程度较低有关。但从国王本身角度而言,克洛维的受洗是由自身以及王室内部成员促成的,从他借托尔比亚克战役受洗入教之事来看,主动接受的成分较大;而埃塞尔伯特的受洗则是在经过一番权衡考量的前提下,顺其自然接受罗马的传教所致。

二、二者改宗的困难程度比较

　　克洛维身处的时代,他的身份正在由一个军事民主制的部落首领向一个王国首脑转变,换而言之,克洛维当时的权力还是相对有限的。族民自由行事,乃至冒犯首领的事也时有发生,[3] 氏族制下遗存的集体议事、表决的民主传统影响深远,还有民众大会形式的存在。直至克洛维的孙辈之时,民

---

　　[1]　J. M. Wallace-Hadrill, "Rome and the Early English Church: Some Questions of Transmission", in: *Settimane di Studio* 7 (2), Spoleto, 1960, pp. 527-528.

　　[2]　N. J. Higham, *The Convert Kings: Power and Religious Affiliation in Early Anglo-Saxon England*, Manchester University Press, 1997, pp. 62-90. Marilyn Dunn, *The Christianization of the Anglo-Saxons*, c. 597—700: *Discourses of Life, Death and Afterlife*, Hambledon Continuum Press, 2009, pp. 48-55.

　　[3]　除苏瓦松广口瓶一事外,还可参考图尔穷人的干草一事,见《法兰克人史》,第 94 页。

众大会对国王都还有着很大的约束力。[1] 所以，在当时这样的时代背景下，克洛维要考虑改变宗教信仰加入基督教，此等大事是自须考虑到族民的反应和接受之可能的。甚至在兰斯受洗前，克洛维对加入基督教还有一层顾虑，他说："我所统率的人民是不会容许我抛弃他们那些神的。"[2]

在法兰克人之前，率先进入罗马帝国属地的勃艮第人、东哥特人、西哥特人、汪达尔人、阿兰人等几乎所有的蛮族入侵者首领都信奉了阿里乌斯派的教义。[3] 在这种前提下，克洛维毅然受洗入教，投向罗马基督教会的举动十分引人瞩目，令人诧异，与他的蛮族首领的身份并不相称。[4] 正如有学者所言，"阿里乌斯派教徒与正统基督徒之间有一堵充满着仇恨的无言的墙"，[5]克洛维选择了罗马基督教，即选择了阿里乌斯派的对立面，也就将与他领地毗邻的西哥特人和勃艮第人视作了敌手——至少从宗教层面上来说是如此。507 年，克洛维就借讨伐异端之命，率军进攻西哥特人的领土，双方在普瓦提埃(Poitiers)附近的伏伊耶(Vouillé)原野交战。此役法兰克人大胜，克洛维杀死了对方统帅西哥特王阿拉里克二世(Alaric Ⅱ)。

由此可见克洛维改宗面临着双重障碍，一方面来源于信奉原始多神教

---

〔1〕 例如，民众大会对于克洛维之孙提乌德贝尔特离弃未婚妻维西加尔德(伦巴德国王瓦科之女)的行径提出谴责之后，提乌德贝尔特被迫遵从，只得依旧娶未婚妻(参见《法兰克人史》，第 131 页)。

〔2〕《法兰克人史》，第 86 页。

〔3〕 这可能是因为日耳曼贵族在希望维系自身族群独立性的同时，为了融入罗马基督教社会而采纳的一种折衷性方式。许多西方学者都深入研究过这一问题。(参见 George R. Saunders，"Transformations of Christianity"，in：*Culture and Christianity：The Dialectics of Transformation*，ed. George R. Saunders，Contributions to the Study of Anthropology，no. 2，Westport：Greenwood Press，1988，p. 186. Thomas Burn，*A History of the Ostrogoths*，Indiana University Press，1984，p. 161.)笔者认为，我们或许可以在漫长的中国历史中寻得相似的案例。蒙、满两族侵入中原前信奉的都是萨满教，统一中国之后或多或少地受到汉人文化的影响，然其一直未能完全丢弃传统的萨满教信仰或其残余形式。忽必烈推行宗教宽容政策，对佛教、基督教、伊斯兰教等予以宗教庇护，但他从未间断过出席蒙古萨满教的仪式。清入关后也曾长期维持着萨满教祭祀的传统。少数民族进入一个文明程度比它高得多的地区，以军事力量实行统治，为防止被主体民族同化，难免会存有戒备的心理。所以，信奉一个教居于少数的异端，尽量避免与罗马主体文化合流，或许正是当时除法兰克人外，多数日耳曼贵族所选择的中间道路。

〔4〕 克洛维是否曾直接受阿里乌斯派教义，这一猜测未有明确的证据，但他确实有过与阿里乌斯派的交往。D. 山泽尔依据对维埃纳主教阿维图斯写给克洛维的信的分析，认为克洛维很可能是阿里乌斯派的同情者(见 Danuta Shanzer，"Dating the Baptism of Clovis：The Bishop of Vienne vs the Bishop of Tours"，in：*Early Medieval Europe*，Vol. 7，1998，p. 29)。

〔5〕 P. Brown，*The World of Late Antiquity*，London：Thames & Hudson，1971，p. 124.

的族民,另一方面来源于同是外来侵入者的日耳曼其他诸部落。克洛维能够改宗成功,维护并推广正统基督教,不得不大部分归因于他在本部族里的声望,和对外几乎无往不利的统领作战才能。

克洛维、埃塞尔伯特、埃德温改宗时都面对着来自部族内部和外部的阻力。比德对埃塞尔伯特改宗的具体过程并无详细的描述,依其粗略的记载,似乎是较为顺利的。然而后来诺森伯里亚国王埃德温皈依的过程,改宗时来自部族内的阻力还是存在的。在未接受基督教前,埃德温曾向天主祈求战争胜利。在得胜归来,让自己的女儿接受洗礼后,他对皈依基督教的事依然有几分犹豫,反复思量着自己"该信哪一种宗教"。在受主教波莱纳斯的异象感召之后,埃德温召开了贤人会议,征求贵族们的意见,得到一致通过后,在 627 年,埃德温方才率领全体贵族接受了洗礼。[1] 比德的记载可能有意弱化了诺森伯里亚部族内对改宗的矛盾,但从多神教大祭司亵渎自己的祭台一事来看,部落上层可能已认可了基督教的优越性。从外部阻力来看,麦西亚一直是多神教势力的大本营。先后有多名基督教国王败亡于异教徒彭达之手。

有学者指出,率先皈依基督的肯特王埃塞尔伯特一世改宗时所受阻力相对较小,是由于族人原先信仰的多神教本身的宇宙观和教仪并不稳固,兼容并包性很强。因此,宗教仪式、神职人员,乃至所信奉的神明的改变,较易被同时代的民众所接受。[2] 虽然这一看法对盎格鲁-撒克逊族群内部的传统宗教的顽固性有所低估,但还是能部分反映出肯特接受基督教的群众基础。相反,克洛维克服重重困难,主动接受基督教正统派信仰,更显示出他的卓越眼光与强硬手腕,而这一切是建立在不断扩大的势力范围和逐渐成长并巩固的王权的基础上的。

---

〔1〕 St. Bede, *Venerabilis Baedae Opera Historica*, ed. C. Plummer, London, Edinburgh, New York: E Typographeo Clarendoniano, 1896, Lib. Ⅱ, 13, pp. 111-113.

〔2〕 N. J. Higham, *The Convert Kings: Power and Religious Affiliation in Early Anglo-Saxon England*, Manchester University Press, 1997, p. 54, pp. 103 and 105.

第三节　王权对改宗的影响力的比较

一、负面影响的比较

凭借其宗教领袖的身份,利用族民对其敬畏、崇拜的心理,国王们带领子民改变信仰,这看似顺理成章,但真正实施起来却仍存在相当的难度。首先,国王本身对基督教的理解和接受程度就决定了基督教信仰是否能够深入民心。但这种兼容性并非一味地有利于日耳曼人的改宗进程,界限模糊的神明崇拜也常使一些国王将基督教与多神教混为一谈。

东盎格利亚国王雷德沃尔德早先在肯特接受过基督教教育,然而回国后复又崇拜起偶像,信仰上的朝三暮四导致他"在供奉基督的同时仍供奉原来所供奉的神祇"[1]。这种矛盾或许正反映了盎格鲁-撒克逊人上层从野蛮走向开化,从异教迷信走向基督教信仰的过程中易于出现的反复与波折,甚至新旧文化并存、兼容的那种混合状态。但国王的这种模棱两可的态度,往往会影响基督教化的进程,甚至会出现倒退的现象。比如,异教徒埃塞尔弗里思的两个儿子伊恩弗里德和奥斯里克曾在爱尔兰人那里接受了基督教义,并接受了洗礼,但他们返还国内之后,又重新崇拜起旧有的神灵。比德哀叹,在 633 年"英王的背教使他们(诺森伯里亚人)脱离了基督教的奥秘"[2]。一度接受基督教的东撒克斯国王西格希尔在遭受瘟疫时期,认为旧的神灵更能保护他们在瘟疫中幸存下来,便带领着族民"抛弃了基督教圣礼,走上了背教的道路"[3]。

在史料中也可见到法兰克人上层零星的异教迷信活动。普罗柯比在《战记》中提及,提乌德贝尔特一世(Theudebert I)约于 539 年出征意大利,在帕维亚(Pavia)取得了一场胜利。法兰克人俘虏一批东哥特妇女和儿童,并以此作为牺牲以献祭。普罗柯比针对此事记道,"尽管他们成了基督徒,

〔1〕　St. Bede,*Venerabilis Baedae Opera Historica*,ed. C. Plummer, London, Edinburgh, New York:E Typographeo Clarendoniano,1896,Lib. Ⅱ,15,p. 116.
〔2〕　St. Bede,*Venerabilis Baedae opera historica*,Lib. Ⅲ,1,pp. 127-128.
〔3〕　St. Bede,*Venerabilis Baedae opera historica*,Lib. Ⅲ,30,pp. 199-200.

但他们依旧在举行这种有罪的活人献祭仪式。这常常也与他们的求神谕相关"[1]。据阿尔昆(Alcuin of York)的《圣韦达斯特传》(*Vita Vedastis*)的记载,克洛塔尔一世的一个宫臣曾办过一次举行异教徒仪式的宴会,在场的人员甚至还包括一些基督徒。圣韦达斯特(Vedastus of Arras)得知后,去阻止这次宴会的进行,据说后来还使得部分出席宴会的异教徒改信了基督教。[2]

然而与盎格鲁-撒克逊人相比,法兰克王室自克洛维改宗后并未出现过异教信仰占上风的局面。在埃塞尔伯特和受他影响改宗的东撒克斯国王萨伯特相继死后,他们的儿子们并未承继父辈的信仰,反而重新兴起了偶像崇拜之风。萨伯特的三个儿子更是赶走了梅里图斯主教。而在克洛维死后,他的子孙从未复兴过原有的多神教信仰。

二、正面的推动力比较

尽管有一些负面的影响存在,但在总体上,王权还是推动其族人改宗、促进基督教发展的主要动力。对内通过赠予土地和财物建立主教区,带领下属亲兵受洗,召集王国内的主教举行宗教会议,出台禁止异教崇拜的法令等方式,国王陆续树立起自己的虔诚信徒的形象,以此号召、带领民众改信基督教。对外则通过联姻和政治结盟,推动周边地区的日耳曼人皈依基督教。

不少盎格鲁-撒克逊国王本身就是虔诚的楷模。在多神教崇拜的氛围仍较为浓厚的7、8世纪,一些国王作为基督教信仰的表率,在英吉利教会发展史上记下了浓墨重彩的一笔。其中,虔信的代表当数东盎格利亚国王"博学的"西格伯特。他的前任厄普沃尔德接受基督教后不久就被一个异教徒杀害,这使得东盎格利亚重又陷入异教信仰中去。三年之后,他的表弟西格伯特继位。他曾在法兰西接受洗礼,是一名虔诚的信徒。在位期间,西格伯特大力支持教会发展,并将基督教信仰普及到东盎格利亚全国。西格伯特虔

---

[1] Procopius, ed. and trans. H. B. Dewing, *History of The Wars: Books VI*. 16-Ⅶ. 35, Loeb Classical Library, 1924, Book Ⅵ, XXV, 7-10.

[2] Alcuin of York, *Vita Vedastis*, ch. 7, *MGH*, *SRM iii*, ed. Bruno Krusch, Hannover, 1896, pp. 314-316.

诚至深,乃至后来放弃王位,进入修道院做普通修士。634 年,麦西亚王彭达侵入东盎格利亚,西格伯特被将士们从修道院硬拉出来参与战斗。然而谨记修道誓约的他却守死善道,仅用一小节木棍作战,后死于此次战役。削发为僧的国王不止一位,另如后来的麦西亚国王森雷德(Cenred)、埃塞尔雷德和埃塞克斯国王奥法(Ofa)及塞比,也同样做了修士。[1]

　　希尔德贝尔特一世(Childbert I)则是法兰克国王中虔诚基督徒的代表。应当说,希尔德贝尔特一世在宗教政策方面比其父克洛维走得更远。他不仅制定法规来维护教会权益,有时甚至还亲自执法,惩戒王国内亵渎圣物,破坏教规的罪犯。[2] 与希尔德贝尔特一世同时或稍晚时期的法兰克国王,如克洛塔尔一世、贡特拉姆及克洛塔尔二世等,虽不及希尔德贝尔特一世对基督教信仰抱有近乎狂热的态度,但也都曾相继颁布过相关的法令,不同程度地推动了法兰克人基督教化的进程。在 6 世纪,由国王亲自牵头召集的较大的宗教会议就有 511 年、533 年和 549 年的奥尔良会议,573 年的巴黎会议,585 年的马孔(Mâcon)会议等。[3] 法兰克国王作为教会的保护人,不仅赋予教会应有的地位,而且积极地以颁布国王敕令的形式推动教会的发展。例如,克洛维早在 511 年就将奥尔良宗教会议的教令作为国王敕令颁发,承认了教堂的庇护权。[4] 希尔德贝尔特一世大约也在 533 年的奥尔良会议之后,颁布了反对偶像崇拜,捣毁多神教神像的法令。贡特拉姆则于 585 年的马孔会议之后,发布了禁止主日工作的法令。[5]

　　盎格鲁-撒克逊王国在保护教会、维护教理教规方面颁布的国王敕令,虽

〔1〕　St. Bede,*Venerabilis Baedae opera historica*,Lib. Ⅳ,11,pp. 227-229;Lib. Ⅴ,19,pp. 321-322;*Anglo-Saxon Chonicle*, in:*English Historical Documents*, Vol. Ⅰ, ed. and trans. D. Whitelock, London:Eyre&. Spottiswoode,1955,p. 157(704).

〔2〕　J. M. Wallace-Hadrill,*The Frankish Church*,Oxford:Clarendon Press,1983,p. 32.

〔3〕　参见基佐:《法国文明史》,阮芷、伊信译,北京:商务印书馆 1998 年版,第 318-319 页;Ian Wood,*The Merovingian Kingdoms 450—751*,New York:Longman,1994,p. 105.

〔4〕　Gregory of Tours, *The History of the Franks*, edited and translated by O. M. Dalton, Oxford:Clarendon Press, 1927, Vol. Ⅰ introduction, pp. 301-302. 教令可参见 *Concilia Galliae*, A. 511—A. 695, *Corpus Christianorum Series Latina* 148, edited by C. Munier and C. De Clercq, Turnholt:Brepols,1963.

〔5〕　*Capitularia Merowingica* 2,5, ed. Boretius, *MGH*, *Capitularia Regum Francorum* 1, Hannover,1883.

不及直接继承罗马行政体制的法兰克人来得那么系统完备,但也可散见于各个时期的国王法典。比如《埃塞尔伯特法典》第 1 条、《威特雷德法典》(*The Law of Wigtred*)第 1—5 条、《英尼法典》第 1—5 条等,或明令重申教会财产的不可侵犯性,或推广主日不可工作的普及性,或强调族人受洗的重要性,从法律层面凸显教会的地位、促使教规的落实到位。[1]

很大一部分国王的宗教政策也是实现其对外扩张不可或缺的手段。国王通过政治联姻、结盟,甚或以军事武力的优势及外交手段,来迫使持不同信仰的国家改宗,政治上屈从,以达到统一宗教信仰,弱化敌国或附属国的目的。

法兰克人在输出基督教时可谓不遗余力。当法兰克的公主出嫁到西班牙时,她们仍然保持基督教的信仰,并努力使他们的丈夫改宗。克洛维之女克洛提尔德(Clotild)饱受西哥特丈夫阿马拉里克(Amalaric)的虐待,但始终未改变信仰[2],西吉贝尔特(Sigibert)之女英贡德(Ingund)则劝说其西哥特丈夫赫尔曼吉尔德(Hermangild)改宗成为基督徒,改教名为约翰。[3] 这些结果都在一定程度上使西哥特上层的阿里乌斯派信仰产生了动摇。587 年,西哥特国王雷卡雷德基于个人信仰及与法兰克人政治结盟的需要,改信了基督教正统派。法兰克人的宗教影响力,由此也辐射至英吉利海峡彼岸。巴黎王卡里贝尔特将女儿贝尔莎嫁于埃塞尔伯特就是一例。埃塞尔伯特后来的改宗,或多或少也有来自他的王后和随行主教的影响。后来埃德温国王娶埃塞尔伯特的女儿埃塞尔伯格,也把主教波莱纳斯和基督教信仰带到了诺森伯里亚。

与法兰克国王施予者的形象相比,很多盎格鲁-撒克逊国王则充当了被动接受的角色。一些盎格鲁-撒克逊国王接受基督教并非出于精神上的受到吸引,而因遭遇政治上的不平等而被迫改宗。奥斯瓦尔德支持西撒克斯国王辛尼吉尔斯接受基督教,并认其为教子。在辛尼吉尔斯去世后,他的儿子

---

〔1〕　*The Law of Ethelbert*,c. 1;*The Law of Wigtred*,cc. 1—5;*The Law of Ine*,cc. 1—5,in:*English Historical Documents*, Vol. I, ed. and trans. D. Whitelock, London: Eyre& Spottiswoode, 1955,pp. 357,362,364-365.

〔2〕《法兰克人史》,第 115 页。

〔3〕《法兰克人史》,第 254 页。

森瓦尔却拒不接受基督教。后森瓦尔被麦西亚王彭达赶下台,在流亡时期与东盎格利亚结成联盟,一度受其国王安纳影响而接受了基督教。但实际上森瓦尔并不是一个真正的基督教信徒。他在东盎格利亚支持下恢复王位之后,便又先后驱逐了两位主教,导致西撒克逊人很长时间里没有主教。又如,南撒克斯国王埃塞尔沃尔奇在麦西亚王伍尔夫希尔德的劝说下皈依了基督教,在麦西亚受洗,并成为伍尔夫希尔德的教子。而"在此之前,整个南撒克斯地区根本就没有听说过天主的名和基督教"。[1] 而这种在宗教信仰上结成的教父—教子关系并非是单纯的私人关系,而是相当于政治上的附庸关系,作为教父的国王有权干涉甚至管理教子的国家内政。但与法兰克国王对周边民族巨大的宗教影响力比较,盎格鲁-撒克逊国王对基督教的传播推动作用相对较小,在改宗时期仅限于本民族内部。

三、王权对宗教事务控制力比较

克洛维改宗后,法兰克国王试图将对主教的控制归入国家管理体制之下,常常干预教会的选举事务。549 年的奥尔良宗教会议决议第十条规定,主教由教区教士与居民选出,由大主教授予职位,并且必须得到国王的正式认可。[2] 该教令默认,国王可以干涉主教选举过程,并否定教区推举的主教人选。史料中频繁出现的国王委任主教事件表明,在 6 世纪的法兰克社会,王室参与主教选举已是普遍现象。根据福尔图纳图斯的记载,格雷戈里自己就是由西吉贝尔特和布隆希尔德委任的。[3] 事实上,国王还常常越俎代庖,直接任命世俗人士担任主教。经笔者初步统计,在《法兰克人史》中,国王直接任命的非教士出身的主教就有十一例之多,具体见表 6-1。

---

〔1〕　St. Bede,*Venerabilis Baedae opera historica*,Lib. IV,13,p. 230.

〔2〕　*Council of Orleans*,A. D. 549,Canon 10,Bruns,Ⅱ,in:*A Source Book for Ancient Church History*,ed. Joseph Cullen Ayer,New York:Charles Scribner's Sons,1913,pp. 580-581.

〔3〕　Venantius Fortunatus,carm.,Ⅴ 3,ii. 15—16(转引自 Ian Wood,*The Merovingian Kingdoms* 450—751,p. 78)。

表 6-1　《法兰克人史》中非教士出身的主教[1]

姓名	教区	原身份或职务	委任国王
阿波利纳里斯	克莱蒙	罗马贵族	提乌德里克一世
鲍丁	图尔	宫廷总管	克洛塔尔一世
弗拉维乌斯	沙隆	秘书官	贡特拉姆
约维努斯[2]	于泽	地方长官	希尔德贝尔特二世
巴德吉西尔	勒芒	宫相	希尔佩里克
尼塞提乌斯	达克斯	伯爵	希尔佩里克
德西德里乌斯	奥兹	世俗人士	贡特拉姆
贡德吉塞尔	波尔多	伯爵	贡特拉姆
利赛里乌斯	阿尔勒	秘书官	贡特拉姆
卡里梅尔	凡尔登	秘书官	希尔德贝尔特二世
尤塞比乌斯	巴黎	商人	贡特拉姆

　　盎格鲁-撒克逊人改宗时期的主教的任命权一般掌控于大主教之手。这一权力由教皇大格雷戈里赋予伦敦城和约克城的大主教,依他的构想,计划在伦敦和约克建立起两个大主教区,分别委任并祝圣座下的 12 名主教。不过后来大主教驻地始终未能迁往伦敦,一直居于坎特伯雷。国王与主教之间无直接的隶属关系,当国王与当地主教交恶时,往往采用驱逐主教出境的方式,比如萨伯特的儿子们驱逐梅里图斯出境,西撒克斯国王森瓦尔驱逐主教阿吉尔伯特、威尼出境,诺森伯里亚国王奥尔德弗里德驱逐威尔弗里德出境等等。[3] 不过,在《英吉利教会史》中,比德也有提到教士向国王贿买主教席位,以及贵族贿赂国王以取得修道院院长职位的事。[4]

　　从上表中法兰克国王任命的主教的血统来看,很多属于法兰克人。从

　　[1]《法兰克人史》,第 107、143、265、290、292、368、408、408、425、463、541 页。

　　[2] 约维努斯后将主教位置让给了经合法选举授任的马尔塞卢斯。

　　[3] St. Bede, *Venerabilis Baedae opera historica*, Lib. Ⅱ, 5, pp. 90-91; Lib. Ⅲ, 7, pp. 140-141; Eddius Stephanus, *Vita Wilfridii*, chap. 36, in: *The Age of Bede*, *Bede: Life of Cuthbert*, *Eddius Stephanus: Life of Wilfrid*, *etc.*, trans. J. F. Webb, ed. D. H. Farmer, London: Penguin, 2004, pp. 145-146.

　　[4] St. Bede, *Venerabilis Baedae opera historica*, Lib. Ⅲ, 7, pp. 140-141, St. Bede, *Epistola Bede ad Ecgbertum Episcopum*, in: *Venerabilis Baedae Opera Historica*, pp. 415-416.

历任坎特伯雷大主教的出身来看，前七任中的六位大主教奥古斯丁、劳伦斯、梅里图斯、贾斯图斯、荷诺里乌斯、西奥多都是罗马方面委派的，而655年出任第六任大主教的德乌斯德迪特则是西撒克逊人。约克大主教席设立得较晚，且在罗马人波莱纳斯之后有相当长一段空缺。惠特比会议后相继出任主教查德和威尔弗里德都是盎格鲁-撒克逊人。在西奥多和威尔弗里德之后的历任大主教、主教，绝大多数都是本地出生的盎格鲁-撒克逊贵族。

由上可见，作为高卢和不列颠的统治阶级，教会僧侣与日耳曼贵族正在逐渐趋向于合流。王权与教权偶尔的纷争，一般来说对当时的教会与法兰克人、盎格鲁-撒克逊之间关系的影响还不明显。相反，当教会真正纳入到蛮族社会的轨道中时，他们的基督教化进程方始告一段落。从某种意义上来说，正是法兰克人和盎格鲁-撒克逊人的介入，教会的政治地位才得以确立，并稳步发展。王权的强盛，使得教会方面也积极地向日耳曼人靠拢。鲁昂主教普雷特克斯塔图斯（Praetextatus of Rouen）、波尔多主教贝尔特拉姆（Bertram of Bordeaux）和兰斯主教埃吉迪乌斯（Egidius of Reims）都因与当权派政治立场的不同或是直接参与了政治阴谋，而受到宗教会议的审判。[1] 在艾迪乌斯所作的传记中，参与各种政治斗争的约克主教威尔弗里德，其跌宕起伏的一生也是很好的例子。从总体上来看，国王对宗教事务的干涉并未有法兰克人那么广泛深入。尤其是在第七任坎特伯雷大主教西奥多在任的二十几年时间里，南北教区得到统一的重组与划分，教权先于王权得到了统一。而法兰克人的王国在克洛维之后虽几经分裂，但在8世纪中叶之前，王权都集中于墨洛温王族之手，克洛维的子孙一直牢牢控制着宗教界的任命大权。

小　结

无论国王基于何种目的支持和推动基督教的传播、壮大，在后罗马时代，日耳曼王权始终是教会发展的主要支撑。法兰克人的改宗比盎格鲁-撒克逊人来得更为顺利。其原因不仅得益于其地理位置，更接近教会中心的

---

〔1〕《法兰克人史》，第226、406、534页。

罗马,并继承了罗马时代高卢地区原有的教会组织;更是由于改宗初期统一强大的王权所致。墨洛温王朝之所以从建立初期起就一直坚守基督教信仰,没有出现异教信仰者夺权那样的反复,主要得益于克洛维奠定的政治基础。而相比之下,其他国家的君主就未必这般容易了,譬如勃艮第国王贡多巴德(Gundobad),就没有勇气公开接受正统基督教,唯恐遭受子民的反对[1],这恐怕与其王权本来就不够稳固有关。

在克洛维身后,他的子孙划土而治,除少数几任国王获短时间统一外,法兰克国家曾实际分裂为奥斯特拉西亚、纽斯特里亚等几块,但为何没有出现类似英吉利那样重新恢复多神教崇拜的情况,恐怕主要得因于高卢本身较高的基督教化程度以及克洛维奠定的基础。法兰克人是在统一高卢的前提下接受基督教的。而七国时代的盎格鲁-撒克逊人本身建立国家的时间不一,是先后相继改宗的。其基督教王权并不稳固,因此出现了比较多的异教复辟事件。在七国当中,唯有最晚改宗的麦西亚和南撒克斯没有出现此类情况。这与英吉利地域偏远、罗马化程度较低,盎格鲁-撒克逊贵族本身蛮风未开,王子们缺乏系统有效的基督教教育固然有关,然而究其根本,还是因为岛内缺少强有力的王权作为基本保证。盎格鲁撒克逊各国纷争不断,战火连年,皈依基督教的小国与非基督教小国间,甚至基督教小国彼此之间的战争,使得各方消耗很大,实力此消彼长,长久未能获得统一。少数能够称雄一时的几个盟主在被对手打败后,国内的反对派随即上台,而这时把持局势的往往是站在前国王对立面的多神教势力。于是,宗教信仰方面的反复时常与政治的反复纠结在一起。我们可以看到,当埃德温召开贤人会议时,当时的祭司长表示对基督教敬仰已久,认为原先族人所敬拜的神灵一文不值,并带头捣毁了多神教神庙。继任的两位国王后又恢复了旧有的偶像崇拜。倘若多神教的祭司长对基督教都能青睐有加,国王何至于会复兴多神教? 主要还是政治因素的作用使然。继任的国王系埃德温的政治对手埃塞尔弗里思之子,上台后将前任的作为全部推翻,包括他们在流放时曾经接受过的基督教。盎格鲁-撒克逊人改宗初期基督教对政治势力的依附性,以及政局不稳造成的反复动荡的特性由此可见一斑。

---

[1]《法兰克人史》,第91—92页。

　　信仰多神教的国家军事力量有时过于强大,是基督教在英吉利各地传播经常受阻的另一个原因。麦西亚的异教徒国王彭达曾经以强大的军事实力称霸一方,先后击败并杀死过 4 名基督教国王。[1] 比对法兰克王国,克洛维对周边的阿里乌斯派异端的征伐几乎无往不利,曾先后使阿勒曼尼人、勃艮第人和西哥特人俯首称臣。他的子孙辈也依然骁勇善战,通过数次战役,兼并了勃艮第人和图林根人在翁施特鲁特河以南的土地。图尔主教格雷戈里曾这样评价克洛维的事业:"信仰三位一体的克洛维在上帝的帮助下征服了这些异端信仰者,把他的王国扩展到高卢全境。"[2] 可以说,克洛维及其子孙在一定意义上继承了大一统的罗马事业,并以基督教的名义统一高卢,为同化周边阿里乌斯派的日耳曼人的信仰作出了相当大的贡献,教会的势力也得以进一步扩大,也为查理大帝的神权统治和中世纪基督教的唤启提供了前提条件。[3]

　　中世纪早期,法兰克人和盎格鲁-撒克逊人实行了自上而下的改宗,由此迈入文明开化的门槛。然而,由于多神教的遗风长久地留存在日耳曼人中间,接受基督教对日耳曼人而言并不是一件易事。基督教地位的树立很大程度上得益于基督教国王的宗教政策。通过对内颁布各种法令政策,对外结盟联姻,乃至发动战争等各项举措,国王使基督教得以取代了多神教的地位。国王的宗教影响力是使族民改宗的重要因素。部分虔诚的国王甚至被族民视为圣徒,国王与圣徒形象的结合,更进一步地推动了基督教信仰的深入普及。与法兰克人持续的基督教化过程不同,盎格鲁-撒克逊人的改宗过程多次出现中断,复回多神教信仰中,这多少或可归因于盎格鲁-撒克逊人的分裂和基督教国王相对弱小的王权。从法兰克人和盎格鲁-撒克逊人的皈依基督教的历史进程中可以看到,国王在其中起到的决定作用,以及改宗过程突出的政治主导性。这可能也预见出在之后近千年时间里,中世纪西欧政教相互依存的社会历史特性。

---

　　[1]　这四名国王分别是诺森伯里亚的埃德温、奥斯瓦尔德和东盎格利亚的西格伯特和安纳。
　　[2]　《法兰克人史》,第 106 页。
　　[3]　沃格林:《政治观念史》,卷二,《中世纪(至阿奎那)》,叶颖译,上海:华东师范大学出版社 2009 年版,第 34 页。

第七章　余　论:对基督教化政策的两点比较

至 700 年,英吉利教会的建设已大体完善,基督教在盎格鲁-撒克逊七国的上层已基本普及。但国王的受洗仅仅代表着在他的国家内基督教化进程的开始。如果从精神信仰的角度或底层民众的角度来看这一段改宗史,很多问题尚需继续深入挖掘与研究。在 596—700 年百余年的时间里,是否占人口绝大多数的盎格鲁-撒克逊普通民众都完成了信仰的转变? 这一转变又是怎样发生的? 比德等人的记载并不能给我们一个明确的答案。几乎所有的编年史、圣徒传记、教令、国王法令等材料多聚焦于上层社会,有关广大民众如何接受基督教的史料相对很少,给深入研究造成了很大的困难,这就需要从其他领域寻找突破口。如果将这一段历史过程与法兰克人的皈依史加以比较,并借鉴考古学和人类学方面的成果,或可以从另一个角度管窥其中的端倪。

第一节　赎罪文化

世袭王朝的特性使得国王在受洗后仍保留了多神教和祖先崇拜的影子。早先的神灵后裔转化为他们的祖先,从神的后裔降格为凡人英雄是日耳曼人改宗进程中的一大特色。而教会方面也默许了这一做法。[1] 广大下层民众接受基督教时也存有类似情况。这些民众原先的价值观和世界观与基督教教义是存在抵触的,而他们最初理解上帝作为基督教的唯一神的

---

〔1〕 盎格鲁-撒克逊王族基本上都声称他们出自沃登的血脉。*The Anglo-Saxon Chronicle* , in:*English Historical Documents* , Vol. I, ed. and trans. D. Whitelock, London: Eyre& Spottiswcode, 1955, p. 145[547]、[552]、[560]; p. 163[757]。比德亦记载了这一说法。St. Bede, *Venerabilis Baedae Opera Historica* , ed. C. Plummer, London, Edinburgh, New York: E Typographeo Clarendoniano, 1896, Lib. Ⅲ ,24, p. 180, Lib. I, 15, pp. 31-32.

理念往往是作为一个融合的多神形象存在的。如布鲁斯·雪莱(Bruce L. Shelley)指出的那样,欧洲集体归信的方式不能将旧教文化连根去除,改宗者会把他们的迷信一并带进教会。[1] 秉承先祖血亲复仇的信条,以战场杀敌为荣的贵族武士是如何改变观念,接受宣扬与人为善,化干戈为玉帛的基督教理念的? 教会又是如何看待女性不平等的社会地位,处理由之引发的重婚、婚前同居等婚姻问题的? 这些都是值得探讨研究的。

一、改造贵族武士的价值观

作为国王建立并维持统治最重要的阶层,贵族对基督教的看法对从国王到平民整个王国的归信都有至关重要的作用。在改宗前他们是如何看待基督教的? 爱德华改宗前召开的贤人会议上一位贵族的意见就十分具有代表性。他认为人生充满了不确定性,假如信仰基督教能使生活获得更多保障,就值得去信奉。其他人的观点也大体相仿。[2] 这似乎表明盎格鲁-撒克逊权贵们并不排斥基督教。但这很大程度上存有后世基督教学者的美化历史的嫌疑。盎格鲁-撒克逊诸国的多神教复兴运动也多是由这批人发起的。旧教的卷土重来往往发生在老国王去世,新国王立足不稳之时——新任的继承人没有足够的权威去维持基督教的地位,反对派就会趁机主张重归传统,埃塞尔伯特和爱德温死后两国发生的倒退就属于这类情况。按比德的说法,摒弃基督教,复兴多神教的做法通常只与国王个人的意愿有关,但当国王个人信仰成为全民信仰的指针时,当权者的个人意愿常受到宫廷内多股政治势力的束缚,尤其是在政治平衡被打破,统治者地位不稳固的时候。

基督教伦理与日耳曼人荣誉观存在很大的矛盾。在埃塞克斯国王西格伯特被害的事例中,比德谈到他是因为过于仁慈,无条件宽恕他的敌人才导致他的两名臣属反叛,设计将他谋害。杀害西格伯特的两兄弟其中一人本是基督徒,但因非法婚姻遭到了绝罚。有学者认为这是一起血亲复仇事

---

〔1〕　布鲁斯·L.雪莱:《基督教会史》,刘平译,上海人民出版社 2012 年版,第 159 页。

〔2〕　St. Bede,*Venerabilis Baedae Opera Historica*, ed. C. Plummer, London, Edinburgh, New York:E Typographeo Clarendoniano,1896,Lib. Ⅲ,24,p. 180,Lib. Ⅱ,13,p. 112.

件。[1] 还有一种可能性是由于国王赦免了杀害他臣属亲人的凶手,使他们不能完成复仇,由此对国王怀恨在心。主教切德在国王赴鸿门宴的途中曾力劝后者不要出席,这可能是比德刻意指出的,意图多半在于转移焦点。毕竟西格伯特由于对基督教的信仰至深,才给予了他的臣属谋杀他的机会;而后者则站在传统角度实现了复仇的价值理念,这也恰恰符合了凶手不纯正的基督徒的身份。这种情况的出现是让比德感到大为尴尬的。对盎格鲁-撒克逊战士来说,耶稣被钉十字架而死应当是令人感到羞耻的事。但教会赋予了基督一个极富勇气的形象,重新定义了英雄主义的理念。在 8 世纪初诺森伯里亚著名的罗斯威尔十字架(Ruthwell Cross)上镌刻着这么一段话:"全能的主脱下了自己的衣衫。当他自愿登上绞架,他的勇气无人可比。"[2]

　　国王圣徒的出现标志着一种新的价值取向的产生。早期诺森伯里亚国王埃德温和奥斯瓦尔德因败亡于异教徒国王彭达之手,被教会塑造成为了新型的圣徒。这种做法无疑影响了后人对一种圣徒生活的追求。随着基督教理念日益地深入人心,在之后历任盎格鲁-撒克逊国王中,不乏虔诚的信徒涌现。东盎格利亚国王"博学的西格伯特"以身殉道就是一个很好的例子。他不愿违背身为一名修士应恪守的与世无争、不参与杀戮的信条,拒绝参战——这原本在以参与战争为荣的旧观念看来是懦夫的行为——在基督徒的角度来看,他反而成为了一名节操高尚的英雄,后被教会追认为圣徒。

　　8 世纪早期开始流传的一组古英语诗篇正反映了一种出世的思潮。该诗最早的抄本存于 10 世纪汇编的盎格鲁-撒克逊诗歌选埃克塞特书(*Exeter Book*)中,分为 A 篇和 B 篇,分别记载了麦西亚圣徒克罗兰德的古斯拉克(Guthlac of Crowland)的苦修之道和离世的情景。诗篇 A 讲述了古斯拉克从一个追求物欲的世俗之人到一个虔诚的信徒和禁欲主义者的经历,其间魔鬼曾多次利诱威逼未果。约翰·戴蒙(John Damon)认为该诗意在强调主人翁决定放弃戎马生涯转而寻求一种出世的隐士生活的转变,将战争与宗

　　〔1〕 Marilyn Dunn, *The Christianization of the Anglo-Saxons*, c. 597—700: *Discourses of Life, Death and Afterlife*, London, New York: Hambledon Continuum Press, 2009, pp. 136-137.

　　〔2〕 *Select Translations from Old English Poetry*, ed. Albert Stanburrough Cook, Chauncey Brewster Tinker, Boston: Ginn & Company, 1902, p. 101.

教生活作对比是诗歌的一大主题。[1] 这在古斯拉克与魔鬼的较量中有所体现。比如他对魔鬼说道:

> 我并不想怒气冲冲地手持着一把世俗的宝剑来对抗你,也不想通过流血来为主赢得这片土地,我想用更珍贵的礼物(leofran lace)来取悦我主基督。[2]

但在古斯拉克拒绝俗世的战斗后,他与魔鬼间的斗争上升为了另一种主要矛盾。诗人将他刻画为圣徒式的战士,带有很强的英雄主义诗歌的色彩。在诗篇 B 中称其为"上帝的战士,人们勇敢的领袖,坚强面对魔鬼的威胁"。[3] 事实上诗歌暗示了古斯拉克在抛弃贵族战士的身份后,又以隐士的身份赢得了名誉和尊荣。

为了消除部族时代旧有的战士价值观,树立基督教的伦理观,教会也出台了相应的教令教规。西奥多对盎格鲁-撒克逊部族遗风进行了有针对性的改造,其中就包括对血亲复仇、酗酒、乱伦等行为的限制。《西奥多赎罪书》中规定一个人若为亲属报仇而杀人,需要忏悔 7—10 年;但如果他拿出法律规定的偿命金,忏悔的时间可以减半。[4] 而对于无法避免的战场上的厮杀,教会也予以了宽大的政策:

> 一名战士或在国王领导下在战场对抗外敌,或对内镇压反叛

---

〔1〕 John Edward Damon, *Soldier Saints and Holy Warriors: Warfare and Sanctity in the Literature of Early England*, Aldershot: Ashgate Publishing Ltd., 2003, p. 137.

〔2〕 *The Exeter Book*, ed. George Philip Krapp, Elliott Van Kirk Dobbie, *Guthlac A*, Ⅱ, 302b—307a, New York: Columbia University Press, 1936, p. 58. trans. John Edward Damon, in: *Soldier Saints and Holy Warriors*, 2003, p. 144. 其中"lace"源于 Guthlac 的名字,表示"礼物"、"回报"、"奉献"或"交换"等义。Catherine A. M. Clarke, *Writing Power in Anglo-Saxon England: Texts, Hierarchies, Economies*, Cambridge: D. S. Brewer, 2012, p. 38.

〔3〕 *The Exeter Book*, ed. George Philip Krapp, Elliott Van Kirk Dobbie, *Guthlac B*, Ⅱ, 901b—903a, New York: Columbia University Press, 1936, p. 74. trans. John Edward Damon, in: *Soldier Saints and Holy Warriors*, 2003, p. 136.

〔4〕 Theodore of Tarsus, *Penitential of Theodore*, Ⅱ. Ⅳ. 1, in: *Medieval Handbooks of Penance: A Translation of the Principal Libri Poenitentiales and Selections from Related Documents*, p. 187.

军,构成流血杀人性质的,在无其他罪责的情况下处以禁止 40 天进
入教堂和禁领圣餐的责罚。[1]

而杀害普通民众的赎罪内容一般是除 7 年忏悔期外,禁止 40 天至 1 年
及以上的时限进入教堂。[2] 对战后不愿放下武器的、犯下恶意杀人罪的人
处以与一般谋杀一样的 7 年忏悔期,而对主动解除武装的战士则可减免到 3
年。[3] 可能这些条例过于严苛之故,在比德时期,对谋杀赎罪标准有所下
调。针对谋害教士或修士的凶手,最高的赎罪年限设在 7 年;因争吵发怒杀
人定在 3 年;为兄弟复仇杀人则减轻为一年再加后续两年的 120 天斋戒;战
争杀人为 40 天。[4]

赎罪同样是 6 世纪法兰克教会宣扬的一大主题。围绕着如何救赎原罪
的问题,早先的高卢教会发展出了一套理论,用以补充和完善忏悔、涤罪的
手段,并借此来完成个体的救赎。529 年,奥朗日(Orange)宗教会议曾制定
了一系列的教规来解释赎罪的重要性,认为教徒可以通过祈祷、洗礼、做善
事等方法,来达到洗涤原罪的目的。[5] 我们或可以参阅主持奥朗日会议的
阿尔勒主教恺撒里乌斯的布道辞,他说道:

如果你不以勤奋的工作来弥补你的罪过,那么你将在涤罪之

---

〔1〕 Si autem rex infra regnum exercitum duxerit adversus insurgentes seu rebelles, et
perferendo homicidium incurrerit,absque gravi culpa erit,tantummodo,propter sanguinis effusionem,
se,ut mos est,ab ecclesia xl dies reconciliatus,communionem habeat. Theodore of Tarsus, *Theodori
Arch . Cant. Liber Poenitentialis* Ⅲ , 16, in: *Ancient Laws and Institutes of England* , ed. Benjamin
Thorpe,p. 279.

〔2〕 Theodore of Tarsus, *Theodori Arch . Cant. Liber Poenitentialis* Ⅲ , 9, in: *Ancient Laws
and Institutes of England* ,ed. Benjamin Thorpe,p. 278.

〔3〕 Theodore of Tarsus, *Penitential of Theodore* , I. IV. 5, in: *Medieval Handbooks of
Penance : A Translation of the Principal Libri Poenitentiales and Selections from Related
Documents* ,p. 187.

〔4〕 St. Bede, *Penitential of Bede* , Ⅲ . 1, 2. 1～2. 4, in: *Medieval Handbooks of Penance : A
Translation of the Principal Libri Poenitentiales and Selections from Related Documents* ,pp. 224-
225.

〔5〕 教令可参见 Council of Orange, A. D. 529, Canons. *A Source Book for Ancient Church
History* ,ed. Joseph Cullen Ayer,New York: Charles Scribner's Sons,1913,pp. 472-475;另见 http://
www. reformed. org/documents/canons_of_orange. html。

火中继续受煎熬，直至最微小的罪过燃烧殆尽……那些作奸犯科、亵渎圣物的人，如果不进行诚心的忏悔，那么他们将无法通过涤罪之火，而跌入地狱，永远被烈火焚烧。[1]

教皇大格雷戈里是赎罪精神的积极鼓吹者，在他任期内（590—604 年），有关救赎思想的体系最终构建完成。[2] 英吉利教会和西奥多制定的许多具体条例虽然直接效仿于爱尔兰教会，但大格雷戈里的赎罪理论也必是其思想来源之一。

赎罪理论通常把耶稣视为最伟大的殉教者，他的牺牲是为了救赎人类的原罪。圣奥古斯丁将圣子与普通人的自我救赎联系到一起，这使得基督教相对于多神教来说，人性化的特点更为明显；而强调身后世界的幸福与否取决于现世的赎罪之多少，这或许是法兰克人移风易俗的一个关键要素。华莱士·哈德里尔指出："当整个（法兰克）社会都负有沉重的罪孽感时，需要有一种反复可行的途径来缓解社会压力。忏悔和赎罪正是在负有犯罪感的愧疚下，成为日常生活的一部分。"[3]教会赎罪论在一定程度上起到了效果。克洛塔尔一世在去世的前一年，也就是 561 年，曾到圣马丁的墓前忏悔许久，"祈求神圣的申信者恳请上帝宽恕他的罪行"。[4] 法兰克贵族达科伦（Dacolen）在被杀之前，也按他的要求进行了忏悔仪式。[5] 当时曾流传一种说法，认为最有效的赎罪方式就是向教堂捐赠财物。法兰克王室和贵族中有不少虔诚的信徒对教会十分慷慨，很多还把教堂列为遗产的受益人。拉德贡德（Radegund）王后和女贵族英吉特鲁德（Ingitrude）都是有名的施赠者，她们在普瓦提埃和图尔建起了女修道院。英格贝尔戈王后为图尔等三所教堂留下大笔遗产。贝蕾特鲁德（Beretrude）和她的丈夫劳内博德（Launebod）公爵捐资建造了图卢兹（Toulouse）的圣萨图尔尼努斯（St.

〔1〕 Caesarius of Aries, Sermon 104. (MSL, 39: 1947, 1949) *A Source Book for Ancient Church History*, ed. Joseph Cullen Ayer, New York: Charles Scribner'Sons, 1913, pp. 621-622.

〔2〕 参见《法兰克人史》中格利高里一世的布道文，第 498—501 页。

〔3〕 J. M. Wallace-Hadrill, *The Frankish Church*, p. 65.

〔4〕 《法兰克人史》，第 163 页。

〔5〕 《法兰克人史》，第 241 页。

Saturninus)教堂,并把一部分财产留给教会。[1]

当然,教会的不仅仅限于向人们提供了事后涤罪的途径,它更大的作用体现于解决争端,防止更大的"罪"出现。约585年,图尔发生一桩仇杀案,为避免血亲复仇的进一步升级,主教格雷戈里试图以教会钱财来偿付双方赔款。[2] 679年,诺森伯里亚国王埃格弗里德和麦西亚国王埃塞尔雷德交战,前者的弟弟死于沙场,西奥多在二者之间斡旋调停,最后以后者支付一笔适当的偿命金平息了这场冲突。[3]

贵族价值观的变化也与社会阶层的变化有关。王权的强盛使得教会方面也积极地向法兰克人靠拢。许多神职人员为了获得晋升,除积极向王室示好外,有时还会拉拢国王的近臣。如罗德兹(Rodez)副主教特兰索巴德(Transobad)就将自己的儿子安置进了当时任希尔德贝尔特二世监护人戈哥(Gogo)的府第,以谋求主教席位。[4] 在这种政教紧密结合的大背景下,主教们也不可能独善其身。前面提到鲁昂主教普雷特克斯塔图斯等人都曾因政治原因而受过宗教会议的审判。[5] 主教们收容暂时落难的王子、贵族,部分也是基于政治上的考虑。例如朗格勒主教提特里库斯(Tetricus of Langres)在第戎(Dijon)曾收容克洛塔尔的逆子克拉姆(Chramn),并为他求神谕,预测他"是不是能够兴盛起来,到底能不能统治"。[6] 这些现象都表明,在6世纪的高卢,不仅仅是法兰克人单方面插手宗教事务,而且主教们也常常不同程度地参与了墨洛温王朝的政治生活。作为高卢的统治阶级,教会僧侣与法兰克贵族显然正在逐渐趋向于合流。

在盎格鲁-撒克逊王国中发生的情况显然与之相类似。在王室的支持和赞助下,教会得到了大量的土地和财富。各个主教区的建立使教会在城市乡村引入了罗马和高卢的管理体系,与日俱增的信徒数量构建起了教会的统治基础。新兴的主教和教士阶层也因此掌握了相当可观的资源和权力。

---

〔1〕《法兰克人史》,第41、113、464、474页。

〔2〕《法兰克人史》,第382—384页。

〔3〕 St. Bede, *Venerabilis Baedae Opera Historica*, ed. C. Plummer, London, Edinburgh, New York: E Typographeo Clarendoniano, 1896, Lib. IV, 21, p. 249.

〔4〕《法兰克人史》,第265—266页。

〔5〕《法兰克人史》,第226、406、534页。

〔6〕《法兰克人史》,第158—159页。

7世纪的贵族家庭原本就有把男孩送到宫廷做随从的惯例。到了25岁左右时，他们会得到一片土地作为为国王服务的回报。这被称为"两阶段式的贵族生涯——首先在宫廷效力，然后成为地方权贵"[1]。而基督教社会则提供给了贵族子嗣另外一条职业道路，即进入教会中上层从事宗教活动并对下辖教区进行管理。比如，威尔弗里德主教就提供给贵族子弟的两种诱人的前途：或做教士或推荐入宫廷，这吸引了一大批上层人士把男孩送到威尔弗里德处。不少国王晚年时或退位进入修道院（如东盎格利亚的西格伯特、埃塞克斯的塞比），或去罗马朝圣（如威塞克斯的卡德瓦拉），这种示范作用对贵族阶层也会产生巨大的影响。至7世纪晚期，贵族武士与教士僧侣共同建构起盎格鲁-撒克逊诸国的统治基础，这一方面说明了教士地位的抬升，另一方面也印证了盎格鲁-撒克逊人在潜移默化中已对基督教价值观产生了认同——作为教士的荣誉慢慢地与作为一名武士的荣誉并驾齐驱。

二、赎罪书中的婚姻与女性问题

在7世纪的英吉利，重婚、通奸等都是很普遍的现象。乱象横生的婚姻状况可以说是七国时代最令教会感到棘手的问题。肯特国王伊德鲍尔德就曾娶她的继母为妻。这被比德称为"在异教徒那里都未听闻的乱伦"，在一些背教者那里还得到了支持，他们借此回归了旧教。[2] 这说明在婚姻观上，肯特人的传统价值取向和风俗与基督教伦理的大相径庭。这一问题引发的争论直到673年的赫特福德会议颁布教令才得到初步解决。赫特福德会议的第10条如此记道：

> 任何人只能有一次合法的婚姻。圣经教导我们，任何人不得乱伦，任何人不能遗弃他的妻子，除非是对方犯了通奸罪。如果一个人抛弃了他合法的妻子，那么作为一个真正的基督徒，他不得再

---

〔1〕　A. Thacker,"Some terms for noblemen in Anglo-Saxon England, c. 650—900", *Anglo-Saxon Studies in Archaeology and History* 2, ed. D. Brown, J. Campbell, Oxford: Oxford University School of Archaeology 1981, pp. 201-236.

〔2〕　St. Bede, *Venerabilis Baedae Opera Historica*, ed. C. Plummer, London, Edinburgh, New York: E Typographeo Clarendoniano, 1896, Lib. Ⅱ, 5, p. 90.

娶第二个。要么他仍然孑然一身,要么与他原来的妻子重归于好。[1]

在赫特福德会议出台的 10 条教令中,该教令是唯一一条关于民生问题的。这说明当时的重婚现象是很普遍的,教会想要移风易俗,引入罗马的道德标准和价值体系,首先必须解决这一问题。早期关于通奸罪、重婚罪的法令一般定罪较为模糊,且多从男性权益出发,事实上婚姻问题产生的纠纷大多只能依赖于家族内部调解。在 7 世纪初埃塞尔伯特颁布的法典中规定若一个自由民与另一个自由民的妻子通奸,犯案者除支付赔偿金之外,必须再出资为后者购买另一个妻子。[2] 而对犯通奸罪的女性自由民,将处以 30 先令的罚金补偿(前夫)。[3] 买卖婚姻的存在,让女性在某种程度上沦为一种商品,重婚之风也因此屡禁不绝。[4] 尽管教会对这一旧风俗进行了严厉的抨击,但在 7 世纪,外妇仍然是丈夫的家庭成员,她的孩子也能够在他们的父亲身后分到财产。[5] 695 年,肯特国王威尔特雷德(Wihtred)颁布了禁止臣民非法婚姻,并将不愿遵守该法令的外国人驱逐出境的敕令,但并不处以罚金。[6]

西奥多到来后,着力于制定和完善教会对违背教令教规的惩戒条文。在他的《赎罪书》中有关非法婚姻的条例占的比重是最大的。他对那些结婚

---

[1] St. Bede, *Venerabilis Baedae Opera Historica*, ed. C. Plummer, London, Edinburgh, New York: E Typographeo Clarendoniano, 1896, Lib. Ⅳ. 5, pp. 216-217.

[2] *Laws of Ethelbert*, 31, in: *English Historical Documents*, Vol. Ⅰ, ed. and trans. D. Whitelock, London: Eyre& Spottiswoode, 1955, p. 358.

[3] *Laws of Ethelbert*, 73, in: *English Historical Documents Vol. Ⅰ*,, ed. and trans. D. Whitelock, London: Eyre& Spottiswoode, 1955, p. 359.

[4] 在《埃塞尔伯特法典》和《伊尼法典》中都有关于买卖婚姻的条例。*Laws of Ethelbert*, 77, 82, 83, *Laws of Ine*, 31, in: *English Historical Documents*, Vol. Ⅰ, ed. and trans. D. Whitelock, London: Eyre& Spottiswoode, 1955, pp. 359 and 367.

[5] 《埃塞尔伯特法典》中第 79 条较耐人寻味,"她(买来的妻子)如果有意同她的孩子离开,也可获得丈夫一半的财产"。这里可能指非法婚姻,这笔财产相当于遣散费。*Laws of Ethelbert*, 79, in: *English Historical Documents*, Vol. Ⅰ, ed. and trans. D. Whitelock, London: Eyre& Spottiswoode, 1955, p. 359. 另可参考 M. C. Ross, "Concubinage in Anglo-Saxon England", *Past and Present*, No. 108, Oxford: Oxford University Press, 1985, pp. 3-34.

[6] *Laws of Wihtred*, 4, 4. I, in: *English Historical Documents*, Vol. Ⅰ, ed. and trans. D. Whitelock, London: Eyre& Spottiswoode, 1955, p. 362.

两次以及两次以上的教徒的惩罚措施也较为严苛。《西奥多赎罪书》中规定,但凡有人二婚,那他就必须赎罪一年,(在这一年中的)周三和周五以及3个40天周期内不准食肉;如果一个人第3次结婚或更多,那他必须赎罪7年,(在这7年中的)周三和周五以及3个40天周期内不准食肉,同时男子也不得抛弃他的新婚妻子。[1] 然而,这种严厉的处罚手段和教会强加给对各种性行为(如手淫、同性间的性行为和在周日或宗教节日的性行为等)、性幻想的补赎一样[2],有可能会影响基督教在公众中的普及速度。在惠特比匿名修士撰写的《大格雷戈里传》中提到,埃德温的随从多是些"受到异教和非法妻子束缚"的人。[3] 这个故事表面是在讲埃德温时期的异教徒受到基督教感化教育,但作者单单将婚姻问题与异教崇拜捆绑,其实意在说明8世纪早期非法同居和重婚这些现象仍是诺森伯里亚地区存在的一大问题,很大程度上带有借古讽今的意义。同时作者也可能在暗示,女性群体与多神教之间存在着微妙的联系。作为小妾而被边缘化的妇女可能会抵制基督教。在《西奥多赎罪书》关于婚姻的条文中,西奥多允许持基督教信仰的丈夫休去异教信仰的妻子。[4] 这可视为对赫特福德会议的第10条决议的一项补充。

墨洛温王朝的国王和贵族重婚、通奸的例子也屡见不鲜。法兰克教会的赎罪教令中也有相关的条例。需要指出的是,尽管法兰克人接受基督教较早,教会的建制也较为完善,但大陆对赎罪理论的研究主要集中在教义思想上,其赎罪体系的具体条文还是由吸收爱尔兰赎罪文化的盎格鲁-撒克逊教士传入的。因此这些赎罪条例并非是本土教士针对不良风气制定的,而是直接继承于爱尔兰、盎格鲁-撒克逊教会的赎罪文化。《克莱门特审判书》

---

〔1〕 3个40天周期与新人在第一次结婚后,必须做为期40天的告解相对应。Theodore of Tarsus, *Penitential of Theodore*, I. XIV. 1-3, in: *Medieval Handbooks of Penance: A Translation of the Principal Libri Poenitentiales and Selections from Related Documents*, pp. 195-196.

〔2〕 Ibid., I. II. 1-22, pp. 184-186; I. VII, 1, p. 190; I. XIV. 19-23, p. 197.

〔3〕 An anonymous monk of Whitby, text and trans. by Bertram Colgrave, *The Earliest Life of Gregory the Great*, Chap. 15, New York: Cambridge University Press, 1985, pp. 97-98.

〔4〕 Theodore of Tarsus, *Penitential of Theodore*, II. XII. 18—19, in: *Medieval Handbooks of Penance: A Translation of the Principal Libri Poenitentiales and Selections from Related Documents*, p. 210.

(*The Judgment of Clement*)由"弗里斯兰人的使徒"威利布罗德·克莱门特(Wilibrord Clement)在 8 世纪初传入大陆,是法兰克教会最早的较为具体的赎罪教令集之一。该书规定:

> 任何男子抛弃他的合法妻子另娶他人,哪怕得到第二任妻子的同意,也将被逐出教会。[1]

但这种情况也有例外,即当一名男子的妻子被敌人俘获,无法归来时,一年后这名男子可以再娶。[2] 同时期的《勃艮第赎罪书》(*The Burgundian Penitential*)则可能来源于爱尔兰传教士小科伦巴努斯,对包括通奸、自慰、鸡奸等违背基督教伦理的性行为做出了赎罪规定,并按俗人、低阶教士、高阶教士的不同分别制定了详细的赎罪教令。[3] 在未曾有这些赎罪条例时,如果法兰克人的行为超出教会所能承受的底线,主教们也可能对违反教规的贵族处以绝罚。特里夫斯主教尼塞提乌斯(Nicetius of Treves)曾因国王个人作风问题将克洛塔尔一世逐出教会;出于同样的原因,他也对提乌德贝尔特一世提出过警告。[4] 卡里贝尔特也因犯重婚罪被巴黎主教日耳曼努斯开除教籍。[5]

相比部族中的男性成员,女性可能更难抛弃多神教。大主教西奥多规

---

[1] Willibrord Clement, *The Judgment of Clement*, c. 14, in: *Medieval Handbooks of Penance: A Translation of the Principal Libri Poenitentiales and Selections from Related Documents*, p. 272.

[2] Willibrord Clement, *The Judgment of Clement*, c. 19, in: *Medieval Handbooks of Penance: A Translation of the Principal Libri Poenitentiales and Selections from Related Documents*, p. 273.

[3] 鸡奸者赎罪 10 年;高阶教士通奸赎罪 7 年;低阶教士 3 年;俗人 3 年;自慰 1 年;有乱伦行为未遂的 1 年。*The Burgundian Penitential*, cc. 4, 8, 11, 14, 16, 37, in: *Medieval Handbooks of Penance: A Translation of the Principal Libri Poenitentiales and Selections from Related Documents*, pp. 274-277.

[4] Gregory of Tours, *Liber Vitae Patrum*, xvii. 2. English translation by Edward James, *Gregory of Tours: Life of the Fathers*, Liverpool: Liverpool University Press, 1991, pp. 105-106.

[5] 卡里贝尔特曾先后娶了自由民出生的两姐妹梅罗芙蕾德和玛尔科韦法(参见《法兰克人史》,第 167 页)。

定:"任何人向魔鬼献祭,轻则赎罪 1 年,重则 10 年。"[1]这一量度可轻可重,
定义较为宽泛。折衷的例子是"做异教风俗的占卜或请占卜师入室",将被
处以 5 年的补赎。而在《威尔特雷德法典》(*Laws of Wihtred*)中,对夫妇向
魔鬼献祭行为处以极重的罚金,最严重的将剥夺所有的财产。[2]但如果女
性被发现诵念魔鬼的咒文或做占卜,却只需被处以 40 天或 120 天或 1 年的
补赎。[3]粗看这一条款定罪尺度混乱,较为合理的解释或为:因女性诵咒
文行占卜之事非常普遍,教会不得已降低了赎罪的标准。不过有一条针对
家庭主妇的异教行为的条文令人觉得有些蹊跷。条文规定:

母亲若将女儿放在屋顶上或炉灶上治疗感冒,需赎罪 7 年。[4]

奥德丽·米尼(A. L. Meaney)认为把孩子放在温暖的室外接受阳光照
射或放在炉火旁边是有助于感冒痊愈的。她猜想赎罪教令之所以如此严
厉,是在此过程中要伴随着诵念咒语。[5]但这个假设并不严谨,如果仅诵
念咒语,妇女至多被处以赎罪 1 年。很可能母亲将女儿放在屋顶或炉灶是一
种特殊的向旧教神灵献祭仪式,伴随着出卖灵魂等基督教眼中的重大罪行,
故定罪较重。与妇女相联系的旧风俗很多,比如在死者的屋里燃烧谷物,以

〔1〕 Theodore of Tarsus, *Penitential of Theodore*, I. XV. 1, in: *Medieval Handbooks of Penance: A Translation of the Principal Libri Poenitentiales and Selections from Related Documents*, p. 198.

〔2〕 *Laws of Wihtred*, 12, in: *English Historical Documents*, Vol. I, ed. and trans. D. Whitelock, London: Eyre& Spottiswoode, 1955, p. 363.

〔3〕 Theodore of Tarsus, *Penitential of Theodore*, I. XV. 4, in: *Medieval Handbooks of Penance: A Translation of the Principal Libri Poenitentiales and Selections from Related Documents*, p. 198.

〔4〕 Theodore of Tarsus, *Penitential of Theodore*, I. XV. 2, in: *Medieval Handbooks of Penance: A Translation of the Principal Libri Poenitentiales and Selections from Related Documents*, p. 198.

〔5〕 A. L. Meaney, "Anglo-Saxon idolaters and ecclesiasta from Theodore to Alcuin: a source study", *Anglo-Saxon Studies in Archaeology and History* 5, ed. William Filmer-Sankey, Oxford: Oxford University School of Archaeology, 1992, pp. 103-125.

确保"房屋的安全"。[1]《西奥多赎罪书》中还有针对妇女用他们丈夫精液混入食物用于催情[2],以及用丈夫的血来治疗疾病的做法的惩戒条目[3],但判得较轻(斋戒 40 天),这应当归属于巫术与正当医疗之间的灰色地带。

教会倾向于将妇女束缚于家庭内,尽其本分。一部分原因在于基督教仪式的"纯洁性"要求其疏远女性。[4] 这在大格雷戈里对奥古斯丁的"九问"的答复中有所反映。大格雷戈里并未严格按照《旧约》的律法解释、处理妇女生产、行经时期的入教堂问题。按《旧约·利未记》中上帝晓谕摩西的指示,妇女在生完孩子后是不洁净,不可进入圣所(生男孩家居 33 天,生女孩则 66 天)。[5] 而女性行经期则有 7 天是不洁净的。[6] 而大格雷戈里采取了相当宽大的政策应对这一情况:他允许有特殊情况的产妇在教堂产子;而对于经期中的女子,他允许她们在这段时间里进教堂领圣体,并指出这种行为本身并无罪过。[7] 但西奥多冀图改变大格雷戈里对《旧约》关于女性不洁问题的解释,建立起更严格的标准。他指出,生孩子会染上污秽,因此他禁止产妇在 40 天的不洁期内进入教堂,并给予其 3 周的补赎。并且,他也禁止行经期的妇女进入教堂或参加宗教活动(这一教令既适用于俗人,也适用

---

〔1〕 A. L. Meaney,"Anglo-Saxon idolaters and ecclesiasta from Theodore to Alcuin:a source study",*Anglo-Saxon Studies in Archaeology and History* 5, ed. William Filmer-Sankey, Oxford: Oxford University School of Archaeology,1992,p. 105.

〔2〕 Quae semen viri sui in cibo miscens ut inde plus amoris accipiat. Theodore of Tarsus, *Penitential of Theodore*, I. XIV. 15, in: *Medieval Handbooks of Penance:A Translation of the Principal Libri Poenitentiales and Selections from Related Documents*,p. 196.

〔3〕 Ibid. I. XIV. 16,p. 197.

〔4〕 有关基督教的纯洁性问题可参阅 Rob Meens,"A Background to Augustine's Mission to Anglo-Saxon England",*Anglo-Saxon England*, Vol. 23, New York:Cambridge University Press, 1994,pp. 5-17;Rob Meens,"Ritual Purity and the Influence of Gregory the Great in the early Middle Ages",in:*Unity and Diversity in the Church*,ed. Robert N. Swanson,Oxford:Blackwell,1996,pp. 31-43;Dyan Elliott, *Fallen Bodies:Pollution, Sexuality, and Demonology in the Middle Ages*, Philadelphia:University of Pennsylvania,1999,p. 167.

〔5〕《利未记》,第 12 章,《圣经·旧约》,ESV,上海:中国基督教两会 2008 年版,第 172 页。

〔6〕《利未记》,第 15 章,《圣经·旧约》,ESV,上海:中国基督教两会 2008 年版,第 180 页。

〔7〕 Gregory the Great, *Nicene and Post-Nicene Fathers*, *Second Series*, *Vol. 12*, *Leo the Great*,*Gregory the Great*,*Selected Epistles of Gregory the Great*, trans. James Barmby, XI, 64; St. Bede,*Venerabilis Baedae Opera Historica*, ed. C. Plummer, London, Edinburgh, New York:E Typographeo Clarendoniano,1896,Lib. I,27,pp. 53-57.

于修女）。[1] 大格雷戈里的这种指示与他温和渐进式的传教方法（详见第二章）是一脉相承的，也与他不赞同《旧约》中许多教令的态度有关。[2] 而西奥多在引入了东罗马的教规体制的同时，吸收了爱尔兰赎罪体系的很多特色。西奥多的《赎罪书》从结构到内容都与早些时候的爱尔兰修士库敏的《库敏赎罪书》（*Penitential of Cummean*，约 650 年）相仿。[3] 或许西奥多认为大格雷戈里的做法只适用于改宗的过渡时期，而今要完善教会的清规戒令不能采取宽容政策；又或许与西奥多身处的时代背景有关——664 年爆发并持续数年的大瘟疫使得许多人重归到多神教信仰中去。然而爱尔兰严格的赎罪体制并不能完全地适用于英吉利。在基督教尚未完全普及，教义教规仍为很多人所陌生的前提下，改变过去的做法，转而实行严苛的教令可能会招来反对和批评，赎罪条例也很难真正为教徒们所贯彻执行。就上述问题来看，教会的这种禁令无疑会在某种程度上疏远世俗妇女。

对女性的轻慢态度在法兰克教会的赎罪条文中也有所反映，这也许是中世纪教会的一种普遍现象。在《克莱门特审判书》中规定：

> 一名妇女不可将未经祝圣的东西如亚麻布、高脚酒杯放在祭坛上，也不可进入祭坛旁（设有祭司及唱诗班席位）的高坛。[4]

---

[1] Theodore of Tarsus，*Penitential of Theodore*，I. XIV. 17—18，in：*Medieval Handbooks of Penance：A Translation of the Principal Libri Poenitentiales and Selections from Related Documents*，p. 197.

[2] 娶亡兄的妻子在大陆和爱尔兰都是一种较普遍的传统风俗。《旧约》鼓励这种做法。《申命记》，第 25 章，《圣经·旧约》，ESV，上海：中国基督教两会 2008 年版，第 315 页。而大格雷戈里则反对这一做法。Gregory the Great，*Nicene and Post-Nicene Fathers*，*Second Series*，*Vol.* 12，*Leo the Great*，*Gregory the Great*，*Selected Epistles of Gregory the Great*，trans. James Barmby，XI，64. 盎格鲁-撒克逊传教士、美因茨大主教卜尼法斯继承了大格雷戈里的这一观点。他在 745 年的大公会议上就谴责了爱尔兰人传教士克莱门特娶妻媾居的嫂子的做法，并将其开除神职。C. H. Talbot，*The Anglo-Saxon Missionaries in Germany*，London and New York：Sheed & Ward Ltd，1954，p. 110.

[3] 可参阅 Cummean，*Penitential of Cummean*，in：*Medieval Handbooks of Penance：A Translation of the Principal Libri Poenitentiales and Selections from Related Documents*，pp. 98-117.

[4] Willibrord Clement，*The Judgment of Clement*，c. 13，in：*Medieval Handbooks of Penance：A Translation of the Principal Libri Poenitentiales and Selections from Related Documents*，p. 272.

值得注意的是,奸淫妇女罪与妇女有意流产罪的处罚却是等同的,都为赎罪 3 年。[1]

非法婚姻问题是盎格鲁-撒克逊社会的一大痼疾,在基督教化进程中长期存在。教会虽然针对这种乱象制订了许多赎罪条文,在一定程度上起到了抑制作用,但从动机来看,抨击非法婚姻是出于对宗教的"纯洁性"的维护,并非意在提高女性地位;相反,教会在教仪上排斥女性,将她们束缚于家庭内,实际上降低了日耳曼女性的社会地位。基督教价值观从亚当夏娃的故事开始,天生带有轻视女性的因子,很难做到真正地尊重、理解女性。婚姻问题本身有其特殊性,如果教会的价值体系不赋予女性应有的家庭、社会地位,重婚、非法同居等问题就不能在源头上得以解决,包括英吉利在内的欧洲教会在中世纪一直未能妥善地处理好相关问题。

第二节　圣徒奇迹与圣地、圣徒遗物崇拜

一、圣徒奇迹

当人们接受一些无法解释的超自然现象的信息时,往往会在脑中将其具现化,从而有了神灵的概念。[2] 当对神灵的崇拜上升到群体层面,建立起具有同一信仰的组织时,宗教作为一种社会意识形态便应运而生。基督教与多神教的对抗从社会组织层面来看,多是新旧两派势力围绕政治制高点的斗争;而从个体来看,是双方宗教理念的号召力的较量。虽然吸收了希腊哲学思想的基督教教义在思想深度和逻辑性上远优越于多神教,但这并不能构成前者很大的优势。当代神学家帕斯卡尔·博耶(Pascal Boyer)指出:"教义并非是宗教理念中最重要或不可或缺的一部分,事实上,很多人并不需要对超自然媒介(Supernatural Agents)全面而系统的描述。超自然媒介之所以受到人们关注是因为他(它)们具有神奇的力量。"[3]尤其是在西

---

[1] *The Burgundian Penitential*,cc. 37 and 35,p. 277.

[2] Pascal Boyer,*Religion Explained*,New York:Basic Books,2001,p. 161.

[3] Pascal Boyer,*Religion Explained*,New York:Basic Books,2001,p. 140.

罗马覆亡后的文化萧条时期,繁杂深奥的教义对法兰克人或是盎格鲁-撒克逊人来说并不会有很大的吸引力。基督教与多神教之间的较量实质上落在双方神灵力量的对比上。

在接受基督教后,一些盎格鲁-撒克逊人,尤其是下层民众的精神诉求仍和多神教与之相关的仪式、庆典相联系着。除了部分统治阶层对仍尊奉沃登等神灵外,农民对那些与农耕和丰收相联系着的旧神的供奉是很常见的现象。这些神灵在部分人的生活中仍占据重要的位置。在比德的《卡思伯特传》中就有一个相关的故事。

　　一群修士坐筏顺流而下,想要出海,遭遇了风浪。在河岸边的一群农夫看着焦急的修士们,开始讥笑起修士们的生活方式。人群当中的卡思伯特打断了他们渎神的言论,说道:"诸位兄弟,你们在干什么? 难道你们不应祈求主保佑他们的平安,而不是在一旁幸灾乐祸?"这些人反倒恼羞成怒,用更为粗鄙的想法和语言回答道:"没有一个人会为他们祈祷,也不要让上帝帮助他们中的任何一人! 因为他们夺去了(我们)所有的传统信仰,现在没人知道应该做什么了!"[1]

农夫们的话明显带有对外来的基督教的抵触情绪。卡思伯特后来用祈祷改变了风向,使修士们平安登陆。这一奇迹震慑了农夫们,当下服膺于卡思伯特的信仰。但无法否认的是,这种全新的宗教,从教义到仪式都给这些社会中下层群体带来了一种对未知事物的困惑感。他们抱怨对新的信仰如何指导人们一无所知。从该事例来看,一方面说明圣徒奇迹在吸引信众、推广基督教上有着巨大的能量,另一方面也表明,在底层民众间对诺森伯里亚教会移风易俗的举措的反对声浪仍很大。

533 年和此后几届奥尔良宗教会议的决议都显示,偶像崇拜之风在高卢

---

　　〔1〕　St. Bede,*Life of Cuthbert*,chap. 3,in:*The Age of Bede*,*Bede*:*Life of Cuthbert*,*Eddius Stephanus*:*Life of Wilfrid*,*etc.*,trans. J. F. Webb,ed. D. H. Farmer,London:Penguin,2004,pp. 48-49.

仍然十分兴盛,民间对狄安娜女神等罗马诸神的崇拜风气也还相当流行。[1]《法兰克人史》里详细描述了副主祭符尔福莱克当年作苦修士时,曾成功地劝服伊瓦镇的一群信奉异教的居民推倒罗马众神神像的事情。[2]图尔主教格雷戈里在《教父列传》里描述的另一个例子,也多少能反映出当时的信仰问题。有人从奥弗涅地区坐船去往意大利,途中遇到风暴,眼看船快沉没。乘客们开始向诸神祈祷,而他发现自己是船中唯一的基督徒。众人呼唤朱庇特、墨丘利、米涅瓦和维纳斯等罗马神灵,都不见效。而当他呼唤起圣徒尼塞提乌斯的名字时,众人竟群起而响应,齐呼:"神明尼塞提乌斯,救救我们(Deus Niceti,eripe nos)!"[3]尽管此处所说的船上乘客中部分可能不是高卢居民,但至少反映了原罗马帝国境内尚残存有许多异教信仰者,或伪基督徒。他们熟悉基督教的教义,熟悉基督教会的圣徒,或许还自称信仰上帝。而一旦在危难之际,这些人习惯性地还是会首先求助于原有的罗马诸神。从前文的两例可见,异教神在许多英吉利、高卢居民中尚有影响,若推及接触基督教不久的盎格鲁-撒克逊人和法兰克人,多神教迷信的气氛自应更加浓厚。

圣徒奇迹不仅受到下层民众的敬畏膜拜,而且也引发了统治者对基督教的重视。对日耳曼国王来说,一种宗教最大的好处是能佑护他在战场上取得胜利。从穆尔维大桥(Milvian)之役到托尔比亚克之战,基督教在战场上庇护了许多位"受上帝眷顾的"帝王将相,君士坦丁大帝和克洛维也因此受洗入教。这种祈祷得来的胜利虽然纯属巧合,但教会的宣传下,这种偶然性成为了上帝庇护下的必然。对法兰克人来说,上帝作为战争的护佑神,是一种可敬畏的存在。譬如,希尔德贝尔特一世与他的侄子提乌德贝尔特一世率联军征讨克洛塔尔一世时,受天降冰雹的影响,转而"俯伏在地,表示忏

---

[1] Gregory of Tours, *The History of the Franks*, edited and translated by O. M. Dalton, Oxford:Clarendon Press,1927,Vol. Ⅰ introduction,p. 246.

[2]《法兰克人史》,第400—401页。华莱士·哈德里尔认为这群居民是法兰克人。伊瓦镇属于特里夫斯地区,是法兰克人最大聚居区之一(参见 J. M. Wallace-Hadrill, *The Frankish Church*, p. 19)。

[3] Gregory of Tours, *Liber Vitae Patrum*, xvii, 3. English translation by Edward James, *Gregory of Tours:Life of the Fathers*,Liverpool:Liverpool University Press,1991,pp. 107-108.

悔,祈求上帝饶恕他们干出这样狠毒的勾当来陷害自己的亲骨肉"。[1] 当然这些故事也同样带有原先的多神教色彩——在战场上甚至会显现出如神话传说中一般的异象:如穆尔维大桥上闪耀着的十字架样的火舌,或是圣马丁在森林里降下的冰雹。[2]

这种从多神教继承而来的保佑战争取胜的迷信案例,在盎格鲁-撒克逊王国中也不遑多让。从埃德温战前祈愿和得胜后的还愿,到奥斯瓦尔德征出前向希思菲尔德(Heathfield)的十字架的祈祷,都能看出上帝在盎格鲁-撒克逊国王心中充当了战争守护神的影子。诺森伯里亚的这两任基督教国王虽然都被异教徒国王彭达在战场上所击杀,但这一结果却并不影响他们的继任奥斯维继续向天主许愿。奥斯维在征讨彭达前向上帝祷告:"如果他战胜敌人,他就把女儿奉献给主,永为贞女,同时还要划出 12 块册封土地用于建造修道院。"[3]这一许愿与埃德温之前的所为相仿,而他们得胜后都把女儿送往女修道院,当一名终身修女。基督教有赖于它诸多圣徒的奇迹和威力无边的圣徒遗物,构建起了一个令人敬畏的教会形象,这刚好与盎格鲁-撒克逊人、法兰克人的宗教心理需求相吻合,并顺势促其皈依,转向对上帝的信仰。

我们从教皇大格雷戈里的信和比德的记载中了解到,奥古斯丁像十二使徒一般富于显现奇迹。当时的社会环境和宗教观念使得人们倾向于认为一些现象的背后隐藏着某种精神力量,也就是神明的意旨。尽管在得知奥古斯丁屡屡施现奇迹之后,教皇大格雷戈里写信告诫他切勿因此而骄傲自满。[4] 但在惠特比匿名修士的《大格雷戈里传》中,作者还是认为大格雷戈里对圣徒奇迹作出了相当的肯定:"奇迹摧毁了那些异教徒的偶像,使动摇的不坚信者坚定了他们的信仰。绝大多数奇迹发生在那些劝导异教徒改宗

〔1〕《法兰克人史》,第 132 页。

〔2〕 华尔克:《基督教会史》,谢受灵等译,香港:基督教文艺出版社 2005 年版,第 152—153 页;《法兰克人史》,第 132 页。

〔3〕 St. Bede,*Venerabilis Baedae Opera Historica*,ed. C. Plummer,London,Edinburgh,New York:E Typographeo Clarendoniano,1896,Lib. Ⅲ,24,p. 177.

〔4〕 Gregory the Great, *Nicene and Post-Nicene Fathers*, *Second Series*, *Vol*. 12, *Leo the Great*,*Gregory the Great*,*Selected Epistles of Gregory the Great*,trans. James Barmby,XI,65.

的人身上。奇迹发生得越辉煌越频繁，显现奇迹者就越具备导师的资格。"[1]约克主教威尔弗里德一世在弗里西亚和苏塞克斯传教时显现的奇迹是较为典型的吸引信徒的手段。[2]这些奇迹显现了基督教的威力，证明了他所服侍的神的优越性，并让人产生敬畏感，这在当时的时代大背景下是十分有效的宣传手段。基督教的圣徒奇迹与多神教的神明显现有着类似的共性，教会鼓吹传教士的驱邪、治愈之术，与盎格鲁-撒克逊人的原始宗教的法术实际上异曲同工。新宗教所带的神秘色彩某种程度上是为了迎合旧教的遗风，以此来适应当地居民的需要。

教会对中下层民众展现的奇迹主要集中在治愈疾病上。普通信众的宗教情绪十分狂热，隐士圣卢比西努斯死后，人们纷至沓来，甚至为争夺他衣服的一块碎片或临终前吐出的血水而大动干戈。[3]图尔主教格雷戈里在《奇迹集》中提到，来到圣马丁墓前朝圣的信徒多不胜数。有学者作过统计，有确切来源的就有143处。[4]人们之所以有如此的宗教热情是因为相信圣徒遗物能够治愈各种疾病，保佑信徒平安。圣徒本人代祷的效果则更为神奇。在英吉利，奥古斯丁治愈过盲人[5]，威尔弗里德救活过两个濒死的男孩[6]，赫克瑟姆主教约翰(Johannes)亦救治过数名病患[7]。这样的例子不胜枚举，绝大部分情况下，病人都是被"祝福与祷告"治好的。圣徒和主教们治愈患者的手段与多神教诵咒驱鬼、献祭敬神实质上大同小异，只是奇迹的

〔1〕 An anonymous monk of Whitby, text and trans. by Bertram Colgrave, *The Earliest Life of Gregory the Great*, Chap. 4, New York: Cambridge University Press, 1985, pp. 78-80.

〔2〕 Eddius Stephanus, *The Life of Bishop Wilfrid by Eddius Stephanus*, ed. and trans. Bertram Colgrave, Cambridge: Cambridge University Press, 1985, chap. 26 and 41, pp. 134, 150-151.

〔3〕 Gregory of Tours, *Liber vitae patrum*, xiii. 2, English translation by Edward James, *Gregory of Tours: Life of the Fathers*, pp. 87-88.

〔4〕 L. Pietri ed., *Gregorio di Tours*, Todi, 1977, (B6-b) p. 107. (转引自 Edward James, *The Origins of France: From Clovis to the Capetians*, 500—1000, p. 55)

〔5〕 St. Bede, *Venerabilis Baedae Opera Historica*, ed. C. Plummer, London, Edinburgh, New York: E Typographeo Clarendoniano, 1896, Lib. Ⅱ, 2, pp. 81-82.

〔6〕 Eddius Stephanus, *The Life of Bishop Wilfrid by Eddius Stephanus*, ed. and trans. Bertram Colgrave, Cambridge: Cambridge University Press, 1985, chap. 18 and 23, pp. 126-127, 131.

〔7〕 St. Bede, *Venerabilis Baedae Opera Historica*, ed. C. Plummer, London, Edinburgh, New York: E Typographeo Clarendoniano, 1896, Lib. V, 2-6, pp. 282-292.

代理人由祭司巫师变为了教士和修士。在高卢，圣徒人数的猛增[1]，可能是教会为顺应那时高卢民众间对形形色色的多神教诸神崇拜的遗风而营造出来的。道尔顿认为，在图尔主教格雷戈里时期，圣徒们实质上已经取代了高卢异教中各式神灵的地位。[2]

在农业生产中也有相似的情况。威尔弗里德在为苏塞克斯的人们受洗的那天，恰逢一场沛雨从天而降，为饱受三年干旱的大地带来了生机。

> 在这一非常时期，人们收获了信仰。充沛的雨水从天而降，田地重新长出了绿色的作物，迎来了一个丰收的季节。人们摒弃了旧时的迷信和偶像，内心因主而受洗净荡涤并充满喜悦。[3]

卡思伯特则在荒芜贫瘠的石地中挖到了清泉，并在误了农时的情况下获得了大丰收。[4] 前者是出于机缘巧合，后者则神化夸张了简单的拓荒开垦的工作。不过与渔农业技术相对落后的盎格鲁-撒克逊人相比，教会承继了罗马的一些先进生产方式，这为教会在推广基督教时博得了许多农民、渔夫的支持。在苏塞克斯三年干旱时期，不少人因饥荒而饿死，曾发生过四、五十人拉着手一起从悬崖上跳海的事。这种看上去是因受饥饿折磨而寻死的事件很可能是一种特殊的多神教献祭仪式。受难者以自身献祭以博得神灵的同情，是一种变相的人祭。威尔弗里德在苏塞克斯传教取得成功，不仅仅是因为刚巧撞上一场甘露霖雨，更是因为之前他就教会了渔民很多捕鱼技巧，在丰收的同时并分给穷人，使大众得益，才赢得了许多人的爱戴。[5]

---

〔1〕 在公元 4 世纪，高卢境内的圣徒约 54 位；至 5 世纪，增长到 173 位；至 6 世纪则是 293 位（数据引用于 H. F. Muller, *L'Epoque Mérovingienne*, New York, 1945, p. 83）。

〔2〕 Gregory of Tours, *The History of the Franks*, edited and translated by O. M. Dalton, Oxford: Clarendon Press, 1927, Vol. Ⅰ introduction, p. 253.

〔3〕 St. Bede, *Venerabilis Baedae Opera Historica*, ed. C. Plummer, London, Edinburgh, New York: E Typographeo Clarendoniano, 1896, Lib. Ⅳ, 13, p. 231.

〔4〕 St. Bede, *Life of Cuthbert*, chap. 18, in: *The Age of Bede, Bede: Life of Cuthbert, Eddius Stephanus: Life of Wilfrid, etc.*, trans. J. F. Webb, ed. D. H. Farmer, London: Penguin, 2004, pp. 69-70.

〔5〕 St. Bede, *Venerabilis Baedae Opera Historica*, ed. C. Plummer, London, Edinburgh, New York: E Typographeo Clarendoniano, 1896, Lib. Ⅳ, 13, pp. 231-232.

虽然圣徒奇迹并不曾发生,但从人祭到授人以渔,新旧宗教的两种方法带来了截然相反的结果,这应该说是一种进步。

二、圣徒遗物崇拜

多神教大多崇拜具有"神性"或"灵性"的自然存在或代表神灵的人造偶像,而基督教则多崇拜包括耶稣在内的代表上帝意志的使徒、可与上帝沟通并展现神的威力的圣徒及其衍生物。各种圣徒遗物归根结底还是与圣徒息息相关的。从多神教到基督教,崇拜的对象由物到人,变得更加现实而具体,是一次趋向人性化的转变。但这种崇拜形式并不能一下子取代旧有宗教的地位,很多圣徒遗物崇拜往往带有多神教的影子。信仰体系也并非总是由教会推动的,大众对治病方法和圣地的理解与官方的观念间的关系实际上是相当复杂的。[1] 贝尔丹纽修道院(Beardaneu)的修士们开始并不愿意将奥斯瓦尔德的遗骸葬于本院,认为他是诺森伯里亚的压迫者。[2] 在起始阶段,对圣徒遗物、遗骨的崇拜与传统的驱邪去病方法,比如与使用护身符、圣坛崇拜的方法存在一定的相似性。当时流传着许多在圣徒的墓前跪拜祷告可治愈各种疾病的故事,这种风潮与多神教圣坛崇拜有很大的共通性。威尔弗里德有将把装圣徒遗骨的小盒挂在脖子上的习惯,这种可随身携带的遗骨就类似于护身符。这被诺森伯里亚王后伊乌敏伯芙所效法,她曾夺取了威尔弗里德的圣遗骨盒,整日将其挂在自己的颈上。[3] 用于悬挂奥斯瓦尔德首级的木桩也被神化了,而这恰恰是带有明显多神教痕迹的一棵橡树。多神教迷信与基督教圣物崇拜之间的界限,有时是很难确定的。一方面,教会明令禁止对树木、泉水、岩石等实物的膜拜,另一方面为了填补实物崇拜的空缺,

---

[1] 可参考现代人类学家和考古学家研究的一些案例。P. Hill,*Whithorn and St. Ninian:the excavation of a monastic town*,1984—1991,Stroud:Sutton Pub,Whithorn Trust,1997,pp. 19-20; J. Dubisch,"Pilgrimage and popular religion at a Greek holy shrine", in:*Religious Orthodoxy and Popular Faith in European Society*,ed. Badone,Princeton:Princeton University Press,1990,pp. 113-139.

[2] St. Bede,*Venerabilis Baedae Opera Historica*,ed. C. Plummer,London,Edinburgh,New York:E Typographeo Clarendoniano,1896,Lib. Ⅲ,11,p. 148.

[3] Eddius Stephanus,*Vita Wilfridii*,chap. 34 and 39,in:*The Age of Bede*,*Bede:Life of Cuthbert*,*Eddius Stephanus:Life of Wilfrid*,*etc.*,trans. J. F. Webb,ed. D. H. Farmer,London:Penguin,2004,pp. 144 and 148-149.

却又将圣徒遗物祭上神龛。这种圣物崇拜既可看作是圣徒崇拜的延伸与升
华,似乎也是古老的实物偶像崇拜的一种曲折变形,如佛教的舍利等。作为
教徒信仰寄托的实体化表征,圣徒遗物常常具备了一些不可思议的内涵和
力量,如治疗病患、保卫教堂,乃至保护整个城市免受蛮族侵占,当然佛教的
圣物崇拜远没有基督教来得那么广泛。在高卢北部地区,几乎没有一个教
堂不存放有圣马丁的圣物。但事实上这些圣物并不都是他的遗骸,而是包
括了一些他生前接触过甚或在他墓前放置过的东西。[1]

在法兰克人改宗初期,迷信的氛围使得当时高卢几乎人人都相信所谓
的魔法、奇迹。教会人士相信其圣徒遗骸能保护整个教区,尤其是神职人员
不受侵犯。主教和修道院院长们通常在小礼拜堂中收藏有圣徒的遗骸。图
尔主教格雷戈里就曾在他任主教的第一年展示他在私人礼拜堂收藏的圣马
丁等人的遗骸。[2] 在 6 世纪,对圣徒的遗物和坟墓,甚至坟墓里尘土的崇拜
也十分兴盛。修道院院长阿雷迪乌斯(Aredius)曾收集圣马丁坟上的土,供
置于他的小礼拜堂内。[3] 法兰克王公贵族中对圣者遗物的神奇威力颇感
兴趣者,也不在少数。伪王贡多瓦尔德(Gundovald)听说殉教者塞尔吉乌斯
(Servius)的指骨具有在战场上护佑驱敌的功效,遂派穆莫卢斯(Mummolus)
伯爵去一个商人家中抢夺。[4] 克洛塔尔一世之妻拉德贡德王后也曾派遣
教士去索取耶稣受难的十字架残片及其他圣物。[5]

基督教与多神教崇拜中的这种相似性使得教会与平民之间的距离变近
了。早期的大众自发的崇拜仪式往往发生在野外。当发觉这种相似性对传
播基督教有益时,教会便着力使民众的注意力聚焦于教堂和修道院上来,把
户外的类似于旧教的崇拜仪式转化为日常的、合乎教仪的教堂瞻仰礼拜仪
式。其中一个方法是在教堂和修道院内尽可能多地放置各种圣徒遗物。圣
徒遗物的来源非常广泛,宽泛地来讲,包括一切接触过圣徒身体的物品。教

---

〔1〕 Edward James, *The Origins of France*: *From Clovis to the Capetians*, 500—1000,
London:Macmillan Press,1982,p. 56.

〔2〕 Gregory of Tours, *Liber Vitae Patrum*, ii. 3. English translation by Edward James,
Gregory of Tours:*Life of the Fathers*,Liverpool:Liverpool University Press,1991,pp. 14-15.

〔3〕 《法兰克人史》,第 399 页。

〔4〕 《法兰克人史》,第 366—368 页。

〔5〕 《法兰克人史》,第 483 页。

皇格雷戈里曾在 601 年向奥古斯丁寄送了一批圣徒遗骨和遗物,以提高英吉利教会的声望。奥斯维当政时,教皇维塔利安(Vitalian)向其赠送了殉教徒劳伦斯(St. Lawrence)、教皇大格雷戈里等多位圣徒的遗物,其中还包括送给王后伊恩弗莱德的一个十字架,上面带有的金钥匙由圣彼得和圣保罗的脚镣制成。[1] 这些来自罗马与高卢的圣徒遗物制品戴在身上有驱邪的功用,代替了多神教的符文和佩饰。本尼迪克·比斯科普曾多次前往大陆,为圣彼得和圣保罗修道院以及威尔河河口的贾罗修道院买回了许多的遗物。威尔弗里德也曾在 654 年、680 年和 704 年分批在罗马搜置了大量遗物,并给每一件都贴上了相应的圣徒姓名的标签。[2] 这些圣徒遗骨和遗物部分陈列于教堂,供平日教徒参观膜拜;部分被教会和私人收藏,只在庆典和节日里用于展示。私人的圣物献给教会时,还需举行专门的仪式。克洛塔尔一世的妻子拉德贡德王后曾屡次要求普瓦提埃主教为她的圣物举行安置仪式,矜持的主教都拒绝了。该仪式后由图尔主教尤夫罗尼乌斯(Eufronius)代为完成。[3]

　　对圣徒崇拜的兴起使圣徒的肉身越来越受到人们的重视。盎格鲁-撒克逊圣徒死后往往会被迁移到大教堂下葬,这是对死者生前荣誉的肯定,同时也能吸引更多的信徒来访,进一步提高这些教堂的声望。卡思伯特死后,他的遗体就被迁移至林迪斯凡修道院教堂,这是诺森伯里亚基督徒身后的荣誉之地。[4] 比德在《卡思伯特传》中提到,他的尸体在埋葬了 11 年后仍然没有丝毫的腐烂迹象;不仅是在林迪斯凡的墓地,甚至连洗刷过他尸体的水浸

---

〔1〕 St. Bede,*Venerabilis Baedae Opera Historica*,ed. C. Plummer,London,Edinburgh,New York:E Typographeo Clarendoniano,1896,Lib. Ⅲ,29,p. 198.

〔2〕 Eddius Stephanus,*Vita Wilfridii*,chap. 5,33,55,in:*The Age of Bede*,*Bede*:*Life of Cuthbert*,*Eddius Stephanus*:*Life of Wilfrid*,*etc.*,trans. J. F. Webb,ed. D. H. Farmer,London:Penguin,2004,pp. 112,142,169. 另可参考 D. Rollason,*Saints and Relics in Anglo-Saxon England*,Oxford:Blackwell Pub.,1989,pp. 23-24。

〔3〕《法兰克人史》,第 483 页。

〔4〕 St. Bede, *Life of Cuthbert*,chap. 40,in:*The Age of Bede*,*Bede*:*Life of Cuthbert*,*Eddius Stephanus*:*Life of Wilfrid*,*etc.*,trans. J. F. Webb,ed. D. H. Farmer,London:Penguin,2004,p. 96. D. Rollason,*Saints and Relics in Anglo-Saxon England*,Oxford:Blackwell Pub.,1989,pp. 49-51.

泡过的泥土都有了治愈疾病的效能。[1] 他的头发和他穿过的鞋子分别使眼疾和瘫痪患者痊愈。[2] 与卡思伯特相仿的情形也曾显现于伊利(Ely)女修道院院长,原诺森伯里亚王后埃塞尔思里德的身上,她的尸身长达16年不腐,比德说这印证她的贞洁之身。[3] 她的遗体被放入一个精制的石棺中放在教堂供奉着。因圣徒而闻名的地方则被教会妥善地管理了起来,比如卡思伯特洗尸身的那片土地和野外苦修的小木屋,又如切德在利奇菲尔德圣彼得教堂里的墓穴。切德迁坟至圣彼得教堂后,因使得一名疯子的神志清醒,教士们便在墓室上又盖起了一座木制小坟,在壁上凿一洞,供朝圣者伸手入洞。据说信徒在洞内攫取的尘土放入水中亦能够治病。[4] 在高卢,圣徒遗物的地位或更高。作为教会的一种宣传手段,圣徒遗物被吹捧到无以复加的地步,伊恩·伍德认为,它甚至可以成为对抗法兰克王室的武器。[5] 法兰克国王出于对圣徒奇迹的忌惮,在许多场合一般都采取了退让态度。图尔城自克洛塔尔起,历经卡里贝尔特、西吉贝尔特、希尔德贝尔特的治下,国王们因害怕圣马丁的惩罚,都豁免了图尔的税务。[6] 542年(或533年)希尔德贝尔特和克洛塔尔围攻萨拉戈萨城(Saragossa)时,城内民众手捧圣文森特(Vicent)的法衣绕城环行,法兰克人因畏惧这位圣徒的神力,遂撤军而去。[7] 敬畏上帝的使徒,可说已成为那时法兰克人信仰的一部分。

在基督教化异教圣物、圣地的过程中,教会的宣传鼓吹起到了很大的作用。离希思菲尔德不远的赫克瑟姆修道院会在奥斯瓦尔德每年祭日前夕来

---

〔1〕 St. Bede, *Life of Cuthbert*, chap. 41-42, 44, in: *The Age of Bede*, *Bede: Life of Cuthbert*, *Eddius Stephanus: Life of Wilfrid*, *etc.*, trans. J. F. Webb, ed. D. H. Farmer, London: Penguin, 2004, pp. 97-99, 100-101.

〔2〕 St. Bede, *Life of Cuthbert*, chap. 45, in: *The Age of Bede*, *Bede: Life of Cuthbert*, *Eddius Stephanus: Life of Wilfrid*, *etc.*, trans. J. F. Webb, ed. D. H. Farmer, London: Penguin, 2004, pp. 101-102; St. Bede, *Venerabilis Baedae Opera Historica*, ed. C. Plummer, London, Edinburgh, New York: E Typographeo Clarendoniano, 1896, Lib. IV, 32, pp. 279-280.

〔3〕 St. Bede, *Venerabilis Baedae Opera Historica*, ed. C. Plummer, London, Edinburgh, New York: E Typographeo Clarendoniano, 1896, Lib. IV, 19, pp. 243-246.

〔4〕 St. Bede, *Venerabilis Baedae Opera Historica*, ed. C. Plummer, London, Edinburgh, New York: E Typographeo Clarendoniano, 1896, Lib. IV, 4, p. 212.

〔5〕 Ian Wood, *The Merovingian Kingdoms*, 450—751, p. 75.

〔6〕 《法兰克人史》,第142、468页。

〔7〕 《法兰克人史》,第132—133页。

到这里，为这位国王守夜唱挽歌。赫克瑟姆修道院的一名修士摔断了手臂，被从十字架表面刮下的地衣治愈。而在奥斯瓦尔德战死之地马塞菲尔思的泥土据说可以避火。[1] 这类故事表面在鼓吹与奥斯瓦尔德有关的十字架、泥土等物的威力，实际上暗示这些圣徒遗物与多神教崇拜的树木、石柱等自然界事物有着同样的功效。从最终的效果来看，它们不仅强化了奥斯瓦尔德的十字架的神奇能力，更赋予了多神教的治愈驱邪行为以新的基督教意义。

这种转变的推动力不仅来自教会，也来自某些国王。有学者认为，奥斯瓦尔德十字架的地点有可能是在一片多神教的草场上，这个地方盎格鲁-撒克逊语称为"希思菲尔德"，在拉丁语中有"天国之地"的意思。[2] 他似乎意识到在这个神圣之地竖立十字架的重要性。而从结果来看，他达到了生前的目的。[3] 法兰克人和盎格鲁-撒克逊人入主罗马帝国领土之初，民风自由剽悍，宗教信仰的选择似颇自由。但是，一个国王的信仰却并非可以自由决定，这毕竟代表了整个国家的立场和社会族人的主流宗教取向。在日耳曼人军事民主制晚期，国王的行为很大程度上还受制于族民的集体意愿。正如克洛维在 496 年与阿勒曼尼人的那次战争后，可能利用族民普遍存在的敬畏神灵的心理，适时诱导，趁机劝化的那样，既能替自己找到入教的理由，又能使族民倾心信服，实为一石二鸟之举。

无论奥斯瓦尔德的行为是出于主动还是被动，他都是英吉利圣徒崇拜兴起过程中至关重要的人物。在南部，当他的幻象出现在一个濒死的男孩梦中时，蔓延到塞尔西的瘟疫停止扩散了。自那以后，不仅仅是赛尔西修道院，而且在其他许多地方，人们都会在奥斯瓦尔德的生日为其做弥撒纪念他。[4] 对奥斯瓦尔德遗体的崇拜很好地反映了从大众对国王的祭拜到精

---

〔1〕 St. Bede, *Venerabilis Baedae Opera Historica*, ed. C. Plummer, London, Edinburgh, New York: E Typographeo Clarendoniano, 1896, Lib. Ⅲ, 2, 10, pp. 130-131 and 146-147.

〔2〕 St. Bede, *Venerabilis Baedae Opera Historica*, Lib. Ⅲ, 2, p. 129. C. Cubit, "Sites and sanctity: revisiting the cult of murdered and martyred Anglo-Saxon royal Saints", *Early Medieval Europe*, Vol. 9, Oxford: Blackwell Publishing, 2000, pp. 53-83.

〔3〕 Marilyn Dunn, *The Christianization of the Anglo-Saxons*, c. 597—700: *Discourses of Life, Death and Afterlife*, London, New York: Hambledon Continuum Press, 2009, pp. 147-148.

〔4〕 St. Bede, *Venerabilis Baedae Opera Historica*, ed. C. Plummer, London, Edinburgh, New York: E Typographeo Clarendoniano, 1896, Lib. Ⅳ, 14, p. 236.

英以圣徒之礼供奉的转化过程。他的王族亲属们和教会都意识到他是一种新型的圣徒——即因基督教而得以升华,也为教会带来了更多信徒与声望。[1] 奥斯维的女儿,麦西亚王后奥斯思里德(Osthryd)将其伯父的骨骸葬于贝尔丹纽修道院后,常有各种奇迹在那里发生。比德对此谈道:

> 现在向在天国与主共治的国王祈祷者很多。对此我们不必感到惊奇。因为在他之前暂时地统治俗世王国时,他就更倾向于为永恒之国祷告与工作。[2]

奥斯瓦尔德的头颅和手臂在战败后被彭达令人砍下示众,一年后奥斯维取回了他的这部分遗体,将头颅葬在林迪斯凡修道院,把手和手臂葬在了班堡。这种残忍的分割反而使奥斯瓦尔德的死更富于殉教徒的色彩,使得对圣徒遗骨的崇拜变得更加流行起来。另外如埃德温国王也被追奉为圣徒。他的遗体从战亡地哈特菲尔德被迁往惠特比修道院,葬于家族墓地中。而他的头颅则被带到约克,葬于圣彼得教堂中以大格雷戈里命名的小礼拜堂。[3] 盎格鲁-撒克逊王室圣徒因战争而被肢解的遗体与罗马教会禁止分离神圣的身体的教令存在抵触,但恰恰是这一点赋予了这些被异教徒杀害的国王一种殉教英雄的色彩,他们分离的身体反而成为了教会宣扬基督教神奇力量的凭借。

随着基督教义在盎格鲁-撒克逊人中的深入传播,以及他们自身文化程度的提高,基督教理念方才在族群中完整地建立起来,耶稣基督也由单纯护佑战争取得胜利和治愈疾病的神明转而上升为统驭一切、全知全能的唯一.

---

〔1〕　V. A. Gunn,"Bede and the martyrdom of St. Oswald", in: *Martys and Martyrologies: Papers Read at the 1992 Summer Meeting and the 1993 Winter Meeting of the Ecclesiastical History Society*, ed. D. Wood, Oxford: Blackwell Publishers, 1993, pp. 57-66.

〔2〕　St. Bede, *Venerabilis Baedae Opera Historica*, ed. C. Plummer, London, Edinburgh, New York: E Typographeo Clarendoniano, 1896, Lib. Ⅲ, 12, p. 151.

〔3〕　An anonymous monk of Whitby, text and trans. by Bertram Colgrave, *The Earliest Life of Gregory the Great*, Chap. 19, New York: Cambridge University Press, 1985, pp. 102-105; St. Bede, *Venerabilis Baedae Opera Historica*, ed. C. Plummer, London, Edinburgh, New York: E Typographeo Clarendoniano, 1896, Lib. Ⅱ, 20, p. 125.

主宰,代表上帝的圣徒们顺势取代了多神教各式神灵的地位。从节日庆典来看,为纪念圣徒而订立的节日在很大程度上充实了教会的日历。盎格鲁-撒克逊教会吸收了各个地区的圣徒节日。较为典型的有源自高卢的圣马丁节(11 月 11 日),源自爱尔兰的圣帕特里克节(3 月 17 日),源自罗马的使徒彼得和保罗瞻礼日(6 月 29 日),源自坎特伯雷的奥古斯丁节(5 月 26 日),源自诺森伯里亚的奥斯瓦尔德瞻礼日(8 月 5 日),以及在 835 年正式订立的万圣节(11 月 1 日)。[1] 除了上述的重大节日外,富于地方色彩的本堂节日(Altar Holidays)形成于基督教成为罗马国教后,人们开始在各地兴建教堂的时期。这些教堂往往以圣徒命名,随着信仰的普及,当地民众也开始将其视为地方的保护者。在教堂的献堂典礼和往后每年的纪念日里都会举行盛大的庆祝活动,这一风俗多在乡村流行,后演化为民间传统。与多神教神秘而原始的祭祀方式不同,基督教会更注重深入民众,济贫助困,定期在教堂举行集会,展示圣徒遗骨遗物医疗病患,举办丰富多彩的宗教庆典。这些宣教方式收到了良好的效果,也显示了基督教文明的优越性。

三、从多神教圣地到教堂

自 4 世纪初基督教确立了合法地位后,教会开始将殉教徒的遗体从城外墓地迁到教堂墓地里来。[2] 米兰主教安布罗斯(Ambrose)专门建了一所教堂用于收纳东方圣徒的遗骨。他于 386 年把两位著名殉教徒的遗体迁至这所教堂的祭坛之下。在写给妹妹的信中安布罗斯提到,挖掘和转运殉教徒遗骨时都发生了驱邪和治愈病患的奇迹,在迁坟的两天时间里,道路上挤满

---

〔1〕 万圣节的起源较难考证。有学者认为它源于日耳曼人 11 月的冬季纪念庆典。J. M. Wallace-Hadrill,*The Frankish Church*,London:Oxford University Press,1983,p. 34;但也有证据显示它与爱尔兰中世纪早期的萨姆海恩节(Samhain,11 月 1 日)存在联系。Ronald Hutton,*The Stations of the Sun:A History of the Ritual Year in Britain*,Oxford:Oxford University Press,1996,pp. 360-370;罗马教会首次庆祝所有殉教圣徒和圣母是在 609 年的 5 月 13 日,至 800 年英吉利和其他日耳曼人都已在 11 月 1 日庆祝万圣节。Ronald Hutton,*The Stations of the Sun:A History of the Ritual Year in Britain*,p. 364.

〔2〕 G. Clark, "Translating relics:Victricius of Rouen and fourth-century debate",*Early Medieval Europe*,Vol. 10,2001,p. 168.

了对该举动给予支持的民众。[1] 安布罗斯认为,在末日审判后圣徒将凭借遗骨以肉身的形式复活,这些遗骨中充满了上帝的意志和神性。[2] 教会的主流意见基本认同这一看法,反对的声音则遭到了打压。[3] 不过,对于过分拔高圣徒的影响力,盲目迷信圣徒遗体和墓地的做法,早期教会并不支持。诺拉主教波莱纳斯(Paulinus of Nola)曾致信圣奥古斯丁询问葬在圣徒坟墓旁是否对信徒升入天国有益,奥古斯丁给出了一个比较消极的答案。他继而指出,去世的圣徒并不知晓人世发生的很多事情,只有通过向他们祈祷,这种诉求才能见效。[4]

圣徒地位的再次上升发生在入侵的日耳曼人陆续皈依时期。在英吉利宗教转换的过渡时期中,作为替代多神教旧有圣地和咒文、护身符等物的一种需要,圣徒墓地(或去世的地方)和遗骨、遗物的神奇威力应运而生,罗马方面也做了相应的让步与妥协。从教皇大格雷戈里下令保留异教圣地的信中我们可以看到教义的折衷性和变通性。一般民众迷信圣地居有神灵,他们认为这些地方是与神的最佳沟通之所,祈愿较易为神所察悉。有人类学家在研究相似案例时指出,在这种鸠占鹊巢形式的替代过程中,圣地的草木、岩石和泉水等仍保存着原有的魔力,只是从一种宗教传递到了另一种宗教。[5] 由于从多神教神庙、圣地改建的教堂遗迹极少,英吉利教会在基督教化进程中究竟在多大程度上贯彻了大格雷戈里的这一指导思想很难确

---

〔1〕　St. Ambrose,*Letter 22*,in:*Nicene and Post-Nicene Fathers*,*Second Series*,*Vol*. 10,trans. H. de Romestin,E. de Romestin and H. T. F. Duckworth,ed. P. Schaff and H. Wace,Buffalo,NY:Christian Literature Publishing Co. ,1896.

〔2〕　St. Ambrose,*On the Death of Satyrus*,*Book* Ⅱ ,*Nicene and Post-Nicene Fathers*,*Second Series*,*Vol*. 10,trans. H. de Romestin,E. de Romestin and H. T. F. Duckworth,ed. P. Schaff and H. Wace,Buffalo,NY:Christian Literature Publishing Co. ,1896,Chap. 68-75.

〔3〕　圣哲罗姆曾撰文批驳过西班牙一名神父反对圣徒灵魂与上帝融合和圣徒遗骨无用的言论。St. Jerome,*Against Vigilantius*,*Nicene and Post-Nicene Fathers*,*Second Series*,*Vol*. 6,trans. W. H. Fremantle,G. Lewis and W. G. Martley,ed. P. Schaff and H. Wace,Buffalo,NY:Christian Literature Publishing Co. ,1893,Chap. 6 and 8.

〔4〕　可参考 St. Augustine,*On the Care of the Dead*,*Nicene and Post-Nicene Fathers*,*First Series*,Vol. 3,ed. Philip Schaff. Buffalo,NY:Christian Literature Publishing Co. ,1887,Chap. 1,18-19,22.

〔5〕　R. M. Hayden,"Antagonistic tolerance:Competitive Sharing of Religious Sites in South Asia and the Balkans",*Current Anthropology*,Chicago:University of Chicago Press,Vol. 43,2002,pp. 205-231.

定。约翰·布莱尔指出,在威尔弗里德建的里彭修道院,以及牛津郡的班普顿(Bampton)教堂有很大可能是在异教圣地上改建的。[1] R. 莫西斯(R. Morris)则认为,献给特定的一些圣徒,特别是圣迈克尔的教堂极有可能与多神教祭祀旧址存在继承关系。[2] 不过并未有夯实的证据表明上述这些地点存在这种改造过程。譬如,里彭修道院的土地原先属于爱尔兰修士,因此也有可能是爱尔兰人选址建成的。爱尔兰教会可能也引入了这种替代式的做法。盎格鲁人厄塔(Utta)是艾丹的弟子之一,曾率领使节团前往肯特为奥斯维迎娶伊恩弗莱德。[3] 比德在记载麦西亚国王皮达受洗时提到了他,这时他已担任一所名叫阿德-卡普拉-卡普特(Ad Caprae Caput)的修道院,意即"在山羊头上的修道院"的院长。[4] 按字面意思来看,这里原来应是一处多神教圣地。[5] 马姆斯伯里修道院院长奥尔德赫尔姆约于 7 世纪 70 年代写给巴金女修道院院长希尔弗里思(Heahfrith of Barking)的一封信中,提到了改建方面的内容。这是一个可信的例证。

在那些地方曾经有天然的石柱,上面刻着邪恶的蛇和雄鹿,还有粗陋不堪的渎神的祭坛被人们崇拜着。而今那里除了为祈祷的信徒而建的圣所外,就连为学生建的屋子都是充满着智慧和高超技艺的建筑。[6]

在法兰克人改宗时期则鲜有这种改造,但多神教圣地同样存在。在图

---

[1] John Blair, *The Church in Anglo-Saxon Society*, New York: Oxford University Press, 2005, pp. 185-186.

[2] R. Morris, *Churches in the Landscape*, London: Dent & Sons, 1989, pp. 52-57.

[3] St. Bede, *Venerabilis Baedae Opera Historica*, ed. C. Plummer, London, Edinburgh, New York: E Typographeo Clarendoniano, 1896, Lib. Ⅲ, 15, pp. 157-158.

[4] St. Bede, *Venerabilis Baedae Opera Historica*, ed. C. Plummer, London, Edinburgh, New York: E Typographeo Clarendoniano, 1896, Lib. Ⅲ, 21, p. 170.

[5] 不过也有学者指出,比德可能弄错了词源,这所修道院其实是位于泰恩-维尔名誉郡(Tyne and Wear)下的盖茨黑德(Gateshead)。Daniel Wilson, "On the Advantages derived from Archeological investigation", in: *Memoirs Chiefly Illustrative of the History and Antiquities of Northumberland*, ed. Charles H. Hartshorne, London: Bell and Daldy, 1858, p. 23.

[6] St. Aldhelm, *Letter V: To Heahfrith*, in: *Aldhelm, the Prose Works*, ed. and trans. Michael Lapidge and Michael Herren, Totowa: Rowman and Littlefield, 1979, pp. 160-162.

尔主教格雷戈里的《教父列传》中记载了圣高尔(St. Gallus)主教少年时火烧一座位于奥斯特拉西亚的异教徒神庙的事。[1] 恺撒里乌斯大主教也提到，异教徒在阿尔勒曾试图重建被毁的神庙。[2] 阿尔勒位于高卢东南部基督教文化的中心地带，基督教繁盛区域尚且还有此类现象，更不要说较为偏远的奥斯特拉西亚存有在圣地的崇拜活动了。

　　法兰克教会针对这种现象，极力宣扬教堂的神圣性，以提升教堂在人们心中的地位，完成对异教圣地的取代。在英吉利，威尔弗里德、比斯科普等人打造气势恢宏、富丽堂皇的教堂也是出于此目的(参见第四章)。圣地崇拜观念能被教会所接受，是经过了对基督教义的改造之后，与原义已大相径庭。教会不过旨在将人们对自然崇拜的注意力转移到对圣徒墓地的崇拜上来，教会宣称，圣徒死后仍与原教区的草木同在，而在任主教即起着连接圣徒和现世的纽带的作用。这种宣传在充斥迷信气氛的 6 世纪高卢，自然是颇有影响力的。最明显的例子莫过于图尔主教格雷戈里在《奇迹集》和《法兰克人史》中，不断提及圣马丁墓前发生的奇迹。由于始终有络绎不绝的信徒来到圣徒的墓前膜拜，人气颇盛，后来往往就在这些坟墓所在的城郊形成一个经济圈，进而发展成为城市的第二中心。[3] 在诺森伯里亚，奥斯瓦尔德立十字架之地的希思菲尔德和他战死的地方马塞菲尔思(Maserfelth)都成为了崇拜者蜂拥而至的基督教圣地。这些地方后来也逐渐发展为城镇。

　　此外，教会认可在教堂里发誓即可证明自身的清白，并洗脱罪名。这样的做法在 6 世纪的高卢已很盛行，比如巴黎一女子的父亲在教堂起誓，证明女儿的清白；又如一名惯犯常用在圣马丁教堂发伪誓的方法来逃避惩罚。[4] 在 7 世纪下半叶的英吉利这种情况或许也较为普遍。《西奥多赎罪书》表明，人们在教堂发誓以表明改过的决心或解决争端，在处理诸如酗酒、

---

　　[1]　此事发生在提乌德里克国王带着高尔从特里夫斯去往科隆的路上(Gregory of Tours, *Liber Vitae Patrum*, vi. 2. English translation by Edward James, *Gregory of Tours: Life of the Fathers*, p. 34.)。

　　[2]　Edward James, *The Origins of France: From Clovis to the Capetians*, 500—1000, p. 93.

　　[3]　S. T. Loseloy, "Gregory Cities: Urban Functions in Sixth-century Gaul", in: *Franks and Alamani in the Merovingian Period an Ethnographic Perspective*, ed. Ian Wood, Woodbridge: Boydell Press, 1998, p. 253.

　　[4]　《法兰克人史》，第 246、402 页。

婚姻等各种世俗问题上都得到了应用。[1] 盎格鲁-撒克逊教会对那些发伪誓、作伪证的人,处罚的轻重程度有所不同:

> 在教堂发伪誓的,处以 11 年的赎罪期;为人胁迫的,判 120 天赎罪期;以按着神父、长老、助祭的手或是祝圣过的十字架发伪誓的,判 3 年赎罪期。[2]

这是显然为了凸现教堂神圣不可亵渎特性而区别对待的。异教圣地早先也是人们向多神教神明发誓的场所,在它被教堂取代之后,这项功能也随之转移,基督徒们往往会在教堂的祭坛边发誓或向神职人员、圣徒发誓表明心意或作出证词。

第三,盎格鲁-撒克逊教会大力鼓吹死后葬在教堂的荣耀。基督教葬仪是一名信徒接受完整的基督教仪式的最后的步骤。在《赎罪书》中西奥多规定,成年俗世信徒按是否虔诚、是否完成了赎罪的标准,其追思弥撒分别在第 3 日、第 7 日或第 30 日举行。[3] 教会的这一策略是让人们认为只有基督教道德的模范才有资格享受高规格的弥撒和墓地。在比德的《卡思伯特传》中讲了这样一个故事。有一位埃格弗里德国王的地方官,他的妻子生了重病。她的丈夫赶至卡思伯特处,恳求他道:

> 我的妻子快要死了,我求您派一名神父在她死前去看她,赐予

---

〔1〕 Theodore of Tarsus, *Penitential of Theodore*, I. I. 6; I. IX. 2; I. IVX, 5, 7, 11, in: *Medieval Handbooks of Penance: A Translation of the Principal Libri Poenitentiales and Selections from Related Documents*, pp. 184, 192, 196.

〔2〕 Theodore of Tarsus, *Penitential of Theodore*, I. VI. 1-5, in: *Medieval Handbooks of Penance: A Translation of the Principal Libri Poenitentiales and Selections from Related Documents*, p. 190.

〔3〕 Theodore of Tarsus, *Penitential of Theodore*, II. V. 6, in: *Medieval Handbooks of Penance: A Translation of the Principal Libri Poenitentiales and Selections from Related Documents*, p. 203.

她圣礼,给予她我主的肉身和血液,并允许她葬在这块圣地下。[1]

从中我们可以看到教会的这种策略对盎格鲁-撒克逊贵族产生的吸引力。在《大格雷戈里对话集》中也致力于说明葬在教堂的种种好处。[2] 墨洛温王朝的历任统治者自克洛维开始都葬于教堂墓地,得益于高卢原先较为普及的教堂,中下层的人民死后也能葬于公墓。当571年的大瘟疫席卷奥弗涅(Auvergne)地区时,大量民众死于感染。

> 当棺材和木板都供应不上时,就有十个或十几个人合葬在同一个公墓中。单是在圣彼得教堂,在某个星期日一天之内,就有三百具尸体(下葬)。[3]

随着教区的细分和新教堂、修道院的不断建立,男女混葬的教会公墓也开始增多。在埃塞克斯的敏斯特教堂(Minster-in-Thanet)和沃尔瑟姆(Waltham)、肯特的弗汉(Faversham)和坎特伯雷、诺森伯里亚的威尔河口的贾罗修道院(Monkwearmouth-Jarrow)和哈特尔浦(Hartlepool)、东盎格利亚的巴勒堡(Burgh Castle)、麦西亚的雷普顿(Repton)和赫里福德和威塞克斯的温切斯特都有约在720年前后的此类公墓。[4] 这些都表明了越来越多的盎格鲁-撒克逊人被安葬在了教堂公墓,基督教信仰已经在盎格鲁-撒克逊社会牢牢扎根。

---

[1] St. Bede, *Life of Cuthbert*, chap. 15, in: *The Age of Bede*, Bede: *Life of Cuthbert*, *Eddius Stephanus: Life of Wilfrid, etc.*, trans. J. F. Webb, ed. D. H. Farmer, London: Penguin, 2004, pp. 63-64.

[2] Gregory the Great, *The Dialogues of Saint Gregory the Great*, Book IV, Chap. 50-54, ed. and trans. Edmund G. Gardner, London: Medici Society Ltd., 1911, pp. 245-248.

[3] 《法兰克人史》,第173页。

[4] John Blair, *The Church in Anglo-Saxon Society*, New York: Oxford University Press, 2005, pp. 241-242.

小　结

　　盎格鲁-撒克逊人和法兰克人的改宗虽然都是在各自国王带领下的集体皈依,但教会在对二者采取的教化政策上还是有所不同的。第一,盎格鲁-撒克逊教会效仿爱尔兰的赎罪条文,修订了一整套具体的赎罪教令;法兰克教会在改宗时期并没有这样的详细的赎罪法令。第二,教皇大格雷戈里授意奥古斯丁等人保留多神教圣地和某些仪式,通过改造的方式化为基督教圣地和教仪,以此来拉近与盎格鲁-撒克逊人的距离,加快基督教化进程;这种方法也不曾应用于 6 世纪的法兰克教会。盎格鲁-撒克逊教会之所以采取新的传教政策,很可能是在吸纳了早前对日耳曼其他族群传教的经验,并融合罗马、爱尔兰、法兰克教会多方的基督教文化后制定的革新改良之举。

　　当我们试图比较基督教与多神教的某些共同点时可以发现,无论是在盎格鲁-撒克逊人还是法兰克人中,他们都注重强调神明显圣之类的奇迹。但基督教借诸多圣徒以获得的强烈的现实感和普适性,却是多神教所远不及的。圣徒奇迹强调教士的主体意识在其中的重要作用。不同于原始多神教,在教会典籍中,圣徒奇迹已褪下神话的外袍,借由俗世的僧侣来完成,这可以说是一种宗教理念上的进步。盎格鲁-撒克逊人的皈依时值中世纪早期,基督教本身也还带有较为浓厚的迷信色彩,对圣徒遗物的崇拜之风,却也使得原本需要的漫长磨合过程大大缩短了。从圣地、神庙过渡到教堂,教堂取代了前者的地位并加以发展。可以看到,法兰克人的改宗也存在着类似的过程。圣徒、圣物奇迹也许曾伴随大多数日耳曼民族和平迈进了皈依之路。不同于查理大帝通过旷日持久的战争和血腥屠杀迫使萨克森人而改信基督教的例子,以这种极端的手段而完成皈依和转轨的日耳曼族落,毕竟还只是少数。从克洛维借托尔比亚克一役受洗入教开始,基督教神迹的诱动,始终是法兰克人改宗过程中的一项重要推动力。诺森伯里亚国王埃德温改宗时或许也刻意借助了这种"上帝佑护之力"。克洛维、埃德温和奥斯瓦尔德都被教会追奉为圣徒,与克洛维这个西欧中世纪基督教的奠基者相比,英吉利国王的功绩虽远不及前者,但教会更凸显其殉教徒的色彩,奥斯瓦尔德的遗体还被当成圣徒遗物供奉于教堂。

　　教会宣扬对圣徒、圣物和教堂的崇拜，是吸引日耳曼人皈依的一种手段。崇奉圣徒、圣物的习惯，或许是基督教从往昔原始宗教那里承袭过来的偶像崇拜的古老遗风，是这种一神教中还残留着的不彻底的多神教痕迹，而这恰好与日耳曼人当时的信仰风气相近，从而也就使得盎格鲁-撒克逊人的文化转换和改宗的进程变得相对顺畅了。这一方面是宗教融合的结果，另一方面我们也可以看到，这是教会采取的妥协、变通的手段，并在这一融合过程中起了主导的作用。

结　语

　　我们是否能简单地将英吉利基督教信仰的确立视为一个罗马基督教文化的再构建过程?[1] 和处在大陆上的法兰克人不同,盎格鲁-撒克逊人一开始并未主动地去继承罗马的宗教传统。他们更多地将多神教信仰视为民族性的一部分。这种差异的保留可能是因为他们刻意与信仰基督教的不列颠人保持着一定距离所致。当然,两岸罗马化程度的高低也是造成这一区别的重要因素。在盎格鲁-撒克逊统治下的不列颠人为了自身的生存,改宗了多神教,就如后罗马时代在东地中海沿岸和北非的基督徒变为伊斯兰教徒一样。虽然有一些坚守信仰的不列颠人在种种不利的社会环境因素下仍保持了基督教信仰,但这毕竟是少数人,无法撼动盎格鲁-撒克逊人多神教传统的统治根基。如果要遵循教皇大格雷戈里的本意,把罗马传教团传教不列颠当作是一次复兴运动,那么它传教的对象应是那些不列颠人。笔者认为,于盎格鲁-撒克逊人而言,把"复兴"称为"再造"可能会更为贴切一些。并且,基督教作为一种普世宗教,并不能简单地以罗马传统来涵盖它的全部内容和文化。在罗马撤军至盎格鲁-撒克逊人到来的间隔时期里,帕特里克将基督教信仰带到了爱尔兰,在接下来的两个世纪里,又辗转传至苏格兰和英吉利。从整体上来看,盎格鲁-撒克逊人最后接受的是一种融合了多个地区文化,打上多种民族传统烙印的基督教。

　　西欧日耳曼民族的基督教化往往是政治因素和精神因素共同策动的结果。盎格鲁-撒克逊诸王国最终取得改宗的成功得益于以下三点:一是王室贵族的支持;二是教会本身的建设;三是教会对赎罪理论、死后世界、圣徒奇迹等基督教理论观念的改造与再发展。

---

[1] 参考 John Blair, *The Church in Anglo-Saxon Society*, New York: Oxford University Press, 2005, pp. 9-10.

王族权贵们皈依的政治动因是本书探讨的一大主题。在教士所撰写的编年史中,基督教之所以获得成功,是因为它本身蕴含的真理和圣徒奇迹的感召等因素,而往往忽视了改宗的政治动因。例如,惠特比会议背后的政治原因一直以来被学界所忽视。本书认为,推动这次会议召开的根本因素是父与子之间的政治斗争。诺森伯里亚王子公开支持罗马派的举动,实际上反映了诺森伯里亚内部德伊勒与贝尼西亚之间权力的碰撞,是阿尔奇弗里德王子意图减弱他父亲奥斯维影响力的一次谋划。肯特国王埃塞尔伯特和诺森伯里亚国王埃德温如同法兰克国王克洛维那样,他们在接受基督教信仰之前,都娶了一位笃信基督教的妻子,或许这是一种历史的巧合,但同样也体现了某种历史演变机制的共性,即在中世纪前中期,上层统治集团间的联姻常常表现为那个时代王权与教权势所必然的结合,以及对作为当时欧洲文明表征的主流基督教的遵奉。在对大格雷戈里传教与墨洛温王朝的关系分析中,笔者发现法兰克王室和教会对传教的助益颇大。但在缺乏有力史料支持的前提下,一些学者的推论、假说由果溯因,过于大胆,难以自圆其说。如 N. J. 海厄姆等人对肯特王后贝尔莎与法兰克王国的政治联盟问题的分析即为一例。

同样,反过来一味地强调政治利益主导一切,而忽视宗教在文化、精神层面上对个人的吸引和影响也是有失偏颇的。有学者认为,基督教之所以成为统治者的最终选择,并非是因为它的精神信仰,而是它的组织结构、思想体系中包含的权威理念等特殊因素的价值吸引了他们。[1] 这恐怕不能一概而论。第一批改宗的国王或许在很大程度上是出于政治原因接受了基督教,但他们同时也必须依靠基督教在精神文化领域的号召力和影响力方能完成改宗。国王在接受基督教时会遇到来自传统多神教支持者的巨大阻力,改宗可能会被族人视为变节行为。当国王们面对如此大的政治风险,在有可能失去民心的前提下,单纯地将其视为政治投机行为的说法很难自洽。"博学的西格伯特"等数位盎格鲁-撒克逊国王甘愿放弃世俗权力,退位进入修道院过隐修生活,这种举动与一些学者认为的政治原因关联不大,反而颇

---

〔1〕 N. J. Higham, *The Convert Kings: Power and Religious Affiliation in Early Anglo-Saxon England*, Manchester University Press, 1997, pp. 2-3 and 66-67.

能说明基督教在精神层面上的巨大影响力。盎格鲁-撒克逊社会的多神教守旧势力颇为强大,其族人信仰的转变也是历经波折反复,造成这种情况的原因除了不列颠罗马化的程度较低之外,盎格鲁-撒克逊基督教国王本身王权的相对弱小也是重要的原因之一。在这一背景下,教会本身的建设和基督教在精神信仰上的替代问题显得尤为重要。如何更快而有效地让文化层次较低的盎格鲁-撒克逊人接受基督教,以填补当权者和旧教拥趸在信仰转变中造成的精神信仰、宗教仪式等空白,这个任务成为了教会工作中的重点,这也是本书所探讨的另一大主题。

在 7 世纪下半叶,惠特比会议的召开和主教区的划分的过程从一个侧面反映了以约克主教威尔弗里德为首的盎格鲁-撒克逊教士想要掌握教会核心权力,摆脱爱尔兰与罗马教会的外来控制的意图。作为一名成功的传教士和一名颇有威望的宗教界领袖,威尔弗里德获得的地位与成就很大程度上代表着盎格鲁-撒克逊教士对宗教事务话语权的增强,和建立在本民族基础上的教会之壮大发展。南北教会基本教义的统一、主教区的划分,以及苏塞克斯和怀特岛主教区的建立这三件大事于盎格鲁-撒克逊教会来说有着里程碑的意义,这也为教会进一步深入乡村田野传教、在各个地区普及信仰,创造了前提条件。

基督教在取得统治地位后对文字记载材料的垄断,导致教会获得了中世纪唯一的话语权。这种文化上的寡头影响带来的后果是,先民们信仰基督教往往会成为后人眼中唯一的历史选择。这就要求我们结合考古成果及其他多种材料对改宗时期的教会史料作比较研究。20 世纪在英吉利的考古工作使我们对 7—8 世纪早期的盎格鲁-撒克逊丧葬文化有了更深入的了解,也丰富了我们对当时的多神教风俗向基督教文明转变过程的认识。根据现有考古成果,至 720 年左右,英吉利地区的墓葬已基本循基督教的教规而采用薄葬,陪葬品除了常见的小刀外,也基本消失了。在对葬俗初步研究的基础上,结合当时大瘟疫肆虐流行的历史背景,笔者认为,教会可能在大瘟疫时期对基督教死后世界的观念做出了一定的修正,并引入了爱尔兰教会的赎罪书,为教民提供了一种在一定程度上可影响死后世界灵魂归宿的希望和途径,以教育、引导那些多神教信徒和动摇派皈依基督教。

基督教的传播不仅依赖于本身代表的先进的文化层次,更需要一个强有力的王权的支持和帮助。传教士必须要在当地得到政治力量的支持,方能获得立足点。而王权正是传教工作持续开展的重要保障。在改宗初期,英吉利恰恰缺少如君士坦丁大帝、克洛维那般可以对基督教提供长久保障的强有力的国王。诺森伯里亚的三任国王埃德温、奥斯瓦尔德、奥斯维,在位的50多年间曾一度称雄,大有统一英吉利之势,但前两位国王却都败亡于异教徒国王彭达之手。后继的奥斯维虽击败了彭达,重振了基督教国家的声威,但也饱受南北敌国的侵扰之苦,不能一展宏愿。在他去世之后,两个儿子分别死于对皮克特人和麦西亚人的战争。对比克洛维辉煌的征战成果,早期的盎格鲁-撒克逊国王是远远不及的。

　　为克服一切普及基督教的潜在障碍,盎格鲁-撒克逊教会针对各种违背教旨的传统理念和异教风俗采取了形式多样的政策措施。例如,以耶稣直面死亡的例子,宣扬基督教价值观中的勇气,以修正过去血债血偿、以战场杀戮为荣的荣誉观。规范婚姻,减少、杜绝重婚现象,则是对传统社会的家庭构架直接提出了挑战。可重复执行的赎罪理念基于一种根据罪行轻重设立的赎罪金制度,这起源于凯尔特部落的传统习俗。由于日耳曼部落的习俗法中亦有对应的内容,教会采用这种方法树立基督教道德观在一定程度让它变得容易接受了。可能教会考虑到了这层因素,在比德时代,赎罪标准有所放宽。法兰克人在改宗中同样受到了赎罪文化的影响。从法兰克人到盎格鲁-撒克逊人,赎罪体系从宽泛的理论层面细分为了针对各种罪的具体的条文,这是盎格鲁-撒克逊教会在大陆赎罪思想的基础上吸收爱尔兰基督教文化的结果。在8世纪初这些赎罪教令集又随着盎格鲁-撒克逊传教士传入了高卢。然而需要指出的是,过于严苛的苦修式赎罪条文不但很难落实执行,反而会使一部分人群对基督教报敬而远之的态度,这是西奥多在引入爱尔兰赎罪体系时未曾顾虑到的。

　　在马克斯·韦伯的眼中,"神授之力"(charisma)是凡人不能获得,传承于神明的力量。它是一种特殊的权威,也是一种允许新事物取代传统框架的革新力量。[1] 教会将圣徒塑造成"神授之力"的代表,充当上帝在现世的

---

[1]　Max Weber, *The Theory of Social and Economic Organization*, New York: The Free Press, 1964, pp. 358-359.

代理人,代替祭司和巫师展现自然、精灵和神明的力量。对中世纪的普通大众来说,神的能力在具现化后无疑具有更强的吸引力。通过展现"神授之力"创造种种"奇迹"的圣徒也以此为教会建构起"现实的"支撑。基督教自身的适应性与感召力,借助上帝奇迹、圣徒圣物一类说教而得到加强,对盎格鲁-撒克逊人产生了重要的精神影响。从广义来看,基督教更体现着文明与进步,代表着高层次的稳定和秩序。自罗马延续、发展而来的先进文化虽有能力对日耳曼人产生相当吸引力,但要使他们真正皈依并牢固坚守这份信仰,还需借助来自于多神教的那些"超验"(transcendent)的力量,盎格鲁-撒克逊教会的这种政策与法兰克教会的做法是极其类似的。这种对多神教神明的替代促成了信仰在民间的巩固和发展,使人们更易在精神理念上的趋向一致。

从 7 世纪晚期开始至 8 世纪,多位盎格鲁-撒克逊传教士前往弗里西亚和高卢北部地区传教,如约克主教威尔弗里德、"弗里斯兰人的使徒"威利布罗德、"萨克森人的使徒"圣卜-尼法斯、不莱梅的首任主教威勒哈德(St. Willehad of Bremen)、向巴伐利亚(Bavaria)传教的威利布拉德(St. Willibald)和温纳布拉德(St. Wynnebald)等人,为基督教传播史书写下极为光彩的一笔。虽然盎格鲁-撒克逊人早期的皈依历程较为艰难、多有反复,但在罗马和爱尔兰教会文化的双重熏陶之下,至 8 世纪初,在盎格鲁-撒克逊部族内部,基督教化已基本完成。成长起来的英吉利教会逐渐开始对外输出基督教信仰,并取得了一系列令人瞩目的成绩。

附　录

一、人名译名表

Aaron 亚伦,不列颠殉教徒(?—304)

Adamnan 阿丹姆南,爱尔兰圣徒(624—704)

Adda 艾达,中盎格鲁人的传教士(约7世纪中叶)

Adelfius 阿德菲斯,林肯主教(约4世纪初)

Aedde 艾德,可能即艾迪乌斯·斯蒂芬

Aelffled 艾尔弗莱德,惠特比修道院女院长(654—713)

Aelle 埃尔,德伊勒国王(?—588)

Aethelric 德伊勒国王埃塞尔里克(?—604)

Aetherius of Lyon 埃塞里乌斯,里昂大主教(?—602)

Agatho 教皇阿加塞(678—681在位)

Agilbert 阿吉尔伯特,多切斯特主教,巴黎主教(约650—680在位)

Aidan 艾丹,林迪斯凡主教(635—651在位)

Aidan 艾丹,盖尔人首领(约6世纪下半叶)

Alaric II 阿拉里克二世,西哥特王(?—507)

Alban 圣奥尔本,不列颠殉教徒(?—304)

Alchfred 阿尔奇弗莱德,麦西亚王后,皮达之妻(约7世纪)

Alchfrid 阿尔奇弗里德,诺森伯里亚王子(?—664)

Alcuin of York 约克的阿尔昆,神学家(?—804)

Aldfrid 奥尔德弗里德,诺森伯里亚国王(685—705在位)

Aldgisl 奥尔德基索,弗里西亚国王(约7世纪下半叶)

Aldhelm 奥尔德赫尔姆,马姆斯伯里修道院院长(639—709)

Alfred the Great 艾尔弗雷德大王,威塞克斯国王(849—899)

Amalaric 阿马拉里克,西哥特国王(502—531)

Ambrose 安布罗斯,米兰主教(340—397)

Ambrosius Aurelianus 安布罗修斯·奥雷连,不列颠国王(约 5 世纪)

Anatolius of Laodicea 叙利亚老底嘉主教阿纳托里乌斯(? —283)

Anna 安纳,东盎格利亚国王(636—654 在位)

Annemundus 安纳蒙杜斯,里昂大主教(? —658)

antipope Laurentius 对立教皇劳伦斯(? —514)

Arminius 阿明尼乌斯,执事(约 4 世纪初)

Asterius 阿斯泰里乌斯,热那亚主教(约 7 世纪上半叶)

Attila 阿提拉,匈奴王(406—453)

Augulus 伦敦主教奥古鲁斯(? —304)

Augustin of Canterbury 坎特伯雷大主教奥古斯丁(? —604)

Augustine 圣奥古斯丁,神学家(354—430)

Avitus of Vienne 维埃纳主教阿维图斯(470—523)

Balaam 巴兰,《旧约》人物,先知(约公元前 13 世纪)

Bede 比德,贾罗修道院修士,史学家(673—735)

Benedict Biscop 本尼迪克·比斯科普,贾罗修道院院长(628—690)

Benedict I 教皇本尼迪克一世(575—579 在位)

Benedict of Nursia 圣本尼迪克(480—543)

Beowulf 贝奥武甫

Beretrude 贝蕾特鲁德,劳内博德之妻(? —589)

Berhtgisl Boniface 贝特基索·伯尼费斯,邓尼奇主教(652—669 在位)

Berhtwald 伯特沃尔德,坎特伯雷大主教(693—731 在位)

Bertha 贝尔莎,肯特王后,法兰克公主(? —612)

Bertram of Bordeaux 波尔多主教贝尔特拉姆(? —585)

Berwin 伯温,塞尔西修道院的修士(约 7 世纪下半叶)

Betti 贝迪,中盎格鲁人的传教士(约 7 世纪中叶)

Birinus 比林纳斯,多切斯特主教(635—650 在位)

Bisi 比西,邓尼奇主教(669—673 在位)

Boniface IV 教皇卜尼法斯四世(550—615)

Boniface V 教皇卜尼法斯五世(619—625 在位)

Boniface 圣卜尼法斯,"萨克森人的使徒"(?—754)

Bosa 博萨,约克主教(678—686 在位)

Brigid 布里吉德,爱尔兰传说中的女圣徒

Broichan 伯伊琛,德鲁伊教士(约 6 世纪)

Bruide 布鲁伊德,皮克特人国王(约 6 世纪)

Brunhild 布隆希尔德,奥斯特拉西亚王后(543—613)

Cadwalla 卡德瓦拉,威塞克斯国王(685—688 在位)

Caedualla 卡德瓦龙,不列颠国王(?—624)

Caesarius of Arles 恺撒里乌斯,阿尔勒大主教(470—542)

Candidus 坎迪杜斯(约 6—7 世纪)

Ceawlin 查乌林,威塞克斯国王(?—593)

Cedd 切德,伦敦主教(?—664)

Celestinus 教皇希莱斯廷(422—432 在位)

Cenred 森雷德,麦西亚国王(704—709 在位)

Cenwalh 森瓦尔,威塞克斯国王(643—645,648—672 在位)

Ceolfrid 切奥尔弗里德,贾罗修道院院长(642—716)

Ceolfrith 切奥尔弗里思,贾罗修道院院长(642—716)

Ceollach 切奥拉奇,利奇菲尔德主教(658—659 在位)

Cerdic of Wessex 威塞克斯的塞迪克(519—534 在位)

Chad 查德,约克主教,麦西亚主教(?—672)

Charibert I 卡里贝尔特一世,巴黎王(517—567)

Charles Martel 查理·马特,法兰克王国宫相(688—741)

Childbert I 希尔德贝尔特一世,巴黎王(496—558)

Childebert II 希尔德贝尔特二世,奥斯特拉西亚国王(570—595 在位)

Childeric I 希尔德里克一世,萨利克法兰克人首领(440—481)

Chilperic I 希尔佩里克一世,纽斯特里亚国王(539—584)

Chlothar I 克洛塔尔一世,法兰克国王(497—561)

Chlothar II 克洛塔尔二世,法兰克国王(584—629)

Chramn 克拉姆,克洛塔尔一世之子(?—561)

Christopher Snyder 克里斯托弗·施奈德

Claudius 克劳狄乌斯皇帝(10B. C. —A. D. 54)

Clonmacnoise of Ciarán 西兰恩的克卢马可诺斯,爱尔兰圣徒(516—546)

Clotild 克洛提尔德,克洛维的女儿,阿马拉里克之妻(? —533)

Clotild 克洛提尔德,克洛维的王后(475—545)

Clovis I 克洛维一世,法兰克国王,墨洛温王朝开创者(466—511)

Coifi 科伊弗,诺森伯里亚大祭司(约7世纪上半叶)

Colman 科尔曼,林迪斯凡主教(661—664在位)

Columbanus 小科伦巴努斯,爱尔兰传教士(543—615)

Columba 传教士哥伦巴(521—597)

Connall 康耐尔,盖尔人国王(约6世纪)

Constantinus I Magnus 君士坦丁大帝(272—337)

Constantius of Lyon 里昂神父康斯坦提乌斯(? —480)

Cummean 库敏,爱尔兰修士(约7世纪)

Cummian 库米安,科库敏修道院院长(591—662)

Cuthbert 卡思伯特,林迪斯凡主教(634—687)

Cwichelm 奎切尔姆,威塞克斯王子(约7世纪上半叶)

Cynegils 基内吉尔斯,威塞克斯国王(611—643在位)

Cyniberet 辛尼伯特,鲁特福德修道院院长(约7世纪下半叶)

Cyniburg 辛尼伯格,彭达的女儿(约7世纪)

Cyril of Alexandria 亚历山大教长西里尔(376—444)

Dacolen 达科伦,法兰克贵族(? —578)

Dagobert II 达戈贝尔二世,奥斯特拉西亚国王(650—679)

Dalfinus 达尔冯乌斯,里昂伯爵(? —658)

Damian 达米安,罗切斯特主教(655—664在位)

Daniel 丹尼尔,温切斯特主教(705—744在位)

Deusdedit 德乌斯德迪特,坎特伯雷大主教(655—664在位)

Dicul 迪库尔,爱尔兰修士(约7世纪)

Diocletianus 戴克里先皇帝(245—312)

Dionysius Exiguus 狄欧尼休·易斯吉乌斯(470—544)

Diuma 迪乌马,利奇菲尔德主教(656—658 在位)

Dryhthelm 德莱塞尔姆,诺森伯里亚人(约 8 世纪初)

Eabae 伊巴,赫威赛公主(约 7 世纪下半叶)

Eadbald 伊德鲍尔德,肯特国王(616—640 在位)

Eadgyth 伊德吉斯,巴金女修道院的修女(？—664)

Eadhaed 伊德赫德,林赛主教(678—680 在位)

Eadwulf 伊德伍尔夫,诺森伯里亚国王(704—705 在位)

Eanfled 伊恩弗莱德,诺森伯里亚王后(626—685 之后)

Eanfrith 伊恩弗里思,贝尼西亚国王(590—634)

Earconbert 厄康伯特,肯特国王(640—664 在位)

Earcongota 厄康格塔,厄康伯特的女儿(约 7 世纪)

Eata 伊塔,赫克瑟姆主教(679—686 在位)

Ebbe 艾蓓,科尔丁厄姆女修道院院长(约 7 世纪下半叶)

Ebbe 艾蓓,酿酒官奥斯弗里德之妻(约 7 世纪下半叶)

Eborius 依波留,约克主教(约 4 世纪初)

Ebroin 埃布罗因,纽斯特里亚的宫相(？—681)

Ecgberht 埃格伯特,里彭修道院院长(？—729)

Ecgfrid 诺森伯里亚国王埃格弗里德(671—685 在位)

Eddius Stephanus 艾迪乌斯·史蒂文森,威尔弗里德的传记作者(约 7—8 世纪)

Edwin 埃德温,诺森伯里亚国王(568—632 年)

Egbert of Wessex 威塞克斯国王埃格伯特(769 或 771—839)

Egbert 埃格伯特,肯特国王(664—673 在位)

Egbert 埃格伯特,林迪斯凡主教(？—729)

Egidius of Reims 兰斯主教埃吉迪乌斯(573—590 在位)

Egric 埃格里克,东盎格利亚国王(630—636 在位)

Elafius 埃拉弗乌斯(约 5 世纪)

Elesa 埃雷塞(约 5 世纪)

Eleutherus 罗马大主教埃路塞路斯(174—189)

Emma 艾玛,厄康伯特之妻(约 7 世纪)

Eorpwald 厄普沃尔德,东盎格利亚国王(624—627 在位)

Eosterwine 埃奥斯特温,贾罗—圣彼得修道院院长(？—686)

Eostre 厄俄斯特女神

Erce 大地之母埃尔塞

Erkenwald 厄康沃尔德,伦敦主教(675—693 在位)

Esica 厄西卡,巴金女修道院的一名男孩(661—664)

Ethelbergae 埃塞尔伯格,诺森伯里亚王后,埃德温之妻(约 7 世纪上半叶)

Ethelbert I 埃塞尔伯特一世,肯特国王(565—616～618)

Ethelfrith 埃塞尔弗里思,诺森伯里亚国王(？—616)

Ethelhere 埃塞尔希尔,东盎格利亚国王(654—655 在位)

Ethelred 埃塞尔雷德,麦西亚国王(675—704 在位)

Ethelthryth 埃塞尔思里德,伊利女修道院院长(？—680)

Ethelwald 埃塞尔沃尔德,东盎格利亚国王(655—663 在位)

Ethelwealh 埃塞尔沃尔奇,苏塞克斯国王(660—685 在位)

Eufronius 尤夫罗尼乌斯,图尔主教(555—573 在位)

Eulogius of Alexandria 尤洛基乌斯,亚历山大主教(580—608 在位)

Eusebius of Caesarea 优西比乌斯,史学家(263—339)

Felix 费利克斯,邓尼奇主教(631—647 在位)

Felix 费利克斯修士(约 8 世纪上半叶)

Finan 菲南,林迪斯凡主教(651—661 在位)

Finnian of Clonard 克劳纳德的芬里安,爱尔兰圣徒(470—549)

Fintan of Clonenagh 科隆讷纳夫的修士芬檀(？—603)

Flavius Aëtius 弗拉菲乌斯·艾提乌斯(396—454)

Florence of Worcester 伍斯特修士佛罗伦萨(？—1118)

Fredegar 弗雷德加尔,史学家(约 8 世纪)

Fredegund 弗蕾德贡德,纽斯特里亚王后(？—597)

Frig 预言女神弗丽嘉

Fursa 富尔萨,爱尔兰传教士(？—650)

Gallus 圣高尔,爱尔兰传教士(550—646)

Geoffrey of Monmouth 蒙茅斯的杰佛里,史学家(1100—1155)

Germanus of Auxerre 奥赛尔主教日耳曼努斯(378—448)

Germanus of Capua 卡普阿主教日耳曼努斯(? —545)

Gerontius 基朗提乌斯,圣安德烈修道院修士(约 6 世纪)

Gildas Sapiens 吉尔达斯,不列颠史学家(500—570)

Gogo 戈哥,法兰克大贵族(约 6 世纪)

Gregory of Tours 图尔主教格雷戈里,史学家(538—594)

Gregory the Great 教皇大格雷戈里(540—604)

Gundobad 贡多巴德,勃艮第国王(473—516 在位)

Guntram 贡特拉姆,勃艮第国王(? —592)

Guthlac of Crowland 克罗兰德的古斯拉克,麦西亚圣徒(673—714)

Guthlac 古斯拉克修士(673—714)

Hadrian of Canterbury 哈德良,圣奥古斯丁修道院院长(? —710)

Heahfrith of Barking 希尔弗里思,巴金女修道院院长(约 7 世纪下半叶)

Hel 死神赫尔

Hengest 亨吉斯特,盎格鲁-撒克逊人领袖(约 5 世纪)

Henry of Huntingdon 亨廷顿的亨利(1088—1154)

Hermangild 赫尔曼吉尔德,西哥特王子(? —586)

Heuuald 休厄尔德,英吉利传教士(? —7 世纪末)

Honoratus 霍诺拉图斯,阿尔勒大主教(350—429)

Honorius I 教皇荷诺里乌斯(625—638 在位)

Honorius of Canterbury 荷诺里乌斯,坎特伯雷大主教(627—655 在位)

Hretha 女神赫瑞塔

Ian Wood 伊恩·伍德

Ida 伊达,贝尼西亚国王(? —559)

Ingitrude 英吉特鲁德,法兰克女贵族(约 6 世纪)

Ingoberg 英戈贝尔格,卡里贝尔特一世的王后(? —589)

Ingund 英贡德,西吉贝尔特之女,赫尔曼吉尔德之妻(568—586)

Isaac 以撒,《旧约》人物,亚伯拉罕之子(2065B. C. —1885B. C.)

Iurminburgh 伊乌敏伯芙,诺森伯里亚王后,埃格弗里德之妻(约 7 世

下半叶)

Jacobus 耶可布斯,波莱纳斯的助祭(约 7 世纪)

Jaruman 贾路曼,麦西亚主教(? —669)

Jerome 哲罗姆,神学家(347—420)

Joannes IV 教皇约翰四世(640—642 在位)

Johannes 约翰,赫克瑟姆主教(687—706 在位)

John Cassian 修士约翰·卡西安(360—435)

John of Beverley 贝弗利的约翰,赫克瑟姆主教,约克主教(? —721)

Julius 尤里乌斯,不列颠殉教徒(? —304)

Justinian I 查士丁尼一世,东罗马皇帝(482—565)

Justus 贾斯图斯,坎特伯雷大主教(? —624~631)

Justus 贾斯图斯,修士(约 6 世纪)

King Arthur 亚瑟王(约 5—6 世纪)

Laud of Canterbury 劳德,坎特伯雷大主教(1573—1645)

Launebod 劳内博德,法兰克公爵(约 6 世纪)

Laurence of Canterbury 坎特伯雷大主教劳伦斯(? —619)

Lawrence 圣劳伦斯,罗马教会执事,殉教徒(? —258)

Leutherius 洛塞尔乌斯,多切斯特主教(670—676 在位)

Licinius 李锡尼,罗马皇帝(263—325)

Lothere 洛西尔,肯特国王(673—685 在位)

Lucius of Britain 不列颠王卢修斯(约 2 世纪)

Luidhard 刘德哈德,贝尔莎的主教(约 6 世纪)

Marius of Avenches 阿旺什主教马里乌斯(532—596)

Mary Magdalene 抹大拉的马利亚,《旧约》人物(约公元 1 世纪早期)

Maxentius 罗马皇帝马克森狄(278—312)

Maximin Daia 罗马皇帝马克西敏·达伊亚(270—313)

Mellitus 梅里图斯,伦敦主教(? —624)

Mellitus 梅里图斯,意大利波尔图港的修士(约 6 世纪)

Mummolus 穆莫卢斯,高卢—罗马贵族,勃艮第伯爵(约 6 世纪)

Nechtan IV 皮克特人国王内奇坦四世(597—620 在位)

Nicetius of Treves 特里夫斯主教尼塞提乌斯(513—566)

Ninian 尼尼安主教(约 4—5 世纪)

Nothelm 诺赛尔姆,坎特伯雷大主教(？—739)

Odin 主神奥丁

Offa 奥法,埃塞克斯国王(709 在位)

Origen 奥利金,早期神学家(184—253)

Osfrid 奥斯弗里德,埃格弗里德的酿酒官(约 7 世纪下半叶)

Osred 奥斯雷德,诺森伯里亚国王(705—716 在位)

Osric 奥斯里克,德伊勒国王(？—634)

Ostara 奥斯特拉女神

Osthryd 奥斯思里德,奥斯维的女儿,麦西亚王后(？—697)

Oswald 奥斯瓦尔德,诺森伯里亚国王(634—642 在位)

Oswy 奥斯维,贝尼西亚国王,诺森伯里亚国王(642—670 在位)

Oswin 奥斯温,德伊勒国王(644—651 在位)

Pa Tafua 帕·塔夫阿,提考皮亚人的酋长

Palladius 帕拉迪乌斯(约 5 世纪上半叶)

Paschasius 帕斯卡西乌斯,罗马助祭(？—511)

Patriarch Anatolius of Constantinople 君士坦丁堡牧首阿纳托里乌斯
(449—458 在位)

Patrick 帕特里克,不列颠传教士(387—461 或 493)

Paulinus of Nola 诺拉主教波莱纳斯(354—431)

Paulinus of York 波莱纳斯,约克大主教(625—644 在位)

Paulos 保罗,早期著名传教士、殉教徒(3—67)

Peada 皮达,麦西亚国王(655—658 在位)

Pelagius Ⅱ 教皇佩拉吉二世(579—590 在位)

Pelagius 贝拉基(354—418)

Penda 彭达,麦西亚国王(？—655)

Pepin Ⅱ of Herstal 法兰克宫相丕平二世(635—714)

Praetextatus of Rouen 鲁昂主教普雷特克斯塔图斯(549—586 在位)

Procopius 普罗柯比,史学家(500—565)

Prosper of Aquitaine 阿基坦主教普罗斯普尔(390—455)

Putta 普塔,罗切斯特主教(669—676 在位)

Radbod 雷德伯德,弗里西亚的公爵(? —719)

Radegund 拉德贡德,克洛塔尔一世之妻(520—586)

Reccared I 雷卡雷德一世,西哥特国王(559—601)

Redwald 雷德瓦尔德,东盎格利亚国王(599—624 在位)

Restitutus 雷提图多,伦敦主教(约 4 世纪初)

Ricbercto 里克伯特,东盎格利亚国王(628—630 在位)

Ricula 丽库拉,埃塞尔伯特一世之妹(约 6—7 世纪初)

Ronan 罗南,林迪斯凡神父(约 7 世纪)

Sacerdus 塞尔德,教会长老(约 4 世纪初)

Saebbi 塞比,埃塞克斯国王(664—694 在位)

Sæberht 萨伯特,埃塞克斯国王(604—616 在位)

Saxulf 塞克斯伍尔夫,利奇菲尔德主教(675—691 在位)

Ségéne 塞格讷,爱奥那修道院院长(623—652 在位)

Sexbald 塞克斯鲍尔德,埃塞克斯国王(616 在位)

Sexburg 塞克斯伯格,厄康伯特之妻(约 7 世纪)

Siagrius 西阿格里乌斯,西罗马将领(430—486 或 487)

Sigbert the Good"良善的西格伯特",埃塞克斯国王(653—660 在位)

Sigebert the Learned "博学的西格伯特",东盎格利亚国王(631—634 在位)

Sigehere 西格希尔,埃塞克斯国王(664—683 在位)

Sigibert I 西吉贝尔特一世,奥斯特拉西亚国王(535—575)

Sillan of Bangor 班戈修道院院长西尔兰(? —610)

Sixtus Ⅱ 罗马大主教西克斯图斯二世(257—258 在位)

Sledd 席尔德,埃塞克斯国王(? —604)

Stephen 史蒂芬,士兵(约 6 世纪)

Suidhelm 斯维德赫尔姆,埃塞克斯国王(657—664 在位)

Sulpicius Severus 苏比西乌斯·塞维鲁(363—425)

Syagrius of Autun 西阿格里乌斯,奥顿主教(? —600)

Sylvester I 罗马教皇西尔维斯特一世(314—335 在位)

Sylvia 席维亚,教皇大格雷戈里的母亲(约 6 世纪)

Tertullianus 德尔图良,早期神学家(160—225)

Tetricus of Langres 朗格勒主教提特里库斯(？—572)

Theoderic Ⅲ 提奥多里克三世,法兰克国王(654—691)

Theodore of Canterbury 坎特伯雷大主教西奥多(602—690)

Theodosius Ⅱ 东罗马皇帝狄奥多西二世(401—450)

Theodosius Ⅰ 罗马皇帝狄奥多西一世(346—395)

Theudebert Ⅱ 提乌德贝尔特二世,奥斯特拉西亚国王(586—612)

Theudebert Ⅰ 提乌德贝尔特一世,奥斯特拉西亚国王(533—548 在位)

Theuderic Ⅱ 提乌德里克二世,奥斯特拉西亚国王(587—613)

Thor 雷神索尔

Tiberius Julius 提比略皇帝(14—37 在位)

Titillus 提蒂勒乌斯,西奥多的书记官(约 7 世纪下半叶)

Tiw 战神提乌

Trajan 图拉真,罗马皇帝(98—117 在位)

Transobad 索巴德,罗德兹副主教(约 6 世纪下半叶)

Trumhere 特朗希尔,利奇菲尔德主教(659—662 在位)

Tunbert 图伯特,吉灵修道院院长(约 7 世纪下半叶)

Tyrannus Superbus Vortigern 骄傲僭主沃尔提格恩(约 5 世纪)

Utta 厄塔,盖茨黑德修道院院长(约 7 世纪)

Valentinian Ⅲ 瓦伦提安三世,西罗马皇帝(419—455)

Vedastus of Arras 圣韦达斯特,阿拉斯主教(？—540)

Vincent of Saragossa 圣文森特,萨拉戈萨城的圣徒(？—304)

Victorius of Aquitaine 阿基坦的维克多里乌斯(约 5 世纪)

Virgilius of Arles 维尔吉利乌斯,阿尔勒大主教(？—610)

Vitalian 教皇维塔利安(657—672 在位)

Werferth of Worcester 伍斯特主教威尔福尔斯(873—915 在位)

Wighead 威格哈德神父(？—664)

Wihtred 威尔特雷德,肯特国王(670—725)

Wilibrord 威利布罗德,盎格鲁-撒克逊传教士(658—739)

Wilfrid of York 约克主教威尔弗里德(634—709)

Willehad of Bremen 不莱梅主教威勒哈德(735—789)

William I the Conqueror 征服者威廉,英格兰诺曼王朝首位国王(1028—1087)

Willibald 威利布拉德,艾希施泰特主教(700—787)

Wini 威尼,温切斯特主教,伦敦主教(？—672)

Woden 主神沃登

Wulfhere 伍尔夫希尔,麦西亚国王(658—675 在位)

Wulfram of Sens 桑斯主教伍尔弗雷姆(640—703)

Wulfstan of York 约克大主教伍尔夫斯坦(？—1023)

Wynfrid 温弗里德,利奇菲尔德主教(672—675 在位)

Wynnebald 温纳布拉德,盎格鲁-撒克逊传教士(？—761)

地名、民族名译名表

Ad Gefrin 阿德格夫林王家庄园

Ad Lapidom 阿德拉普顿

Ad Murum 阿德穆隆姆王家庄园

Alamanni 阿勒曼尼人

Anglo-Saxon 盎格鲁-撒克逊人

Aquitaine 阿基坦

Arles 阿尔勒

Armininum 阿明尼努姆

Ascot 阿斯科特

Austrasia 奥斯特拉西亚

Autun 奥顿

Auvergne 奥弗涅

Bamburgh 班堡

Bampton 班普顿

Bangor 班戈

Bannavem Taburnia 班纳维姆-台伯尼恩村

Barking 巴金

Bath-hill 巴斯山

Bath 巴斯

Bavaria 巴伐利亚

Beardaneu 贝尔丹纽

Bedfordshire 贝德福德郡

Bernicia 贝尼西亚

Bordeaux 波尔多

Bosham 博萨姆

Bradwell-on-Sea 滨海布拉德韦尔

Brige 布里奇

Britium 美素不达米亚伯莎城堡(或 Birtha)

Brittany 布列塔尼

Brixworth 布里克斯沃思

Buckinghamshire 白金汉郡

Burgh Castle 巴勒堡

Burgundians 勃艮第人

Burgundy 勃艮第

Burwell 布威尔村

Caelian 西莲山

Caerwent 卡尔文特

Cameton 卡梅顿村

Campodono 坎波杜诺

Canterbury 坎特伯雷

Carlegion 卡尔莱吉恩,今切斯特

Catterick 卡特里克

Chalon-sur-Saône 索恩河畔沙隆

Chamberlain's barn Ⅱ 张伯伦谷仓 2 号

Cheviot Hills 切维厄特丘陵

Chichester 奇切斯特

Cirencester 塞伦切斯特

Clausentum 克劳乌森顿港

Cnobheresburg 坎诺布希尔伯格

Colchester 科切斯特

Coldingham 科尔丁厄姆

Cologne 科隆

Cornwall 康沃尔

Cotswolds 科茨沃尔德

County Durham 达勒姆郡

Crowland 克罗兰岛

Cule-Drebene 柯尔-德雷本纳

Dalriada 戴尔里尔达

Deira 德伊勒

Deniseburna 丹尼斯伯纳

Derbyshire 德贝尔郡

Derry 德瑞

Derwent 德文特河

Devon 德文郡

Dijon 第戎

Domnoc 邓诺克,今邓尼奇

Dorchester-on-Thames 泰晤士河畔的多切斯特

Dorset 多塞特郡

Dorset 多塞特郡

Dumfriesshire 邓弗里斯郡

Durovernum 杜布尼拉姆

Durrow 都罗

Dyrham 迪勒姆

East Anglia 东盎格利亚

Eastry 伊斯特里镇

Eccles in Kent 肯特的埃克尔斯

Eccles in Norfolk 诺福克的埃尔克斯

Egglescliffe 艾格雷斯克利夫

Elmham 埃尔姆汉

Ely 伊利

Enfide 恩珐德

Essex 埃塞克斯

Faversham 弗汉

Finglesham 芬格勒夏姆村

Firth of Forth 福斯湾

Flintshire 弗林特郡

Franks 法兰克人

Frisians 弗里斯兰人

Gaels 盖尔人

Galicia 加利西亚

Galloway 加洛韦

Genova 热那亚

Gewisses 格维莎斯人

Gilling 吉灵

Glastonbury 格拉斯顿伯里

Glendalough 格兰达洛

Glen 格伦河

Gloucestershire 格洛斯特郡

Goodmanham 古德曼汉姆

Granta 戈兰塔河

Gyruum, Jarrow 贾罗

Hadrian's Wall 哈德良长城

Hampshire 汉普郡

Hartlepool 哈特尔浦

Hatfield 哈特菲尔德

Heathfield 希思菲尔德

Hereford 赫里福德

Hertfordshire 赫特福德郡

Hertford 赫特福德

Hexham 赫克瑟姆

Hinton St. Mary 辛顿圣玛丽村

Hreutford 鲁特福德

Humber 亨伯河

Hwicce 赫威赛

Hwiccians 赫威赛人

Idle 艾德尔河

Iona 爱奥那

Irish 爱尔兰人

Kells 凯尔兹

Kent 肯特

Kildare 奇代尔

King Harry Lane 国王哈里路

La Tène 拉特尼

Lastingham 拉斯廷厄姆

Le Mans 勒芒

Lechlade 莱奇莱德镇

Legionum Urbs 莱吉恩斯城

Leicestershire 莱斯特郡

Leicester 莱斯特

Leighton Buzzard 莱顿巴扎德市

Lichfield 利奇菲尔德

Lincoln 林肯

Lindisfarne 林迪斯凡

Lindissi 林赛

Lindsey 林赛

Loire 卢瓦尔河

Lullingstone 卢林斯顿

Lyon 里昂

Mâcon 马孔

Maelmin 梅尔明

Maes Garmon 梅斯·加门

Magh-Lene 玛格-琳恩

Magonsætans 马贡萨特人

Magonsæte 马贡萨特

Magonsaete 麦肯赛特

Malmesbury 马姆斯伯里

Malton 麦尔顿

Marseille 马赛

Maserfelth 马塞菲尔思

Meanwaras 米恩瓦拉斯

Meare 密尔

Melrose 梅尔罗斯

Mercia 麦西亚

Merthyr Cynog 梅泰尔·凯诺克

Merthyr Mawr 梅泰尔·玛瓦

Merthyr Tydfil 梅泰尔·泰伏勒

Middil Engle 中盎格利亚

Milton 米尔顿

Milvian 穆尔维

Neustria 纽斯特里亚

Nidd 尼德河

Norfolk 诺福克

Northamptonshire 北安普敦郡

Northumberland 诺森伯兰郡

Northumbria 诺森伯里亚

Oakleigh 奥克利

Oakley 奥克雷

Ockley 奥克雷

Orange 奥朗日

Orvanne 奥文纳

Ostrogoths 东哥特人

Oundle 昂德尔

Pavia 帕维亚

Pennines 奔宁山脉

Pentte 彭塔河, 今布莱克河

Peterborough 彼得伯勒

Picts 皮克特人

Poitiers 普瓦提埃

Polhill 波希尔

Portus 波尔图港

Prittlewell 普利托威尔

Provence 普罗旺斯

Ravenna 拉文纳

Reims 兰斯

Rendlaesham 伦德尔沙姆庄园

Repton 雷普顿

Rhine 莱茵河

Rhone 罗纳河

Rhône 罗纳河

Ribble 里布尔河

Ripon 里彭

Riviera 里维埃拉

Rochester 罗切斯特

Rodez 罗德兹

Ruthwell 罗斯威尔村

Samaritanori 撒玛利亚人

Saragossa 萨拉戈萨城

Sardica 萨迪卡

Saxon Shore 撒克逊海滨

Saxons 萨克森人

Scots 苏格兰人

Selsey 塞尔西

Severn 塞汶河

Shipton 夏普顿

Shudy Camps 夏迪村

Silchester 希尔切斯特

Solent 索伦特海峡

Somerset 萨默塞特郡

Sophia 索非亚

Southampton 南安普敦

Southend-on-Sea 滨海绍森德

St Albans 圣奥尔班斯城

St Honorat 圣霍诺拉特岛

Stamford 斯坦福

Strasbourg 斯特拉斯堡

Suffolk 萨福克

Sussex 苏塞克斯

Sutton Hoo 萨顿胡墓地

Swale 斯韦尔河

Taplow 泰普洛村

Thames 泰晤士河

Thanet 萨尼特岛

Thornham 索海姆村

Thunderfield 索登菲尔德

Thunresfield 索雷斯菲尔德

Tikopia 提考皮亚岛

Tilaburg 蒂拉伯格

Tolbiac 托尔比亚克

Toledo 托莱多

Toulouse 图卢兹

Tours 图尔

Trent 特伦特河

Trier 特里尔

Tweed 特威德河

Tyesmere 泰尔斯梅尔

Tysoe 泰索

Valhalla 瓦尔哈拉殿堂

Vendel 文德尔村

Verulamium 威努拉米乌姆

Visigoths 西哥特人

Vouillé 伏伊耶原野

Waltham 沃尔瑟姆

Wansdyke 旺斯代克

Wash 沃什湾

Weald 威尔德森林

Wednesbury 文斯伯里

Wednesfield 文斯菲尔德

Wensley 文斯利

Wessex 威塞克斯

West Oxfordshire 西牛津郡

West Yorkshire 西约克郡

Wight 怀特岛

Winchester 温切斯特

Winnall 温纳尔

Winwaedfeld 温韦德费尔德

Woddesgeat 文登斯盖特

Wodnesdene 文斯登

Woodbridge 伍德布里奇

Woodnesborough 伍斯伯夫

Worcester 伍斯特

Wychwood 威奇伍德森林

Xanten 柯桑腾

Yeadon 伊登

Yeavering 耶威林村

Yelford 耶里福德村

Ythancaestir 伊赛卡斯特

注:人名、地名译名表主要参照了商务印书馆出版的《英吉利教会史》、《盎格鲁-撒克逊编年史》、《法兰克人史》的译名表,以及商务印书馆出版的工具书《英语姓名译名手册》和《外国地名译名手册》等。

主要参考文献

一、史料类

（一）编年史

1. Ammianus Marcellinus, *The Roman History of Ammianus Marcellinus*, trans. C. D. Yonge, London: G. Bell & Sons, 1894.

2. *Annales Cambriae*, ed. John Williams, London: Longman, 1860.

3. Bede, *Bede's Ecclesiastical History of the English People*, ed. and trans. Colgrave, Bertram and Mynors, R. A. B., Cambridge: Clarendon, 1969.

4. Bede, *The Church Historians of England*: Vol. I, pt. 2. *The Historical Works of the Venerable Beda*, ed. and trans. Joseph Stevenson, London: Seeleys, 1853.

5. Bede, *Venerabilis Baedae Opera Historica*, ed. C. Plummer, London, Edinburgh, New York: E Typographeo Clarendoniano, 1896.

6. Fredegar, *The Fourth Book of the Chronicle of Fredegar*, with Its *Continuations*, ed. and trans. J. M. Wallace-Hadrill, London: Nelson, 1960.

7. Gildas Sapiens, *Liber Querulus de Excidio et Conquestu Britanniae*, ed. and trans. John Allen Giles, *On The Ruin of Britain*, London: James Bohn, 1st, 1841, Project Gutenberg Etext, 1999.

8. Gregory of Tours, *Historia Francorum*, MGH, SRM 7, ed. Bruno Krusch and Rudolf Buchner, *Gregor von Tours: Zehn Biicher Geschichten*, 2 vols, Darmstadt: Wissenschaftliche Buchgesellschaft, 1955.

9. Gregory of Tours, *The History of the Franks*, Vol. II, ed. and trans. O. M. Dalton, Oxford: Clarendon Press, 1927.

10. Henry of Huntingdon, *Historia Anglorum*：*The History of the English People*, ed. and trans. Diana E. Greenway, New York：Oxford University Press,1996.

11. Procopius, *History of the Wars VI. 16-Ⅷ. 35*, ed. and trans. H. B. Dweing, London & Cambridge：The Loeb Classical Library,1924.

12. *The Anglo-Saxon Chronicle MS. E*, ed. Susan Irvine, Cambridge：D. S. Brewer,2004.

13. *The Anglo-Saxon Chronicle*, ed. and trans. Michael James Swanton, Routledge,1998.

14. *The Annals of Ulster* (*to A. D.* 1131), ed. and trans. Seán Mac Airt and Gearóid Mac Niocaill, Dublin：School of Celtic Studies,1983.

15. *The Church Historians of England*：*Vol. Ⅱ*, *pt. 1*：*The Anglo-Saxon chronicle. The Chronicle of Florence of Worcester*, ed. and trans. Joseph Stevenson, London：Seeleys,1853.

16. Thorne, William , *Chronicle*, in：*Historiæ Anglicanæ Scriptores X*, ed. Simeon Monachus Dunelmensis, Johannes Prior Hagustaldensis, etc, London：Typis Jacobi Flesher, Sumptibus Cornelii Bee,1652.

17. Zosimus, *New History*, trans. Ronald T. Ridley, Canberra：University of Sydney,1982.

18. 盎格鲁-撒克逊编年史. 寿纪瑜, 译. 北京：商务印书馆,2004.

19. 比德. 英吉利教会史. 陈维振,周清民,译. 北京：商务印书馆,1991.

20. 格雷戈里. 法兰克人史. 戚国淦,寿纪瑜,译. 北京：商务印书馆,1981.

21. 恺撒. 高卢战记. 任炳湘,译. 北京：商务印书馆,1979.

22. 塔西陀. 编年史. 王以铸,崔妙因,译. 北京：商务印书馆,2009.

23. 优西比乌斯. 教会史. 瞿旭彤,译. 北京：生活·读书·新知三联书店,2009.

（二）使徒传记和书信

1. Adamnan, *Life of Saint Columba*, ed. and trans. William Reeves,

Edinburgh：Edmonston and Douglas,1874.

2. An anonymous monk of Whitby, *The Earliest Life of Gregory the Great*, *text and trans. by Bertram Colgrave*, New York：Cambridge University Press,1985.

3. Anatolius of Laodicea, *Ante-Nicene Fathers*, Vol. 6, *Gregory Thaumaturgus*, *Dionysius the Great*, *Julius Africanus*, *Anatolius and Minor Writers*, *Methodius*, *Arnobius*, ed. Alexander Roberts and James Donaldson, Grand Rapids：William B. Eerdmans Publishing Company,1885.

4. Avitus, *Avitus of Vienne：Letters and Selected Prose (Translated Texts for Historians)*, trans. Danuta Shanzer, Liverpool：Liverpool University,2002.

5. Constantius of Lyon, *The Life of St. Germanus of Auxerre*, in：*Soldiers of Christ：Saints and Saints' Lives from Late Antiquity and the Early Middle Ages*, trans. F. R. Hoare, ed. Thomas F. X. Noble and Thomas Head, University Park：Pennsylvania State University Press,1995.

6. Cummianus Hibernus, *Cummian's Letter "De controversia paschali" and the "De ratione conputandi"*, ed. and trans. Maura Walsh and Dáibhíó Cróinín, Toronto：Pontifical Institute of Mediaeval Studies,1988.

7. de Boron, Robert, *Joseph of Arimathea*, in：*Merlin and the Grail：Joseph of Arimathea*, *Merlin*, *Perceval—The Trilogy of Arthurian Prose Romances Attributed to Robert de Boron*, trans. Nigel Bryant, Cambridge：D. S. Brewer,2001.

8. *Early Christian Lives*, *Containing Early Lives of St Antony*, *St Martin*, *and St Benedict*, ed. and trans. Carolinne White, London：Penguin Books,1998.

9. Felix, *The Anglo-Saxon Version of the Life of St. Guthlac*, *Hermit of Crowland*, ed. and trans. C. W. Goodwin, London：John Russell Smith,1848.

10. *Gregorii I Papae Registrum Epistolarum*, *Monumenta Germaniae Historica*, *Epistolarum*, Tomi I-Ⅱ, ed. P. Ewald and L. M. Hartmann, Berlin：Apud Weidmanos,1887-1893.

11. Gregory of Tours, *Liber in Gloria Confessorum*, ed. B. Krusch, *MGH*, *SRM* 1, trans. Raymond Van Dam, *Glory of the Confessors*, Liverpool:Liverpool University Press,1988.

12. Gregory of Tours, *Liber Vitae Patrum*, English trans. Edward James, *Gregory of Tours: Life of the Fathers*, Liverpool: Liverpool University Press,1991.

13. Gregory the Great, *Gregorius I Magnus Moralium Libri Sive Expositio in Librum Beati Job*, *Patrologiae Cursus Completus. Series Latina*, Vol. 75,ed. J. P. Migne,Paris:Apud Garnier Fratres,1862.

14. Gregory the Great, *Nicene and Post-Nicene Fathers*, *Second Series*,*Vol. 12*, *Leo the Great*, *Gregory the Great*, *The Book of Pastoral Rule*,*and Selected Epistles of Gregory the Great*,trans. James Barmby,ed. Philip Schaff and Henry Wace,Buffalo,NY:Christian Literature Publishing Co. ,1895.

15. St. Aldhelm, *Letter V: to Heahfrith*, in: *Aldhelm*, *The Prose Works*, ed. and trans. Michael Lapidge and Michael Herren, Totowa: Rowman and Littlefield,1979.

16. St. Boniface, *The Letters of St. Boniface*,trans. E. Emerton, New York:Columbia University Press,2000.

17. St. Columbanus, *Sancti Columbani Opera*, ed. and trans. G. S. M. Walker,Dublin:The Dublin Institute for Advanced Studies,1957.

18. *The Age of Bede*,*Bede:Life of Cuthbert*,*Eddius Stephanus:Life of Wilfrid*, *Bede:Lives of the Abbots of Wearmouth and Jarrow*, *The Anonymous History of Abbot Ceolfrith*, *The Voyage of St Brendan*, trans. J. F. Webb and D. H. Farmer, ed. D. H. Farmer, London: Penguin,2004.

19. *Vita Fursei abbatis Latiniacensis et de Fuilano addit. Nivialense*, ed. Bruno Krusch, *MGH*, *SRM* 4, Hannover: Impensis bibliopolii Hahniani,1902.

20. *Vitae Sanctorum Hiberniae*, ed. C. Plummer, Oxford: E

typographeo Clarendoniano, 1910.

(三)教会教令和国王敕令法典

1. *A Collection of the Laws and Canons of the Church of England*, 2vols. , ed. J. Johnson, London: Bobert Knaplock, 1850.

2. *Ancient Laws and Institutes of England*, ed. B. Thorpe, 1840, 1st, New Jersey: The Lawbook Exchange Ltd. , 2004.

3. *Concilia Galliae a. 314-a. 506, Corpus Christianorum. Series latina*, *Vol*. 148, ed. C. Munier, Turnhout: Brepols, 1963.

4. *Councils and Ecclesiastical Documents Relating to Great Britain and Ireland*, ed. A. W. Haddan and W. Stubbs, 3 vols, Oxford: Clarendon Press, 1869-78.

5. *Decrees of The Ecumenical Councils*, *Vol*. 1 (*Nicaea I-Lateran V*), ed. P. Norman, Washington D. C. : Georgetown University Press, 1990.

6. *Medieval Handbooks of Penance*: *A Translation of the Principal Libri Poenitentiales and Selections from Related Documents*, ed. Austin P. Evans, New York: Columbia University Press, 1938.

7. *Pactus Legis Salicae*, trans. Katherine Fischer Drew, *The Laws of the Salian Franks*, University of Pennsylvania Press, 1991.

8. *The Justinian Code from the Corpus Iuris Civilis*, ed. and trans. S. P. Scott, Book I, Cincinnati: The Central Trust Co. , 1932.

9. *The Visigothic Code (Forum Judicum)*, Book V, I, 6, ed. and trans. S. P. Scott, Boston: Boston Book Company, 1910.

10. Vollrath, H. , *Die Synoden Englands bis* 1066, F. Schöningh, 1985.

11. *Wulfstan's Canon Law Collection*, ed. and trans. James E. Cross, Andrew Hamer, Cambridge: D. S. Brewer, 1999.

12. 世界著名法典汉译丛书编委会. 萨利克法典. 北京:法律出版社, 2000.

（四）考古报告

1. Arnold, C. J. , *An Archaeology of the Early Anglo-Saxon kingdoms*, New York: Routledge, 1988.

2. Blair, I. , E. Barham and Blackmore, L. , "My Lord Essex", *British Archaeology*, Vol. 76, 2004, pp. 10-17.

3. Carver, M. O. H. , "Kingship and material culture in the early Anglo-Saxon East Anglia", in: *The Origins of Anglo-Saxon Kingdoms*, ed. S. Bassett, London: Leicester University Press, 1989, pp. 141-58.

4. Carver, M. O. H. and Selkirk, A. , "Sutton Hoo, a Drama in three Acts", in: *Current Archaeology* 128, 1992, pp. 324-330.

5. Geake, H. , *The Use of Grave-Goods in Conversion-Period England*, C. 600-C. 850, Oxford: British Archaeological Reports, 1997.

6. Hawkes, S. C. and Grainger, G. , *The Anglo-Saxon Cemetery at Finglesham*, *Kent*, Oxford: Oxford University School of Archaeology, 2006.

7. Hope-Taylor, Brian, *Yeavering*: *An Anglo-British Centre of Early Northumbria*, London: Her Majesty's Stationery Office, 1977.

8. Meaney, A. and Hawkes, S. , *Two Anglo-Saxon Cemeteries at Winnall*, *Winchester*, *Hampshire*, London: Society for Medieval Archaeology, 1970.

9. Museum of London Archaeological Service, *The Prittlewell Prince*: *The Discovery of a Rich Anglo-Saxon Burial in Essex*, London: Museum of London, 2004, pp. 1-44.

10. Museum of London Archaeology Service, "Prittlewell: Treasures of a King of Essex", in: *Current Archaeology*, No. 190, 2004, pp. 430-36.

11. *Sutton Hoo Research Committee*: *Bulletins* 1993, *No*. 8, ed. M. O. H. Carver, Woodbridge: Boydell Press, 1993.

（五）综合性资料汇编及其他

1. *A Source Book for Ancient Church History*, ed. Joseph Cullen Ayer,

New York：Charles Scribner'Sons,1913.

2. *An Ancient Manuscript of the Eighth or Ninth Century*：*Formerly Belonging to St. Mary's Abbey*, *Or Nunnaminster*,*Winchest*, ed. W. de G. Birch,1889,BiblioBazaar,2010.

3. *Beowulf*,trans. with an introduction,Burton Raffel,New York：New American Libriary,2008.

4. *County Folk-lore*, Vol. Ⅲ, *Leicestershire and Rutland*, ed. C. J. Billson,London：Folklore Society,1895.

5. *English Historical Documents*, C. 500-1042 *Vol. I*, ed. Dorothy Whitelock London：Eyre Methuen,2nd,1979.

6. Erkenwald,*Select Early English Poems*：*Saint Erkenwald*,ed. Israel Gollancz,London：Oxford University Press,1922.

7. *Select Translations from Old English Poetry*, ed. Albert Stanburrough Cook,Chauncey Brewster Tinker,Boston：Ginn & Company, 1902.

8. St. Augustine,*On the Care of the Dead*, *Nicene and Post-Nicene Fathers*,First Series,Vol. 3,Edited by Philip Schaff,Buffalo,NY：Christian Literature Publishing Co. ,1887.

9. St. Bede,*De Temporum Ratione*, in：*Bede*：*The Reckoning of Time*, trans. F. Wallis,Liverpool：Liverpool University Press,1999.

10. Sulpicius Severus,*Dialogues*,Corpus Scriptorum Ecclesiasticorum Latinorum,I,pp. 183,213；*Nicene and Post-Nicene Fathers*,*Second Series*, *Vol*. 11,*Dialogues*,trans. Alexander Roberts,ed. Philip Schaff and Henry Wace,Buffalo,NY：Christian Literature Publishing Co. ,1894.

11. Tacitus,*Germania*,in：*Germania*,*Agricola*,*and First Book of the Annals*,ed. W. Smith,London：Walton and Maberly,1885.

12. *The Anglo-Saxon World*, ed. and trans. Kevin Crossley-Holland, Woodbridge：Boydell Press,2nd,2002.

13. *The Dialogues of Saint Gregory the Great*,Book IV,Chap. 26,ed. and trans. Edmund G. Gardner,London：Medici Society Ltd. ,1911.

14. *The Exeter Book*, ed. George Philip Krapp, Elliott Van Kirk Dobbie, *Guthlac A*, Ⅱ, 302b-307a, New York：Columbia University Press,1936.

15. *The Library of Original Sources*, Vol. *IV*：*Early Medieval Age*, ed. Oliver. J. Thatcher, Milwaukee：University Research Extension Co. ,1907.

16. 塔西陀. 阿古利可拉传 日耳曼尼亚志. 马雍,傅正元,译. 北京:商务印书馆,2010.

17. 圣经·新约. 上海:中国基督教两会,2008.

18. 圣奥古斯丁. 天主之城. 吴宗文,译. 长春:吉林出版集团,2010.

二、国外相关论著

(1) 论文（期刊或论文集）

1. Burgess,R. ,"The Gallic Chronicle of 452：A New Critical Edition with a Brief Introduction", in:*Society and Culture in Late Antique Gaul*：*Revisiting the Sources*, ed. R. W. Mathisen and D. Shantzer, Aldershot：Ashgate Publishing Ltd. ,2001,pp. 52-84.

2. Burgess,R. ,"The Gallic Chronicle of 511：A New Critical Edition with a Brief Introduction", in:*Society and Culture in Late Antique Gaul*：*Revisiting the Sources*, ed. R. W. Mathisen and D. Shantzer, Aldershot：Ashgate Publishing Ltd. ,2001,pp. 85-100.

3. Bury,J. B. ,"The End of Roman Rule in North Gaul", in:*Cambridge Historical Journal*, Vol. 1,No. 2. 1924,pp. 197-201.

4. Cameron,K. ,"Eccles in English Place-Names", in:*Christianity in Britain*,300-700,ed. M. W. Barley and R. P. C. Hanson, Leicester:Leicester University Press,1968,pp. 87-92.

5. Chadwick, H. M. ,"The Sutton Hoo Ship-burial：Who was He?", *Antiquity*,XIV,No. 53,1940,pp. 76-87.

6. Chadwick, N. K. ,"The British or Celtic Part in the Population of England", in:*Angles and Britons*:*O'Donnell Lectures*, Cardiff:University of

Wales Press,1963,pp. 111-147.

7. Clark, G. , "Translating relics: Victricius of Rouen and fourth-century debate",in:*Early Medieval Europe*,Vol. 10,2001,pp. 161-176.

8. Crawford, S. , "Children, death and afterlife in Anglo-Saxon furnished burial ritual", *Anglo-Saxon Studies in Archaeology and History*,Vol. 6,ed. S. Hawkes and W. Filmer-Sankey, Oxford: Oxford University School of Archaeology,1993,pp. 83-92.

9. Daly, W. M. , "Clovis: How Barbaric, How Pagan?" in: *Speculum*, Vol. 69,No. 3. 1994,pp. 619-664.

10. Dam,R. V. ,"Merovingian Gaul and The Frankish Conquests",in: *The New Cambridge Medieval History I: c. 500-c. 700*, Cambridge University Press,2005,pp. 193-231.

11. Davidson, H. E. , "Scandinavian Cosmology", in: *Ancient Cosmologies*,eds. Carmen Blacker and Michael, London: George Allen & Unwin,1975,pp. 172-197.

12. Gose,P. ,"Converting the Ancestors",in:*Conversion:Old Worlds and New*,ed. K. Mills and Grafton,A. ,New York:University of Rochester Press,2003,pp. 140-174.

13. Grierson,P. , "The Canterbury (St. Martin's) Hoard of Frankish and Anglo-Saxon Coin-Ornaments",*Britain Numismatic Journal*,3rd ser. , 7,1952-54,pp. 39-51.

14. Grook, J. , "The Enshrinement of Local Saints in Francia and England", in: *Loacal Saints and Local Churches in the Early Medieval West*, ed. Alan Thacker, Richard Sharpe, New York: Oxford University Press,pp. 189-224.

15. Gunn,V. A. ,"Bede and the Martyrdom of St. Oswald",in:*Martys and Martyrologies:Papers Read at the 1992 Summer Meeting and the 1993 Winter Meeting of the Ecclesiastical History Society*, ed. D. Wood, Oxford:Blackwell Publishers,1993,pp. 57-66.

16. Halfond, G. I. , "Cum Consensu Omnium: Frankish Church

Councils from Clovis to Charlemagne", in: *History Compass*, Vol. 5, 2007, pp. 539-559.

17. Halsall, G. , "Social Identities and Social Relationships in Early Merovingian Gaul", in: *Franks and Alamani in the Merovingian Period an Ethnographic Perspective*, ed. Ian Wood, Woodbridge: Boydell Press, 1998, pp. 141-165.

18. Hines, J. , "The Becoming of English: Identity, Material Culture and Language in Early Anglo-Saxon Englang", in: *Anglo-Saxon Stuides in Archaeology and History*, Ⅷ, 1994, pp. 49-59.

19. Jackson, K. , "The British Language during the Period of the English Settlements", in: *Studies in Early British History*, ed. N. K. Chadwick, Cambridge: Cambridge University Press, 1954, pp. 61-82.

20. Johnson, S. , "Late Roman Defences and the Limes", in: *The Council for British Archaeology Research Reports: The Saxon Shore*, eds. D. E Johnston, Vol. 18, 1977, pp. 64-66.

21. Keynes, S. , "Anglo-Saxon Church Councils", *Handbook of British Chronology*, 3rd, ed. E. B. Fryde, 1986, pp. 583-589.

22. Kirby, D. P. , "Bede and Northumbrian Chronology", *English Historical Review*, Vol. 78, London: Longmans, Green and Co. , 1963, pp. 514-527.

23. Levillain, L. , "La conversion et le baptême de Clovis", in: *Revue d'histoire de l'église de France*, Vol. 21. 1935, pp. 161-192.

24. Loseloy, S. T. , "Gregory Cities: Urban Functions in Sixth-century Gaul", in: *Franks and Alamani in the Merovingian Period an Ethnographic Perspective*, ed. Ian Wood, Woodbridge: Boydell Press, 1998, pp. 239-284.

25. Maddicott, J. , "Plague in Seventh-century England', in: *Plague and End of Antiquity: The Pandemic of* 541-750, ed. L. K. Little, Cambridge: Cambridge University Press, 2007, pp. 171-214.

26. Markus, R. , "How on Earth could Places become Holy? Origins of

Christian Idea of Holy Place", in: *Journal of Early Christian Studies*, 1994. 2, pp. 257-271.

27. Markus, R. A. , "Gregory the Great and a Papal Missionary Strategy", in: *The Mission of the Church and the Propagation of the Faith*, ed. G. J. Cuming, Cambridge: Cambridge University Press, 1970, pp. 29-38.

28. Markus, R. A. , "The Chronology of the Gregorian Mission to England: Bede's Narrative and Gregory's Correspondence", *Journal of Ecclesiastical History*, Vol. 14, Cambridge: Cambridge University Press, 1963, pp. 16-30.

29. Meaney, A. , "Bede and Anglo-Saxon Paganism", in: *Parergon*, Vol. 3, 1985, pp. 1-29.

30. Meens, R. , "Ritual Purity and the Influence of Gregory the Great in the early Middle Ages", in: *Unity and Diversity in the Church*, ed. Robert N. Swanson, Oxford: Blackwell, 1996, pp. 31-43.

31. Moorhead, J. , "Clovis' Motives for Becoming a Catholic Christian", in: *Journal of Religious History*, Vol. 13, Issue. 4, 1985, pp. 329-339.

32. Muldon, J. , "Introduction: The Conversion of Europe", in: *Varieties of Religious Conversion in the Middle Ages*, ed. James Muldoon, Gainesville: University Press of Florida, 1997, pp. 1-10.

33. Mulhall, M. , "St. Patrick and the Monastery of Lerins", *The Irish Monthly*, Vol. 17, No. 194, Dublin: Irish Jesuit Province, 1889, pp. 395-399.

34. Pearson, M. P. , Noort, R. and Woolf, A. , "Three Men and a Boat: Sutton Hoo and the East Anglian kingdom", *Anglo-Saxon England*, Vol. 22, 1993, pp. 27-50.

35. Redknap, M. , "Early Christianity and its Monuments", in: *The Celtic World*, ed. Miranda J. Green, London and New York: Routledge, 1995, pp. 737-778.

36. Crawford, S. , "Children, Death and Afterlife in Anglo-Saxon Furnished Burial Ritual", *Anglo-Saxon Studies in Archaeology and*

History, Vol. 6, ed. S. Hawkes and W. Filmer-Sankey, Oxford: Oxford University School of Archaeology, 1993, pp. 83-92.

37. Shanzer, D., "Dating the Baptism of Clovis: The Bishop of Vienne vs the Bishop of Tours", in: *Early Medieval Europe*, Vol. 7. 1998, pp. 29-57.

38. Stancliffe, C., "Kings Who Opted Out", in: *Ideal and Reality in Frankish and Anglo-Saxon Society*, ed. Patrick Wormald, Oxford: Blackwell, 1983, pp. 154-176.

39. Stancliffe, C., "Oswald, Most Holy and Most Victprious King of the Northumbrians", in: *Oawald: Northumbrian King to European Saint*, ed. C. Stancliffe and E. Cambridge, Stamford, 1995, pp. 33-83.

40. Stenton, F. M., "The East Anglian Kings of the Seventh Century", in: *The Anglo-Saxons: Studies in some Aspects of their History and Culture presented to Bruce Dickins*, ed. P. Clemoes, London: Bowes & Bowes, 1959, pp. 43-52.

41. Thacker, A., " Some Terms for Noblemen in Anglo-Saxon England, C. 650-900 ", in *Anglo-Saxon Studies in Archaeology and History* 2, ed. D. Brown, J. Campbell, Oxford: Oxford University School of Archaeology 1981, pp. 201-36.

42. Wallace-Hadrill, J. M., "Frankish Gaul", in: *France: Government and Society*, edited by J. M. Wallace-Hadrill and John McManners, London: Methuen Press, 1957, pp. 36-60.

43. Wallace-Hadrill, J. M., "Rome and the Early English Church: Some Questions of Transmission", *Settimano di Stdio del Centro Italino di Studi sull' alto medioevo*, Vol. 7, Spoleto, 1960, pp. 519-548.

44. Werner, J., "Das Schiffgrab von Sutton Hoo, Forschungsgeschichte und Forschungsstand zwischen 1939 und 1980", *Germania*, Vol. 60, 1982, pp. 193-228.

45. Werner, M., " The Liuhard Medalet", *Anglo-Saxon England*, ed. Michael Lapidge, Malcolm Godden, Simon Keynes, Vol. 20, Cambridge, New

York:Cambridge University Press,1991,pp. 27-41.

46. Willsin,J. ,"Rescue excavations on the Anglo-Saxon Cemetery at Eastry, 1989 ", in: *Kent Archaeological Review*, Vol. 100, 1990, pp. 229-231.

47. Wood,I. ,"The Merovigian North Sea", in: *Occasional Papers on Medieval Topics*,I,Alingsas,Sweden:Viktoria Bokförlag,1983,pp. 12-17.

48. Wood, I. , "The Mission of Augustine of Canterbury to the English",in:*Speculum*,Cambridge:Medieval Academy of America,Vol. 69, 1994,pp. 1-17.

49. Yerkes, D. , "An Unnoticed Omission in the Modern Critical Editions of Gregory's Dialogues",in:*Revue Bénédictine*,Vol. 87,1977,pp. 178-179.

（二）相关专著

1. Albertson,C. ,*Anglo-Saxon Saints and Heroes*,Fordham University Press,1967.

2. Arnold, C. J. , *An Archaeology of the Early Anglo-Saxon kingdoms*,New York:Routledge,1988.

3. Baker, J. T. , *Cultural Transition in the Chilterns and Essex Region*,350 *A. D. to* 650 *A. D*,Hatfield:University of Hertfordshire Press, 2006.

4. Barber,P. ,*Vampires*,*Burial and Death* :*Folklore and Reality*,New Haven:Yale University Press,1988.

5. Barrow, J. , Andrew Wareham ed. *Myth*, *Rulership*, *Church and Charters*:*Essays in Honour of Nicholas Brooks*,Ashgate Publishing,Ltd. , 2008.

6. Bassett, S. , *The Origins of Anglo-Saxon Kingdoms*, Leicester: Leicester University Press,1989.

7. Blair,J. , *The Church in Anglo-Saxon Society*, New York:Oxford University Press,2005.

8. Blair, P. H. , *The World of Bede*, Cambridge University Press, 1990 .

9. Borlase, W. C. , *The Age of the Saints: A Monograph of Early Christianity in Cornwall, with the Legends of the Cornish Saints and an Introduction Illustrative of the Ethnology of the District*, Truro: J. Pollard, 1893.

10. Boyer, P. , *Religion Explained*, New York: Basic Books, 2001.

11. Branston. B. , *The Lost Gods of England*, London: Thames and Hudson, 1974.

12. Brechter, D. S. , *Die Quellen zur Angle-sachsenmission Gregors des grossen*, Münster, Westphalia: Aschendorff, 1941.

13. Bright, W. , *Chapters of Early English Church History*, Kessinger Publishing, 2006 .

14. Brooks, N. , *Anglo-Saxon Myths: State and Church*, 400-1066, London: Continuum International Publishing Group, 2000.

15. Brooks, N. , *The Early History of the Church of Canterbury: 597 to 1066*, Leicester University Press, 1984 .

16. Brown, P. , *The Cult of the Saints: Its Rise and Function in Latin Christianity*, Chicago University Press, 1980.

17. Brown, P. , *The Rise of Western Christendom, Triumph and Diversity, A. D. 200-1000*, London: Blackwell Publishing, second edition, 2003.

18. Browne, G. F. , *Augustine and His Companions: Four Lectures Delivered at St. Paul's in January* 1895, Kessinger Publishing, 2006.

19. Browne, G. F. , *The Christian Church in These Islands before the Coming of Augustine—Three Lectures Delivered at St Paul's in January* 1894, Project Gutenberg, 2010.

20. Burn, T. , *A History of the Ostrogoths*, Bloomington: Indiana University Press, 1984.

21. Byrne, F. J. , *Irish Kings and High-Kings*, London:

Batsford,1973.

22. Carragáin,Ó,*Ritual and the Rood*,Toronto:University of Toronto Press,2005.

23. Chaney,W. A. ,*The Cult of Kinship in Anglo-Saxon England: the Transition from Paganism to Christianity*,Manchester University Press,1997.

24. Clapham, A. , *English Romanesque Architecture before the Conquest*,Oxford:Clarendon Press,1930.

25. Clark, F. , *The "Gregorian" Dialogues and the Origins of Benedictine Monasticism*,Boston:Brill,2003.

26. Clarke,C. A. M. ,*Writing Power in Anglo-Saxon England:Texts, Hierarchies,Economies*,Cambridge:D. S. Brewer,2012.

27. Collier,J. ,*An Ecclesiastical History of Great Britain,Chiefly of England*,W. Straker Press,1840.

28. Collins,J. B. ,*From Tribes to Nation:The Making of France 500-1799*,Georgetown:Georgetown University Press,2002.

29. Cubitt,C. ,*Anglo-Saxon Church Councils C. 650-C. 850*,Leicester University Press,1995.

30. Dalton, O. M. , *The History of the Franks*, Oxford: Clarendon Press,Vol. I introduction,1927.

31. Damon,J. E. , *Soldier Saints and Holy Warriors:Warfare and Sanctity in the Literature of Early England*, Aldershot: Ashgate Publishing Ltd. ,2003.

32. Deanesly,M. , *The Pre-Conquest Church in England*,NewYork: Oxford University Press,1961.

33. DeGregorio, S. , ed. *The Cambridge Companion to Bede*,, Cambridge University Press,2010.

34. Dill, S. , *Roman Society in Gaul in Merovingian Age* , London: George Allen&Unwin Press,1966.

35. DrinkWater,J. F. ,*The Alamanni and Rome 213-496:Caracalla to*

Clovis, Oxford: Oxford University Press, 2007.

36. Dunn, M., *The Christianization of the Anglo-Saxons*, *c.* 597-700: *Discourses of Life*, *Death and Afterlife*, Hambledon Continuum Press, 2009.

37. Dunn, M., *Emergence of Monasticism*, Oxford: Blackwell, 2003.

38. Effros, B., *Caring for Body and Soul: Burial and The Afterlife in The Merovingian World*, University Park: The Pennsylvania State University Press, 2002.

39. Firth, R., *Rank and Religion in Tikopia: A Study in Polynesian Paganism and Conversion to Christianity*, Sydney: Allen & Unwin, 1970.

40. Fletcher, R., *The Conversion of Europe: From Paganism to Christianity* 371-1386 *A. D*, London: Harper Collins, 1997.

41. Foot, S., *Monastic Life in Anglo-Saxon England*, *c.* 600-900, Cambridge University Press, 2006.

42. Fox, C., *The Personality of Britain*, Cardiff: National Museum of Wales, 1959.

43. Geary, P., *Living With the Dead in the Middle Ages*, New York: Cornell University Press, 1994.

44. Gelling, M., *Signposts to the Past*, *Place Names and the History of England*, London: Phillimore & Co Ltd, 1978.

45. Gerberding, R. A., *The Rise of the Carolingians and the Liber Historiae Francorum*, Oxford: Clarendon, 1987.

46. Godfrey, C. J., *The Church in Anglo-Saxon England*, London: Cambridge University Press, 1962.

47. Gransden, A., *Historical Writing in England: C.* 500 *to C.* 1307, New York: Routledge, 1996.

48. Hage, W., *Das Christentum im frühen Mittelalter* (476-1054): *vom Ende des weströmischen Reiches bis zum west-östlichen Schisma*, Vandenhoeck & Ruprecht, 1993.

49. Halsall, G., *Early Medieval Cemeteries: An Introduction to Burial Archaeology in the Post-Roman West*, Glasgow: Cruithne Press, 1995.

50. Halsall,G. ,*Settlement and Social Organization*:*The Merovingian Region of Metz*,Cambridge University Press,1995.

51. Heinzelmann, M. ,*Gregory of Tours*:*History and Society in the Sixth Century*,Cambridge University Press,2001.

52. Helmholz,R. H. ,*The Oxford History of the Laws of England*, I:*The Canon Law and Ecclesiastical Jurisdiction from 597 to the 1640s*, Oxford University Press,2004.

53. Hen,Y. ,*Culture and Religion in Merovingian Gaul*,A. D. 481-751,New York:E. J. Brill Press,1995.

54. Higham,N. ,*Rome*,*Britain and the Anglo-Saxons*,London:Routledge, 1992,pp. 74-75.

55. Higham,N. J. ,*The Convert Kings*:*Power and Religious affiliation in early Anglo-Saxon England*, Manchester University Press,1997.

56. Higham, N. J. ,*An English Empire*:*Bede and the Early Anglo-Saxon Kings*,Manchester University Press,1995.

57. Hillgarth, J. N. , *Christianity and Paganism*, 350-750: *The Conversion of Western Europe*,University of Pennsylvania Press,1986.

58. Hollis, S. , *Anglo-Saxon Women and the Church*: *Sharing a Common Fate*,Woodbridge:Boydell Press,1992.

59. Hughes, K. , *The Church in Early Irish Society*, New York: Cornell University Press,1966.

60. Hylson-Smith,K. ,*Christianity in England from Roman Times to the Reformation*,Vol. I,*From Roman Tomes to 1066*,SCM Press,1999.

61. James,E. , *The Franks*,Oxford:B. Blackwell,1988.

62. James,E. , *The Origins of France*:*From Clovis to the Capetians*, 500-1000,London:Macmillan Press,1982.

63. Jones,M. E. , *The End of Roman-Britain*,Ithaca and New York: Cornell University Press,1996.

64. Layard,J. , *Lady Of The Hare*:*Being a Study of the Healing Power of Dreams* ,Abingdon,New York:Routledge,2011.

65. Leo, H., *Vorlesungen über Die Geschichte Des Deutschen Volkes und Reiches*, Halle: Anton, 1854.

66. Lindow, J., *Norse Mythology: A Guide to Gods, Heroes, Rituals, and Beliefs: A Guide to Gods, Heroes, Rituals, and Beliefs*, New York: Oxford University Press, 2002.

67. Lynch, J. H., *Christianizing Kinship: Titual Sponsorship in Anglo-Saxon England*, Cornell University Press, 1998.

68. MacMullen, R. *Christianity and Paganism in Fourth to Eighth Centuries*, New haven: Yale University Press, 1997.

69. Matthews, R. T. and Platt, F. D., *The Western Humanities, Vol. I: Beginnings through the Renaissance*, third edition, Mayfield Publishing Company, 1998.

70. Mayr-Harting, H., *The Coming of Christianity to Anglo-Saxon England*, Pennsylvania State University Press, third edition, 1991.

71. McLaughlin, M., *Consorting With Saints: Prayer for the Dead in Early Medieval France*, New York: Cornell University Press, 1994.

72. McLynn, N. B., *Ambrose of Milian: Church and Court in a Christian Capital*, California University Press, 1994.

73. Moreira, I., *Dreams, Visions, and Spiritual Authority in Merovingian Gaul*, Ithaca: Cornell Univesity Press, 2000.

74. Mosshammer, A., *The Easter Computus and the Origins of the Christian Era*, Oxford: Oxford University Press, 2008.

75. Musset, L., *The Germanic Invasions: The Making of Europe A. D. 400-600*, trans. Edward and Columba James, London: Paul Elek, 1975.

76. Myres, J. N. L., *Anglo-Saxon Pottery and the Settlement of England*, Oxford: Clarendon, 1969.

77. Myres, J. N. L., *The English Settlements*, London: Oxford University Press, 1989.

78. Neander, A. and Schneider, K. F. Th., *General History of the Christian Religion and Church*, New-York: Crocker & Brewster, 1855.

79. Nock, A. D. , *Conversion: The Old and the New in Religion from Alexander the Great to Augustine of Hippo*, Oxford: Oxford University Press, 1933.

80. Norman, E. R. and Joseph, J. K. S. , *The Early Develoment of Irish Society: The Evidence of Aerial Photography*, London and New York: Cambridge University Press, 1969.

81. Owen, G. R. , *Rites and Religions of the Anglo-Saxons*, Newton Abbot: David & Charles, 1981.

82. Owen-Crocker, G. R. , *Dress in Anglo-Saxon England*, Woodbridge: Boydell Press, 2004.

83. Palmer, J. T. , *Anglo-Saxons in a Frankish world*, 690-900, Turnhout: Brepols, 2009.

84. Pascal, B. , *Religion Explained*, New York: Basic Books, 2001.

85. Perry, W. C. , *The Franks: From Their First Appearance in History to the Death of King Pepin*, London: Longman, 1857.

86. Pulsiano, P. and Treharne, E. M. , *Anglo-Saxon Manuscripts and their Heritage*, Aldershot: Ashgate, 1998.

87. Rees, E. , *An Essential Guide to Celtic Sites and Their Saints*, London: Continuum International Publishing Group, 2003.

88. Riché, P. , *Education and Culture in Barbarian West: From the Six Through the Eighth Century*, trans. John J. Contreni, Columbia: University of South Carolina Press, 1976.

89. Rollason, D. , *Saints and Relics in Anglo-Saxon England*, Oxford: Blackwell Pub. , 1989.

90. Russell, J. C. , *The Germanization of Early Medieval Christianity: A Sociohistorical Approach to Religious Transformation*, Oxford University Press, 1994.

91. Salway, P. , *A History of Roman Britain*, London: Oxford University Press, 2001.

92. Stenton, F. M. , *Anglo-Saxon England: Reissue with a New Cover*,

Oxford:Oxford University Press,2001.

93. Stenton, F. M. , *The Latin Charters of the Aglo-Saxon Period* , Oxford:Clarendon Press,1955.

94. Stern, S. , *Calendars in Antiquity:Empires, States, and Societies* , Oxford:Oxford University Press,2012.

95. Talbot,C. H. , *The Anglo-Saxon Missionaries in Germany* ,London and New York:Sheed and Ward,1954.

96. Thomas,C. , *Christianity in Roman Britain to A. D. 500* ,Berkeley and Los Angeles:University of California Press,1981.

97. Wallace-Hadrill, J. M. , *The Frankish Church* , Oxford:Clarendon Press,1983.

98. Wallace-Hadrill,J. M. , *The Long-haired Kings* ,London:Methuen Press,1962.

99. Wallace-Hadrill,J. M. , *Early Germanic Kingship in England and the Continent* ,Oxford:Clarendon,1980.

100. Wallace-Hadrill,J. M. , *The Barbarian West* ,*A. D.* 400-1000:*The Early Middle Ages* ,New York:Harper & Row Press,1962.

101. Watts, D. , *Religion in Late Roman Britain: forces of change* , London and New York:Routledge,1998.

102. Weber,M. , *The Theory Of Social And Economic Organization* , New York:The Free Press,1964.

103. Wilson,D. *Anglo-Saxon Paganism* ,New York:Routledge,1992.

104. Wolffe, J. , *Religion in History: Conflict, Conversion and Coexistence* ,Manchester:Manchester University Press,2004.

105. Wood, I. , *The Merovingian Kingdoms* , 450-751, New York: Longman,1994.

106. Wood,I. , *The Missionary Life* ,*Saints and the Evangelisation of Europe* ,400-1500,Harlow:Person Education Limited Press,2001.

107. Yorke, B. , *Nunneries and the Anglo-Saxon Royal Houses* , London:Continuum International Publishing Group,2003.

108. Yorke, B. , *Wessex in the Early Middle Ages*, London：Leicester University Press,1995.

109. Yorke, B. , *Kings and Kingdoms of Early Anglo-Saxon England*, London and New York：Routledge,2002.

110. 约翰·布莱尔. 盎格鲁-撒克逊简史. 肖明翰,译. 北京：外语教学与研究出版社,2008.

109. 肯尼斯·摩根主编. 牛津英国史. 钟美荪,译. 北京：外语教学与研究出版社,2007.

110. 皮埃尔·米盖尔. 法国史. 蔡鸿滨,等,译. 北京：商务印书馆,1985.

111. 基佐. 法国文明史. 第一卷,阮芷,伊信,译. 北京：商务印书馆,1998.

112. 赫伯特·格隆德曼,等. 德意志史(第一卷). 常克强,等,译. 北京：商务印书馆,1999.

113. 汤普逊. 中世纪经济社会史. 耿淡如,译. 北京：商务印书馆,1984.

114. 爱德华·吉本. 罗马帝国衰亡史(上册). 黄宜思,等,译. 北京：商务印书馆,1997.

115. 华尔克. 基督教会史. 谢受灵,等,译. 香港：基督教文艺出版社,2005.

116. 布鲁斯·L. 雪莱. 基督教会史. 刘平,译. 上海人民出版社,2012.

三、国内相关研究著作

(一) 相关专著

1. 蒋孟引主编. 英国史. 北京：中国社会科学出版社,1988.

2. 钱乘旦,许洁明. 英国通史. 上海：上海社会科学出版社,2003.

3. 马克垚. 英国封建社会研究. 北京：北京大学出版社,2005.

4. 吴于廑. 吴于廑文选. 武汉：武汉大学出版社,2007.

5. 阎照祥. 英国史. 北京：人民出版社,2003.

6. 张芝联主编. 法国通史. 北京：北京大学出版社,1989.

7. 陈文海. 法国史. 北京：人民出版社,2004.

8.李秀清.日耳曼法研究.北京:商务印书馆,2005.

（二）相关论文

1.王宪生.英国早期的基督教及其影响.郑州大学学报(哲学社会科学版),1992(3).

2.孟广林.中世纪前期的英国封建王权与基督教会.历史研究,2000(2).

3.陈太宝.盎格鲁-撒克逊时期基督教对王权的影响.长春师范学院学报(人文社会科学版),2009(5).

4.张建辉.英国盎格鲁-撒克逊时期的政教关系.内蒙古大学学报(人文社会科学版),2010(3).

5.陈文海.从"蛮族"首领到"圣徒"国王——论克洛维在中世纪法国的形象及其演绎.史学集刊,2006(6).

6.许锦光.基督教在盎格鲁-撒克逊英格兰的传播及影响(596—750).南京大学硕士学位论文,2011.

四、电子文献

源自 Internet Archive、Wiley-Blackwell、JSTOR、EBSCO、Cambridge Books/Journals Online、Project Gutenberg、Google Books 等较为常见的数据库或网上图书馆的文献在此不再赘列。

1. Royal Irish Academy, *St. Patrick's Confessio*, ed. Bieler, http://www.confessio.ie/etexts/confessio_latin#01,2011-6-13.

2. Corpus of Electronic Texts, *The Annals of Ulster*, ed. and trans. Seán Mac Airt and Gearóid Mac Niocaill, http://www.ucc.ieceltpublished/T100001A/,2011-07-18/ 2012-03-03.

3. Christian Classics Ethereal Library, *Leo the Great*, *Gregory the Great*, *The Book of Pastoral Rule*, *and Selected Epistles of Gregory the Great*, ed. Philip Schaff and Henry Wace, http://www.ccel.org/ ccel/schaff/npnf212.toc.html,2012-06-05.

4. The Latin Library, *Gregorii Turonensis Historiarum Liber Quartus*,

ed. Bruno Krusch, http://www. thelatinlibrary. com/gregorytours/gregorytours4. shtml, 2012-07-03.

5. *Congregation Shir Hadash*, "*Hebrew Calendar and Yahrzeit Calculator*", http://www. shirhadash. org/calendar/hcal. html, 2012-07-25.

6. Sean Miller, *Evidentiae ecclefiae Chrifti Cant*, ed. Simeon Monachus Dunelmensis, http://www. anglo-saxons. net/hwaet/? do = seek & query = S + 22, 2012-08-01.

7. I. Blair, E. Barham and L. Blackmore, "My Lord Essex", *British Archaeology*, Vol. 76, 2004, ed. Mike Pitts, http://www. archaeologyuk. org/ba/ba76/feat1. shtml, 2012-09-25.

8. *Center for Reformed Theology and Apologetics*, "The Canons of the Council of Orange", http://www. reformed. org/documents/canons_of_orange. html, 2012-10-11.

索　　引

后　　记

儿时常随祖父母去天主教堂,总是为教堂的宏伟肃穆、教仪的神秘庄严所吸引。虽然我并不信教,但也由此感受到基督教对人们心理潜移默化的影响力。有时就会思考,人们为何会皈依基督教？虔诚的信仰从何而来？如要追根溯源,就会归结为:一个民族为何会放弃原有信仰,改信一个相对陌生的宗教？本书写毕,虽对西方古代民族的基督教化过程有了初步的认识,但自忖对上述问题的解答至多能得三四分,还有太多历史迷雾有待我们去拨开、澄清。

本书涉及盎格鲁-撒克逊人和法兰克人的改宗史比较,于我而言,这是一个十分困难的课题。但兴趣推动着我去思考、探究这一问题,我也希望从中能得出一点西方古代民族基督教化过程中的共同规律。我深知以本人的学术素养并不足以担起此研究重任,但还是决定踏出第一步,对二者做几点初步的比对。本书的最后两章即寄托了我的这一心愿。唐吉诃德曾为仆人桑丘描绘过他在书中见到种种民族的特性和所处的地理位置,包括努米底亚人、波斯人、帕提亚人、阿拉伯人、哥特人等,无一不绘声绘色,令人信服。但桑丘却发现现实中并无主人所说的那些骑士和巨人。西方中古早期的许多史料,由于年代久远,会无法避免地被转述,甚至被歪曲,它们所承载的历史也必是经过再造,并非原貌了。或许本书的某些观点也如唐吉诃德那样,依赖着几本旧典籍,犯下了臆想虚妄的错误。然而我想,在甄别史料、分析历史问题的过程中,总会遇到一些困难,这时与其停步不前,不如大胆假设,勇敢地当一回“唐吉诃德”。至少在撞向风车后会发现自己的错误,回到正确的道路上来,并为他人提供前车之鉴。

拙文能够顺利成书出版,必须感谢许多老师、同学、亲人和朋友的帮助。其中,我的导师沈坚先生是对我帮助最大的一位。在学习与研究的过程中,他都为我提供了可贵的指导意见和帮助。我和同门常去沈老师家吃饭聊天,听老师畅谈天下事,借此也获益良多。沈老师不仅是我学业上的导师,更是人生的导师。同时我要感谢金志霖和郭海良先生。我读博起始是报于金志霖先生名下的,正是因他的认可与支持,我才有了继续深造的机会。回忆读研期间,他与郭海良先生在读史、学史、写史方面对我们的教育和指导,使我这个原先的工科生得到了基本的历史学训练。此外,还要感谢南开大学的哈全安先生和东北师范大学的王晋新先生,感谢你们的悉心指导和帮助。

感谢我的同门孙银钢、好友邬建麟和北大的李欣同学,他们对我本书资料的收集都给予了很大的帮助。感谢浙江工业职业技术学院的出版资助,特别是科研处处长秦虹以及同事伍红军、沈航的友情支持。

最后,还是要衷心感谢在生活和工作道路上,一直以来关心、支持我的父母和妻子,再次谢谢诸位!

徐晨超

2016 年 7 月 17 日